follow
Osaka·Kyoto Kobe·Nara

JN355045

2026 최신판

팔로우 오사카·교토

1 버킷 리스트 & 플랜북

Travelike

> 여행 준비, 뭐 빠트린 것 없으세요?

팔로우! 출국 전 파이널 체크 리스트 35

여행을 떠나기 전 잊지 말고 꼭 확인해야 하는 필수 사항부터 경비를 줄이는 꿀팁, 소소한 궁금증 해결까지 꼼꼼하게 짚어주는 파이널 체크 리스트를 스마트폰에 담아보세요. 최종 점검 한 번으로 여행 준비가 완벽해집니다.

▶ 스마트폰으로 QR코드를 스캔하면 '트래블라이크' 계정의 블로그로 연결됩니다.
네이버 블로그 https://blog.naver.com/travelike1

関西 간사이

란덴 열차 ▶ 3권 P.024

유니버설 스튜디오 재팬
▶ 1권 P.032

도톤보리
▶ 2권 P.056

우메다 ▶ 2권 P.026

大阪
오사카

오사카항 ▶ 2권 P.118

아라시야마 3권 P.116

京都 교토

기요미즈데라 ➤ 3권 P.035

후시미이나리 ➤ 3권 P.114

기온 시라카와 ➤ 3권 P.047

姫路
히메지

히메지성 ▶ 2권 P.136

2026
최신판

팔로우 오사카·교토
고베·나라

팔로우 오사카·교토·고베·나라

1판 1쇄 인쇄 2025년 7월 7일
1판 1쇄 발행 2025년 7월 15일

지은이 | 제이민
발행인 | 홍영태
발행처 | 트래블라이크
등 록 | 제2020-000176호(2020년 6월 24일)
주 소 | 03991 서울시 마포구 월드컵북로6길 3 이노베이스빌딩 7층
전 화 | (02)338-9449
팩 스 | (02)338-6543
대표메일 | bb@businessbooks.co.kr
홈페이지 | http://www.businessbooks.co.kr
블로그 | http://blog.naver.com/travelike1
인스타그램 | travelike_book
ISBN 979-11-992099-5-4 14980
         979-11-982694-0-9 14980 (세트)

* 잘못된 책은 구입하신 서점에서 바꾸어 드립니다.
* 책값은 뒤표지에 있습니다.
* 트래블라이크는 ㈜비즈니스북스의 임프린트입니다.
* 비즈니스북스에 대한 더 많은 정보가 필요하신 분은 홈페이지를 방문해 주시기 바랍니다.

비즈니스북스는 독자 여러분의 소중한 아이디어와 원고 투고를 기다리고 있습니다.
원고가 있으신 분은 ms3@businessbooks.co.kr로 간단한 개요와 취지, 연락처 등을 보내 주세요.

팔로우 오사카·교토 고베·나라

제이민 지음

Travelike

FOLLOW AUTHOR'S NOTE

글·사진
제이민 Jey Min

여행 작가 · 미국 뉴욕주 변호사

뉴욕 로스쿨(JD)을 졸업하고 네이버 파워 블로거 선정을 계기로 여행 작가의 길을 걷기 시작했다. 어린 시절부터 부모님과 함께 세계 곳곳을 경험했고, 오랜 해외 생활을 통해 쌓은 실전 노하우를 책에 충실하게 담아내고 있다. 니콘 클럽N 앰배서더(3기) 등 사진작가로도 활동 중이다.
저서로 《팔로우 오사카·교토》, 《팔로우 호주》, 《팔로우 뉴질랜드》, 《디스 이즈 미국 동부》, 《디스 이즈 미국 서부》, 《미식의 도시 뉴욕》, 《프렌즈 뉴욕(2015~2020)》 등이 있다.

홈페이지 in.naver.com/travel **인스타그램** @jeymin.ny

그동안 여덟 권의 책을 쓰고 수십 번의 개정판을 만들어온 작가로서의 역량을 모두 쏟아 부은 《팔로우 오사카·교토》. 큰 프로젝트를 믿고 맡겨 주신 트래블라이크 대표님과 이사님께 진심으로 감사드립니다. 그리고 벌써 세 번째 책을 함께 만든 편집팀, 디자인팀, 홍보팀, 마케팅팀 여러분 사랑합니다. 교토 국립박물관, 효고 현립미술관, 고베 호빵맨 어린이 박물관, 오사카 나카노시마 미술관 담당자와 취재에 협조해주신 관계자분께 인사를 전합니다.

《팔로우 오사카·교토》가 탄생하기까지

이 책을 처음 기획한 것은 벌써 10년 전의 일입니다. 《미식의 도시 뉴욕》을 출간한 뒤 자연스럽게 '천하의 부엌'이라 불리는 오사카를 다음 도시로 떠올렸고, 사진을 찍으며 교토의 매력에 빠져들었던 시간. 그렇게 《팔로우 오사카·교토》라는 본격적인 여행서로 진화하게 되었습니다.

여행자의 시선으로

처음 오사카와 교토를 찾는 여행자가 마주하는 현실은 생각보다 만만치 않습니다. 복잡한 교통 시스템, 낯선 일본어 간판, 간단한 식사조차 신경 쓰이는 곳이죠. 그래서 저 또한 다시 첫 방문자의 시선으로 돌아가, 교통 패스까지 종류별로 사용하면서 최신 정보를 정리했습니다. 실제 동선을 고려해 만든 65장의 지도와 개념도가 오사카·교토 여행을 훨씬 쉽고 명확하게 만들어줄 것입니다.

오사카와 교토의 트렌드를 담아

가장 고민을 많이 한 부분은 정보의 밀도를 어떻게 배분할 것인가였습니다. 역사적 맥락이 중요한 교토의 명소만큼이나, 유니버설 스튜디오 재팬도 충실히 다뤄야 했으니까요. 게다가 지금의 오사카와 교토는 빠르게 변하고 있습니다. 오사카 지하철에서도 모바일 결제가 가능해졌고, 교토의 골목에는 뉴욕이나 파리에서 활동하는 디자이너의 쇼룸이 숨어 있거든요. 그런 변화의 흐름을 읽고 담아내는 일은, 수많은 도시를 여행하며 책으로 정리해 온 제가 가장 잘할 수 있는 일이기에, 한 페이지 한 페이지마다 정성을 쏟았습니다.

The first page of your dream trip!

이 책은 '엔터테인먼트의 도시 오사카'와 '감성의 도시 교토'를 여행하는 분들을 위한 종합 안내서입니다. 정보의 홍수 속에서 제 기록의 진심이 독자분들께 제대로 전달될 것이라 믿으며,

제이민 드림

F⦿LLOW CONTENTS

1권 최강의 플랜북

- 010 · 《팔로우 오사카·교토》 사용법
- 012 · 내 취향에 맞는 간사이 여행지 선택하기
- 014 · 간사이 여행 미리 보기
- 016 · 날씨와 공휴일

3권으로 분권한 목차를 모두 정리했습니다. 찾고 싶은 여행지와 정보를 권별로 간편하게 찾아보세요.

BUCKET LIST
오사카 · 교토 버킷 리스트

- 020 · 가장 화려한 순간 **벚꽃과 단풍 명소 총정리**
- 026 · 연말 기분 100% **라이트업 & 일루미나주 명소**
- 028 · 교토 타워부터 하루카스 300까지 **간사이 전망 포인트 BEST 7**
- 032 · 항공권보다 USJ 티켓 먼저! **유니버설 스튜디오 재팬**
- 040 · 2025 오사카·간사이 **엑스포 관람 가이드**
- 042 · 낭만 한도 초과! **아라시야마 도롯코 열차**
- 046 · 간사이 양조장 투어 **맥주와 전통주**
- 048 · 물 위에서 만나는 오사카 **유람선 총정리**
- 050 · 하루쯤은 특별하게 **온천 & 료칸 힐링 여행**
- 055 · 간사이 맛집 탐방 **미식의 도시 오사카**
  - ① 인생샷 먹킷 리스트
  - ② 대표 맛집 리스트 BEST 30
  - ③ 음식 문화 가이드
  - ④ 오사카 대표 간식 BEST 3
  - ⑤ 우동 · 소바 · 오뎅
  - ⑥ 인생 라멘을 찾아서
  - ⑦ 맛있게 밥 먹는 방법
  - ⑧ 장어덮밥
  - ⑨ 스시 & 해산물
  - ⑩ 간사이 고기 맛집
  - ⑪ 전국구 유명 체인점
  - ⑫ 추억의 경양식 & 킷사텐
  - ⑬ 교토의 식문화
  - ⑭ 교토 감성 플레이스

- 084 · 지도로 보는 HOT SPOT **오사카 쇼핑 대백과사전**
  - 오미야게 쇼핑 리스트
  - 백화점 쇼핑 실전 가이드
  - 일본 쇼핑 최애 브랜드
  - 편의점 & 마트 쇼핑
  - 드럭스토어 & 할인점
  - 캐릭터 & 라이프스타일

PLANNING 1
오사카 · 교토 추천 일정과 예산

- 104 • **BEST PLAN ❶** USJ와 함께하는 **오사카 핵심 3일**
- 108 • **BEST PLAN ❷** 모든 순간이 특별한 **교토 핵심 2일**
- 111 • **BEST PLAN ❸** 남는 하루 꿀잼 보장! **고베 · 나라 · 우지 1일**

PLANNING 2
간사이 여행 준비 & 교통편 완전 정복

- 114 • **GET READY ❶** 여행 준비하기
- 116 • **GET READY ❷** 일본 입국하기
- 118 • **GET READY ❸** 간사이 국제공항 상세 안내
- 124 • **GET READY ❹** 간사이 교통 이해하기
- 130 • **GET READY ❺** 교통 패스 준비하기
- 132 • **GET READY ❻** 숙소 예약 실전 가이드

FAQ
알아두면 쓸모 있는 간사이 여행 팁

- 136 • **FAQ ❶** 긴급 상황 발생 시 어떻게 대처해야 하나요?
- 137 • **FAQ ❷** 일본에서 한국 전자 제품을 써도 될까요?
- 138 • **FAQ ❸** "오-키니"는 무슨 뜻? 알고 가면 좋은 생활 상식
- 140 • **FAQ ❹** 신용카드 사용 방법이 달라졌다는데?
- 141 • **FAQ ❺** 일본에서는 현금이 꼭 필요한가요?
- 141 • **FAQ ❻** 데이터 유심, 어떻게 준비할까요?
- 142 • **FAQ ❼** 코인 론드리와 코인 로커 이용 방법은?
- 142 • **FAQ ❽** 양손은 가볍게! 수하물 배송 서비스란?
- 143 • **FAQ ❾** 일본어를 전혀 못하는데 괜찮을까요?
- 143 • **FAQ ❿** 현지에서 유용한 앱을 골라 주세요!
- 144 • 여행할 때 알아두면 유용한 단어
- 144 • 여행 준비물 체크 리스트

FOLLOW CONTENTS

2권 오사카·히메지성·고베 실전 가이드북

오사카 OSAKA

- 010 • 오사카 미리 보기
- 012 • 오사카 교통 정보
- 017 • 오사카 도심 교통
- 022 • 오사카 레트로 여행 **한카이 전차**
- 026 • ZONE 1 오사카역 & 우메다
  - 043 검증된 우메다 백화점 맛집 | 가 볼 만한 우메다 주변 맛집 | 우메다 맛집 골목
  - 052 옛날 주택가 속 신상 카페 **나카자키초 카페 거리**
- 054 • ZONE 2 난바 & 신사이바시
  - 064 도톤보리강 남쪽 **난바의 쇼핑센터**
  - 070 도톤보리 & 난바 국룰 코스 맛집 BEST 7 | 고품격 도톤보리 & 난바 맛집
  - 074 부담 없는 도톤보리 맛집 | 혼밥 가능 난바 맛집
  - 084 신사이바시에서 쇼핑하기
  - 086 미나미센바의 라멘 & 우동 대전쟁
  - 088 신사이바시 인기 맛집 | 신사이바시 카페
- 092 • ZONE 3 오사카성 & 나카노시마
  - 100 리버 뷰 카페에서 커피 한 잔 **기타하마 카페 거리**
- 108 • ZONE 4 덴노지 & 신세카이
- 118 • ZONE 5 덴포잔 & 오사카항
  - 124 피크닉 명당! **만국박람회 기념 공원**
- 126 • 오사카 맛집 가이드
  - 오사카 찐맛집 | 현지 감성 충만한 오사카 노포
  - 진짜 디저트 맛집 | 로컬 밥집 & 카페
- 136 • 히메지성

고베 KOBE

- 146 • 고베 미리 보기
- 148 • 고베 교통 정보
- 154 • 고베 도심 교통
- 158 • ZONE 1 산노미야 & 고베항
  - 162 감각적인 패션 스토어를 찾아서 **고베 구거류지**
- 172 • ZONE 2 기타노이진칸
  - 180 3대 고베규 맛집 | 명물 음식 | 고베 카페 투어
- 188 • 아리마 온천 & 롯코산 & 마야산
- 196 • 마이코 공원 & 스마 해변

3권 교토·우지·나라·오하라 실전 가이드북

교토 KYOTO

- 010 · 교토 미리 보기
- 012 · 교토 교통 정보
- 018 · 교토 도심 교통
- 024 · 화사한 벚꽃 열차의 추억 **란덴 열차**
- 030 · **ZONE 1 기요미즈데라 & 기온**
  - 038 조용하고 우아하게 **히가시야마 골목길 산책**
  - 048 산넨자카 & 니넨자카 맛집 | 기온 명물 맛집 | 면과 단품 요리
- 054 · **ZONE 2 가모강 & 가와라마치**
  - 062 폰토초 & 가모강 인기 맛집 | 혼밥 해도 좋은 맛집
- 066 · 교토 쇼핑 가이드
- 076 · **ZONE 3 철학의 길 & 헤이안 신궁**
  - 084 교토 문화 예술 산책 | 088 난젠지 & 헤이안 신궁 맛집
- 092 · **ZONE 4 니조성 & 교토 교엔**
  - 096 교토 교엔 관람 방법 | 104 니조성 & 데마치야나기 맛집
- 106 · **ZONE 5 교토역 & 후시미이나리**
  - 108 교토역 즐길 거리 총정리
  - 114 만 개의 문을 가진 여우 신사 **후시미이나리타이샤**
- 116 · **ZONE 6 아라시야마**
  - 128 아라시야마 맛집 | 아라시야마 전망 카페
- 132 · **ZONE 7 금각사 & 기타노텐만구**
- 140 · 교토 맛집 가이드
  - 교토 오반자이 | 레트로 카페 & 킷사텐 | 꼭 가 봐야 할 교토 카페 체인
- 148 · 오하라
- 154 · 기후네 신사 & 히에이잔
- 164 · 우지

나라 NARA

- 178 · 나라 실전 여행
- 180 · 나라 여행 핵심 코스
  - 192 나라 음식 투어 | 차 한 잔의 힐링
- 196 · 인덱스

《팔로우 오사카・교토》 사용법
HOW TO FOLLOW OSAKA・KYOTO

01 일러두기

- 이 책에 실린 정보는 2025년 6월까지 수집한 자료를 바탕으로 하며 이후 변동될 가능성이 있습니다. 현지 교통편과 관광 명소, 상업 시설의 운영 시간과 입장료, 비용은 현지 상황에 따라 수시로 변동되니, 공식 홈페이지와 구글맵 최신 정보 확인을 권장합니다.

- 일본에서는 물건을 구매할 때 물건 가격의 8~10%에 해당하는 소비세를 부과합니다. 음식점에서는 세금을 포함하지 않은 가격으로 메뉴에 표기하는 경우가 많으며, 일부 고급 레스토랑에서는 서비스 요금(봉사료)을 별도로 청구하니 유의하세요.

- **표기 방식 안내**
- 본문에 사용한 지명과 시설명은 기본적으로 국립국어원에서 정한 외래어 표기법을 최대한 따랐습니다. 예를 들어, きょうと(京都)는 형태소의 위치(어두/어중・어말)에 따라 자음을 달리 표기하는 규칙에 따라 '쿄토'가 아닌 '교토'로 적었습니다. 같은 이유로 'しじょうからすま(四条烏丸)'는 '시조 가라스마'가 아닌, '시조카라스마'로 붙여 썼습니다. 이로 인해 일부 표기가 다소 어색하게 느껴질 수 있습니다.

- 외래어 표기법에 따라 기본적으로 장음을 표기하지 않았으며, 일본어로 표현해야 하는 법을 알려 주는 부분에서는 원활한 의사소통을 고려해 장음을 하이픈(-)으로 표시했습니다.

- 다만 독자에게 익숙하게 통용되는 표현(예: 금각사, 은각사)이나 상호는 검색 편의성을 고려해 널리 쓰이는 표기로 대체했습니다. 필요한 경우, 일본어 표기와 발음을 병기해 이해를 도왔습니다.

02 여행 정보 확인하는 법

- **구글맵** ▶ 주소 대신 '구글맵 키워드'를 표기했습니다. (※한글 설정 기준의 검색어가 있으면 한글, 영문이면 영문으로 사용했으므로 올바른 맞춤법과 다소 차이가 있을 수 있습니다.)
- **입장료** ▶ 기본적으로 성인 1인 기준 요금을 안내했습니다.
- **운영 및 휴무** ▶ 정기 휴무가 있는 경우는 표시했으며, 공휴일 및 연말연시, 골든 위크 등 변동이 잦은 시기는 따로 표기하지 않았습니다. 방문 시기의 공휴일과 축제 일정을 반드시 확인하는 것이 좋습니다. ▶ 1권 P.016
- **예산** ▶ 1인 기준 일본 통화 엔(¥)으로 표기했습니다.
- **가는 방법** ▶ 소개하는 장소와 가까운 역명, 버스 정류장 등 교통편을 고려해 정리했습니다.
- **맛집 정보** ▶ 😊 이 집을 방문해야 하는 이유 요약
  - ✓ 방문 전 체크 포인트 – 현금 결제, 예약 필요 여부, 대기 시간 등

지도에 사용한 기호 종류

관광 명소	맛집	카페	차 전문점	쇼핑	숙소	온천	포토 스폿
신사	절	전망대	JR	한큐 전철	한신 전철	게이한 전철	긴테츠 전철
오사카 지하철	교토 지하철	고베 지하철	열차	버스 정류장	케이블카	로프웨이	페리 터미널	공항

03 책의 구성

이 책은 가볍게 들고 다닐 수 있는 분권 형태로 제작했으며, 부록으로는 명소를 표시한 [오사카·교토 주요 교통 노선도]를 제공해, 여행 동선을 계획할 때 유용하게 활용할 수 있습니다.

● 대도시는 존zone으로 구분

1권 여행의 방향을 잡을 수 있도록 다양한 테마별 코스를 제안하고, 오사카 여행 준비법, 교통 패스 안내, 숙소 고르기, 공항-도심 간 이동법 등 여행 전 꼭 알아야 할 기본 정보를 담았습니다. 2권과 3권을 보기 전에 먼저 펼쳐 보면 좋습니다.

2권 오사카를 포함한 남쪽 지역을 중심으로 고베, 히메지까지 확장해 소개했습니다. 각 도시로 들어가는 교통편과 환승 정보도 함께 다뤄 지역 간 이동이 많은 여행자에게 실용적인 안내서가 됩니다.

3권 교토를 중심으로 주변의 우지·나라와 교토 북부의 소도시까지 함께 소개해 깊이 있는 간사이 여행을 제안합니다.

04 본문 보는 법

● 존zone 단위 구성 방식

대도시는 반나절~하루 일정으로 둘러볼 수 있는 범위를 하나의 ZONE(구역)으로 나누어 구성했습니다. 도입부에는 주요 동선과 상점가를 표시한 상세 지도, 소요 시간, 이동 수단, 고려 사항 등을 함께 제시해 추천 일정으로 활용할 수 있도록 구성했습니다. 맛집 정보는 각 ZONE의 마지막에 테마별로 나누어 수록했습니다.

● 대중교통 정보의 시각화

여행자가 가장 궁금해하는 대표 루트 세 가지는 구글맵 경로 검색처럼 열 구조로 나란히 정리해 직관적으로 코스를 비교하고 선택할 수 있습니다. 핵심 지하철역, 정류장, 랜드마크를 사진과 함께 안내해 길 찾기를 도왔습니다.

Kansai Preview
간사이 여행 미리 보기

간사이関西(관서)는 일본 본토 중서부에 위치한 역사와 문화의 중심지다. 1000년 넘게 일본의 수도였던 교토와 상업과 미식의 도시 오사카를 비롯해 각기 다른 개성과 풍경을 지닌 도시들이 가까운 거리에 모여 있다.

📍 오사카 Osaka 大阪 ▶ 2권 P.008

#길거리음식 #쇼핑 #USJ

간사이의 심장, 오사카는 특유의 위트와 활기가 넘치는 도시다. 도톤보리의 네온사인 아래 쿠시카츠를 한 입 베어 물면 어디선가 정겨운 간사이벤이 들려온다. 유니버설 스튜디오 재팬(USJ)도 오사카에 있다.

📍 히메지 Himeji 姫路 ▶ 2권 P.136

#히메지성 #벚꽃 #기차여행

오사카에서 고베를 지나 기차로 1시간. 유네스코 세계문화유산 히메지성은 1000그루가 넘는 벚나무에 꽃이 만개하는 계절에는 아름다움으로 빛난다.

📍 고베 Kobe 神戸 ▶ 2권 P.144

#항구 #고베규 #카페 #쇼핑

1868년에 개항한 이래, 고베는 일본에서 가장 이국적인 도시가 되었다. 유럽풍 저택이 늘어선 기타노이진칸에서 항구까지 이어지는 쇼핑가, 입에서 살살 녹는 고베규가 여행의 즐거움을 완성한다.

📍 교토 Kyoto 京都 ▶ 3권 P.008

#사원 #벚꽃 #단풍 #전통문화

기요미즈데라의 단풍, 아라시야마의 대나무 숲, 철학의 길을 따라 활짝 핀 벚꽃, 1000년의 시간 속 풍부한 문화유산을 바탕으로 탄생한 교 스타일Kyo Style! 전통과 트렌드가 조화로운 감성 도시, 교토.

지도

- 국제공항 ✈ 직항 1시간 40분
- 간사이 국제공항(KIX)
- 고베
- 교토
- 오사카
- 나라
- 직항 2시간 15분 → 삿포로
- 🚄 신칸센 2시간 30분
- 🚄 신칸센 1시간 → 나고야
- 🚄 신칸센 2시간 30분 → 도쿄
- 후쿠오카
- 간사이

📍 우지 Uji 宇治 ▶ 3권 P.164

#말차 #강변산책 #뵤도인 #닌텐도뮤지엄

소박한 풍경 속에서 힐링하기 좋은 교토 근교 소도시. 유서 깊은 사원과 닌텐도 뮤지엄을 보려고 사람들이 모여든다. 최고급 녹차와 명물 디저트도 꼭 맛보자.

📍 나라 Nara 奈良 ▶ 3권 P.176

#사슴 #사원 #세계유산

교토보다 더 오래된 수도, 일본 고대사가 시작된 나라. 도다이지의 대불상, 가스가타이샤의 원시림도 인상적이지만, 역시 가장 즐거운 순간은 사슴과의 만남이다.

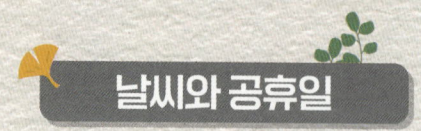
날씨와 공휴일

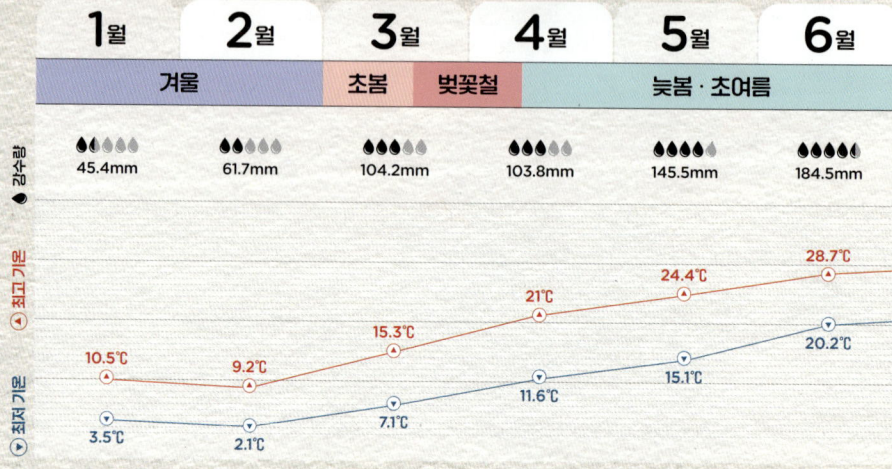

월	1월	2월	3월	4월	5월	6월
계절	겨울	겨울	초봄	벚꽃철	늦봄·초여름	늦봄·초여름
강수량	45.4mm	61.7mm	104.2mm	103.8mm	145.5mm	184.5mm
최고기온	10.5℃	9.2℃	15.3℃	21℃	24.4℃	28.7℃
최저기온	3.5℃	2.1℃	7.1℃	11.6℃	15.1℃	20.2℃

1월 1일 신정 ※연말연시 연휴
1월 둘째 월요일 성인의 날
2월 3일경 세츠분(입춘 전날) ※공휴일 아님
2월 11일 건국 기념일
2월 23일 일왕 탄생일
3월 20일 또는 21일 춘분의 날

4월 29일 쇼와의 날
5월 3일 헌법 기념일
5월 4일 녹색의 날
5월 5일 어린이날

> 골든 위크는 일본의 연휴 기간! 어디를 가든 매우 혼잡해요.

겨울   12월 중순~2월

#눈 #바람 #실내추위

기온이 영하권으로 떨어지는 날이 드물다. 하지만 일본 주택은 실내가 바깥보다 오히려 더 춥게 느껴질 수 있으므로 에어비앤비 숙소보다 호텔에서 묵는 편이 낫다.

#옷차림

현지인은 울 코트, 니트, 목도리 착용. 여행자는 경량 패딩, 숏패딩, 히트텍, 내복 등 방한 아이템 준비

봄   3~5월

#매화 #꽃샘추위 #벚꽃 #일교차

2월 말에는 매화가 피기 시작한다. 벚꽃철까지는 아침저녁으로 쌀쌀해 재킷이 필수. 4월까지는 쾌적하고, 5월 중순부터 습도가 높아진다.

#옷차림

벚꽃철에는 긴소매 셔츠, 얇은 니트, 트렌치 코트 착용. 5월 중순부터 낮에는 반소매, 저녁에는 카디건

여행을 언제 떠나야 할지 결정하기 어렵다면 계절별 기온부터 체크!
간사이 지방은 우리나라에 비해 온난한 아열대 기후다. 공휴일이나 연휴에는 평소와 달리 영업 후 다음 날 쉬는 관광지나 가게가 많으므로 휴무 일정을 꼭 확인해야 한다.

7월	8월	9월	10월	11월	12월
	한여름		늦더위	단풍철	겨울
157mm	90.9mm	160.7mm	112.3mm	69.3mm	43.8mm
33.5℃	35.4℃	33℃	26.4℃	19.2℃	12.4℃
26.8℃	26.9℃	25.5℃	18.8℃	11.8℃	5.6℃

7월 셋째 월요일 바다의 날
8월 11일 산의 날
8월 13~16일 오본 연휴
7월 한 달간 교토 기온 마츠리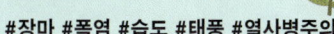
7월 24~25일 오사카 덴진 마츠리
8월 초 요도가와 & 비와코 불꽃 축제

축제 기간
※공휴일 아님

9월 셋째 월요일 경로의 날
9월 23일 전후 추분의 날
10월 둘째 월요일 체육의 날
11월 3일 문화의 날
11월 23일 근로감사의 날
12월 크리스마스 시즌 ※공휴일 아님

여름 6~9월

#장마 #폭염 #습도 #태풍 #열사병주의
6월 초부터 장마가 시작되며, 7~8월은 상상 이상으로 덥고 습하다. 이 시기에는 열사병에 주의하고 물을 많이 마셔야 한다. 한낮에는 실내 활동 위주로 계획을 세울 것. 7~9월에는 태풍의 영향권에 든다.

#옷차림
민소매, 리넨 등 통풍이 잘되는 소재의 옷. 절이나 신사를 방문할 때에는 단정한 복장

자외선 차단제, 휴대용 선풍기, 양산, 사라사라 시트(현지 편의점에서 구입) 등 더위를 막아 줄 물건 준비

가을 10월~12월 초

#늦더위 #일교차 #단풍
10월까지 늦더위가 이어지다가 쾌적한 가을 날씨로 접어든다. 11월부터는 오후 5시 전에 어두워지기 시작하므로 일정을 세울 때 유의해야 한다.

#옷차림
기온에 따라 반소매, 긴소매, 가벼운 재킷을 번갈아 입는 계절. 12월부터는 플리스 아우터, 12월 중순 이후에는 경량 패딩 필요

ATTRACTION

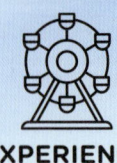
EXPERIENCE

EAT & DRINK

SHOPPING

BUCKET LIST
오사카·교토 버킷 리스트

ATTRACTION

☒ BUCKET LIST 01

가장 화려한 순간
벚꽃과 단풍 명소 총정리

매년 봄 간사이 지방을 핑크빛으로 뒤덮는 벚꽃, 늦가을 무렵 더욱 선연한 단풍. 사찰의 지붕과 강변의 산책로, 오래된 골목은 계절이 바뀔 때마다 전혀 다른 풍경을 보여준다. 가장 아름다운 순간을 만나려면 어디로 떠나야 할까?

언제 가면 좋을까?
여행 시기 정하기

벚꽃철

도심 지역의 벚꽃은 보통 3월 말에 개화해서 일주일 후 가장 예쁘다. 하지만 꽃샘추위 등 기온 변화에 따라 시기는 달라질 수 있다. 히메지성은 오사카보다 4~5일 늦게 개화한다.

오사카·교토 실제 개화일
2025년 3월 27일, 2024년 3월 30일, 2023년 3월 21일

단풍철

단풍은 보통 11월 초에 물들기 시작해 마지막 주가 피크다. 특별히 날씨가 따뜻한 해에는 12월 첫째 주까지도 붉은 단풍을 볼 수 있다. 교토 북부와 고베 북부의 산간 지역은 도심보다 약 일주일 먼저 물들고 일찍 진다.

떠나기 전 체크 리스트!

벚꽃철과 단풍철은 간사이 여행의 최고 성수기. 특히 교토의 주요 관광지는 걸어서 이동하기조차 어려울 정도로 붐빈다. 라이트업(야간 조명 연출)을 진행하는 유명 사찰과 정원을 찾는다면 입장 시간과 요금 변경을 염두에 두어야 한다.

- ✓ 입장권 사전 구매 여부 확인(시즌 직전 홈페이지에 공지)
- ✓ 교토의 액자 정원, 아라시야마 단풍 열차 등 사전 예약 필요한 곳 확인
- ✓ 교토에서는 버스보다 전철과 도보 중심으로 동선 설계
- ✓ 숙박비가 가장 비싼 시기이므로 되도록 일찍 예약하기
- ✓ 예약 가능한 식당을 미리 확인하기

실시간 개화 상황

01 SPOT — 벚꽃 크루즈 타고 강변 유람
오카와 大川

오사카 도심 최고의 벚꽃 명소는 역시 오카와(오강) 벚꽃 길이다. 덴마바시에서 사쿠라노미야까지 이어지는 구간이 하이라이트! 유람선을 타거나 강변을 산책하며 오사카의 봄을 만끽할 타이밍이다.

요금 강변 산책은 무료

 여행 TIP
오사카성이나 기타하마 카페 거리에서 천천히 걸어가도 좋다. 가와사키 다리를 찾아갈 것.

02 SPOT — 도시락 싸서 벚꽃놀이 갈까?
만국박람회 기념 공원
万博記念公園

1970년 오사카에서 열린 아시아 최초의 엑스포 '일본 만국박람회' 부지에 조성한 공원. 5500그루의 벚나무가 꽃을 피우면 너도나도 잔디밭에 돗자리를 펴고 일본식 벚꽃놀이 하나미花見를 즐긴다.

요금 입장료 260엔

 여행 TIP
오사카 모노레일 반파쿠키넨코엔역에서 도시락을 사서 들어가도 되고, 공원 내에 푸드 트럭도 많다.

오사카·고베 명소

🌸 벚꽃 명소 BEST 5

히메지성
오사카에서 기차로 1시간 ▶ 2권 P.142

오카와 & 오사카 조폐국
오사카성 근처 ▶ 2권 P.104

니시노마루 정원
오사카성 내부 ▶ 2권 P.096

만국박람회 기념 공원
오사카에서 기차로 30~40분 ▶ 2권 P.124

스마우라산조 놀이공원
고베에서 기차로 30분 ▶ 2권 P.199

🍁 단풍 명소 BEST 3

미도스지 가로수 길
우메다와 난바 사이 ▶ 2권 P.039

롯코산
고베에서 2시간 ▶ 2권 P.194

고베 누노비키 허브엔
신코베역에서 로프웨이 탑승 ▶ 2권 P.179

03 SPOT
오사카의 밤벚꽃놀이
니시노마루 정원
西の丸庭園

히메지성까지 가기 어렵다면 해자 건너편의 오사카성을 배경으로 벚꽃이 피는 니시노마루 정원이 괜찮은 대안이다. 벚꽃 축제가 열리는 밤에는 조명을 밝힌 정원 안에 푸드 트럭까지 들어와 피크닉 분위기가 된다.

요금 유료 입장

 여행 TIP
정면에 오사카성을 두고 뒤로 물러날수록 구도가 안정된다. 홈페이지에 별도 공지가 없으면 삼각대 반입 가능

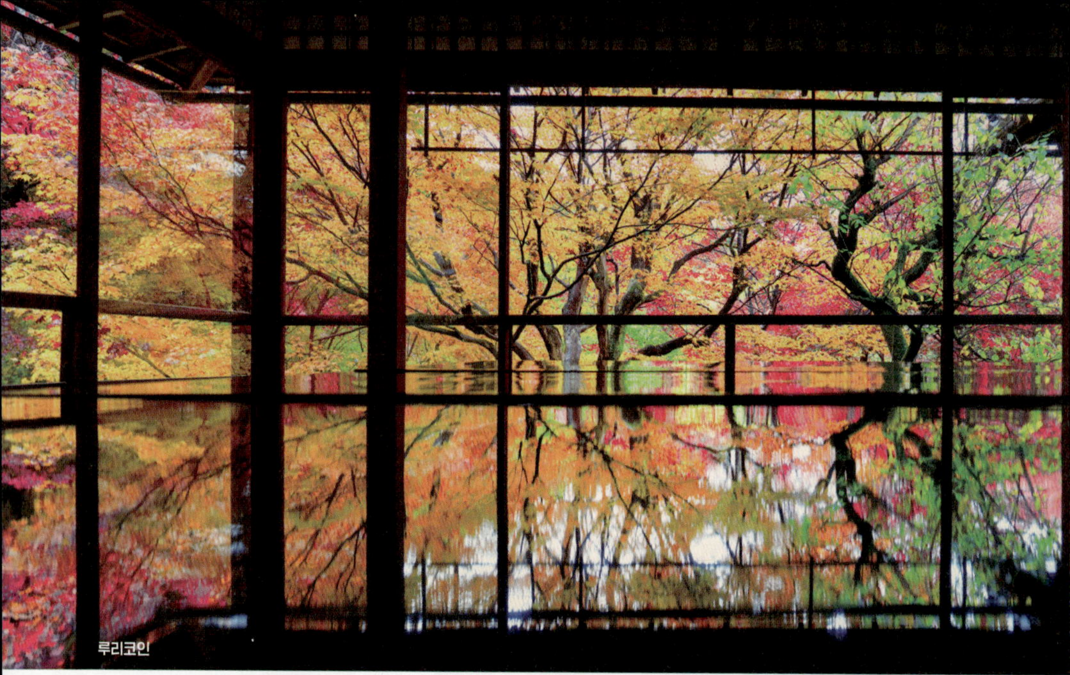

루리코인

유리알처럼 빛나는 단풍의 반영

04 •SPOT• 루리코인 瑠璃光院

교토 북쪽 히에이잔 산기슭에 자리한 루리코인의 대표적인 볼거리는 테이블에 비친 단풍이다. 2층에 광택이 나는 흑단 테이블을 배치해 창밖 단풍이 거울처럼 반사된다. 가을에는 홈페이지에서 사전 예약해야 입장이 가능하다.

운영 10:00~17:00(특별 공개 기간 외에는 폐쇄)
요금 2000엔 **홈페이지** rurikoin.komyoji.com
가는 방법 교토 기온시조역에서 40분. 에이잔 전철 야세히에이잔구치역 하차 후 750m(도보 10분)

여행 TIP

반영은 사진처럼 아름답지만, 공간이 협소해 자리 경쟁이 치열하다.

완벽한 액자 정원

05 •SPOT• 엔코지 圓光寺

교토 북동부 이치조지 지역에 위치한 사찰로, 1601년 도쿠가와 이에야스가 설립했다. 기둥과 처마가 만든 프레임 안으로 '십우의 정원(十牛之庭)'이 보이는 액자 정원으로 유명하다. 가을에는 예약제로 운영하므로 사전 확인 필수.

운영 09:00~17:00 **요금** 600엔 ※가을 관람 요금 별도
홈페이지 www.enkouji.jp
가는 방법 교토 기온시조역에서 40분.
에이잔 전철 이치조지역 하차 후 1.1km(도보 15분)

여행 TIP

루리코인보다는 가깝지만, 교통편이 좋지 않아 많이 걸어야 한다.

엔코지

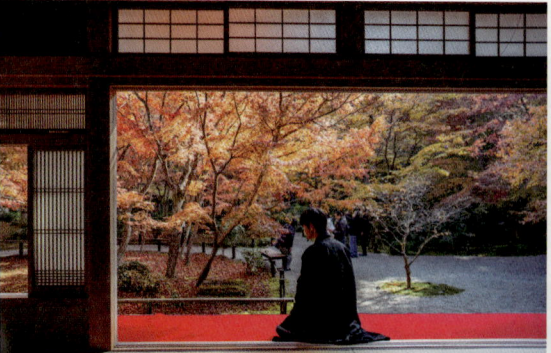

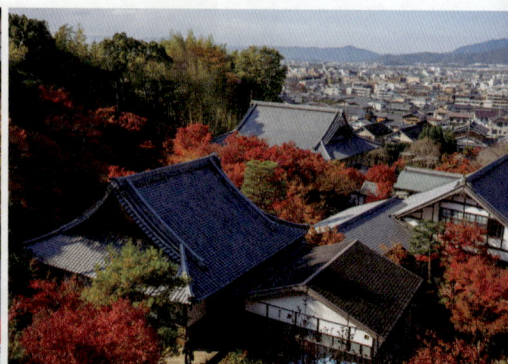

마루야마 공원

교토 & 근교 명소

🌸 벚꽃 명소 BEST 5

기온의 밤 벚꽃
마루야마 공원 ▶ 3권 P.040

다카세강 & 가모강
기온시조 ▶ 3권 P.056

철학의 길 & 게아게 인클라인
에이칸도 근처 ▶ 3권 P.079, P.082

신센엔 정원
헤이안 신궁 ▶ 3권 P.095

도지
교토역 근처 ▶ 3권 P.113

🍁 단풍 명소 BEST 7

기요미즈데라
교토 동쪽 ▶ 3권 P.035

에이칸도
철학의 길 근처 ▶ 3권 P.080

난젠지
철학의 길 근처 ▶ 3권 P.081

도후쿠지 단풍 계곡
교토에서 기차로 15분 ▶ 3권 P.173

니시혼간지 은행나무
교토역 근처 ▶ 3권 P.112

히에이잔
교토에서 기차로 1시간 ▶ 3권 P.160

오하라
교토에서 버스로 1시간 ▶ 3권 P.148

06 SPOT 기온의 밤벚꽃놀이
마루야마 공원 円山公園

해 질 무렵 야사카 신사를 지나 마루야마 공원으로 들어가면 거대한 시다레자쿠라(수양벚나무)가 조명을 받으며 환상적으로 빛나고 있다.
요금 무료입장

> 🧳 **여행 TIP**
> 기온 한복판에 위치해 접근성이 뛰어나다. 교토를 처음 찾는 여행자라면 꼭 들러야 할 명소!

오사카·교토 버킷 리스트 025

ATTRACTION

BUCKET LIST 02

연말 기분 100%
라이트업 &
일루미나주 명소

OSAKA

야마시타 타츠로의 〈크리스마스이브〉가 흘러나오는 계절. 매년 겨울 대형 조명을 설치하는 일루미나주ｲﾙﾐﾅｼﾞｭ(일루미네이션) 이벤트는 보통 11월 중순부터 2월 중순까지 계속된다.

"거리마다 크리스마스트리가
   은빛으로 반짝이고
silent night,
   holy night"

오사카 BEST 3

① **미도스지 일루미네이션** 무료
우메다와 난바 사이가 빛의 터널로 변신

② **오사카 빛의 르네상스** 무료
나카노시마의 중앙공회당 앞 강변 산책로

③ **오사카성 일루미나주** 유료
니시노마루 정원에 오사카 명소 조형물을 설치

KYOTO

교토에서는 벚꽃과 단풍을 조명으로 비추는 라이트업이 사찰과 신사의 봄가을 풍경을 완성한다. 기요미즈데라는 가을철에 가장 찬란하지만 관람객이 너무 많아서 어린이를 동반한 경우 주의가 필요하다.

교토 BEST 3

① **기요미즈데라** `유료`
단풍 숲 위로 떠오른 듯한 본당의 풍경

② **니조성** `유료`
국보급 성벽에 프로젝션 매핑과 계절 조명 연출

③ **도지** `유료`
오중탑이 연못에 물그림자를 드리우는 야경은 봄가을 모두 인기

KOBE

항구도시 고베의 야경은 언제나 아름답다. 특히 겨울에는 1995년 한신 대지진 희생자를 추모하고, 도시의 부흥과 희망을 기원하는 '고베 루미나리에'로 더욱 화려해진다. 매년 12월 또는 1월 중 약 10일간 지정 장소에서 개최하며, 이때가 되면 거리 곳곳이 빛의 회랑으로 변신한다.

고베 BEST 2

① **히가시유엔치 공원, 산노미야, 구거류지** `무료`

② **메리켄 파크** `유료` 빛의 게이트, 기념 조형물 설치

ATTRACTION

☑ BUCKET LIST 03

교토 타워부터 하루카스 300까지
간사이 전망 포인트 BEST 7

낯선 여행지를 가장 쉽게 이해하는 방법은 높은 전망대에 오르는 것!
간사이에는 저마다 다른 매력을 가진 전망 스폿이 여러 곳 있다. 높이도, 전망도, 분위기도 제각각!
취향에 맞는 장소를 골라 보자.

	높이	구조	위치	시간	특징
교토 타워	100m	타워	교토 도심	30분	교토의 랜드마크. 맞은편 무료 전망 포인트도 확인하기
하루카스 300 전망대	300m	빌딩	오사카 도심	2시간	일본 최고층 빌딩에서 본 미니어처 도시 뷰. 전망 최고!
우메다 공중 정원	173m	빌딩	오사카 도심	1시간	요도강 전망과 야경에 특화된 고층 전망대
사키시마 코스모 타워 전망대	252m	빌딩	오사카항	2시간	오사카 항구 파노라마 뷰. 엑스포 개최지가 보이는 곳
츠텐카쿠	108m	타워	오사카 도심	1시간	덴노지 공원과 신세카이 전망. 레트로 감성 타워
고베 포트 타워	108m	타워	고베항	30분	고베 항구와 도심 전망
롯코 가든 테라스	880m	고산	고베 근교	반나절	산 정상의 야외 전망대. 아카시 해협 파노라마 뷰

교토 | 교토역

교토 타워
京都タワー ▶ 3권 P.111

바다가 없는 내륙 도시 교토에 등대를 모티브로 설계한 랜드마크다. 지상 100m 높이의 곡면 유리창으로 둘러싸인 전망대에 오르면 교토 시내가 한눈에 들어온다. 상층부는 호텔, 3층에는 교토 공식 관광 안내소, 저층에는 푸드 홀과 로컬 기념품 숍까지, 전망대가 아니더라도 한 번쯤 가 볼 만한 복합 공간이다. 1층 디저트 매장 마르브랑슈에 가면 교토타워점 한정판 녹차 아이스크림도 맛볼 수 있다.

장소	교토 타워 빌딩 11층
구조	곡면 유리창 실내 전망대
추천 시간	오전 또는 일몰
주변 명소	교토역, 히가시혼간지

여행 TIP
건너편에서 교토 타워를 바라보는 풍경도 놓치지 말아야 한다. 붉은색 조명이 밝게 빛날 무렵, 교토역 7~10층 스카이웨이(무료 전망 통로)에 올라가면 가장 멋진 순간을 눈에 담을 수 있다.

오사카 | 덴노지

하루카스 300
ハルカス300 ▶ 2권 P.110

요즘 오사카 여행의 필수 코스. 초고층 빌딩에서 내려다보는 오사카 전경이 시원스럽다. 낮에는 미니어처처럼 보이는 도심, 해 질 녘 노을과 불빛이 반짝이는 야경까지 전부 인상적이다. 같은 건물 16층에는 무료로 개방하는 옥상정원이, 17층에는 전망 카페가 있다.

장소	아베노하루카스 빌딩 58~60층
구조	통유리 실내 전망대 + 개방형 루프톱 테라스
추천 시간	하루 종일
주변 명소	시텐노지, 긴테츠 백화점

오사카 | 우메다

우메다 공중 정원 梅田 空中庭園
▶ 2권 P.042

우메키타 공원에서 한눈에 보이는 쌍둥이 빌딩 꼭대기에 설치한 전망대. 두 빌딩을 타원형 플랫폼으로 연결해 둘레를 따라 한 바퀴 걷는 구조다. 오사카역에서 도보로 10분 거리라 접근성이 뛰어나고, 새롭게 생긴 우메다의 명소와 연계해 돌아보기 좋다.

장소	우메다 스카이 빌딩 39~40층
구조	통유리 실내 전망대 + 원형 루프 플랫폼
추천 시간	낮, 야경, 8월 요도가와 불꽃 축제
주변 명소	그랜드 그린 오사카, 타임아웃 마켓

오사카 | 오사카항

사키시마 코스모 타워
さきしまコスモタワー ▶ 2권 P.123

주유 패스 이용자에게 인기 있는 전망대. 오사카항과 바다, 2025 오사카·간사이 엑스포 개최지인 유메시마까지가 보여 최근 주목받고 있다. 오사카 도심에서 지하철 주오선으로 30분 정도 걸린다.

장소	오사카부 사키시마 청사 55층
구조	통유리 실내 전망대
추천 시간	낮
주변 명소	오사카항 일대

`오사카` `신세카이`

츠텐카쿠 通天閣 ▶ 2권 P.114

독특한 디자인과 레트로 감성으로 사랑받는 오사카 신세카이의 상징. 공간은 좁은 편이지만 흥미로운 수집품과 타워슬라이더 같은 액티비티까지 다양한 콘텐츠를 갖추고 있다. 옥외 전망대는 추가 요금을 내야 하는데, 유리창 없이 보이는 전망이 생각보다 볼만하다.

장소	츠텐카쿠 타워
구조	실내 전망대 + 옥상 오픈 전망대
추천 시간	낮
주변 명소	쿠시카츠 맛집 골목, 덴노지 동물원, 스파월드

`고베` `고베항`

고베 포트 타워 神戸ポートタワー ▶ 2권 P.167

일본 전통 북 츠즈미를 모티브로 건축한 붉은색 타워에 올라가면 항구, 산, 도심이 한 프레임 안에 담긴다. 지상 4층에 무료 전망 테라스와 카페를 운영 중. 다만 야경은 건너편 하버랜드 쪽에서 고베 포트 타워를 바라보는 장면이 훨씬 예쁘다.

장소	메리켄 파크
구조	실내 전망대 + 옥상 데크
추천 시간	낮
주변 명소	하버랜드, 고베 해양 박물관

`고베` `롯코산`

롯코 가든 테라스 六甲ガーデンテラス ▶ 2권 P.195

고베 북쪽 롯코산 정상에 오르면 작은 테마파크가 나타난다. 전망 좋은 카페와 레스토랑부터 설치 미술품과 포토 스폿이 어우러진 야외 미술관까지!

장소	롯코산 정상	추천 시간	낮
구조	야외 전망대	주변 명소	롯코 케이블, 아리마 온천 마을

EXPERIENCE

☑ BUCKET LIST 04

항공권보다 USJ 티켓 먼저!
유니버설 스튜디오 재팬

01 단계별 USJ 공략법
02 예약부터 입장까지
03 자주 묻는 질문 FAQ
04 슈퍼 닌텐도 월드
05 핵심 어트랙션 정리
06 체험형 어트랙션 & 이벤트
07 편의 시설 가이드

> **가는 방법**

유니버설 스튜디오 재팬은 오사카 도심에서 약 10km 떨어진 항만 지역에 있으며, 대중교통으로 쉽게 다녀올 수 있다. USJ 방문일에는 주유 패스를 구매할 필요 없이 교통비만 지불하면 된다. 택시 요금은 편도 기준 약 5000엔이다.

• 난바에서 가기
소요 시간 20~25분 **요금** 편도 400엔
오사카 난바역(한신 난바선) → 니시쿠조역(JR 유메사키선으로 환승) → 유니버설시티역 하차

• 우메다에서 가기
소요 시간 15분 **요금** 편도 200엔
오사카역(센트럴 게이트)에서 사쿠라지마행 JR 오사카 순환선 탑승 → 유니버설시티역 하차

• JR 엑스포라이너
소요 시간 10분 **요금** 편도 200엔
신오사카역 또는 오사카역(우메키타 지하 게이트)에서 탑승 ※2025년 10월까지 운행

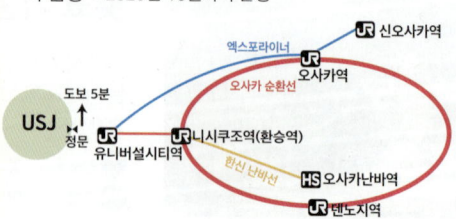

BUCKET LIST

'순서'가 재미를 결정한다
단계별 USJ 공략법

1~2개월 전 가고 싶은 날짜의 익스프레스 패스 또는 닌텐도 월드 확약권이 남아 있는지 확인하고, 둘 중 하나를 입장권과 함께 구매하기

3~7일 전 USJ 공식 앱 설치 후 입장권 등록. 앱 화면에 익숙해지기. 방문 날짜의 특별 이벤트, 퍼레이드 시간 확인해 두기

방문 당일 정식 오픈 시간(08:30 또는 09:00)보다 1시간 정도 먼저 개방하는 것이 관례

입장 직후 **익스프레스 패스나 확약권이 없다면 →** 오픈런과 동시에 닌텐도 월드로 직진하거나 닌텐도 월드 e정리권을 신청한다.
익스프레스 패스가 있다면 → 오전에는 패스에 포함되지 않은 인기 어트랙션부터 공략하고, 대기 인원이 많아지는 오후에 패스를 사용하는 것이 좋다.

저녁 해리 포터 존은 요즘 입장 제한이 없으므로 낮에 어트랙션을 즐기고 밤에 다시 방문해 야경을 감상해도 된다.
폐장 시간은 유동적이다. 평일·비수기는 저녁 7~8시, 주말·성수기는 밤 9~11시까지 열기도 한다. 홈페이지에 3개월 단위 일정이 공지된다.
홈페이지 www.usj.co.jp/web/ko/kr

TIP! ✓ 테마파크는 재입장 불가! 점심은 USJ 내부에서 해결
✓ 입장 전후 식사는 유니버설시티워크에서 간단하게!

USJ가 처음이라면?
예약부터 입장까지

모니터 속 세계가 현실이 되는 곳, 유니버설 스튜디오 재팬(USJ). 제대로 즐기려면 사전 계획 필수! 복잡한 시스템을 미리 이해하고 준비해야 더욱 만족도 높은 하루를 보낼 수 있다. 꼭 알아야 할 핵심만 정리했다.

01 티켓 종류

입장권 (필수 구매)
정식 명칭은 스튜디오 패스(놀이기구 자유이용권)
요금 8만 3700~11만 6000원(시즌별 요금에 맞춰서 입장)
- 1일권 외에도 1.5일권, 2일권 선택 가능
- 오후 3시 이후 입장하는 0.5일권은 현장 매표소에서 판매

익스프레스 패스 (선택 구매)
대기 시간을 단축해 주는 추가 옵션. 빠르게 매진된다.
요금 17만~35만 원 이상(입장권 제외한 가격)
- 지정된 어트랙션(4개 또는 7개)에서만 사용
- 되도록 닌텐도 월드 확약권이 포함된 패스로 선택할 것

닌텐도 월드 확약권 (선택 구매)
인파가 몰리는 '슈퍼 닌텐도 월드' 입장을 보장하는 상품
- 일부 업체에서만 입장권과 묶어서 판매
- 익스프레스 패스가 없는 사람만 구입할 것

e정리권 (무료 발급)
방문 당일 USJ에 입장해 모바일 앱을 켜면 활성화되는 기능
- 닌텐도 월드 입장, 어트랙션, 워터 월드 쇼, 레스토랑 예약 시 활용
- 미리 구입하는 것이 아니며, 누구나 이용할 수 있다.

02 예매는 어디서?

❶ USJ 공식 홈페이지
일본어·영어 지원. 엔화 결제 시 약간 저렴하다. 다만 일본 이외 해외 카드는 승인이 잘 되지 않는다.

❷ 한국 공식 대행사(투어비스, WAUG, KKday, 클룩 등)
가격은 모든 업체가 비슷한데, 익스프레스 패스를 구입한다면 '닌텐도 월드 확약권 시간 지정 서비스'가 가능한 곳으로 선택하면 좋다.

대행사 리스트 확인
www.usj.co.jp/web/ko/kr/travel

03 USJ 공식 앱 설치는 필수!

입장 전 미리 설치하고, 티켓 등록까지 해 두자. GPS에 연동해 동선을 파악하고, 어트랙션 대기 시간 확인, 쇼 시간표 확인이 가능하다. 계정 하나에 일행의 티켓을 같이 등록하면 여러 가지 예약을 함께 진행할 수 있다.

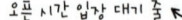

오픈 시간 입장 대기 줄

익스프레스 패스란?
자주 묻는 질문 FAQ

Q 익스프레스 패스는 어떤 걸 골라야 하나요?

4종 또는 7종 어트랙션 구성이 자주 바뀌기 때문에 제일 중요한 기준은 닌텐도 월드 확약권 포함 여부다. 요시 어드벤처보다는 동키콩과 마리오 카트를 포함한 구성이 베스트! 포비든 저니까지 추가하면 더욱 좋지만 패스 가격이 30만 원이 넘는다. 인기 어트랙션을 전부 포함한 패스는 없으므로 우선순위를 정해 선택한다.

> **TIP!** 슈퍼 닌텐도 월드 입장 시간대가 언제인지 체크할 것
> - 오전 입장: 가장 선호하는 시간대
> - 오후 입장: 퍼레이드 등 이벤트 시간과 겹치지 않게 선택
> - 저녁 입장: 추천하지 않음

Q 익스프레스 패스, 꼭 필요한가요?

대기 시간이 한두 시간을 훌쩍 넘는 인기 어트랙션을 제대로 즐기고 싶다면 추천.

> **TIP!** 일행과 따로 탑승하는 싱글 라이더 줄을 활용하면 대기 시간을 약간 단축할 수 있으나, 사람이 많을 때는 큰 효과가 없다.

Q 익스프레스 패스가 없어도 슈퍼 닌텐도 월드에 들어갈 수 있나요?

시기에 따라 다르다. 오전 9시쯤 입장해 e정리권을 신청하면 대체로 저녁 시간대 입장권을 받는다. 하지만 극성수기(겨울방학·벚꽃철·단풍철)에는 아예 입장이 불가능할 수 있으므로 확약권이라도 구입하는 편이 안전하다.

Q 옷은 어떻게 입고 가야 하나요?

5~11월에는 더운 날씨에 대비해야 한다. 12~2월에는 바닷바람 때문에 생각보다 훨씬 추울 수 있으므로, 두툼한 플리스 아우터나 숏패딩을 입어도 된다.

Q 그 외 알아 둬야 할 것은?

❶ 입구에서 보안 검사를 한다. 셀카봉, 외부 음식물 반입 금지
❷ 휴대폰을 계속 사용해야 하므로 보조 배터리는 필수 지참!
❸ USJ에서 굿즈를 5500엔 이상 구매한 경우 택스 리펀이 가능하다. 당일 영수증을 모아 두었다가 입구 근처 기념품점에서 환급받는다.

마리오 만나러 가자!
슈퍼 닌텐도 월드

닌텐도 게임 속 세상을 현실로 옮긴 듯한 몰입형 테마 구역. 닌텐도 팬이라면 두세 시간이 눈 깜빡할 새 지나간다. 확약권을 사용하고 나면 재입장은 불가능하지만, 앱에서 e정리권을 추가로 신청하는 건 가능하다.

• **동키콩의 크레이지 트램카**
카트를 타고 정글을 질주하는 스릴 라이드. 2024년 12월에 오픈해 대기 시간이 매우 길다.

• **마리오 카트: 쿠파의 도전장**
쿠파의 성 안에서 AR 고글을 쓰고 게임을 즐기는 인터랙티브 라이드. 전 연령층에 인기!

• **요시 어드벤처**
느릿느릿한 카트를 타고 버섯 왕국의 아기자기한 풍경을 감상하는 전망형 라이드.

• **키노피오 카페**
슈퍼 닌텐도 월드 내부의 테마 레스토랑. 입장 직후 QR코드로 대기 등록을 해야 한다.

파워업 밴드가 있으면 재미 UP!
손목에 착용 후 USJ 앱과 연동해 미션을 수행하는 아이템이다. 구역 곳곳의 블록을 두드리거나 코인을 모아 점수를 획득할 수 있다. 열쇠 챌린지 5개 중 3개를 모아야 입장할 수 있는 '쿠파 주니어 파이널 배틀'이 가장 재미있다.

열쇠 챌린지 표시

오픈런 추천! 핵심 어트랙션 정리

BUCKET LIST

스릴 만점! 야외형 롤러코스터 키 132cm 이상

• **더 플라잉 다이너소어**
몸을 엎드린 자세로 고정한 채 질주하는 초고속 롤러코스터

• **할리우드 드림 - 더 라이드/백드롭**
한 트랙에서 2개의 롤러코스터가 정방향과 역방향으로 운행된다. 뒤로 달리는 백드롭의 인기가 더 높다.

실내형 다크라이드 & 4D 체험

• **포비든 저니**
마법 지팡이를 타고 해리, 론, 헤르미온느와 위기를 탈출하는 콘셉트. 기다리는 동안 호그와트 마법 학교를 구경하는 즐거움이 있지만, 어두운 장면이 많아 어린이는 무서워할 수 있다. 오픈런 또는 저녁 늦게 가야 줄이 짧다.

• **쥬라기 공원: 더 라이드**
공룡이 등장하는 정글 속 급류 타기. 옷이 젖을 수 있다.

• **스페이스 판타지: 더 라이드**
회전형 차량을 타고 우주 공간을 누비는 실내형 롤러코스터. VR 고글을 착용하는 XR 라이드로 테마가 변경되기도 한다.

※ SPY×FAMILY(2025년 7월 1일~2026년 1월 4일)

마법은 디테일이다!

해리 포터 존의 호그스미드 마을 곳곳에는 센서에 반응하는 매직 스펠 포인트가 숨어 있다. 올리밴더스의 가게에서 판매하는 지팡이는 반드시 센서 내장형 '인터랙티브' 제품으로 구매해야 한다.

바닥의 스펠 마크를 찾았다면, 마법 지팡이를 휘둘러 볼까? "인센디오!"

06 온 가족이 즐겨요
체험형 어트랙션 & 이벤트

- **워터 월드**
수상 스턴트 액션과 특수 효과가 어우러진 쇼. 공연 시간 20~30분 전에 줄을 서야 한다.

- **유니버설 원더랜드**
엘모, 헬로키티, 스누피 등 인기 캐릭터 테마 존으로 꾸며져 있다. 놀이기구별로 발급해 주는 현장 정리권을 활용할 것.

- **미니언 메이헴**
〈슈퍼배드〉 시리즈의 미니언과 함께하는 3D 시뮬레이터. 어린이들이 특히 즐거워한다.

- **플라이트 오브 더 히포그리프**
난이도가 매우 낮은 롤러코스터. 저녁에 타면 호그와트 마법 학교의 야경이 멋지게 보인다.

- **죠스**
영화 〈죠스〉 속 상어가 등장하는 호수를 순회하는 보트 어트랙션

TIP! 차일드 스위치
어린이를 동반했을 때, 부모가 번갈아 탑승할 수 있도록 돕는 시스템. 직원에게 요청하면 대기 없이 바로 교대 탑승 가능!

주요 이벤트 정보

인기 캐릭터가 총출동하는 USJ의 퍼레이드는 부활절, 핼러윈, 크리스마스 등 테마가 바뀔 때마다 동선과 운영 시간이 달라진다. 이벤트 스케줄을 미리 확인하고, 시작 30분~1시간 전에는 자리를 잡는 것이 좋다.

- **유니버설 쿨 재팬** 연중 진행
〈명탐정 코난〉, 〈도라에몽〉 등 인기 애니메이션이나 게임과 협업한 한정 어트랙션과 이벤트

- **원피스 프리미어 서머** 7~10월 초
애니메이션 〈원피스〉를 테마로 한 초대형 라이브 쇼와 '상디의 해적 레스토랑' 운영 (유료 티켓 필요)

- **NO LIMIT! 서머 스플래시** 7~8월
물총을 쏘며 즐기는 워터 밤 퍼레이드. 몸이 흠뻑 젖을 수 있다.

- **NO LIMIT! 서머 댄스 나이트** 7~8월
HYBE 소속 아티스트의 음악과 함께하는 여름밤의 DJ 댄스파티 (QR코드 필요)

- **핼러윈 호러 나이츠** 9~11월 초
핼러윈을 테마로 다양한 공포 체험과 퍼레이드

- **NO LIMIT! 크리스마스** 11월 중순~1월 초
대형 크리스마스트리와 화려한 장식, 해리 포터 호그와트 마법 학교의 조명 쇼, 시즌 한정 퍼레이드

USJ vs 유니버설시티워크
편의 시설 가이드

테마파크 내부 맛집

공식 앱으로 예약과 주문을 한다. 인기 레스토랑은 오전 11시 전 또는 오후 2시 이후에 공략해 보자.

- **키노피오 카페**
  📍 슈퍼 닌텐도 월드
  입장 직후 QR코드 예약

- **쓰리 브룸스틱**
  📍 해리 포터 존
  셰퍼드 파이와 버터 비어

- **스누피 백롯 카페**
  📍 원더랜드 근처
  스누피 캐릭터 테마 메뉴

- **해피니스 카페**
  📍 미니언 파크
  미니언즈 테마 다이닝

- **푸드 카트**
  📍 샌프란시스코 또는 뉴욕
  길거리 음식으로 식사 해결

- **멜스 드라이브 인**
  📍 할리우드 존
  미국식 햄버거 다이너

유니버설시티워크 맛집

- **미국 체인점**
  하드 록 카페, 부바 검프, 레드 랍스터, 울프강 퍽 스테이크하우스, 툴리스 커피
- **일본 체인점**
  스시로, 모스버거, 교토 카츠규, 키네야 무기마루 우동

숙소는 어디로 정할까?

우메다와 난바에서 대중교통으로 쉽게 다녀올 수 있다. 하지만 어린이 동반 또는 1.5일권·2일권 사용자라면 유니버설시티의 숙소가 편리하다.

- **더 파크 프런트 호텔** 정문 바로 앞(USJ 전망)
- **긴테츠 유니버설시티점** 정문에서 도보 5분
- **유니버설 포트 호텔** 오사카항 페리 터미널과 연결

EXPERIENCE
☑ BUCKET LIST 05

2025 오사카·간사이 엑스포

엑스포 관람 가이드

📅 **개최 기간** 2025년 4월 13일~10월 13일(총 184일)
📍 **개최 장소** 오사카만에 위치한 인공 섬 유메시마夢洲
🌐 **규모** 158개국, 25개 국제기구 참가

2025년 10월까지, '생명이 빛나는 미래 사회 디자인'을 주제로 2025 오사카·간사이 엑스포가 열린다. 일본관 및 시그니처 파빌리온의 기획 전시와 함께, 각국 전시관에서 비전을 소개한다.

STEP 01 교통편

· 지하철로 가기
요금 편도 430엔
지하철 미도스지선(난바역 또는 우메다역) → 혼마치역(주오선으로 환승) → 유메시마역(종점) 하차 → 이스트 게이트(동쪽)로 입장

· JR 열차로 가기
요금 편도 200엔
오사카역에서 엑스포라이너(우메키타 지하 게이트에서 탑승) 또는 오사카 순환선(센트럴 게이트에서 탑승) → 사쿠라지마역(종점) 하차 → 셔틀버스로 환승 → 웨스트 게이트(서쪽)로 입장

STEP 02 입장권

종류 1일권 / 기간권(복수 입장) 등
요금 만 18세 이상 7500엔, 12~17세 4200엔, 4~11세 1800엔
구매처 공식 웹사이트(한글 지원), 온라인 예매처(KKday, 투어비스, 클룩 등), 현지 편의점 단말기
홈페이지 www.expo2025.or.jp

STEP 03 관람 방법

❶ **엑스포 ID 만들기** 예매 후 공식 웹사이트에서 엑스포 ID 생성
❷ **입장권 등록** 관람 일자, 시간, 입장 게이트 정보 입력
❸ **파빌리온 예약**
추첨 예약: 방문 2개월 전, 7일 전 신청
선착순 예약: 방문 3일 전 00:00부터 오픈
❹ **입장 & 당일 예약** 방문 시간에 맞춰 QR코드로 입장 → 10분 경과 후부터 현장 선착순 예약 가능
※ 인기 파빌리온: 일본관, 건담관, 미국관, 오스트리아관, 네덜란드관 등

 **공식 모바일 앱** EXPO 2025 Visitors

 **현장에서 유용한 앱** EXPO2025 Personal Agent

STEP 04 준비물

✅ 신용/체크카드 필수! 엑스포 현장에서는 현금 사용 불가
✅ 여름철 폭염과 강풍, 비에 대한 대비는 필수
✅ 모바일 앱으로 파빌리온, 편의 시설 등 대기 시간 확인 및 예약 관리

KOREA
2025 오사카·간사이 엑스포 한국관

한국관은 'With Hearts(마음을 모아)'라는 주제 아래, 전통·자연·기술·문화를 통해 미래사회를 조망하고 있다. 이번 오사카엑스포는 1970년 이후 55년 만에 같은 지역에서 다시 열리는 박람회로, 한국관은 도약한 대한민국의 현재를 세계에 선보이는 데 의미를 두고 있다. 한국관은 산업통상자원부가 주최하고, KOTRA가 주관한다.

전시관 구성
총 3개 구역으로 구성한 한국관은 기술과 감성, 문화와 비전이 융합된 복합 콘텐츠 공간이다. 인터랙티브 체험 중심으로 설계해 관람에는 전체 20분이 소요된다.

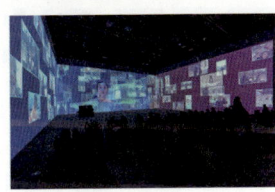

제1관
소리와 빛을 모아, 모두가 하나 되어

관람객은 입구에서 질문에 대한 답변을 녹음하고, 그 목소리를 모아 AI를 통해 음악으로 변환한다. 조명과 함께 공감각적 몰입 전시를 경험하게 된다.

제2관
황폐화된 도시에서 생명의 회복으로

콘크리트 구조물과 일상용품을 오브제로 활용해 현대 문명의 단면을 시각화했다. 친환경 기술을 체험할 수 있는 액티비티를 통해 환경 회복의 메시지를 전달한다.

제3관
같은 시간 속의 선율

2040년 미래 한국의 한 소녀와 할아버지의 이야기를 음악극 형식으로 풀어낸다. 시간이 흘러도 변하지 않는 가치를 주제로, 삼면 대형 스크린과 첨단 영상 기술을 경험할 수 있다.

사진·자료 제공 ⓒKOTRA

EXPERIENCE

☑ BUCKET LIST 06

낭만 한도 초과!
아라시야마 도롯코 열차

교토 서쪽, 관광 명소로 잘 알려진 아라시야마와 그 너머의 한적한 소도시 가메오카 사이에는 호즈강이 흐른다. 깎아지른 듯한 절벽 사이로 좁고 깊게 이어지는 협곡을 따라 나란히 달리는 두 가지 열차 중 도롯코 열차는 특히 단풍철에 좌석 예매 경쟁이 치열한 관광 열차다.

호즈강 뱃놀이
가메오카에서 아라시야마 방향만 운행

호즈강 상류인 가메오카에서 아라시야마 도게츠교 근처까지, 약 16km 구간을 호즈가와쿠다리保津川下り라 불리는 무동력 유람선을 타고 떠내려온다. 뱃사공이 대나무 장대만으로 나룻배를 노련하게 움직이는데, 계절과 날씨에 따라 속도에 차이가 있다.

<u>운행 기간</u> 수위에 따라 운항 여부 다름 <u>소요 시간</u> 편도 90~120분
<u>요금</u> 6000엔 ※하루 전까지 온라인 예매(당일 잔여분은 현장 판매)
<u>홈페이지</u> www.hozugawakudari.jp

가메오카에서 아라시야마까지
세 가지 교통 수단

▶ 3권 P.116

도롯코 열차

하행선: 사가에서 가메오카 방향(짝수 C·D석 추천)
상행선: 가메오카에서 사가 방향(짝수 A·B석 추천)

도롯코 가메오카역과 도롯코 사가역(아라시야마) 사이의 7.3km 협곡을 시속 25km로 운행하는 디젤 기관차로, 기점에서 종점까지 편도 25분이 소요된다. 다소 느린 속도로 왕복하는 관광용 열차다. 구글맵에서는 '사가노 관광철도', 국내 여행사에서는 '사가노 토롯코 열차'라고 표기한다. JR 산인 본선과 구분하기 위해 정차역 명칭에 '도롯코'가 붙는다.

운행 기간 3~12월
소요 시간 편도 25분
요금 편도 880엔 ※예매 방법은 다음 페이지에!

호즈강 촬영 포인트

도롯코 호즈쿄역
JR 호즈쿄역
도롯코 아라시야마역
JR 사가아라시야마역
도롯코 사가역
하선 장소
도게츠교
기점

JR 산인 본선 — 양방향 상시 운행

교토역에서 아라시야마로 갈 때 또는 호즈강 유람선을 타러 갈 때 이용하는 교통편. 예약 없이 IC카드나 일반 승차권으로 바로 탑승 가능하며, 왕복 모두 자유롭게 승하차가 가능한 일반 JR 노선이다.

운행 기간 연중
소요 시간 편도 10분
요금 편도 200~240엔

예매부터 좌석 선택까지
도롯코 예약 꿀팁 총정리

도롯코 열차는 창밖 경치가 좋은 만큼 벚꽃철과 단풍철에는 예약 경쟁이 치열하다. 티켓은 편도만 판매하므로 왕복하려면 상행선과 하행선을 각각 구매해야 한다.

예매 방법

❶ 공식 홈페이지 www.sagano-kanko.co.jp/kr
승차일 1개월 전 00:00부터 예약 개시

❷ 현장 구매
당일 아침 도롯코 기차역 창구에서 잔여석과 입석을 선착순으로 판매(사가역 08:35부터 / 아라시야마역 08:50부터 / 가메오카역 09:10부터)

❸ 여행사 연계 상품
도롯코 사가역에서 출발해서 호즈강 유람선을 타고 내려오는 패키지 상품

자주 묻는 질문 FAQ

Q 예매는 어떻게 하는 게 유리한가요?
외국인은 공식 홈페이지 예약이 가장 편하다. 한국어를 지원하고 좌석 지정이 가능하며 결제 후 e-티켓(QR코드)으로 바로 탑승!

Q 짝수 좌석이 좋은 이유가 뭔가요?
기차가 종점에서 곧바로 회차하기 때문에 상·하행 모두 짝수 좌석에 앉아야 계곡 경치를 오래 감상할 수 있다. 상행선은 A·B석, 하행선은 C·D석이 열차 진행 방향이다. 예약 화면에서 좌석 배치도를 볼 수 있다.

Q 왕복으로 예매하지 못했는데 어떻게 하죠?
도롯코 가메오카역에서 도보 10분 거리에 있는 JR 우마호리역을 이용하면 된다. 상행선과 하행선의 전망 차이는 없으며, 방향보다는 티켓 확보가 우선.

Q 꼭 '리치호(5호차)'로 타야 하나요?
리치호는 창문이 없는 오픈형 객차다. 단풍잎이 날리는 풍경을 그대로 느낄 수 있어 인기가 많은 대신, 좌석 수가 적어 예약 경쟁이 치열하다. 늦가을엔 춥고, 비 오는 날엔 우비가 필수라는 점도 고려해야 한다.

도롯코 열차 타러 가는 길

• **하행선(사가 → 가메오카)**

이 구간 티켓을 예매했다면 JR 사가아라시야마역 바로 옆에 있는 도롯코 사가역에서 열차에 탑승하면 된다. 기점이라서 역 규모가 크고, 인포메이션 센터도 운영한다.

• **상행선(가메오카 → 사가)**

교토역 또는 사가아라시야마역에서 JR 산인 본선을 타고 JR 우마호리역에 내린다. 한적한 시골길을 따라 10분쯤 걸으면 도롯코 가메오카역이 나타난다. 표지판 안내가 잘되어 있어 길 찾기는 어렵지 않다.

도롯코 사가역과 JR 사가아라시야마역

도롯코 가메오카역

도롯코 가메오카역에서 JR 우마호리역 가는 길

호즈강을 감상하는 또 다른 방법

JR 산인 본선을 타고 가다가 호즈쿄역에 잠시 내리면 멀리 도롯코 열차가 지나가는 호즈강 협곡 풍경과 함께 다리 아래로 전통 나룻배가 지나는 모습을 감상할 수 있다. 아라시야마 도게츠교에서도 볼 수 있는 길이 107km의 이 강은 상류에서는 호즈강保津川, 중류에서는 오이강大堰川, 하류에서는 가츠라강桂川으로 불린다. 이 중 가메오카 산악 지대에서 시작되는 상류 구간은 래프팅이 가능할 만큼 강폭이 좁고 물살이 빠르다.

EXPERIENCE

☑ BUCKET LIST 07

간사이 양조장 투어
맥주와 전통주

양조장은 대체로 도시 외곽에 있어 이동하는 데 시간이 걸리지만, 맥주나 일본 전통주 애호가라면 가 볼 만한 가치가 충분하다.

> 일본의 법정 음주 가능 연령은 만 20세 이상! 신분증을 꼭 지참하고 방문하자.

TRIP 01
오사카에서 50분
산토리 천연수 맥주 공장 교토

산토리의 대표 맥주인 프리미엄 몰츠는 교토의 맑고 깨끗한 천연 암반수로 양조한다. 가족용 견학 코스와 만 20세 이상 대상의 프리미엄 프로그램을 운영하며, 후자를 선택하면 좀 더 다양한 맥주를 시음할 수 있다.

요금 20세 이상 1000엔, 20세 미만 무료 **운영** 방문 전 예약 필수
홈페이지 www.suntory.co.jp/factory/kyoto
가는 방법 한큐 교토선 니시야마텐노잔역에서 800m(도보 11분), JR 나가오카쿄역에서 무료 셔틀버스 이용

TRIP 02
오사카에서 30분
아사히 맥주 뮤지엄 스이타 공장

일본 드라이 맥주의 대표 주자인 아사히 슈퍼 드라이. 그 생산 과정을 따라가는 투어는 인터랙티브 체험 시설 덕분에 생각보다 더 흥미롭다. 투어는 약 90분간 진행되며, 박물관, 제조 라인 견학을 마친 뒤 시음 공간에서 맥주 3잔을 제공한다.

요금 만 20세 이상 1000엔, 초등학생 이상 300엔
운영 방문 전 예약 필수
홈페이지 www.asahibeer.co.jp/brewery/suita
가는 방법 한큐 스이타역에서 500m(도보 8분) 또는 JR 스이타역에서 750m(도보 10분)

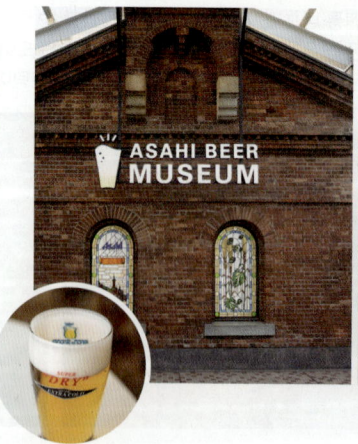

BUCKET LIST

• TRIP 03 • 교토에서 20분
월계관 사케 박물관

교토 남부의 후시미伏見는 효고의 나다고고, 히로시마의 사이조와 함께 일본 3대 전통주 명산지(사케도코로)로 불린다. 이 지역의 사케는 미네랄 함량이 낮은 연수 '후시미즈' 덕분에 맛이 부드럽고 섬세하다. 그 중심에는 1637년 창업한 월계관(겟케이칸月桂冠)이 있다. 옛 양조장 건물은 현재 박물관으로 운영 중이며, 전시 관람 후 사케 시음도 가능하다. 봄철에 찾아가면 박물관 옆 유람선(후시미 짓코쿠부네)이 오가는 운하를 따라 벚꽃이 핀 풍경도 감상할 수 있다.

요금 600엔(시음 포함, 기념 잔 증정)　**운영** 방문 전 예약 권장 / 현장 접수 가능
홈페이지 www.gekkeikan.co.jp/enjoy/museum
가는 방법 게이한 주쇼지마역에서 400m(도보 5분)　▶ 3권 P.173

• TRIP 04 • 고베에서 20분
나다고고 사케 마을

효고현의 다섯 마을을 묶은 나다고고灘五鄕 지구는 700년 역사를 자랑하는 일본 최대 사케 생산지다. 이곳의 사케는 가까운 지역에서 나는 최고급 주조용 쌀 '야마다니시키'와 미네랄이 풍부한 경수 '미야미즈'를 사용해 강하고 묵직한 맛을 낸다. 전국 생산량 1위 하쿠쓰루白鶴 등 양조장과 사케 바가 밀집해 사케 투어를 즐기기에 알맞다.

구글맵 하쿠쓰루슈조 자료관　**요금** 무료　**운영** 09:30~16:30
홈페이지 www.hakutsuru.co.jp/community
가는 방법 한신 스미요시역에서 450m(도보 7분)

EXPERIENCE

☑ BUCKET LIST 08

물 위에서 만나는 오사카

유람선 총정리

도톤보리, 오카와, 오사카항이 물길로 이어진 물의 도시, 오사카에서는 다양한 유람선을 타고 수상 관광을 즐길 수 있다. 저마다 특별한 매력을 가진 유람선과 크루즈의 종류를 소개한다.

TIP! 주유 패스 이용은 이렇게!
산타마리아 크루즈를 제외하면 모두 선착장이 오사카 도심에 있어 관광 중 찾아가기 수월한 위치. 주유 패스 이용 시 현장 접수만 가능한 경우에는 오전 중 티켓을 확보해 두는 편이 안전하다. 벚꽃철에는 이용이 제한되거나 이용 조건이 달라지는 만큼 주유 패스 홈페이지 확인은 필수!
홈페이지 osaka-amazing-pass.com/kr

01 오사카성

수상 버스 아쿠아라이너 ▶ 2권 P.097

천장이 낮은 유리 지붕 배를 타고 나카노시마의 낮은 다리를 통과하는 재미가 있는 실내형 유람선이다. 오사카성 또는 하치켄야하마 선착장에서 탑승한다.

소요 시간 55분 추천 시간 낮 예약 난이도 중

02 난바

도톤보리 크루즈 ▶ 2권 P.061

작은 보트 위에서 글리코상을 배경으로 포토 타임까지 제공하는 도톤보리 명물 크루즈. 지루할 틈이 없다. 원더 크루즈는 예약이 가능하고, 톤보리 리버 크루즈는 현장 발권제로 운영한다.

소요 시간 15~20분 **추천 시간** 밤 **예약 난이도** 중

03 오카와

벚꽃 크루즈 ▶ 2권 P.098

덴마바시-사쿠라노미야 구간을 따라 강 양쪽에 핀 벚꽃을 감상하는 봄철 한정 유람선. 강 위에서 봄기운을 만끽할 수 있다.

소요 시간 25분 **추천 시간** 오전 **예약 난이도** 상

04 오사카 항구

산타마리아 크루즈 ▶ 2권 P.120

대항해 시대 범선을 모티브로 만든 대형 유람선. 가이유칸 수족관 앞에서 출발해 오사카항을 한 바퀴 도는 코스.

소요 시간 45~50분 **추천 시간** 낮, 해 질 무렵 **예약 난이도** 중

05 오사카성

고자부네 놀잇배 ▶ 2권 P.097

에도 시대 유람선을 복원한 놀잇배. 오사카성 천수각 아래 해자를 따라 반 바퀴 돌면서 석벽을 가까이에서 바라본다.

소요 시간 20분 **추천 시간** 오전 **예약 난이도** 중상

EXPERIENCE
☐ BUCKET LIST 09

하루쯤은 특별하게
온천 & 료칸 힐링 여행

온종일 바쁘게 걸어 다닌 하루의 마무리! 따뜻한 욕조에 지친 몸을 담그는 순간은 그 자체로 완벽한 힐링이다. 도심 속 스파에서 가볍게 피로를 풀어도 좋고, 여건이 된다면 온천 마을의 료칸을 찾아가서 여유로운 1박 2일을 즐겨 보자.

아마노하시다테 · 이네노후나야
교토 북부에서 만나는 이색적인 풍경
🚆 교토역 → JR특급 2시간

기노사키 온천
유카타를 입고 마을 온천 7곳을 순례하는 '소토유메구리'의 본고장
🚆 오사카역 → JR 특급 2시간 45분

오하라
산사와 정원이 어우러진 조용한 산골 마을
🚌 교토역 → 버스 70분

아리마 온천
금천과 은천이 공존하는 간사이 대표 온천 마을
🚌 오사카우메다역 → 고속버스 1시간
🚆 고베산노미야역 → 전철 30분

도심형 온천
관광지와 가까운 온천과 스파
🚇 지하철 15~20분

간사이 국제공항
교토
고베
오사카

오사카시 | **미나토구**

소라니와 온천
空庭温泉

오사카 도심 가까운 곳에서 전통 온천 마을의 분위기를 즐기도록 조성한 대형 스파 테마파크. 약알칼리성 천연 온천수인 비하다노유美肌の湯를 사용하는 아홉 종류의 온천탕 외에도 넓은 일본식 정원과 다양한 부대시설이 마련되어 있다. 유카타 차림으로 족욕 공간, 만화방, 릴랙스 룸, 마사지 숍, 레스토랑 등을 자유롭게 즐길 수 있어서 온천 자체가 관광지다.

구글맵 소라니와온천 또는 Solaniwa Onsen
운영 11:00~23:00(마지막 입장 22:00, 16세 이하 19:00까지)
홈페이지 solaniwa.com
가는 방법 JR 오사카 순환선·지하철 주오선 벤텐초역 북쪽 출구와 직접 연결
요금 요일 및 시간대에 따라 변동

이용 순서

① 신발 보관 후 IC 키(열쇠) 수령
② 프런트에서 입장 수속
③ 원하는 디자인의 유카타(실내복)와 오비(허리띠)를 선택
④ 2층 탈의실에서 환복 후 온천 및 시설 자유롭게 이용
⑤ IC 키로 프런트 또는 키오스크에서 결제
⑥ 결제 영수증을 퇴관 게이트에 스캔하고 퇴장

장소	요금	수건	이동 시간	특징
스파월드 Spa World	1500엔부터	포함	난바에서 10분	테마별 온천과 워터파크를 갖춘 대형 스파 리조트 ▶ 2권 P.117
소라니와 온천 空庭温泉	2310엔부터	포함	난바에서 15분, 우메다에서 10분	유카타를 입고 즐기는 전통 온천 마을 콘셉트의 대형 스파 리조트
스파 스미노에 スパスミノエ	평일 800엔 주말 900엔	별도	난바에서 약 20분	지역 주민들이 주로 이용하는 소규모 온천. 노천탕 있음
나니와노유 なにわの湯	평일 900엔 주말 1000엔	별도	우메다에서 약 15분	노천탕을 갖춘 소규모 온천. 교통은 다소 불편함

온천 이용 가이드

입장 전 체크 사항

수건 유료로 대여하는(150~250엔) 곳이 많음.
기본적인 세면도구는 비치되어 있음
현금 지참 코인 로커 보증금, 자판기 이용을 위한
100엔 동전, 1000엔 지폐
추가 요금 수영장, 스톤 사우나, 안마 등은 현장에서
별도 지불
입욕세 입장료 1500엔 이상인 대형 온천은
입욕세(150엔) 별도

온천 이용 에티켓

· 탈의실과 온천은 남녀 구분해 이용
· 입욕 전에는 샤워 필수. 긴 머리는 묶기
· 수영복 착용 금지. 완전 탈의 후 입장
· 탕 안에 수건을 담그지 말 것
· 몸에 문신이 있으면 입장이 제한될 수 있음

효고현 고베시 기타구

아리마 온천 有馬温泉

1400년의 역사를 가진 간사이를 대표하는 전통 온천 마을. 붉은빛의 금천金泉과 투명한 은천銀泉 두 종류의 온천수가 샘솟는다.

위치 오사카에서 40km
▶ 2권 P.191
가는 방법 오사카(한큐 3번가)에서 한큐 관광버스로 1시간 / 편도 요금 1400엔

`교토부` `교토시`

요리 료칸 세료 料理旅館 芹生

교토 북부의 작은 마을 오하라에 위치한 고급 료칸. 이름처럼 요리에 중점을 둔 숙소로, 9년 연속 《미슐랭 가이드》에 소개된 바 있다. 저녁에는 교토의 제철 식재료를 활용한 정통 가이세키 코스 요리를, 아침에는 유도후(데친 두부)를 포함한 정갈한 일본식 조찬을 차려 낸다. 식사 후 툇마루에 앉아 정원을 바라보는 조용한 시간까지, 머무는 내내 오하라의 여유로움을 오롯이 느낄 수 있다.

구글맵 Seryo 위치 교토에서 약 20km ▶ 3권 P.151

일본 료칸 이용 가이드

🕐 **체크인** 식사 전 여유를 갖고 옷을 갈아입은 뒤 시설을 둘러볼 수 있도록 정해진 시간에 맞춰 도착하는 편이 좋다. 체크인 시 식사 시간을 정한다.

🛏 **다다미 객실** 침대가 없는 전통 객실로, 외출하거나 식사 중일 때 직원이 이불(후톤)을 깔아 준다.

👘 **유카타** 실내복으로 유카타를 제공한다. 식사할 때 입어도 된다.

♨ **온천 이용** 시간대에 따라 남녀 탕 위치가 바뀔 수 있으므로 주의. 마을 공동탕을 이용하는 소규모 료칸도 있다.

🍴 **식사** 보통 1박 2식(석식+조식)이 포함되며, 메뉴에 따라 가격이 달라진다. 예약 시 미리 선택하는 경우가 많다.

🤫 **정숙은 기본** 방음이 약한 전통 목조건물의 경우에는 어린이 동반이 불가능할 수 있으므로 사전에 확인!

| 효고현 | 도요오카시 |

기노사키 온천 城崎温泉

온천 마을의 공중탕 7곳을 순회하는 소토유메구리外湯めぐり 문화로 유명하다. 료칸을 예약하면 대부분 입욕권이 포함되며, 유카타 차림으로 거리를 산책하는 것도 즐거움이다.

위치 오사카에서 185km
가는 방법 오사카역에서 기노사키온센역까지 JR 특급으로 2시간 45분 / 편도 요금 6140엔

| 교토부 | 미야즈시·이네초 |

아마노하시다테·이네노후나야
天橋立·伊根の舟屋

아마노하시다테는 '하늘을 가로지르는 다리'라는 뜻으로, 양쪽 해안을 잇는 긴 모래톱이 일본 3대 절경으로 손꼽힌다. 이곳에서 북쪽으로 26km 거리에 있는 수상 가옥 마을 이네노후나야까지 버스로 다녀올 수 있다. 2곳을 여유롭게 돌아보려면 1박 2일 이상 일정을 잡는 것이 좋다. 해안가 특성상 전통 고급 료칸보다는 바다가 보이는 개량형 료칸과 전통 민숙(민박) 등 소박한 숙소 위주다.

위치 교토에서 117km
가는 방법 교토역에서 아마노하시다테역 JR 특급으로 2시간 10분 / 편도 요금 5000엔
오사카(한큐 3번가)에서 고속버스로 2시간 30분 / 편도 요금 2800~3800엔

> JR 열차를 타고 멀리 다녀올 계획이라면 간사이 와이드 패스를 추천!
> ▶ 상세 정보 P.131

☑ BUCKET LIST 10

간사이 맛집 탐방
미식의 도시 오사카

EAT & DRINK

① 인생샷 먹킷 리스트 … P.056	⑧ 장어덮밥 … P.068
② 대표 맛집 리스트 BEST 30 … P.057	⑨ 스시 & 해산물 … P.070
③ 음식 문화 가이드 … P.058	⑩ 간사이 고기 맛집 … P.072
④ 오사카 대표 간식 BEST 3 … P.060	⑪ 전국구 유명 체인점 … P.074
⑤ 우동·소바·오뎅 … P.062	⑫ 추억의 경양식 & 킷사텐 … P.076
⑥ 인생 라멘을 찾아서 … P.064	⑬ 교토의 식문화 … P.078
⑦ 맛있게 밥 먹는 방법 … P.066	⑭ 교토 감성 플레이스 … P.080

♥ 이자카야 도요 ▶ 오사카 P.128

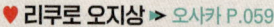
♥ 리쿠로 오지상 ▶ 오사카 P.059

카페 키츠네 ▶ 교토 P.069

인생샷 먹킷 리스트

파티스리 투스투스 ▶ 교토 P.187

♥ 나카무라토키치
▶ 우지 P.174

마스히카로 우즈미 파리 ▶ 오사카 P.132

하카나루토코로카페 ▶ 교토 P.050

와구리 전문 사오리 ▶ 1권 P.082

♥ 키노피오 카페 ▶ 1권 P.039

이즈먼 ▶ 오사카 P.047

이건 꼭 먹어야 해!
대표 맛집 리스트 BEST 30

예약 필수
예약 안 하면 먹기 힘든 곳

- 우나기야 히로카와 [장어]
  ▶ 교토 P.129
- 우오케야 우 [장어]
  ▶ 교토 P.051
- 카니도라쿠 [게 코스 요리]
  ▶ 오사카 P.073
- 모리타야 [스키야키]
  ▶ 교토 P.063
- 모리야 [고베규]
  ▶ 고베 P.180
- 에페 [돈카츠]
  ▶ 오사카 P.046
- 만료 [야키니쿠]
  ▶ 오사카 P.129
- 야마모토 멘조 [우동]
  ▶ 교토 P.088
- 덴류지 시게츠 [사찰 음식]
  ▶ 교토 P.128
- 슌사이 이마리 [아침 정식]
  ▶ 교토 P.143

예약 가능/현장 대기
웨이팅보다는 온라인 예약 권장

- 히츠마부시 빈초 [장어]
  ▶ 오사카 P.043
- 이즈모 [장어]
  ▶ 오사카 P.047
- 히키니쿠토코메 [그릴 햄버그]
  ▶ 교토 P.050
- 햐쿠쇼쿠야 [고기덮밥]
  ▶ 교토 P.064
- 규탄노레몬 [우설 스테이크]
  ▶ 오사카 P.073
- 뉴베이브 도요사키 [돈카츠]
  ▶ 오사카 P.129
- 규카츠 모토무라
  ▶ 오사카 P.070
- 하치다이메 기헤이 [쌀밥 정식]
  ▶ 교토 P.051
- 난젠지 준세이 [유도후 정식]
  ▶ 교토 P.091
- 타누키챠야 [로바타야키]
  ▶ 오사카 P.072

현장 대기
온라인 예약 안 받고 줄 서기만 가능한 곳

- 상등카레 [카레]
  ▶ 오사카 P.129
- 이자카야 도요 [해산물]
  ▶ 오사카 P.128
- 스시사카바 샤시스 [스시]
  ▶ 오사카 P.071
- 동양정 [경양식]
  ▶ 오사카 P.043, 3권 교토 P.110
- 메이지켄 [오므라이스]
  ▶ 오사카 P.088
- 혼케 오와리야 [소바]
  ▶ 교토 P.104
- 무기토 토리 [라멘]
  ▶ 오사카 P.086
- 멘야 이노이치 [라멘]
  ▶ 교토 P.065
- 타이쇼 하나나 [도미밥]
  ▶ 교토 P.129
- 데마치후타바 [콩떡]
  ▶ 교토 P.105

※ 예약 및 대기 방법은 가게 정책에 따라 변경될 수 있습니다.

오사카와 고베는 2권, 교토, 우지, 나라는 3권!

이 책에는 오사카 120곳, 교토 100곳을 포함해 고베, 우지, 나라, 전국 체인점까지 맛집 270여 곳이 지역별·테마별로 정리되어 있습니다. 2권과 3권을 펼쳐 상세 정보를 확인해 보세요!

일본 여행이 처음이라면?
음식 문화 가이드

먹다 지쳐 쓰러져도 좋아! 오사카에는 '구이다오레食い倒れ(재산을 탕진할 정도로 먹는다)'라는 표현이 있다. 그만큼 맛집 정보가 넘치고 선택은 어렵다. 여행의 흐름을 깨지 않고 만족도를 높이는 여행 팁을 정리했다.

🔍 일본 음식 문화, 미리 알아 두기

- **혼밥 OK** → 1인 손님 많음. 바 좌석, 벽을 보는 자리 등 혼밥족을 위한 배려가 잘되어 있음
- **흡연석 표시 확인** → 노포나 레트로 카페(킷사텐)에는 흡연 가능한 테이블이 있으므로 '끽연석喫煙席' 표시 확인
- **노렌のれん은 영업 중 표시** → 영업을 시작하면 문 앞에 걸어 두는 천
- **오토시お通し는 자릿세 개념** → 이자카야 등 선술집에서 필수로 선택해야 하는 유료 기본 안주. 1인당 한 접시 제공
- **런치ランチ는 점심 특선 세트** → 밥과 국, 반찬으로 구성한 데이쇼쿠(정식)가 많고, 비교적 저렴하게 한 끼 해결 가능

🔍 음식 관련 에티켓

- **국물은 들고 마시기** → 숟가락을 쓰지 않고 그릇째 들고 마시는 것이 자연스러운 문화
- **젓가락 매너** → 밥에 젓가락 꽂지 않기, 젓가락으로 음식 주고받지 않기

🔍 식당 이용 방법

- **점원 안내 후 착석** → 실내에 들어서면 반드시 문 앞에서 점원의 안내를 기다리기
- **인원 확인** → "난닌사마데스카?"(몇 분이세요?) 라고 물으면 영어로 말하거나 손가락으로 숫자만 보여 줘도 충분함
- **물과 차는 무료** → 착석하면 기본 제공. 냅킨 대신 물수건(오시보리)이 나옴
- **영어·한국어 메뉴** → 인기 식당은 대부분 갖추고 있음 동네 로컬 식당에서는 파파고 번역기 활용
- **계산서 요청** → 계산서가 테이블 위에 없을 때는 점원에게 "오카이케 – 오네가이시마스." (계산해주세요)라고 말하기
- **계산은 카운터에서, 소액 현금 지참** 비상금 5000엔 정도는 항상 준비하기

BUCKET LIST

가격대	특징	대표 메뉴
1만 엔 이상	요리 그 이상의 경험	복어 / 고베규 / 가이세키 요리 / 미슐랭 스타 레스토랑
3500~9000엔	기분 좀 내고 싶을 때	장어 / 스키야키·샤부샤부 / 게(카니) / 사찰 음식 또는 유도후 정식
2000~3500엔	가성비 높고 든든한 한 끼	스시 / 로바타야키 / 야키니쿠 / 야키토리 / 돈카츠 / 규카츠 / 규동 / 햄버그스테이크 / 덴푸라 정식 / 솥밥
1500~2000엔	부담 없이 맛있는 한 그릇	쿠시카츠 / 우동 / 소바 / 라멘 / 카레 / 오므라이스 / 고기덮밥 / 텐동 / 오코노미야키 / 오뎅
1500엔 이하	지출은 최소, 만족은 기본!	타코야키 / 편의점·체인점

🔍 식사 장소는 미리 알아보고 준비하기

- **일행이 많거나 어린이를 동반한 경우**
  → 작은 식당은 입장이 어려울 수 있다. 패밀리 레스토랑, 대형 체인점, 백화점과 쇼핑센터 식당이 중심으로 공략하자.

- **교토에서는 하루 한 끼 정도 예약 추천**
  → 예약 필수인 가게가 은근히 많고, 벚꽃철이나 단풍철에는 웨이팅 시간이 몇 배로 늘어난다. 일본어로 전화 예약만 가능한 곳은 현지 호텔 프런트나 예약 대행사를 이용하는 방법도 있다.

➡️ 음식 예약 사이트

 구글맵 Google Maps
예약 정보부터 후기, 위치, 운영 시간까지 구글맵으로 대부분 확인 가능하다. 음식점 이름을 검색한 다음, 하단 메뉴에 [예약하기] 버튼이 있는지 확인한다.

- **구글 계정으로 바로 예약 가능한 경우**
  → 로그인 후 예약 진행
- **다른 예약 사이트(TableCheck 등)로 연동**
  → 클릭해서 정보 확인
- **가장 좋은 방법**
  → 공식 홈페이지 링크를 통해 예약 안내를 먼저 확인하는 것!

 테이블체크 TableCheck | 한국어 지원
홈페이지 www.tablecheck.com/ko
중고급 레스토랑을 예약할 때 많이 이용하는 온라인 예약 플랫폼. 회원 가입을 해 두면 편하게 예약 정보를 관리할 수 있다.

식당 정책에 따라서 예약 및 취소 수수료가 발생할 수 있어요.

 타베로그 Tabelog | 한국어 지원
홈페이지 tabelog.com/kr
일본 대표 맛집 리뷰 및 예약 사이트. 평점 3.5점 이상은 상위 3% 식당에 속한다. 한국어를 지원하지만, 식당 랭킹 등은 PC 버전으로 일본어 검색을 추천.

 핫페퍼 Hot Pepper | 영어 지원
홈페이지 global.hotpepper.jp/en
체인점, 지역 맛집 중심으로 예약을 지원한다. 타베로그와 비슷하게 리뷰 확인도 가능.

 오마카세 Omakase | 영어 지원
홈페이지 omakase.in/en
GMO 오마카세에서 운영하는 사이트. 주로 미슐랭 가이드에 등재된 도쿄, 교토, 오사카의 파인다이닝 레스토랑을 예약할 때 사용한다.

 오토리저브 AutoReserve | 주의 필요
AI 기반의 자동 예약 시스템으로, 구글맵에 링크가 있어도 실제 예약이 가능한지 잘 확인해야 한다.

누구나 먹고 가는
오사카 대표 간식 BEST 3

01 오사카 소울 푸드
오코노미야키 お好み焼き

간사이식 오코노미야키는 양배추, 돼지고기, 해산물 등을 반죽과 한꺼번에 섞어 만들기 때문에 두툼한 모양과 촉촉한 식감이 특징이다. 얇은 반죽 위에 얇은 면과 재료를 층층이 쌓는 히로시마식 오코노미야키와는 차이가 있다. 네기야키(파를 듬뿍 넣은 것)나 모던야키(야키소바를 추가한 것) 등 다양한 스타일로 변형되었다.

 PICK
줄 서는 난바 맛집 후쿠타로 본점 ▶ 2권 P.071
파 향 가득! 네기야키 야마모토 ▶ 2권 P.047
교토식 오코노미야키 기온탄토 ▶ 3권 P.053

MENU 오코노미야키와 찰떡궁합
▸ 야키소바 간장 소스로 맛을 낸 볶음면
▸ 돈페이 돼지고기와 채소를 넣은 오믈렛

02 도톤보리에 간다면
타코야키 たこ焼き

반죽 속에 문어 조각을 넣어 굽는 동그란 타코야키는 속이 뜨겁고 식감이 물컹물컹하다. 토핑으로 가츠오부시와 마요네즈, 특제 소스를 뿌려 주는데, 우리 입맛에는 파를 듬뿍 얹은 스타일도 잘 맞는다. 도톤보리, 우메다 등 번화가는 물론, 푸드 트럭에서도 쉽게 맛볼 수 있다.

PICK
도톤보리 3대 인기 맛집
▶ 2권 P.059

03 소스는 한 번만!
쿠시카츠 串カツ

도테야키 / 공용 소스 통 / 양배추

1929년에 오사카 신세카이의 선술집에서 탄생한 서민 음식. 고기, 채소, 해산물 등을 꼬치에 꿰어 바삭하게 튀긴 후, 달콤하고 짭짤한 특제 소스에 푹 찍어 먹는 것이 정석이다. 원조 맛집 '쿠시카츠 다루마'는 도톤보리, 교토역 등 어디서나 볼 수 있는 전국 체인점으로 성장했고, 신세카이의 맛집 골목 잔잔요코초에 가면 흥겨운 로컬 분위기를 경험할 수 있다. ▶ 2권 P.075

생맥주와 궁합 최고! / 야에카츠 / 쿠시카츠 다루마

HOW TO 쿠시카츠 주문 방법

세트 메뉴를 선택하기보다는 기호에 따라 낱개로 골라 먹는 방식이 현지 스타일. 크기가 작아서 1인당 5~10개는 충분히 먹을 수 있다. 로컬 식당에서는 소스 통을 공용으로 사용하므로, 꼬치를 입에 대기 전 딱 한 번만 푹 찍어야 한다. 소스가 더 필요할 때 깨끗한 양배추로 떠서 끼얹는 건 괜찮다. **가격대** 1개당 보통 100~200엔

추천 메뉴

고기 & 해산물
- **규쿠시** ぎゅうくし 소고기
- **에비** えび 새우
- **이카** いか 오징어
- **츠쿠네** つくね 닭고기 미트볼

별미 & 간식류
- **모치** もち 쫀득한 떡
- **도테야키** どて焼き 규스지(소의 힘줄)를 달콤한 된장 소스에 푹 조려 만든 오사카식 안주

채소류
- **렌콘** れんこん 아삭한 연근
- **토마토** トマト 방울토마토
- **나스** なす 가지

※생양배추는 보통 기본 제공. 리필은 추가 요금을 받는다.

 고고이치 호라이 551 HORAI

부타만(돼지고기 만두)과 에비슈마이(새우 만두)로 오사카 간식의 아이콘이 된 중국식 만두 전문점. 1951년에 개업한 본점은 오사카 도톤보리에 있고, 대도시 주요 쇼핑가마다 체인점을 운영하고 있다.

구글맵 551 호라이 본점

간사이의 맛
우동 · 소바 · 오뎅

국물 색이 진한 간장 베이스의 간토식과 달리, 간사이식 다시出し(맛국물)는 다시마와 가츠오부시로 우린 맑은 육수에 색이 옅은 간장(우스쿠치쇼유)을 더해 완성한다. 은은한 감칠맛이 재료 본연의 맛을 잘 살려 준다.

01 맑은 국물의 정석
우동 うどん

뜨끈한 국물에 쫄깃한 면발, 익숙한 맛 덕분에 현지인에게는 출퇴근길에 가볍게 먹는 식사, 여행자에게는 간단한 한 끼로 사랑받는 메뉴. 맑은 국물 위에 조린 아부라아게(유부)를 올린 키츠네 우동きつねうどん은 여우(키츠네)가 유부를 좋아한다는 민간 설화에서 유래한 간사이의 대표 메뉴다.

> 시치미를 뿌려 먹으면 매콤한 맛이 유부의 단맛을 감추고, 국물의 깊은 맛이 살아난다.

PICK
- 키츠네 우동의 원조 **우사미테이 마츠바야** ▶ 2권 P.086
- 세숫대야 우동 **츠루톤탄** ▶ 2권 P.074
- 유부주머니 안에 우동이? **멘토안** ▶ 3권 P.192

02 정갈하고 담백한 맛
소바 そば

일본식 메밀국수 소바는 다시 본연의 맛을 음미할 수 있는 가케 소바부터 츠유에 면을 찍어 먹는 자루소바까지 종류가 다양하다. 달콤하게 조린 청어를 올려 국물의 감칠맛을 극대화한 니신 소바にしんそば는 교토의 별미다.

PICK
- 550년 전통의 소바집 **혼케 오와리야** ▶ 3권 P.104
- 니신소바의 원조 **마츠바 본점** ▶ 3권 P.052
- 우지 말차를 넣은 차소바 **이토큐에몬** ▶ 3권 P.175

> 자루소바를 먹고 나면 남은 츠유에 소바유(메밀 삶은 물)를 부어 마시는 것으로 마무리!

BUCKET LIST

03 취향대로 골라 먹기
오뎅 おでん

겨울이 되면 편의점에서도 맛볼 수 있는 먹거리. 도쿄를 중심으로 한 간토關東 지방에서 유래한 음식이라서 간사이의 노포에서는 '간토우니'라고 부르기도 한다. 히메지 지역에서는 가라시(겨자) 대신 생강 간장을 곁들여 먹는 것이 특징이다.

PICK

180년 전통의 노포 **타코우메** ▶ 2권 P.130
후쿠시마 맛집 골목 **하나쿠지라 본점** ▶ 2권 P.051

HOW TO 오뎅 주문 방법

편의점에서는 종이컵에 직접 담는 방식이 많고, 오뎅 바에서는 낱개로 골라서 주문한다. 고래 고기는 일본어로 구지라(くじら), 영어로는 훼일(whale)로 표기되어 있다. **가격대** 1개당 250~400엔 + 자릿세 개념의 오토시 별도

- 오토시: 기본 안주(유료)
- 치쿠와: 대나무에 감아 구운 어묵
- 다진 생강(히메지식)
- 타코칸로니: 달콤한 문어조림
- 겨자
- 다이콘: 무
- 도후: 일반 두부
- 간장
- 자가이모: 감자
- 긴난: 은행
- 아츠아게: 튀긴 두부
- 시타케: 표고버섯
- 모치킨차쿠: 떡이 든 유부주머니

오사카·교토 버킷 리스트 063

장인 정신을 담은 한 그릇
인생 라멘을 찾아서

일본 라멘은 대중적이면서도 호불호가 있는 음식이다. 기름지고 짜다는 평가가 있는 반면, 국물 베이스와 토핑의 종류, 면발 굵기에 따라 무궁무진한 맛의 조합에 빠져들기도 한다.

교토 미야코 라멘 ▶ 3권 P.052

🔍 기본 양념 3종

- **쇼유라멘** 간장
  깔끔하면서 감칠맛 있는 맑은 갈색 국물. 도쿄 라멘의 원형

- **시오라멘** 소금
  가볍고 짭조름한 투명한 국물. 홋카이도 하코다테가 본고장

- **미소라멘** 일본 된장
  된장의 풍미가 느껴지는 고소한 국물. 홋카이도 삿포로 스타일이 대표

🔍 육수 재료 3종

- **돈코츠 라멘** 🐖 돼지
  돼지 뼈를 오랜 시간 끓여서 낸 뽀얀 국물. 강한 고기 향과 기름진 맛이 특징이다. 후쿠오카의 유명 체인점 이치란과 잇푸도가 대중적인 돈코츠 라멘을 대표한다면, 도쿄식 '지로 계열 라멘'은 두툼한 차슈와 함께 마늘, 숙주를 듬뿍 올린 스타일로 마니아층이 확고하다.

- **토리파이탄 라멘** 🐔 닭
  토리파이탄鷄白湯(닭백탕)은 돈코츠보다는 담백하지만, 진하고 크리미한 국물이 특징. 똑같은 닭 육수라도, 맑고 가벼운 토리친탄鷄清湯(닭청탕)과는 다른 유형이다.

- **교카이 라멘** 🦐 해산물
  가츠오부시, 멸치, 조개 등 해산물로 우려낸 국물은 맛이 개운하다. 무기토멘스케 등의 고급 라멘 전문점에서는 신선한 해산물로 비린 맛을 최소화하고, 감칠맛을 돋운다.

PICK

돈코츠 국물과 부드러운 차슈 **하나마루켄** ▶ 2권 P.071
지붕 위 황금 용으로 유명한 **킨류라멘** ▶ 2권 P.074
고급 토리파이탄 라멘 **토리소바 자긴** ▶ 2권 P.087

미슐랭도 인정한 쇼유라멘 **멘야 이노이치** ▶ 3권 P.065
미디어 아트와 라멘의 만남! **비건 라멘 우즈** ▶ 1권 P.082

재미있는 라멘 전문점
이치란 一蘭

칸막이를 친 카운터 좌석에 앉아서 남의 눈치 보지 않고 편하게 식사할 수 있는 이치란은 한 번쯤 경험해 볼 만한 '라멘의 교과서' 같은 곳이다. 오사카 도톤보리에만 무려 3곳! 구글맵에 '이치란'만 검색해도 어디서든 찾아갈 수 있다.

이치란 주문 방법

❶ 자판기에서 식권 구매
- 키오스크에서 한국어 선택
- 돈코츠 라멘
  (기본 차슈 포함)
- 반숙 달걀은 요금 별도
- 카드 결제 가능
- 식권 꼭 챙기기

❷ 좌석 안내등 확인 → 빈자리 착석
- 말없이 주문 가능한 시스템
- 혼밥 손님 위주의 1인 전용 부스

❸ 주문표 작성 → 종이 뒷면에 한국어로 작성 가능

황금 레시피 추천 조합
- 다시(국물 맛) 기본
- 기름진 정도 기본
- 마늘 양 1/2쪽
- 파 선택 실파
- 차슈 유무 넣음
- 비밀 소스 3배(칼칼한 맛)~5배(매콤한 맛)
- 면 익힘 정도 기본

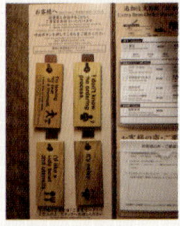

❹ 식권과 주문표 제출 → 칸막이 아래로 전달
- 필요한 것이 있으면 호출 버튼 누르기
- 팻말로 요청 사항 전달 가능
- 차슈·달걀 등 자리에서 추가 주문 시에는 현금 결제

WHAT ELSE?
요즘 주목받는 라멘 맛집 2곳 모두 깔끔하고 정제된 쇼유라멘을 선보인다. 국물의 감칠맛이 살아 있어 한국인의 입맛에도 잘 맞는 편. 1시간 이상 대기는 기본이니, 마음의 준비를 하고 가자.

인류모두연류 人類みな麺類
추천 메뉴 라멘 매크로macro (조개 육수)
운영 10:00~03:00 **가는 방법** 지하철 미도스지선 니시나카지마미나미가타역 하차

무기토멘스케 麦と麺助
추천 메뉴 쇼유 소바(닭 육수) 또는 이리코 소바(멸치 육수) **운영** 11:00~15:30
가는 방법 오사카역에서 도보 15분

하치다이메 기헤이

'천하의 부엌' 오사카
맛있게 밥 먹는 방법

해상 교역 거점이던 오사카는 에도 시대(1603~1868)에 일본의 물류와 상업 중심지로 자리 잡으며 전국의 식재료가 모여드는 천하의 부엌天下の台所이라는 별명을 얻었다. 현대적 상업의 기초를 마련한 도지마 쌀 시장도 이 시기에 등장했다. 쌀 품종, 물의 성분, 불 조절까지, 섬세하게 지어 내는 흰쌀밥은 그 어떤 고급 요리보다도 맛있는 한 끼 식사다.

① 데이쇼쿠 定食
따뜻한 밥과 된장국, 주요 반찬과 곁들이는 반찬으로 균형을 잡은 일본식 정식을 뜻한다. 교토에서는 제철 채소, 두부, 유부 등을 조리거나 무쳐서 만든 가정식 반찬 '오반자이'를 곁들여 낸다. 나라에서는 절임 반찬 '나라즈케'가 사랑받는다.

② 오차즈케 お茶漬け
밥 위에 반찬을 얹고, 따뜻한 녹차를 부어 말아서 먹는 방식. 간편식인 동시에 식사의 마무리로 종종 등장한다. 맛국물을 섞기도 한다.

③ 다마고카케고항 たまごかけごはん
갓 지은 밥 위에 날달걀을 톡 깨서 올리고 간장 한 방울 떨어뜨린 밥. 다마고는 달걀, 고항은 밥을 뜻하며, 'TKG'라는 줄임말로 불릴 만큼 사랑받는 일본인의 소울 푸드다. 아침 식사는 물론, 밥을 파는 곳이라면 어디서든 달걀을 주문해 먹을 수 있다.

④ 오니기리 おにぎり
손으로 꼭 쥐어 만든 삼각형 주먹밥은 일본인의 일반적인 아침 식사다. 연어, 우메보시(매실 장아찌), 명란, 참치 마요 등 속재료는 지역과 가게에 따라 다양하게 변화한다.

시즈카

05 가마메시 釜飯
작은 철솥에 쌀과 갖은 재료를 함께 넣고 짓는 즉석 솥밥. 바닥의 누룽지까지 즐긴다.

06 도로로고항 とろろごはん
잘게 간 마를 밥 위에 붓고 간장이나 다시장을 살짝 더한 일본의 보양식. 특유의 끈적한 식감이 날달걀과 비슷하다. 규카츠 전문점에서 느끼한 맛을 덜어 주는 사이드 메뉴로 등장한다.

07 텐동 天丼
바삭하게 튀긴 새우, 채소, 생선 등을 따뜻한 밥 위에 올린 일본식 튀김덮밥. 간장보다 약간 단맛이 도는 덴츠유 天つゆ 소스를 베이스로 쓴다.

도로로

HOW TO 밥맛을 더 즐기기 위한 작은 힌트
밥을 많이 먹고 싶을 땐? '오모리おおもり'라고 말하면 곱빼기로 제공된다. 무료 리필 '오카와리'가 기본이었으나, 점점 유료로 전환되는 추세다.
쌀 품종에 주목하자! 메뉴판이나 입간판에 고시히카리, 유메피리카 등 품종이 쓰여 있다면, 그 식당은 밥에 진심을 다하는 곳이다.

PICK
코끼리 밥솥의 추억
조지루시 쇼쿠도 ▶ 2권 P.135

8대째 이어온 밥집
하치다이메 기헤이 ▶ 3권 P.051

난바에서 인기 만점
텐동 마키노 ▶ 2권 P.070

나라의 줄 서는 솥밥 맛집
시즈카 ▶ 3권 P.192

코스로 즐기는 장어 요리 우오케야 우 ▶ 3권 P.051

300년 전통의 간사이풍 장어 혼케 시바토 ▶ 2권 P.128

여행은 체력이다!
장어덮밥

한 입 먹으면 입안 가득 풍미가 퍼지는 장어는 일본의 대표 보양식이다. 간사이식 장어구이는 초벌구이를 따로 하지 않고 한 번에 직화로 굽는 것이 특징. 매장마다 자체 조리법으로 개성을 더하기 때문에, 다양한 스타일의 장어를 즐기는 재미가 있다.

	간사이식 関西風	에도식 江戸前
조리법	찜 없이 곧바로 직화 구이	찐 후 숯불구이
맛	바삭한 껍질, 쫄깃한 속살. 고소하고 불 향이 강한 편	부드럽고 촉촉하며 단맛이 강한 타레(소스) 사용
유래	오사카에서는 배를 갈라 조리	도쿄에서는 배보다는 등을 갈라 조리
특징	바삭한 식감과 짙은 풍미가 특징, 직화 구이로 고소한 맛 극대화	부드러운 식감, 단맛이 강함
대표 지역	오사카, 교토, 고베	도쿄, 가나가와

우나주 うな重

예쁜 찬합(주바코)에 밥을 담고 그 위에 큼직한 장어구이를 얹어 반찬, 국물과 함께 제공한다. 고급스럽고 격식을 갖춘 식사라는 느낌이 강하다.

**코스로 즐기는 장어 요리
우나기야 히로카와** ▶ 3권 P.129

우나기동 うな丼

직화로 구운 장어를 간장 양념에 재워 밥 위에 올린 덮밥. 간편하고 부담이 적어 점심 메뉴로 인기가 높다.

우나기동에 달걀지단을 얹은 긴시동
가네쇼 ▶ 3권 P.051

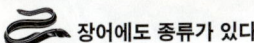 **장어에도 종류가 있다!**

일본 장어 요리의 기준이 되는 자포니카(니혼우나기=ニホンウナギ)는 살이 부드럽고 지방 함량이 적당해 값은 비싸지만 그만큼 맛의 균형이 완벽하다. 수입산 장어인 비콜라 품종은 훨씬 저렴한 편. 기름기가 많고 통통해서 먹음직스러워 보인다.

할머니의 손맛이 고스란히! 우오토요 ▶ 2권 P.069

히츠마부시 ひつまぶし

장어를 잘게 썰어 오히츠(나무 밥통)에 담아 내는 나고야식 장어 요리. 조리 방식은 간사이식과 비슷하지만, 밥과 장어를 섞어 먹기 좋도록 잘게 썰어 내며, 장어의 바삭한 식감을 살렸다.

HOW TO 히츠마부시 먹는 방법

밥이 나오면 주걱으로 밥을 4등분으로 갈라, 네 가지 방법으로 즐긴다.

① 장어 본연의 풍미를 즐기며 그대로 먹기

② 고명을 곁들여 맛의 변화 경험하기

③ 따뜻한 국물을 부어서 오차즈케 스타일로 먹기

④ 마지막에는 가장 마음에 드는 방법으로 마무리!

우메다 백화점 맛집
히츠마부시 빈초 ▶ 2권 P.043

입 안의 작은 행복
스시 & 해산물

식초로 간을 한 밥(샤리しゃり)에 재료(네타ネタ)를 얹은 초밥은 일본을 대표하는 음식이다. 지역마다 만드는 방법이 다르고, 전문점인 스시야마다 개성도 뚜렷하다.

🔍 스시 주문 방법과 먹는 요령

❶ 스시야의 카운터석에 앉으면 메뉴를 확인하고 셰프에게 직접 주문하면 된다. 메모지에 적어서 주문할 때는 한국어 메뉴가 있는 곳에서도 영어 또는 일본어로 적어야 한다.

❷ 카운터석은 셰프와 손님이 교감하는 상징적인 자리다. "오스스메구다사이."(추천해 주세요)라고 말하면 그날 가장 물이 좋은 재료를 중심으로 스시를 만들어 준다.

❸ 셰프가 나무 받침대(츠케다이)에 스시를 낱개로 올려 주면 바로 손이나 젓가락으로 집어 먹는다. 접시 자체를 올려주는 경우에는 테이블에 내려놓고 먹으면 된다.

❹ 처음에 여러 종류를 주문하는 것이 좋지만, 중간중간 추가 주문도 가능하다. 식사가 끝나면 셰프에게 계산서를 받아 카운터에서 결제한다.

TIP! 스시집이라고 해서 초밥만 파는 것은 아니다. 대부분 사시미(회) 메뉴도 갖추고 있다. 샤리에 재료를 올리는 초밥은 배가 빨리 부르므로 더 다양한 종류의 생선을 맛보고 싶으면 사시미도 한 접시 주문하자.

PICK

덴진바시스지 시장 **하루코마 본점** ▶ 2권 P.107
난바 쿠로 코스 **스시사카바 사시스** ▶ 2권 P.071
참치 부위별 전문점 **마구로야 쿠로긴** ▶ 2권 P.069
가성비 높은 **도톤보리 스시 맛집** ▶ 2권 P.075

간사이 해산물을 즐기는
또 다른 방법

간사이식 오시즈시 押し寿司

가장 대중적인 스시는 손으로 가볍게 쥐어 만드는 니기리즈시握り寿司지만, 간사이 지방에서는 밥과 재료를 층층이 넣고 눌러 만든 틀 초밥이 전통 음식이다. 절이거나 숙성한 생선을 쓰기 때문에 풍미가 강하고 보존 기간도 긴 편이다. 백화점 지하 식품관에서 틀 초밥을 낱개로 파니 한 번쯤 맛보길 권한다.

하코즈시 箱寿司 네모난 나무 상자(하코)에 넣어 만든 틀 초밥. 새우, 달걀, 생선 등을 얇게 썰어 장식해 색감과 단면이 아름답다.
보즈시 棒寿司 막대 모양의 틀에 넣어 만든 봉 초밥. 특히 내륙 도시인 교토에서는 사바즈시(고등어초밥)가 귀한 음식으로 대접받았다.

> **PICK**
> 고등어초밥의 정석
> 이즈우 ▶ 3권 P.050

가이센동 海鮮丼

신선한 해산물을 밥 위에 풍성하게 올린 해산물덮밥. 적당한 가격에 먹기 좋은 메뉴다.

지라시즈시
ちらし寿司

얇게 썬 생선, 달걀, 채소 등을 밥 위에 흩뿌리듯 올린 초밥. 색감과 구성미를 중시한다.

카니 かに

부드럽고 달콤한 속살이 일품인 겨울 바다의 보물. 게 요리는 고급 음식이지만, 도톤보리에 본점을 둔 카니도라쿠를 런치타임에 가면 비교적 부담 없는 가격에 먹을 수 있다.

> **PICK**
> 카니도라쿠 ▶ 2권 P.073

후구 ふぐ

복어회(뎃사), 따끈한 복어전골(뎃치리), 톡 쏘는 향의 복어 지느러미 술(히레자케)까지. 복어는 오사카 미식 문화의 자존심이자 겨울철 별미다.

> **PICK**
> 호젠지 아사쿠사 ▶ 2권 P.072

입안에서 살살 녹는 와규
간사이 고기 맛집

일본 3대 명품 소고기
고베규 神戸牛

풍부한 마블링과 입에서 녹는 듯한 식감, 깊은 감칠맛. 고베에 갔다면 셰프의 손끝에서 섬세하게 완성되는 뎃판야키를 꼭 맛보자. 완벽한 기술로 구운 고기는 와사비, 소금, 폰즈 소스에 찍어 먹는다. 눈앞에서 펼쳐지는 요리 퍼포먼스는 보너스!

> **PICK**
> 고베 3대 스테이크 맛집
> ▶ 2권 P.180

 고베규 인증 기준
효고현에서 나고 자란 다지마 혈통의 소 중에서도 엄격한 조건을 통과한 최상급 와규만 '고베규'로 인증한다. 마블링 함량이 높은 최고 등급(A5)의 고베규는 일반 소고기에 비해 가격이 2배 이상이며, 디너타임에는 더 비싸다.

고기와 채소를 푸짐하게
스키야키 すき焼き

간사이식 스키야키는 육수를 넉넉히 붓고 끓이는 방식이 아니라, 얇게 썬 소고기를 철 냄비에 굽듯이 익히면서 설탕을 뿌리고 간장과 육수를 조금씩 부어가며 졸인다. 감칠맛이 응축된 고기는 채소, 두부, 버섯과 함께 먹는다. 고급 식당은 예약해야 한다.

> **PICK**
> 하리주 도톤보리 본점 ▶ 2권 P.073
> 모리타야 ▶ 3권 P.063

💬 고기를 날달걀에 찍으면 짭짤한 양념이 부드럽게 중화된다.

육즙이 살아 있네
돈카츠 豚カツ

일본 돈카츠는 한국보다 훨씬 두껍고 육즙이 많은 스타일. 돼지고기 품질이 등급에 따라 차이가 크고, 고급 돈카츠 전문점에서는 '도쿄X' 같은 희귀 품종의 돼지고기를 쓰기도 한다. 1인분에 2000~3000엔 하는 것부터 1만 엔에 가까운 최상품까지, 질에 따라 가격 차이가 크다.

에페 ▶ 2권 P.046

규카츠 모토무라 ▶ 2권 P.070

토리헤이 총본점 ▶ 2권 P.049

소고기를 튀겨 먹는 아이디어
규카츠 牛カツ

규카츠는 소고기를 얇은 튀김옷으로 감싸 튀긴 후, 겉은 바삭하고 속은 미디엄 레어 상태로 서빙한다. 달군 돌판에 올려 입맛대로 구워 먹는다.

숯불 직화 구이 닭꼬치
야키토리 焼き鳥

닭 한 마리를 가장 다채롭게 즐기는 방법! 네기마(파+다리 살), 데바사키(날개), 사사미(가슴살) 같은 기본 부위는 물론, 가와(닭 껍질), 난코츠(연골), 신조(심장), 츠쿠네(다짐육) 등 식감과 풍미가 다른 부위까지 다양하게 즐긴다.

> 메뉴 옆에 '塩(시오)' 또는 'タレ(다레)' 표기가 있다면 소금구이나 양념구이 중 선택 가능하다는 뜻!

만료 미나미모리마치점 ▶ 2권 P.129

고기는 불 맛이지
야키니쿠 焼肉

불판 또는 숯불에 고기를 굽는 야키니쿠는 재일 한국인에게서 비롯된 음식 문화다. 한 접시에 50~80g를 부위별로 소분해 여러 접시를 주문해 먹는 방식이다. 혼자 온 손님을 위한 하프 사이즈 메뉴를 제공하기도 한다.

MENU
- 가루비 カルビ 갈비는 실패 없는 기본 메뉴
- 로스 ロース 담백한 등심. '상上' 자가 붙으면 고급 부위라는 뜻.
- 하라미 ハラミ 고소하고 부드러운 안창살
- 규탄 牛タン 얇게 썰어 나오는 쫄깃한 소 혀
- 호르몬 ホルモン 위, 곱창 등 내장 부위
- 모리아와세 盛り合わせ 모둠 세트

혼밥도 대환영!
전국구 유명 체인점

관광객이 몰리는 벚꽃철과 단풍철에는 인기 맛집의 대기 시간이 길어지기 때문에 혼자 여행하는 사람은 물론 가족 단위 여행객에게도 좋은 대안이다.

3대 규동 체인점

요시노야
짭짤한 규동 전문점. 가루비 데이쇼쿠(갈비정식)도 인기

스키야
치즈, 김치, 명란 등 토핑이 다양한 규동

마츠야
셋 중 가장 저렴. 밥과 된장국을 포함한 세트 메뉴 제공

회전 초밥 체인점

스시로
계절 한정 메뉴 등 다양한 메뉴 구성

쿠라스시
재미있는 자동화 시스템과 뽑기 경품이 인기

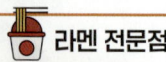 라멘 전문점

이치란
돈코츠 라멘, 혼밥족 특화 칸막이 좌석

잇푸도
돈코츠 라멘, 글로벌 체인

라멘 카이리키야
쇼유라멘, 교토의 직장인 맛집

텐카이핀
토리파이탄 라멘(대표 메뉴: 콧테리)

인류모두면류/라멘대전쟁
고급스러운 쇼유라멘

이자카야·고기 체인점

토리키조쿠
야키토리 전문으로 전 메뉴 균일가 (370엔)

치보
오코노미야키 체인점. 도톤보리 본점이 가장 유명

아부리야
야키니쿠 무한 리필 체인점(1인 5000~6000엔)

🍴 양식·경양식 체인점

동양정
고급 햄버그스테이크 전문점,
맛있는 만큼 대기가 긴 편

에이코쿠야
커피와 경양식 메뉴를 갖춘
레트로풍 가게

빗쿠리돈키
중저가 햄버그스테이크 전문점

사이제리아
음식이 저렴하고 다양한 패밀리
레스토랑

코코이찌방야
카레 체인. 맵기·양·토핑 선택 가능

🍮 카페 체인점

호시노 커피
클래식한 인테리어와 수준 높은
수플레 팬케이크

코메다 커피
큼직한 토스트, 달걀이 포함된 모
닝 세트가 인기

툴리스 커피
아늑하고 편안한 분위기. 심플한
모닝 세트, 드립 커피가 유명

우에시마 커피
다방 느낌의 클래식한 인테리어.
진한 넬 드립 커피 전문

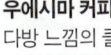

산마르크 카페
초콜릿 크루아상과 커피를 부담
없이 즐기는 저가형 카페

도토루 커피
회전율이 높은 저가형 커피 체인.
노트북으로 작업하기 좋은 환경

장인이 만들어주는 오므라이스 메이지켄 ▶ 2권 P.088

레트로 감성 UP
추억의 경양식 & 킷사텐

일본식 서양 요리
경양식 洋食

현지인의 단골 식당, 오래된 다방, 그리고 추억이 담긴 속에 살아 있는 '옛날 음식'. 서양 음식을 일본식으로 재해석한 경양식은 우리에게도 무척 익숙한 메뉴다. 부담 없는 점심 한 끼로 충분하고, 수십 년 경력의 오너 셰프가 직접 요리를 만들어 주는 행운까지! 특히 햄버그스테이크와 카레는 어느 곳에서나 기본 이상의 맛이 보장된다.

MENU
▸ 함바그 일본식 햄버그스테이크
▸ 나폴리탄 케첩에 볶은 일본식 스파게티
▸ 오므라이스 케첩 볶음밥 위에 달걀을 얹은 음식
▸ 카레라이스 달콤하고 걸쭉한 일본식 카레
▸ 고로케 속은 부드럽고 겉은 바삭한 크로켓
▸ 에비후라이 바삭한 새우튀김

PICK

햄버그스테이크 체인점
동양정 ▶ 2권 P.043, 3권 P.110

오므라이스의 원조
홋쿄쿠세이 ▶ 2권 P.130

유쾌한 요리 퍼포먼스
키치키치 오므라이스
▶ 3권 P.062

카페 + 밥집
킷사텐 喫茶店

1878년 고베에 일본 최초의 커피 전문점이 문을 열면서 서양식 커피 문화가 전파되었다. 전통 찻집인 차야茶屋는 점차 커피와 홍차 중심의 공간으로 변모했는데, 직역하면 '차를 마시는 가게'라는 의미의 킷사텐도 이 과정에서 생겨난 이름! 이후 킷사텐은 신문을 읽고 담배를 피우며 커피를 즐기는 문화 공간이자, 간단한 식사까지 가능한 장소로 자리 잡았다.

고베 하타 커피 ▶ 2권 P.186

PICK
- 킷사 도레미 ▶ 2권 P.134
- 니시무라 커피 ▶ 2권 P.185
- 프랑수아 ▶ 3권 P.145

여전히 흡연이 가능한 킷사텐도 많으니, 입장 전 표시를 꼭 확인할 것

HOW TO 킷사텐에서는 뭘 먹을까?

시대는 바뀌었지만, 킷사텐은 세대를 잇는 공간이 되었다. 레트로 감성을 즐기러 온 젊은 세대와 수십 년째 찾아오는 단골손님이 나란히 앉은 풍경이 흥미롭다. 무엇보다 여행자 입장에서 킷사텐은 이른 아침부터 문을 여는 고마운 장소다.

① **모닝 세트** 커피 + 토스트 + 삶은 달걀 또는 에그 샌드위치 구성
② **런치 세트** 나폴리탄, 햄버그스테이크 등 경양식과 구성
③ **수제 푸딩 & 케이크** 진하고 쓴 일본식 블렌드 커피와 디저트 구성

이것이 Kyo Style
교토의 식문화

교토는 유네스코 무형문화유산인 '와쇼쿠和食', 즉 다양한 일본 전통 요리의 발상지다. 고급 요리점이든 가정식 반찬인 오반자이おばんざい를 파는 식당이든, 계절의 흐름을 섬세하게 반영한 한 끼를 만날 수 있다.

01 격식을 갖춘 코스 요리
가이세키 懐石

일본에는 '가이세키かいせき'라는 발음을 가진 두 가지 요리 문화가 존재한다. 하나는 술자리를 위한 화려한 연회 음식인 会席, 다른 하나는 다도에서 유래해 절제와 조화를 중시하는 교토식 懐石. 오늘날에는 두 가지 개념이 혼용되면서 고급 코스 요리를 뜻하는 말로 자리 잡았다.

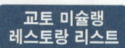
교토 미슐랭 레스토랑 리스트

02 단순하지만 깊은 맛
유도후 湯豆腐

연한 국물에 부드러운 두부를 데쳐 먹는 유도후는 교토의 맑은 물과 고급 대두의 풍미가 고스란히 느껴지는 대표적인 채식 요리다. 승려들이 먹던 쇼진 요리 精進料理에서 유래했으며, 교토 난젠지 주변이 그 발상지로 알려져 있다. 점심에 제공하는 '유도후 정식'은 다른 정식 코스 요리에 비해 비교적 부담 없는 가격으로 즐길 수 있다.

> **PICK**
> 난젠지 앞 두부 요리 준세이 ▶ 3권 P.091
> 아라시야마 사찰 음식점 덴류지 시게츠 ▶ 3권 P.128
> 교토 오반자이 맛집 ▶ 3권 P.142

03 말차와 곁들이는 전통 디저트
교가시 京菓子

전통 다도에서는 말차를 마시기 전에 일본 전통 방식으로 만든 디저트인 화과자(와가시和菓子)로 입맛을 정돈한다. 교토에서는 지역색을 강조하기 위해 '교가시'라고 부른다.

네리키리 練り切り
흰팥 앙금을 계절 꽃과
과일 모양으로 빚은 생과자

미타라시 단고 みたらし団子
단짠단짠 구운
찹쌀떡

야츠하시 八ッ橋
거문고 모양 야츠하시가
오리지널

도라야키 どら焼き
얇은 빵 사이에
단팥을 넣은 디저트 샌드

요칸(양갱) 羊羹
달디단 팥양갱♪
가을에는 밤양갱도 나와요!

와라비모찌 わらび餅
고사리 전분으로 만든
말랑하고 투명한 떡

PICK
츠지리 ▶ 3권 P.044 eX 카페 ▶ 3권 P.146

말차抹茶란?

찻잎을 곱게 간 가루를 뜨거운 물에 풀고, 대나무 다선茶筅으로 거품을 내어 마시는 짙은 녹색의 말차는 쌉싸름한 첫맛과 입안에 남는 은은한 풍미가 특징이다. 교토의 고급 찻집에서는 대개 일본 3대 명차 산지로 꼽히는 우지의 차를 쓴다. 현대적인 스타일로 재해석한 말차를 경험하는 것도 괜찮은 방법! 진한 말차 젤리와 아이스크림을 층층이 쌓은 파르페, 티라미수, 케이크, 젤라토, 말차 라테까지, 말차 디저트의 세계는 무궁무진하다.

이런 교토 어때요?
교토 감성 플레이스

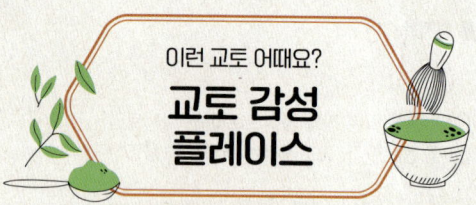

이제 교토의 다양한 얼굴을 만날 시간! 전통 가옥 마치야町家에서 맞는 차분한 티타임, 강변 전망이 아름다운 감성 카페까지. 전통의 미학에 세련된 감각이 더해진 교토는 일본에서 가장 스타일리시한 도시이기도 하다.

01 PLACE 아름다운 고택 카페
기온 코모리
ぎをん 小森

넓은 고택의 여러 칸으로 나뉜 다다미방에서 교토 특유의 정취를 즐길 수 있는 장소다. 100% 고사리 전분으로 만든 와라비모찌가 대표 메뉴. 말랑하고 투명한 떡이 입안에서 사르르 녹아내린다. 여름에는 우지킨토키(말차 빙수) 등 계절 한정 메뉴도 인기다. 예약은 불가하며 현금 결제만 가능하다.

구글맵 기온 코모리
운영 11:00~19:00
휴무 월요일 외 홈페이지 공지
예산 세트 메뉴 2000엔
홈페이지 www.giwon-komori.com
가는 방법 기온 시라카와 다츠미 다리 옆

02 PLACE 코스로 즐기는 티 오마카세
티룸 사비 立礼茶室 '然美'

기온의 하나미코지 안쪽 골목에 특별한 다실이 숨어 있다. 1층은 디자이너 겸 현대미술가 타이가 타카하시의 쇼룸 'T.T'이고, 내부 계단을 통해 2층으로 올라가면 티룸 사비가 나온다. 화과자 5종에 어울리는 일본 전통차 또는 티 칵테일 5종을 페어링 코스로 제공한다. 모든 코스를 즐기는 데 최소 2시간이 걸린다.

구글맵 Ryurei Tea Room "SABI"
운영 13:00 또는 16:00
예약 필수
예산 7700엔
홈페이지 rustsabi.com
가는 방법 기온 겐닌지 근처

03 PLACE

차 한 잔의 예술
카멜리아 가든
カメリア ガーデン店

구글맵 Tea Ceremony Camellia GARDEN
운영 예약 필수
예산 가든점 12000엔~, 플라워점 4000엔~
홈페이지 tea-kyoto.com
가는 방법 료안지 근처

다기에 예를 표하고, 두 손으로 찻잔을 감싸며 향을 음미하는 다도의 전 과정을 설명과 함께 체험하는 공간. 전통 다실과 정원이 아름다운 료안지 근처 카멜리아 가든점은 개인 세션 위주이며, 기요미즈데라 근처의 카멜리아 플라워점에서는 약간 더 낮은 비용에 그룹 체험이 가능하다. 일본 영화 <일일시호일>에 나오는 다도 교실과 매우 비슷하며 영어와 일어로 진행한다.

> "다도 체험, 어렵지 않아요."

01 입장과 인사
다실에 입장해 가볍게 목례하고, 반듯한 자세로 자리에 앉는다.

02 화과자 먼저
구로모지(나무 꼬치)로 한 입 크기로 나눈 다음, 한 조각씩 먹는다.

03 준비 과정 감상
다도의 주인이 말차를 완성해 가는 과정을 조용히 감상한다.

04 말차 받기
찻잔은 두 손으로 들어, 앞면(장식이 있는 쪽)이 입에 닿지 않도록 마신다.

TIP! 실제 예법은 이보다 훨씬 세세하고 복잡하지만, 체험 공간에서는 예의를 갖추는 선에서 가볍게 즐기면 된다. 반바지나 짧은 치마는 피하고, 찻잔이 상하지 않도록 액세서리는 빼고 입장하자.

04 PLACE 프리미엄 몽블랑
와구리 전문 사오리
和栗專門 紗織

일본 토종 밤 와구리로 만드는 몽블랑 디저트 전문점. 밤 크림을 실타래처럼 쌓아 올린 비주얼만큼이나 맛도 훌륭한데, 밤의 품종에 따라 가격이 차이 난다. 몽블랑 양이 많아서 동행이 있다면 파르페 등 다른 메뉴와 하나씩 나눠 먹는 것도 좋은 방법. 현장에서 대기표를 뽑거나 온라인 예약 후 방문한다.

구글맵 Waguri Senmon Saori Kyoto
운영 10:00~20:00 **예산** 최고급 몽블랑 3080엔
홈페이지 wagurisenmon-saori.com
가는 방법 시조 대교에서 500m(도보 6분)

05 PLACE 산뜻한 비건 라멘
비건 라멘 우즈
Vegan Ramen UZU

다시마·표고·연근을 베이스로 한 비건 라멘으로 2024년 미쉐린 빕 구르망에 선정된 곳. 테이블에 착석하면 벽과 테이블에 디지털 아트 그룹 팀랩team Lab의 작품 '반전 무분별'이 투영된다. 단품 라멘만 파는 도쿄점과 달리, 교토 본점에서는 웰컴 드링크, 전채 2종, 라멘, 디저트까지 코스로 즐길 수 있다.

구글맵 Vegan Ramen UZU Kyoto
운영 12:00~13:30, 17:30~20:30 **예약 필수**
휴무 토~월요일 **예산** 7700엔 **홈페이지** vegan-uzu.com
가는 방법 지하철 도자이선 교토시야쿠쇼마에역에서 600m(도보 8분)

06 PLACE 커피 전문점에서 먹는 가정식
% 쇼쿠도 % Shokudō

기요미즈데라로 가는 길목의 % 아라비카 커피에서 운영 중인 식당. 밥에 국 한 그릇과 메인 요리(생선구이), 두 가지 반찬을 더한 '이치주산사이一汁三菜' 구성의 소박한 식사를 제공한다. 여기에 더해 맞은편 % 아라비카 커피에서 원하는 음료 1개를 테이블로 가져다준다.

구글맵 % ARABICA Shokudō 또는 %아라비카 교토 히가시야마점 **운영** 09:00~13:00 **예약 필수** **휴무** 화·수요일
예산 식사 2800엔짜리 추천 **홈페이지** arabica.com/en/shokudo **가는 방법** 산넨자카 야사카의 탑 바로 아래

미국 카페가 교토를 만나면?

전통차 대신 아메리카노와 라테가 생각날 때, 친숙한 브랜드에 교토 감성을 더한 특별한 공간을 찾아가자.

스타벅스 교토

기요미즈데라로 향하는 언덕길에 있는 매장. 100년 넘은 마치야의 다다미방과 다실 구조를 구경할 수 있다.
구글맵 스타벅스 교토 니넨자카 야사카차야점

▶ 3권 P.091

▶ 3권 P.048

블루보틀 커피 난젠지점

전통 목재 구조와 흙벽을 그대로 살린 교마치야에서 간판 없이 파란 병 사인으로 존재감을 드러낸다. 블루보틀 특유의 미니멀 감성 그대로.
구글맵 블루보틀커피 교토

휴먼메이드 1928 × 블루보틀 커피

1928년에 지어진 유형문화재 건물에 들어선 스트리트 패션 브랜드 휴먼메이드와의 협업 매장. 하트 로고와 블루 컬러가 어우러진 한정 굿즈도 인기.
구글맵 HUMAN MADE 1928 Cafe by Blue Bottle Coffee

▶ 3권 P.072

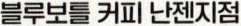

르 라보 카페 교토 마치야

뉴욕의 니치 향수 브랜드 르 라보의 교토 매장. 높은 천장과 안뜰을 갖춘 교마치야 안쪽에서 테이크아웃 카페를 운영한다. 교토 한정 향수 '오스만투스 19'의 향도 맡아 보자.
구글맵 LE LABO CAFE KYOTO MACHIYA

▶ 3권 P.071

스텀프타운 커피 로스터스

신푸칸의 에이스 호텔 로비에 입점한 포틀랜드 스페셜티 브랜드. 시그니처 원두인 헤어 벤더Hair Bender는 라테로 마셔야 맛있고, 니트로 콜드 브루는 깔끔하고 부드럽다.
구글맵 스텀프타운 커피 로스터스 교토

▶ 3권 P.069

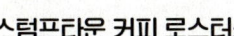

SHOPPING

☑ BUCKET LIST 11

지도로 보는 HOT SPOT
오사카 쇼핑 대백과사전

▸ 산다 프리미엄 아웃렛

28km

주요 백화점
- 한큐 고베
- 다이마루 고베 ♥
- 고베 마루이

복합 쇼핑몰
- 모토마치 상점가
- BAL 고베
- 오츠나카도리
- 민트 고베

산노미야 & 구거류지 2권 P.158

31km

KOBE

- 우미에
- 모자이크 ♥

하버랜드 2권 P.168

18km

45km

▸ 미츠이 아웃렛

▸ 린쿠 프리미엄 아웃렛

오미야게 쇼핑 리스트 ▸ P.086

백화점 쇼핑 실전 가이드 ▸ P.088

일본 쇼핑 최애 브랜드 ▸ P.090

시조 가와라마치 (중심가) 3권 P.066

주요 백화점
- 다이마루 교토
- 다카시마야 교토
- 후지이 다이마루

복합 쇼핑몰
- BAL 교토 ♥
- 신푸칸(신풍관) ♥
- 에디온 교토
- 포켓몬 센터 교토

교토역 3권 P.108

KYOTO

- JR 교토 이세탄
- 교토 아반티
- 이온몰 교토
- 요도바시 카메라 교토

50km

라라포트 엑스포시티 아웃렛
만박기념공원

18km

우메다 2권 P.026

OSAKA

주요 백화점
- 한큐 우메다 ♥
- 한신 우메다 ♥
- 다이마루 우메다 (닌텐도 스토어)

복합 쇼핑몰
- 그랜드 프런트 오사카 ♥
- 그랜드 그린 오사카
- 루쿠아 오사카/루쿠아 1100 ♥
- 킷테 오사카(JP 타워)

- 한큐 멘즈(남성 패션 전문 백화점)
- 헵파이브(영 캐주얼, 캔메이크 매장)
- 한큐산반가이(키디랜드, 니토리)
- 링크스 우메다(카메라, 전자 제품)

신사이바시 2권 P.080

주요 백화점
- 다이마루 신사이바시 ♥ (포켓몬 센터 & 카페)
- 신사이바시 파르코 ♥
- 신사이바시 OPA 빌딩

복합 쇼핑몰
- 신사이바시스지 상점가 ♥
- 미나미센바 ♥(럭셔리 패션 부티크)
- 아메리카무라(빈티지 패션 부티크)
- 호리에(오렌지 스트리트)

난바 2권 P.063

주요 백화점
- 다카시마야 오사카

복합 쇼핑몰
- 난바시티
- 난바 파크스
- 난바 마루이

- 에디온 난바
- 도톤보리(기념품, 약국)
- 센니치마에 도구야스지 상점가

아베노 2권 P.116

- 긴테츠 백화점 (아베노하루카스)
- 메가돈키호테

편의점 & 마트
> P.092

드럭스토어 & 할인점
> P.096

캐릭터 & 라이프스타일
> P.098

기념품으로 뭐가 좋을까?
오미야게 쇼핑 리스트

일본에서는 여행이나 출장을 다녀오면 소소한 오미야게おみやげ를 선물한다. 가장 무난한 것은 역시 먹거리! 그 덕분에 어디서든 '한정'이라는 마법의 단어가 붙은 한 입 거리 과자와 지역 특산품을 만날 수 있다.

어디서 사면 좋을까?

- **백화점**
  품질 보장! 사케, 전통 화과자, 지역 특산물
- **돈키호테 등 할인점**
  저렴하고 재미있는 아이디어 상품
- **오사카역, 난바역, 교토역 기념품점**
  지역별 대표 제품
- **공항 면세점**
  일본 전국 인기 간식 고르기

일본 면세점 베스트셀러

로이스
생초콜릿 & 초콜릿 포테이토칩
1100~1400엔(1box)

도쿄 바나나
차갑게 먹으면 더 맛있다!
1300엔(8pc)

홋카이도의 **고이비토** 960엔(12pc)

카스텔라
촉촉하고 달콤한 선물
1300엔

교바움
교토의 흙 +
독일식 케이크 바움쿠헨
1400엔

프란츠
고베 명물 동결건조 딸기 트뤼프
1000엔

도쿄에서 온
뉴욕 퍼펙트 치즈
1200엔(8pcs)

눈에 띈다면 PICK

하나랑그
꽃 모양의 랑그드샤 쿠키
1100엔(6pc)

이치란 라멘
집에서 끓여 먹자!
2200엔(5인분)

KYOTO

전통 디저트는 교토 브랜드가 단연 인기다. 일본어 간판으로는 찾기 어려워서 인기 제품을 미리 알고 가면 편하다.

BUCKET LIST

토라야 虎屋 Toraya
요칸(양갱)과 계절 화과자
📍 교토점 ▶ 3권 P.099

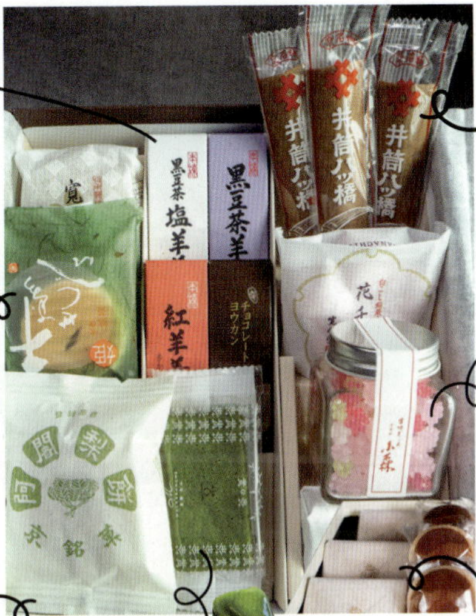

고게츠 鼓月 Kogetsu
녹차 크림을 넣은 센주 센베
📍 한큐 우메다, 이세탄 교토, 다카시마야 교토

만게츠 満月 Mangetsu
삿갓 모양의 팥빵 아자리모찌
📍 한큐 우메다, 다카시마야 교토, 다이마루 교토

이즈츠 井筒 Izutsu
딱딱한 야츠하시보다 말랑한 생과자 나마야츠하시가 인기
▶ 3권 P.045

깜찍한 별사탕 기념품
📍 교토 료쿠주안시미즈
📍 교토 기온 코모리

타네야 たねや Taneya
만주, 젠자이 등 팥이 든 고급 제품에 특화
📍 한큐 우메다, 한신 우메다, 다카시마야 교토

마르브랑슈 Malebranche

우지산 고급 말차를 넣은 차노카茶の菓(랑그드샤 쿠키)는 공항 면세점에서도 판매하지만, 교토 매장에서 최근에 제조한 상품을 구입하면 훨씬 촉촉한 맛을 즐길 수 있다.

📍 **교토 기타야마 본점** (정식 카페)
→ 말차 몽블랑과 계절 케이크

📍 **교토역 시조구치점** (간이 카페)
→ 기념품점 코너에서 몽블랑 판매

📍 **교토타워샌드점** (기념품점)
→ 교토 타워 모양의 미니 아이스크림

📍 **교토역 로망의 숲** (정식 카페)
→ 교토 타워 전망과 홍차

📍 **아라시야마점** (기념품점)
→ 말차 크림 에클레르 한정 판매

📍 **기요미즈데라점** (기념품점)
→ 넓은 매장과 다양한 한정 상품

딘앤델루카 Dean & Deluca
교토 블렌드 등 원두와 에코백
▶ 3권 P.075

하라료카쿠 原了郭
교토의 향신료 구로시치미
(흑치미) ▶ 3권 P.045

혼케 오와리야 本家尾張屋
교토 명물 소바 & 츠유 세트
▶ 3권 P.104

오사카 · 교토 버킷 리스트 **087**

일본 여행 1회 차라면 필독!
백화점 쇼핑 실전 가이드

일본, 특히 오사카의 백화점은 단순한 쇼핑 공간이 아니라 관광지 그 자체. P.084의 지도로 주요 백화점과 쇼핑센터의 위치를 파악했다면, 이제 실용 팁을 확인할 차례!

TIP ①
면세 쇼핑 혜택, 놓치지 말기!

일본 면세 조건은?
- 세전 5000엔 이상 (소비세 포함 5500엔 이상 결제한 경우)
- 쿠폰 사용 시 조건 바뀔 수 있음
- 일시 체류 중인 해외여행자

소모품 식품·화장품	밀봉 포장	귀국 전까지 개봉 및 사용 금지
일반 물품 의류·잡화	포장 없음	원칙적으로는 일본에서 착용 불가

※면세로 쇼핑한 물품은 출국 시 반드시 소지해야 한다.

면세 적용 절차

❶ 여권 필수 지참
- 입국 도장이 찍힌 여권 확인
- 공식 출입국 앱(Visit Japan Web)의 면세 QR 코드가 있어도 여권 제시를 요청할 수 있음

❷ 영수증 모으기
- 동일 백화점 내 매장은 대부분 금액 합산 가능
- 소형 매장, 로드 숍은 단독 기준

❸ '구입 당일' 면세 카운터 방문
- 여권+영수증+동일 명의 신용카드 제출
- 포장+환급 처리(현금 또는 카드 환급 중 선택)

⚠️ 이르면 2026년부터 출국 시 공항에서 일괄 환급하는 방식으로 면세 시스템을 개편할 예정이므로 여행 전 최신 면세 규정 확인 필수!

TIP ②
쇼핑 전에 쿠폰부터 챙기자!

일본 백화점은 기본적으로 정찰제로 운영하지만, 외국인 전용 할인 쿠폰(5~10%)을 제공하는 곳이 많다. 면세와 쿠폰을 중복 적용해 주지 않는 브랜드도 있으니 주의!

쿠폰 받는 방법은?
- 인포메이션 센터에서 여권 제시 후 수령
- 매장에서 구매할 때 직접 제공하는 곳도 있음

TIP ③
지하 식품관 '데파치카'

보통 평일 오후 4~6시 무렵, 직장인의 퇴근 시간에 맞춰 도시락과 반찬류 세일(최대 20~50%)을 시작한다. '割引', '値引き' 스티커를 확인하자.

프리미엄 녹차와 말차

츠지리 都路里
나카무라토키치 中村藤吉
잇포도 一保堂

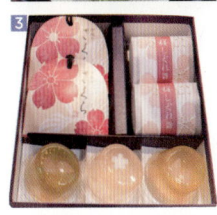

① 고칸 부드러운 딸기 쇼트케이크 📍한큐 우메다
② 마사히코 오즈미 파리 자부톤 케이크 📍한큐 우메다
③ 고급 화과자 눈이 즐거운 계절 한정 디자인
④ 아틀리에 우카이 도쿄 미슐랭 스타 레스토랑 레시피로 만든 고급 쿠키
   📍한큐 우메다, 다카시마야 오사카

TIP ④
좋은 술 고르는 법

❶ 정미율: 쌀을 깎아낸 정도
- 다이긴조大吟醸 50% 이하. 향이 풍부한 최고급 사케
- 긴조吟醸 60% 이하. 깔끔한 고급 사케
- 혼조조本醸造 70% 이하 + 알코올 첨가. 일상용 사케

❷ 주조용 알코올 첨가 유무
쌀·물·누룩만 사용해 빚은 사케에는 '준마이純米'라는 표시가 붙는다.

❸ 쌀의 종류
좋은 주조용 쌀 야마다니시키 山田錦

간사이 국제공항 면세점에서는 구하기 어려울 때가 있어요. 다이마루 신사이바시, 한큐 우메다, 한신 우메다, 에디온 난바 등을 방문해 보세요.

1637년 창업
교토 후시미 지역

깔끔하고 부드러운 맛의 사케 브랜드
월계관(겟케이칸)
5000엔

다이긴조
야마다니시키

준마이
다이긴조

닷사이 23
프리미엄 사케의 대명사
(쌀을 77% 깎아냈다는 의미)
5800~6600엔(720ml)

꼼데부터 단톤까지
일본 쇼핑 최애 브랜드

> 수많은 매장 중에서 갈 곳만 콕 집어 추천! 핵심 매장이나 플래그십 스토어는 ♥로 표시했어요.

꼼데가르송 COMME des GARÇONS
- 오사카 꼼데가르송 오사카♥(신사이바시), 한큐 우메다, 한큐 멘즈, 난바 파크스
- 교토 이세탄 교토, 다이마루 교토, 꼼데가르송 교토
- 고베 한큐 고베♥(포켓 라인, 플레이 라인 팝업)

플레이 라인을 찾아라!

이세이 미야케 ISSEY MIYAKE
- 오사카 이세이 미야케 센바♥(신사이바시), 한큐 우메다(바오바오, 플리츠 플리즈), 아베노 하루카스(바오바오, 플리츠 플리즈)
- 교토 이세이 미야케 교토♥, 이세탄 교토

비비안 웨스트우드 Vivienne Westwood
- 오사카 비비안 웨스트우드♥(신사이바시), 다이마루 신사이바시, 루쿠아 오사카
- 교토 이세탄 교토, 후지이 다이마루
- 고베 한큐 고베 신관

메종키츠네 Maison Kitsune
- 오사카 메종키츠네 오사카, 한큐 멘즈
- 교토 BAL 교토, 후지이 다이마루

노스페이스 THE NORTH FACE
- 오사카 노스페이스 오사카♥(오렌지 스트리트), 그랜드 프런트 오사카
- 교토 노스페이스 교토 스토어♥, 스탠더드 교토 스토어, 후지이 다이마루
- 고베 노스페이스/헬리한센 고베♥, 나나미카 고베

요시다 포터 Yoshida & Porter
- 오사카 난바 파크스♥(쿠라 치카 바이 포터), 신사이바시 파르코(포터 익스체인지), 한큐 우메다, 그랜드 프런트 오사카
- 교토 포터 클래식 교토♥(니시키 시장 단독), 포터 스탠드 교토(산넨자카 단독)

요지 야마모토 Yohji Yamamoto
- 오사카 와일드사이드♥(신사이바시 단독), 한큐 멘즈(남성), 다이마루 우메다, 다카시마야 오사카

휴먼메이드 HUMAN MADE
- 오사카 신사이바시 파르코
- 교토 휴먼메이드 1928♥

"미래는 과거에 있다."
패션 디자이너 타이가 타카하시(T.T)
▶ 3권 P.074

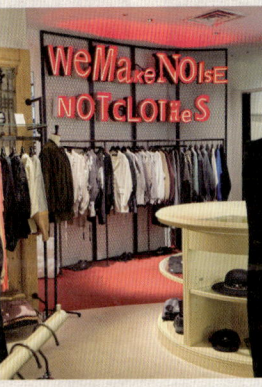

빔스 BEAMS
- 오사카 빔스 우메다(루쿠아), 빔스 스트리트 우메다(헵파이브), 빔스 난바(난바 시티), 빔스 하우스 난바(난바 파크스), 빔스 하우스 우메다(그랜드 프런트 오사카)
- 교토 빔스 교토♥, 신푸칸(소품 위주)

비숍 Bshop
〔단톤 입점〕
- 오사카 그랜드 프런트 오사카, 난바 파크스
- 교토 후지이 다이마루
- 고베 단톤 고베♥(단독, 바로 옆이 비숍 고베 본점), 민트 고베

유나이티드 애로우즈
United Arrows
〔아크네 스튜디오 입점〕
- 오사카 신사이바시 파르코, 난바 파크스, 그랜드 프런트 오사카(멘즈), 루쿠아 오사카
- 교토 후지이 다이마루
- 고베 고베 산노미야, 다이마루 고베

에프알투 #FR2
- 오사카 #FR2 OSAKA♥(신사이바시스지)
- 교토 #FR2 KYOTO(신쿄고쿠), #FR2 Nadeshiko(야사카 신사)

프라이탁 FREITAG
- 오사카 굿랜드 마켓♥, 프라이탁 스토어 오사카
- 교토 프라이탁 스토어 교토

베이프 BAPE
- 오사카 베이프 스토어 오사카(오렌지 스트리트)
- 교토 베이프 스토어 교토♥

캐피탈 KAPITAL
- 오사카 한큐 멘즈 ♥교토 캐피탈 교토♥

스투시 Stüssy
- 오사카 스투시 오사카 챕터(아메리카무라)
- 교토 스투시 교토 챕터

슈프림 Supreme
- 오사카 슈프림 오사카(오렌지 스트리트)

유니클로의 UT! Me란?
직접 그리고, 쓰고, 꾸미는 나만의 그래픽 티셔츠를 사고 싶다면 전용 키오스크가 설치된 매장을 찾아야 한다. 지역 명물 상점과 협업한 티셔츠도 구입할 수 있다.

- 오사카 유니클로 신사이바시, 링크스 우메다
- 교토 유니클로 교토 가와라마치
- 고베 유니클로 고베 산노미야

숙소에서 즐기는 스몰 파티!
3대 편의점

세븐일레븐
- 커피, 샌드위치, 도시락
- 전체적인 밸런스가 좋아요

훼미리마트
- 스낵, 치킨, '화미마 스위츠' 디저트

로손
- 크림 디저트의 최강자

여행 중 현금이 필요할 땐 세븐뱅크의 ATM(트래블로그, SOL 페이, 토스뱅크 카드 사용자)

구글맵에서는 '훼미리마트'로 검색! 일본에서는 '화미마'라고 불러요.

프리미엄 디저트 라벨 Uchi Café

세븐일레븐
세븐카페
한 잔에 115~250엔!
부담 없는 가격의 음료

훼미리마트
수플레 푸딩

로손
모찌초코빵
말랑한 도우에 진한 초콜릿 필링

훼미리마트
더블 크림 슈
커스터드와 생크림이 듬뿍

세븐일레븐
샌드위치
다마고산도(에그 샌드위치)
이치고산도(딸기 샌드위치)

로손
가라아게군
한 입 크기의 치킨 너겟

화미치키는 직원에게 요청하고, 가라아게군은 직접 꺼내요.

훼미리마트
화미치키
따끈하게 튀긴 순살 치킨

로손
모찌뿌요
쫀득한 빵과 크림의 조화

로손
모찌 롤케이크
쫀득한 식감과 촉촉한 크림

HOW TO 세븐일레븐 스무디 만드는 법

① 냉동고에서 스무디 컵을 고르고
② 계산대에서 결제한 뒤
③ 기계에 넣고 버튼을 눌러 갈아 마시면 끝!

> 샤인머스캣, 딸기 바나나, 블루베리 바나나 등 다양한 맛

브랜드별 인기 간식 리스트

어느편의점에서나 눈에 띄면 PICK!

1. 야마자키 유키이치고 겨울 한정 딸기모찌
2. 초코슈 동글동글 초콜릿 볼
3. 자가리코(감자 스틱) & 자가초코(초코칩)
4. 타케노코노사토 죽순 모양의 초콜릿 쿠키
5. 멜론빵 편의점별 자체 브랜드로 즐기기
6. 오하요 크렘브륄레 아이스크림

요즘 인기 컵라면

1. 닛신 UFO 야키소바 일본식 볶음면의 대명사
2. 닛신 카레메시 5분 만에 완성되는 즉석 카레밥
3. 인류모두면류 컵라면으로 맛보는 프리미엄 쇼유라멘
4. 텐카이핀 인기 라멘 체인점의 진한 콧테리 국물
5. 닛신 돈베이 키츠네 우동 큼직한 유부가 들어간 대체 불가 컵우동
6. 삿포로 이치방 미소라멘 컵라면으로 먹어도, 끓여 먹어도 OK

오사카·교토 버킷 리스트 093

편의점 캔 술 총집합

제품	도수	설명
잭다니엘 & 코카콜라	7%	하이볼의 클래식 '잭콕'
산토리 스트롱 제로 더블 레몬	9%	상큼한 츄하이(소주 + 탄산수 + 과즙)
산토리 가쿠 하이볼	9%	일본식 하이볼의 대명사
산토리 토리스 레몬 하이	5%	가볍고 달콤한 레몬 하이볼
기린 이치방 시보리	5%	산뜻한 풍미, 일본 대표 생맥주
삿포로 생맥주 쿠로 라벨	5%	쌉싸름한 맛과 풍부한 향
산토리 트리플 생맥주	5%	부드럽고 연한 풍미, 경쾌한 맛
산토리 프리미엄 몰츠	5.5%	쓴맛과 단맛의 고급스러운 조화
아사히 슈퍼 드라이	5%	깔끔한 일본 대표 맥주
아사히 생맥주 마루에프	4.5%	뒷맛이 부드러운 맥주

※일본 주류 구매 및 소비는 만 20세 이상부터 가능. 여권 지참 필수

벚꽃철에는 한정판 벚꽃 맥주

거품이 살아 있네! 풀 오픈 캔맥주

종류별 푸딩 고르기 꿀팁

1 안다이코 치즈 케이크 푸딩　2 오하요 저지 푸딩　3 나메라카 푸딩　4 훼미리마트 수플레 푸딩

5 모리나가 야키 푸딩　6 글리코 토로~리 on 푸딩　7 고베 가자미도리 푸딩 ▶ 2권 P.186

1 푸딩과 유제품은 홋카이도산이 최고!　2 우유 함량이 높고 크리미한 맛
3 저지 푸딩과 비슷한데 바닐라 향이 강해요　4 폭신한 빵과 푸딩의 완벽 조화
5 겉은 구워 고소하고 속은 크리미해요　6 캐러멜 소스 + 바닐라 푸딩 + 생크림 3단 구조　7 은은한 럼 향과 진한 바닐라 시럽

카페의 수제 푸딩도 꼭 맛보기

여행 중 들르기 좋은
마트 쇼핑

수입 식품 전문점
칼디 커피 팜 KALDI COFFEE FARM
자체 로스팅한 원두와 드립 백은 물론, 오리지널 인스턴트 카레나 파스타 소스도 인기. 세계 각국의 식재료와 양념, 과자를 구경하는 재미가 쏠쏠하다. 오리지널 에코백은 기념품으로도 추천!
📍 난바 마루이, 루쿠아 1100 등 주요 쇼핑몰에 다수

로컬 슈퍼마켓
하베스 HARVES
현지인이 퇴근길에 많이 찾는 간사이 지역 기반의 중형 마트. 식료품 코너에서 튀김, 달걀말이, 스시, 각종 도시락으로 한 끼를 푸짐하고 실속 있게 해결해 보자.
📍 링크스 우메다(한큐 레스파이어 호텔 지하),
교토역 하치조구치 방향

빵이 맛있는 편의점형 베이커리
데일리 야마자키 Daily Yamazaki
야마자키 제빵 회사가 직접 운영하는 베이커리로 소시지빵, 에그 샌드위치, 멜론빵 등이 아침 식사나 간식으로 딱 좋다.
📍 지하철역 주변, 주택가 인근에 다수

깔끔한 고급 마트
이카리 Ikari
수입 식재료, 디저트, 와인과 과일까지 차분하게 정돈된 진열대를 구경하는 것만으로 즐거운 공간.
📍 JR 오사카역, 고베 산노미야역

로우 프라이스 유토피아
로피아 LOPIA
식료품을 저렴한 가격에 파는 마트. 도시락 사러 가자!
📍 교토역 요도바시 카메라 4층

슈퍼마켓
코요 KOHYO
간사이 지역에서 인기 있는 이온 그룹의 슈퍼마켓 체인. 도시형 마트 느낌
📍 신사이바시 미나미센바점, 교토역 이온몰

프리미엄 셀렉트 마켓
세이조 이시이 成城石井
도쿄 부촌에서 출발한 프리미엄 식료품 체인점. 유럽산 치즈나 명란 버터, 소스류 등 고급 식재료를 취급한다.
📍 한큐산반가이, 우메다 지하상가, 교토역 등

일본 쇼핑 필수 코스! 드럭스토어

드럭스토어는 의약품은 물론이고 화장품, 건강식품, 과자까지 모아 놓은 실속형 라이프스타일 숍이다. 일본 길거리에서 くすり(구스리)나 薬(약)이라는 글자가 보인다면, 그곳이 바로 쇼핑 포인트!

일본어로 '약'이라는 뜻!

❶ **스기 약국** スギ薬局
건강보조식품·진통제·피로 해소제 등 의약품 중심
구글맵 Sugi Pharmacy

❷ **선드럭** サンドラッグ
캔메이크, 세잔 등 뷰티 브랜드가 충실
구글맵 Sun Drug

❸ **다이코쿠 드럭** ダイコクドラッグ
세일 폭이 크고, 간식·음료·잡화 코너가 강세
구글맵 Daikoku Drug

드럭스토어, 이럴 때 좋아요
· 대형 할인점보다 규모가 작아서 쉽고 빠른 쇼핑이 가능
· 약사가 상주하는 매장에서는 복약 상담도 OK
· 매장 숫자가 많아서 접근성 최고

쇼핑 TIP
· 5000엔(세전) 이상 구매 시 면세 가능
· 모바일 앱(Payke)으로 바코드를 스캔해서 한국어로 성분 확인하기

뷰티 제품 PICK!
· 캔메이크 아이섀도 베이스·피니시 파우더
· 하다라보 고쿠준 로션
· 시세이도 아넷사 선스크린
· 센카 퍼펙트휩 클렌저
· 멜라노CC 효소 폼 클렌저
· 소피나 프리마비스타 베이스

휴족 시간

바케다누키

마네키네코

많이 걸은 날 다리에 붙이면 시원해요!

동전 파스

샤론 파스

돈키호테 빼먹으면 섭섭하지
할인점

돈키호테는 일본 여행의 성지라 할 만한 곳. 복잡하지만 구경하는 재미가 확실한 초대형 잡화점이다. 잡화, 의약품, 화장품, 전자 제품, 식품과 기념품까지, 한자리에서 원스톱 쇼핑이 가능하다.

① 도톤보리점
관광지 한복판, 대관람차도 탈 수 있는 곳. 접근성은 최고지만 매우 혼잡한 편 **운영** 24시간 ▶ 2권 P.058

② 메가돈키호테 신세카이점
츠텐카쿠 근처, 간사이 최대 규모의 돈키호테. 낮 시간에 쾌적하게 쇼핑하기 좋은 곳 **운영** 09:00~05:00 ▶ 2권 P.117

③ 우메다 본점
헵파이브 대관람차 근처. 번화가 한복판으로 심야에 쇼핑해도 안전한 곳 **운영** 24시간 ▶ 2권 P.035

쇼핑 TIP
· 5000엔(세전) 이상 구매 시 면세,
  1만 엔 이상 5%, 3만엔 이상 7% 할인
· 할인 쿠폰 다운로드
  홈페이지 www.donki-global.com/kr

이런 곳도 있어요!
① 다이소 ダイソ- 누구나 다 아는 100엔 숍의 원조
② 세리아 セリア 일본 감성의 디자인 소품이 많은 100엔 숍
③ 빅 카메라 주류 판매점 Bic Camera Liquor Shop
  빅카메라 그룹의 주류 전문점. 위스키 · 사케 쇼핑에 특화

랑그리 초코 크림 샌드
킷캣 와사비 맛
오타이산 소화제
스타벅스 딸기 라테
용각산 캔디 블루베리 맛
킷캣 딸기 초콜릿 케이크 맛
츠지리 말차 라테

행복을 선물하는 가게
캐릭터 & 라이프스타일

01 오늘은 포켓몬 잡는 날
포켓몬 센터 & 닌텐도 스토어

포켓몬 공식 매장과 닌텐도 스토어는 지점마다 매장 규모와 콘셉트가 다르다. 면세 쇼핑은 다이마루 신사이바시점과 유니버설 스튜디오 재팬 내부 기념품점에서만 가능하다.

구글맵 'Nintendo Osaka' 또는 '포켓몬 센터 오사카'로 검색

포켓몬 카페는 예약 필수

PICK
다이마루 우메다 13F 닌텐도 오사카와 함께 입점
▶ 2권 P.029

다이마루 신사이바시 9F
▶ 2권 P.081

닌텐도 교토 7F 다카시마야 백화점
▶ 3권 P.067

포켓몬 센터 교토 2F 교토 경제 센터 내
▶ 3권 P.074

닌텐도 뮤지엄(우지) 방문 3개월 전 예약 필수
▶ 3권 P.165

유니버설 스튜디오 재팬
유니버설시티워크의 유니버설 스튜디오 스토어, 테마파크 내부 슈퍼 닌텐도 월드 기념품점
▶ P.032

02 캐릭터 전문점 다 모였네!
신사이바시 파르코

구글맵 '파르코 신사이바시'로 검색
▶ 2권 P.082

오사카에서 캐릭터 굿즈를 사고 싶다면, 신사이바시 한 곳만 제대로 공략해도 대성공이다. 다이마루 백화점 9층을 먼저 둘러본 뒤, 옆 건물 파르코 6층으로 넘어가자. 도토리 공화국, 키디랜드, 레고 스토어, 리락쿠마 스토어, 스누피 타운 숍, 울트라맨 월드까지 모두 모여 있다.

03 스튜디오 지브리 공식 굿즈 숍
도토리 공화국 どんぐり共和国

〈이웃집 토토로〉, 〈센과 치히로의 행방불명〉, 〈하울의 움직이는 성〉 등 지브리 명작 속 주인공을 모티브로 한 생활 소품, 인형, 문구 등 아기자기한 상품으로 가득하다.

📍 신사이바시 파르코(6F), 루쿠아 오사카(9F), 교토 기요미즈데라 가는 길

04 일본 캐릭터 천국
키디랜드 キデイランド

산리오, 짱구, 도라에몽, 호빵맨 등 인기 캐릭터 굿즈와 디즈니, 지브리 제품도 볼 수 있는 전문 캐릭터 스토어.

📍 신사이바시 파르코(6F), 한큐산반가이(B1F), 교토 시조카와라마치점(1F), 고베 하버랜드 등

캐릭터 카페 BEST 3
기념품 매장도 구경하고, 귀여운 캐릭터가 그려진 음식도 맛보고!

스누피 차야 & 스누피 쇼콜라 & 피넛츠
카페 공간이 따로 분리돼 있고, 디저트 플레이팅이 예쁘다.
구글맵 '스누피 차야' 또는 'SNOOPY Chocolat', 'PEANUTS' 등으로 검색

미피 카페 & 미피 키친
심플하고 따뜻한 북유럽 감성 카페. 카레 등의 식사류와 테이크아웃 아이스크림도 판다.
구글맵 Arashiyama Miffy Sakura Kitchen

리락쿠마 카페
스탬프, 머그컵, 접시 등 카페 한정 굿즈가 많으므로 팬이라면 체크 필수!
구글맵 리락쿠마 카페 교토 아라시야마점

05 감각적인 생활 소품
로프트 ロフト

종류별 마스킹 테이프, 스테이플러, 필통 등 센스 있는 디자인 문구를 고르기 좋은 장소. 〈호보닛칸 이토이 신문ほぼ日刊イトイ〉의 다이어리, 유명 일러스트 작가와 협업한 제품도 종종 출시한다.

📍 루쿠아 오사카(9F), 로프트 우메다(단독 매장), 교토 로프트(단독 매장), 한큐 고베 신관(1~4층)

07 구경하는 재미가 듬뿍
핸즈 ハンズ (구)도큐핸즈

생활 잡화, DIY 제품, 공예품과 여행용 트렁크까지, 실용적이면서 트렌디한 아이템으로 가득한 종합 잡화점이다. 일본 각 지역 한정 굿즈도 취급한다.

📍 신사이바시 파르코(11F), 다이마루 우메다(10~12F), 핸즈 교토(단독 건물)

06 일본의 IKEA
니토리 ニトリ

일본 최대의 가구·생활용품 브랜드. 대형 매장도 있지만, 도심에서는 소규모 잡화점 형태로 운영한다.

📍 한큐산반가이(B1F), 신사이바시 아메리카무라점

> **PICK**
> 여기에 소개한 매장 외에도, 구글맵에 'stationery shop'을 검색하면 수많은 문구점을 찾을 수 있다.

규쿄도 본점 360년 전통의
고급 문구류와 엽서 전문점 ▶ 3권 P.073
게이분샤 이치조지점 작지만 아름다운
동네 서점 ▶ 3권 P.103

08 세상의 모든 책
마루젠 & 준쿠도 서점 丸善&ジュンク堂書店

전국에 지점을 둔 마루젠과 준쿠도가 손잡고 탄생시킨 대형 서점. 건축가 안도 다다오가 설계한 건물 지하 1층부터 6층까지 넓고 여유로운 공간을 자랑한다. 바로 옆에 로프트 우메다와 애니메이트(만화·게임 굿즈 전문점)도 있어 소품 쇼핑까지 한 번에 즐기기 좋다.

구글맵 마루젠&준쿠도 서점　**운영** 10:00~22:00
가는 방법 한큐 오사카우메다역에서 북쪽의 차야마치 방향으로 도보 10분
▶ 2권 P.037

09 서점, 그 이상의 공간
츠타야 서점 蔦屋書店

세련된 서점과 카페가 어우러진 공간. 그 안에 머무는 것만으로도 일상이 조금 더 근사해지는 기분이 든다. 스타벅스가 입점해 여행자도 편하게 이용할 수 있다.

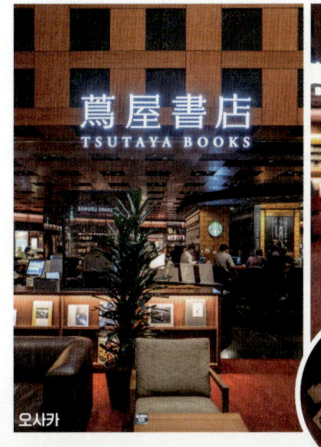
오사카

교토

우메다 츠타야 서점

복잡한 오사카역에서 편하게 잠시 쉬기 좋은 곳. 500석 규모의 대형 북 카페 공간과 함께 음료(알코올 선택 가능)와 스낵을 제공하는 유료 라운지도 운영 중이다.

운영 08:30~21:00　**요금** 라운지 이용 시 시간당 1100엔부터
가는 방법 루쿠아 1100(9층) ▶ 2권 P.029

교토 오카자키 츠타야 서점

오카자키 공원의 '롬 시어터 교토' 1층에 자리한 서점. "예술과 함께하는 서점"을 테마로 사진, 아트, 디자인 분야 서적이 풍부하다. 카페에서 바깥을 내다보기만 해도 여유로워진다.

운영 10:00~20:00
가는 방법 헤이안 신궁, 교세라 미술관 주변 ▶ 3권 P.089

BEST PLAN ❶
USJ와 함께하는
오사카 핵심 3일 P.104

BEST PLAN ❷
모든 순간이 특별한
교토 핵심 2일 P.108

BEST PLAN ❸
남는 하루 꿀잼 보장!
고베·나라·우지 1일 P.111

DAY 1	DAY 4	+1 일
반가워, 오사카!	교토 문화 탐방	자유 여행

DAY 2	DAY 5
꿈의 테마파크 USJ	교토 감성 충전

DAY 3
주유 패스 VS 조이 패스

PLANNING 1

BEST PLAN & BUDGET

오사카·교토 추천 일정과 예산

내 일정에 맞게 골라 그리는 여행 설계도

오사카 3박, 교토 2박을 기준으로, 간사이 여행이 처음인 사람에게 가장 효율적인 동선을 구성했다. 유니버설 스튜디오 재팬을 중심으로 짧고 굵게 여행한다면 PLAN ❶ 만으로 충분하다. 교토를 추가하려면 PLAN ❷, 고베, 나라, 우지를 돌아보고 싶다면 PLAN ❸을 체크하자.
여행 스타일과 일정에 따라 세 가지 플랜을 자유롭게 엮어 나만의 루트를 만들 수 있다.

BEST PLAN ❶ OSAKA 3 DAYS

USJ와 함께하는
오사카 핵심 3일

간사이 여행의 출발점, 오사카를 제대로 즐기는 실속 플랜이다. 첫날은 오사카 분위기에 적응하고, 둘째 날은 유니버설 스튜디오 재팬(USJ)에 집중! 마지막 날은 주유 패스로 오사카성을 다녀오거나 쇼핑, 카페, 온천으로 마무리한다. 2025년 10월까지 열리는 엑스포를 둘러봐도 좋다.

일정 요약

DAY 1 공항 도착 → 우메다 숙소 → 신사이바시, 도톤보리
DAY 2 유니버설 스튜디오 재팬 → 우메다 맛집
DAY 3 오사카성 → 하루카스 300 전망대 → 츠텐카쿠

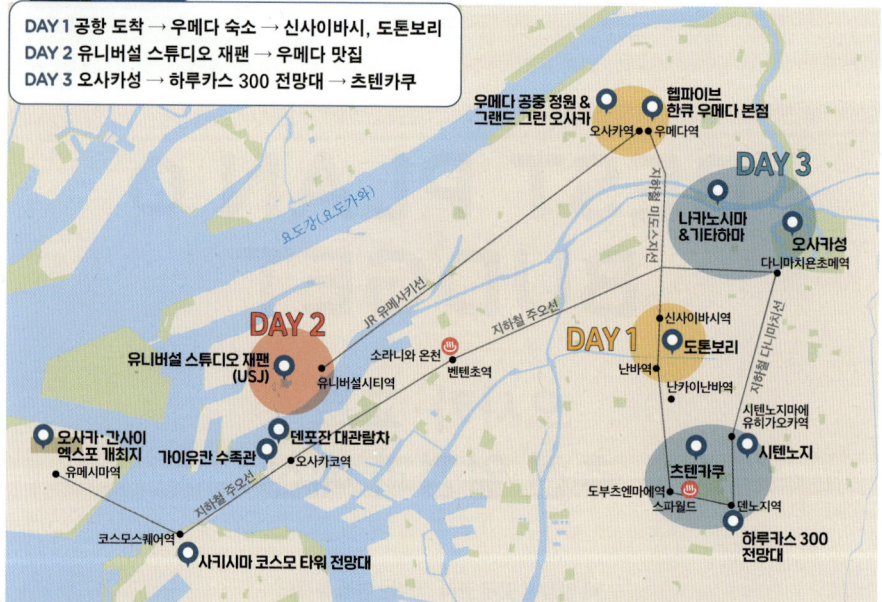

TRAVEL POINT

➔ **이런 사람 FOLLOW!**
- 오사카 첫 방문자
- USJ가 여행의 목적

➔ **숙소 선택 팁** ▶ P.133
- 오사카에만 체류한다면 우메다 또는 난바 2박
- 교토·고베 여행 계획이 있다면 우메다 2박 또는 3박 후 이동

➔ **사전 준비**
- 공항 → 호텔 교통편: 출국 전 예약 ▶ P.120
- 공항 → 호텔 수하물 배송 서비스: 최소 1일 전 예약 ▶ P.142
- USJ 입장권 & 익스프레스 패스: 항공권과 같이 예약 ▶ P.034
- 오사카·간사이 엑스포에 간다면: 입장권 등록 필요 ▶ P.040
- 교통 패스와 어트랙션: 3일 차 일정에 따라 결정

DAY 1
반가워, 오사카!
공항에서 우메다, 도톤보리 야경까지

오전 📍ZONE 1 ▶ 2권 P.026
- 간사이공항역 → 오사카역(공항 철도 또는 리무진 버스 1시간)
- 숙소 체크인 또는 짐 맡기기
- 우메다 구경 & 식사(그랜드 그린 오사카, 킷테 오사카)

오후 📍ZONE 2 ▶ 2권 P.054
- 우메다역 → 신사이바시역(지하철 10분)
- 신사이바시 다이마루 백화점 포켓몬 센터, 도토리 공화국
- 신사이바시스지 상점가 따라 도톤보리로 이동
- 길거리 음식 맛보기, 글리코 사인 인증샷

저녁 📍난바 국룰 코스 맛집 ▶ 2권 P.070
- 도톤보리 크루즈(사전 예약 권장)
- 난바에서 저녁 식사, 돈키호테에서 쇼핑
- 난바역 → 우메다역(지하철 15분)

> 숙소 도착 시간이 오후 4시 이후라면 우메다 일정은 생략하고 신사이바시로 이동

> 주유 패스 사용자는 도톤보리 크루즈를 3일 차 저녁에 탑승. 조이 패스는 1일 차부터 사용 가능!

▶ DAY 1 기본 예산

	항목	종류	비용	결제 수단
교통비	공항 철도 하루카 기준	JR	1800엔	개별 구매 또는 조이 패스 옵션
	우메다역 → 신사이바시역	지하철	240엔	IC카드 또는 컨택리스 결제
	난바역 → 우메다역	지하철	240엔	IC카드 또는 컨택리스 결제
탑승료	도톤보리 크루즈	유람선	2000엔	패스 또는 현장 결제

DAY 2

꿈의 테마파크 USJ
개장부터 폐장까지 행복한 하루

종일 📍USJ 공략법 ▶ P.033

- 오사카역 → 유니버설시티역(JR 15~20분 + 도보 10분)
- 슈퍼 닌텐도 월드가 포함된 익스프레스 패스나 확약권이 없으면 오픈런 필수! ※공식 오픈 시간보다 30분~1시간 일찍 개장

저녁 📍가 볼 만한 우메다 주변 맛집 ▶ 2권 P.046

- 유니버설시티역 → 오사카역(JR 15~20분)
- 우메다역 근처에서 늦은 저녁 식사(오코노미야키, 야키니쿠)

▶DAY 2 기본 예산

항목		종류	비용	결제 수단
교통비	유니버설시티역 왕복 요금	JR	400엔	승차권 또는 IC카드
	유니버설 스튜디오 재팬 입장권	테마파크	약 1만 엔(변동)	예약 후 QR 티켓 입장
입장료	익스프레스 패스 선택	테마파크	1만 5000엔 이상	입장권과 별도로 구매

🔍 유니버설시티 숙박 플랜

어린이를 동반했거나 유니버설 스튜디오 재팬을 하루 이상 즐기려면 테마파크 정문 앞 유니버설시티에 숙소를 정하는 것도 좋은 선택! 일정 흐름은 이렇게 바뀐다.

- 간사이 국제공항에서 리무진 버스로 USJ까지 직행
- 도착 첫날 오후 3시 이후 입장(0.5일권 현장 구매 또는 1.5일권으로 준비)
- 3일 차에는 페리를 타고 오사카항 건너편의 가이유칸(해유관) 수족관, 레고랜드 디스커버리 센터 다녀오기

DAY 3
주유 패스 VS 조이 패스
알뜰 사용법

오전 📍 ZONE 3 ▶ 2권 P.092

- 우메다역 → 다니마치욘초메역 또는 오사카비즈니스파크역 (지하철 20~30분)
- 오사카성 천수각 관람, 유람선, 오사카 역사박물관
- 다니마치욘초메역 → 시텐노지마에역 또는 덴노지역 (지하철 10분)

오후 📍 ZONE 4 ▶ 2권 P.108

- 시텐노지 관람 후 덴노지 공원
- 긴테츠 백화점 & 하루카스 300 전망대
- 덴노지역 → 도부츠엔마에역 (지하철 한 정거장, 도보 가능)
- 츠텐카쿠 전망대, 신세카이 시장 쿠시카츠 맛집
- 스파월드 온천 또는 도톤보리 크루즈 타러 난바역으로 이동 (지하철 10분)

▶ DAY 3 기본 예산

	항목	종류	비용	결제 수단
교통비	하루 최소 3~4회	지하철	1회 240엔	패스 또는 1회 요금
	※ 주유 패스 사용자는 QR 티켓 찍고 탑승. 그 외에는 컨택리스 결제 또는 엔조이 에코 카드(평일 820엔, 주말 620엔) 활용 ▶ 교통 패스 총정리 P.131			
입장료	오사카성 천수각	관광지	1200엔	주유 패스
	아쿠아라이너	유람선	2000엔	주유 패스
	오사카 역사박물관	전망 포인트	600엔	주유 패스
	시텐노지	사찰	800엔	주유 패스
	하루카스 300 전망대	전망대	2000엔	조이 패스 무료, 주유 패스 10% 할인
	츠텐카쿠 전망대	전망대	1200엔	주유 패스 또는 조이 패스
	스파월드	온천	2000엔	주유 패스 10% 할인

📍 **주유 패스** 1일권 3500엔
오후에 하루카스 300 대신 우메다 공중 정원(낮 한정 무료) 전망대에 올라가거나, 오사카항까지 범위를 넓히면 활용도가 더욱 높다.
📍 ZONE 5 ▶ 2권 P.118

📍 **조이 패스** 3개 기준 4500엔
오전은 기타하마 카페 거리 또는 쇼핑으로 여유 있게 시작. 오후 일정 후 스파월드 대신 소라니와 온천(지하철 15~20분) 선택 방문. 교통비는 별도다.
📍 나카노시마 ▶ 2권 P.098 📍 소라니와 온천 ▶ P.051

BEST PLAN 2 KYOTO 2 DAYS

모든 순간이 특별한
교토 핵심 2일

이제 오사카를 떠나 분위기를 전환할 시간. 전통 사찰과 자연, 감각적인 카페와 쇼핑 스폿이 공존하는 도시, 교토로 숙소를 옮겨 간사이 여행의 깊이를 더한다. 나라나 우지 같은 근교 도시는 교토에서 당일치기로 다녀와도 되므로 하루를 추가하거나 DAY 5의 동선을 조합해 보자.

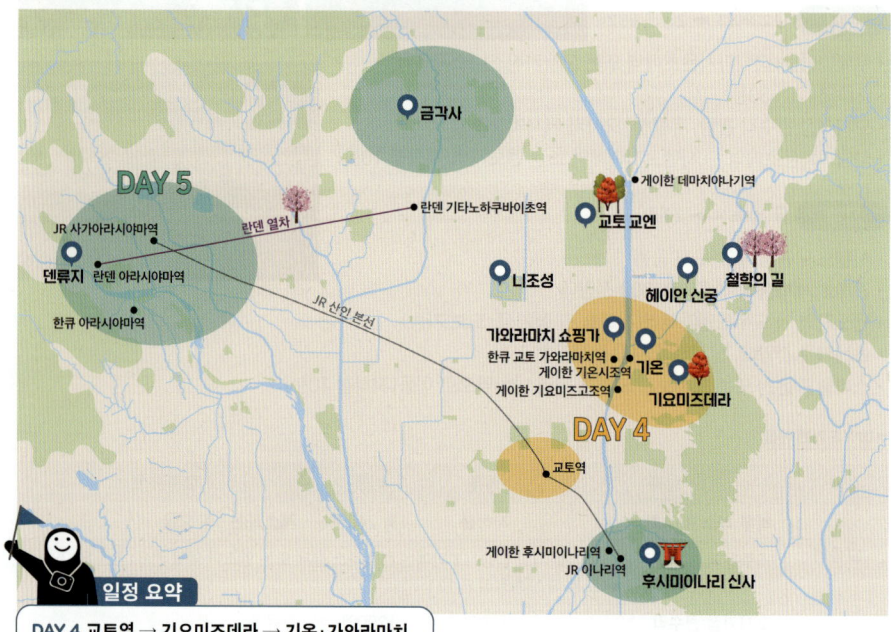

일정 요약

DAY 4 교토역 → 기요미즈데라 → 기온·가와라마치
DAY 5 후시미이나리 신사 → 아라시야마 → 금각사
※ 벚꽃철과 단풍철에는 동선 조정

TRAVEL POINT

⊙ 이런 사람 FOLLOW!
- 교토를 여유롭게 충분히 즐길 사람
- 전통문화에 관심이 있거나 부모님과 동행하는 경우

⊙ 숙소 선택 팁
- 교토에서 공항으로 이동할 예정이라면
  교토역 1~2박
- 오사카에서 다녀간다면
  교토역 또는 가와라마치 1~2박

⊙ 사전 준비
- 대중교통은 IC카드 사용 추천
- 호텔 → 공항 교통편(하루카/리무진 버스)
  사전 예약 ▶ 3권 P.014
- 관광지 오픈 시간 체크
  11~2월에는 오후 5시에 해가 지고,
  벚꽃철이나 단풍철에는 라이트업 진행
  ▶ P.027

DAY 4

교토 문화 탐방
기요미즈데라 가는 날

오전 ZONE 1 ▶ 3권 P.030

- 오사카역 → 교토역 이동 후 숙소 체크인(JR 신쾌속 약 30분)
- 교토역 → 기요미즈미치 또는 고조자카 하차(버스 + 도보 30분)
- 산넨자카, 니넨자카, 기요미즈데라
- 야사카 신사, 기온 거리 맛집과 카페

> 니조성을 추가로 돌아보려면 야사카 신사에서 버스 탑승. 니조성에서 신푸칸까지 도보 15~20분

오후 ZONE 2 ▶ 3권 P.054

- 가와라마치 쇼핑가
- 니시키 시장, 데라마치도리, 신푸칸(에이스 호텔)
- 폰토초에서 저녁 식사 후 가모강 야경

저녁 ZONE 5 ▶ 3권 P.106

- 시조역 → 교토역(지하철 5분)
- 교토역 무료 야경 명소와 포르타 맛집

▶ DAY 4 기본 예산

항목		종류	비용	결제 수단
교통비	오사카역 → 교토역	JR	580엔	IC카드
	교토역 → 기요미즈미치	버스	230엔	
	야사카 신사 → 니조성	버스	230엔	
	시조역 → 교토역	지하철	220엔	
입장료	기요미즈데라	사찰	500엔	현금
	니조성	성곽	800엔	현금 또는 카드

오사카 ↔ 교토 당일치기 코스

대중교통으로 대표 명소를 하루에 모두 방문하는 건 무리한 일정이다. 교통편이 편리한 곳 위주로 동선을 짜면 교통 패스는 필요 없다.

교토 중심가 코스 교통비 1240~1470엔

오사카 요도야바시역(지하철) → 후시미이나리 신사(게이한) → 기요미즈데라(게이한 + 도보) → 가와라마치 쇼핑가(도보 또는 버스) → 교토 가와라마치에서 오사카우메다역(한큐)

교토 서쪽 + 교토역 코스 교통비 1420~1650엔

오사카우메다역 → 아라시야마(한큐) → 가와라마치 쇼핑가(한큐) → 기요미즈데라(도보 또는 버스) → 교토역 야경(버스) → 오사카역(JR 신쾌속)

DAY 5

교토 감성 충전
아라시야마 가는 날

오전 ZONE 6 ▶ 3권 P.116

- 교토역 → 사가아라시야마역 이동(JR 20분)
- 덴류지, 치쿠린(대나무 숲), 도게츠교와 가츠라강 주변 산책
- 감성 카페 타임(% 아라비카 커피, 팡토에스프레소토, eX 카페)

오후 ZONE 7 ▶ 3권 P.132

- 란덴 아라시야마역 → 금각사 이동(대중교통 45분)
- 금각사 관람 후 자유 일정

CHECK!
후시미이나리 신사는 오사카에서 교토로 가는 길에 경유해도 된다. 하지만 짐이 있다면 2일 차 아침에 찾아가는 편이 낫다. 교토역 또는 게이한 기온시조역 기준으로 왕복 2시간 정도 걸린다.

▼ DAY 5 기본 예산

항목		종류	비용	결제 수단
교통비	교토역 → 이나리역	JR 나라선	150엔	IC카드
	이나리역 → 사가아라시야마역	JR(환승 포함)	240엔	
	란덴 아라시야마역 → 금각사	란덴 열차 + 버스	480엔	
	금각사 → 교토역	버스	230엔	
입장료	덴류지	사찰	500~800엔	현금
	금각사	사찰	500엔	

🔍 반나절 교토 감성 포인트

❶ 헤이안 신궁 일대 ZONE 3 ▶ 3권 P.076
- 교세라 미술관, 츠타야 서점, 난젠지
- 벚꽃은 철학의 길 🌸, 단풍은 에이칸도 🍁

❷ 교토 교엔과 데마치야나기 ZONE 4 ▶ 3권 P.092
- 윤동주 시인의 모교 도시샤 대학과 교토고쇼
- 이치조지 서점 또는 시모가모 신사

BEST PLAN ③ KOBE · NARA · UJI

남는 하루 꿀잼 보장!
고베·나라·우지 1일

간사이의 모든 것을 다 보고 싶은 사람을 위한 세 번째 플랜!
고베와 나라는 최소 하루, 우지는 주변 관광지와 조합해 코스를 구성하면 베스트.

+1일
고베
세련된 항구도시

📍 추천 코스 ▶ 2권 P.147
🚆 오사카에서 30분,
교토에서 1시간

미식과 카페 투어는 고베에서! 기타노이진칸의 유럽풍 저택을 구경하고 고베규를 점심으로 먹는다. 감각적인 숍과 카페가 모여 있는 구거류지 거리에서 시간을 보내다가, 고베 항구의 야경까지 보고 오사카로 돌아오면 하루가 즐겁다. 호빵맨 어린이 박물관은 아이들이 무척 좋아한다.

+1일
나라
사슴과
세계문화유산

📍 추천 코스 ▶ 3권 P.180
🚆 오사카에서 40분,
교토에서 50분

부모님과 함께 편안한 여행을 원한다면 긴테츠 특급열차를 타고 가는 나라를 추천한다. 도다이지의 웅장한 대불상을 만나고, 가스가타이샤의 원시림을 걷고, 사슴에게 먹이도 주며 알찬 하루를 보낼 수 있다.

+0.5일
우지
뵤도인과
말차의 도시

📍 추천 코스 ▶ 3권 P.165
🚆 오사카에서 1시간,
교토에서 30분

느린 템포로 걷고 싶은 날에는 말차 향기 그윽한 우지는 어떨까? 운 좋게 닌텐도 뮤지엄 입장권까지 구했다면 더욱 완벽한 일정이 된다. 게이한 전철을 타고 가면서 후시미이나리 신사와 월계관 사케 박물관에 들러도 좋다.

GET READY ❶
여행 준비하기
P.114

- 최종 체크 리스트
- 비짓재팬 웹
- 항공권 예매 팁

GET READY ❸
간사이 국제공항 상세 안내
P.118

- 제1터미널 약도
- 교통수단 Q&A
- 이코카 카드 발급 방법

GET READY ❺
교통 패스 준비하기
P.130

- 예약 전 확인 사항
- 패스 종류 총정리

GET READY ❷
일본 입국하기
P.116

- 입국 절차
- 짐 싸기 주의 사항

GET READY ❹
간사이 교통 이해하기
P.124

- JR·사철·지하철 종류
- 열차 등급과 탑승 방법

GET READY ❻
숙소 예약 실전 가이드
P.132

- 예약 전 체크 리스트
- 지역별 숙소 특징

PLANNING 2

GET READY

간사이 여행 준비 &
교통편 완전 정복

GET READY ❶
여행 준비하기

비자 면제국인 한국 국적자는 일본에 최대 90일까지 무비자로 체류할 수 있다. 하지만 입국 심사 시 기본 서류를 제대로 제출하지 못하면 탑승을 거부당하거나 현지에서 입국이 불가능한 경우도 있다.

● 최종 체크 리스트

항목	준비 시점	준비 방법
여권	항공권 구입 전	체류 기간보다 잔여 유효 기간이 길어야 함 (6개월 이상 권장)
왕복 항공권	여행 계획 수립 단계	입국 심사 시 귀국 계획 증빙용으로 준비
비짓재팬 웹	출국 전 등록 권장	일본 입국 심사와 세관 절차를 간소화하는 시스템
여행자 보험	출국 전까지 가입	사고나 질병에 대비해 가입 권장. 온라인이 저렴하나, 지병이 있다면 가입 조건 확인
인천국제공항 스마트 패스	출국 전 등록 권장	인천국제공항 보안 검색 대기 줄을 줄여 주는 모바일 앱(ICN SMARTPASS)으로 계정 생성 후 탑승권 등록
온라인 체크인	항공사별로 다름	대한항공 기준, 출발 48~24시간 전부터 가능
공항-도심 간 교통수단 준비	출발 1~3일 전 온라인 예매	간사이 국제공항에서 출발하는 하루카·라피트 티켓은 한국 사이트에서 미리 구매 추천
각종 교통 패스와 할인 패스	본인의 선택	일정에 따라서 준비

● 비짓재팬 웹 Visit Japan Web이란?

입국 심사, 세관 신고, 건강 정보 제출을 하나로 통합한 일본 정부의 공식 사전 온라인 등록 시스템이다. 모바일로 등록 후 QR코드를 제시하면 입국 수속이 훨씬 빨라진다.
홈페이지 www.vjw.digital.go.jp

☑ **등록에 필요한 정보**
- 이메일 주소로 계정 생성
- 여권은 휴대폰으로 스캔해 촬영
- 입국 및 귀국 항공편 정보
- 일본 내 체류지(첫 숙소 주소 기입)

☑ **QR코드가 없으면?**
기내 또는 공항에 비치된 '출입국 신고서'와 '세관 신고서'를 수기로 작성한다.

☑ **동반 가족도 QR코드 필요**
1인 1계정이 원칙이지만, 가족이 동시에 입국 수속을 밟는다면 대표자 계정에 동반 가족을 등록해도 된다. 단, 1인당 개별 QR코드를 발급받아야 한다.

1명씩 QR코드 스크린샷

드롭다운 메뉴를 눌러서 본인과 가족의 이름을 차례로 선택

● 항공권 예약

	저가 항공사(LCC)	일반 항공사(FSC)
주요 항공사	진에어, 제주항공, 티웨이항공, 피치항공	대한항공, 아시아나, ANA, JAL
가격	낮음	높음
위탁 수하물	기본 미포함	위탁 수하물 기본 포함(이코노미 기준 보통 23kg)
기내식 · 음료	없음(별도 구매)	포함(단거리 노선은 생략)
좌석 선택	대부분 유료	항공권 예약 등급에 따라 다름

☑ **출발 4~8주 전이 최적 타이밍**
- 국제선은 보통 6주 전후가 가격 안정 시기
- 단, 황금연휴와 벚꽃철에는 미리 준비

☑ **'숨은 수수료' 먼저 계산하기**
- 항공권 변경 및 환불 조건, 유료 좌석, 카드 수수료, 수하물 비용을 합산 후 비교
- 현장에서 추가로 지불하기보다 예약 시 일괄 지불하는 편이 저렴함

☑ **영문 이름 확인은 철저하게**
- 여권과 항공권의 영문 철자가 100% 일치해야 함

☑ **도착 공항 코드(알파벳 세 글자) 혼동 주의**
- **간사이 국제공항(KIX)**
  Kansai International Airport
  오사카·교토·고베 여행의 대표 공항. 항공편 최다 오사카까지 약 1시간, 교토까지 약 1시간 30분
- **고베 공항(UKB)**
  Kobe Airport
  2025년 4월부터 대한항공 직항 운항 중. 고베 공항에서 오사카까지 1시간 소요 ▶ 2권 P.152
- **오사카 이타미 공항(ITM)**
  Osaka Itami Airport
  국내선 전용 공항. 이름에 '오사카'가 들어가므로 혼동 주의

● 페리 이용은 부산에서

☑ **부산 → 오사카** ⏱ 19시간 소요
오후 3시경 출발해 다음 날 오전 10시경 오사카항 국제 페리 터미널 도착(오사카 도심까지 지하철 30분)
운항사 팬스타드림호

☑ **부산 → 후쿠오카** ⏱ 3~4시간 소요
후쿠오카 하카타항 도착 후 오사카까지 신칸센(고속 철도)으로 약 3시간
운항사 퀸비틀, 뉴카멜리아, JR 규슈고속선 등

GET READY ❷

일본 입국하기

비행기에서 내린 뒤 입국 심사부터 세관 신고까지 가장 많이 이용하는 간사이 국제공항(KIX) 기준으로 실제 공항 동선을 따라 정리했다.

STEP 01
항공기 착륙 → 메인 터미널로 이동
스카이 트레인(셔틀)을 타거나 이동 통로를 따라 걸어서 주 입국장으로 이동

STEP 02
키오스크 통과
비짓재팬 QR코드와 여권 스캔

STEP 03
입국 심사
심사관에게 여권과 QR코드
(또는 수기로 작성된 입국 카드) 제시

STEP 04
위탁 수하물 수취
인도장 전광판에서 항공사 편명 확인 후 해당 컨베이어 벨트로 이동

STEP 05
세관 신고 및 검역
별도 신고 내역이 없다면 그대로 셀프 게이트(Walk through Gate) 통과

TIP! 입국 심사 질문과 답변

Q. 체류 목적은 무엇인가요?
A. 관광(for sightseeing) / 출장(for business)
Q. 며칠 동안 머무르나요?
A. 실제 일정을 기준으로 정확하게 대답(3일: for three days)
Q. 첫 숙소는 어디인가요?
A. 예약한 호텔 이름을 말하거나 예약 정보 캡처 화면 제시

공항 출국, 늦어도 3시간 전에는 도착하자!

출국 수속은 입국 수속에 비해 훨씬 간단하다. 하지만 인천국제공항과 간사이 국제공항 모두 이용객이 매우 많아서 시간 여유를 충분히 두고 일찍 가야 한다. 성수기에는 보안 검색을 위한 줄이 더욱 길어지며, 간혹 발생하는 열차 지연이나 교통 정체에도 대비해야 한다.

⚠️ **면세품 관련 주의 사항**

일본 내 면세품	일본에서 택스프리tax-free로 구입한 물품은 출국 시 반드시 반출해야 하며, 공항 세관에서 실물 제시를 요구할 수 있으므로 밀봉 제품은 포장 상태 유지
일본 면세 범위	총합계 일화 20만 엔 이하 + 담배 200개비, 주류 3병 이하
한국 면세 범위 www.customs.go.kr	총합계 미화 800달러 이하 + 아래 개별 기준 충족 시 면세 ☐ 술 합계 2L 이하, 가격 400달러 이하 ☐ 담배 200개비 이하 ☐ 향수 100mL 이하
주의 사항	면세 범위 초과 시 세관 자진 신고, 미신고 후 적발되면 과태료 + 추징금 부과 주류와 담배 면세는 성인만 가능(일반 담배가 아닌 경우 수량 규정 확인)

Don't Forget!
짐 싸기 주의 사항

반입 금지 물품 때문에 당황하지 않도록 꼼꼼하게 점검하자. 규정은 항공사 · 공항 · 국가별 보안 정책과 상황에 따라 달라질 수 있으므로 출국 전 항공사의 공식 안내 확인은 필수!

품목	기내 반입	위탁 수하물	주의 사항
전자 기기	○	○	노트북 · 태블릿은 보안 검색 시 꺼내서 제출
보조 배터리, 전자담배	⚠	✕	1개당 1개의 비닐 백에 넣어 단락(합선) 방지 조치를 한 뒤, 기내 좌석에 직접 휴대(100Wh 초과 시 승인 필요)
칼, 가위, 손톱깎이	✕	○	날이 있는 물건은 전부 위탁 수하물로만 가능
셀카 봉	✕	○	흉기로 분류 가능성 있으면 기내 반입 제한
액체류 · 젤류	⚠	○	물, 음료수, 주류 이외에도 미소(된장), 통조림, 요구르트, 푸딩, 젤리, 샴푸, 치약은 기내 반입 주의
각종 음식물	⚠	⚠	특히 육가공품, 육류 함유 제품은 국가별 정책 확인
고데기, 드라이어	⚠	⚠	주의 사항 확인

● 액체류 기내 반입 조건
- 100mL 이하의 개별 용기에 담아서 1L 이하 비닐 지퍼 백 1개에 밀봉
- 면세점에서 구매한 상품은 도착 시까지 미개봉 상태 유지

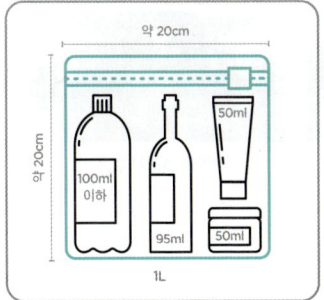

간사이 국제공항 탑승 규정

● 꼭 읽어주세요!
☑ **무선 고데기**
- 배터리 내장형 제품 → 일본에서 출국 시 반출 불가
- 분리형 제품 → 본체는 위탁 수하물로, 배터리는 반드시 기내 휴대

☑ **곤약 젤리 & 푸딩**
- 푸딩, 튜브형 곤약 젤리 → 액체류 규정 위반 주의, 위탁 수하물로 보낼 것
- 컵 모양 곤약 젤리 → 한국 반입 불가

☑ **의약품 구매 시 주의**
- 진통제 이브EVE, 버퍼린 프리미엄, 종합 감기약 메디콘, 파브론 골드A 등은 한국 반입 시 경위서 작성 후 폐기 처분

☑ **금 제품**
- 금 목걸이 등 액세서리를 포함해 모든 금은 일본 세관의 단속이 엄격

GET READY ❸

간사이 국제공항 상세 안내

간사이 국제공항(KIX)은 바다 위 인공 섬에 지은 해상 공항이다. 제2터미널 항공사 이용 승객이 공항 철도를 이용하려면 셔틀버스를 타고 제1터미널로 이동해야 한다.

홈페이지 www.kansai-airport.or.jp/kr

T1 제1터미널
- 메인 터미널
- 대한항공, 아시아나, ANA, 진에어 등
- 공항 철도, 리무진 버스 직접 연결

↔ 4km
🚌 셔틀버스 (7분 소요)

T2 제2터미널
- LCC 전용 소형 터미널
- 피치항공, 제주항공
- 리무진 버스 직접 연결
- 공항 철도를 타려면 T1으로 이동

● **셔틀버스** 무료

제1터미널의 셔틀버스 정류장은 간사이공항역과 연결된 에어로플라자 1층에 있다. 제2터미널은 구조가 단순해서 건물 앞에서 바로 탑승 가능하다.

운행 24시간(새벽에는 시간당 1대, 주간에는 4~5분 간격)

T1 셔틀버스 정류장

간사이공항역 건너가기

에어로플라자 입구

❶ **간사이 투어리스트 인포메이션 센터**

각종 여행 및 교통 패스 수령 장소가 바로 여기! T1 터미널 1층에 있으므로 공항 철도를 타러 가기 전에 먼저 들른다.

구글맵 JTB Kansai Tourist Information Center KIX
운영 09:00~19:00

● 간사이 국제공항 제1터미널 안내도

입국 심사와 세관 검사를 마친 뒤 건물 밖으로 나오면 1층 도착층(국내선·국제선 공용)이다. 구조는 매우 단순하고, 한쪽 끝에서 다른 쪽 끝까지 걸어서 5분밖에 걸리지 않는다.

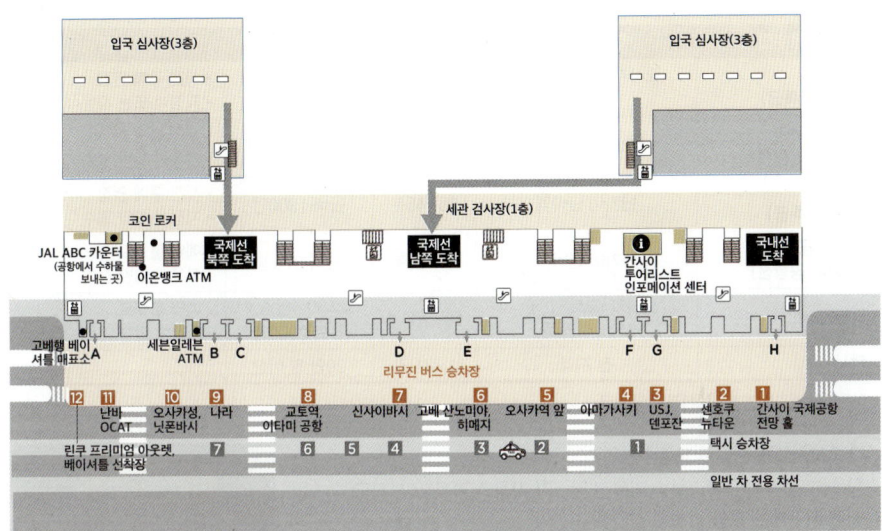

● 리무진 버스는 1층

1층 도착장 바깥으로 나가면 버스 정류장이 바로 보인다. 먼저 목적지에 맞는 정류장 번호를 확인하고, 그 뒤쪽에 있는 자동 발매기에서 승차권을 구매해 줄을 선다. 예매를 했다면 바우처를 실물 승차권으로 교환해야 한다. 리무진 버스 탑승은 선착순이므로 좌석을 지정할 필요가 없고, 주요 노선에서는 IC카드(이코카 등 충전식 교통카드)로 결제가 가능하다.

시간표 www.kate.co.jp/kr/timetable ▶ 오사카행 리무진 버스 2권 P.016

● 공항 철도는 2층

제1터미널 2층의 구름다리를 이용해 공항 철도가 출발하는 간사이공항역Kansai-airport Station으로 건너간다. JR(하루카·간쿠쾌속)은 파란색, 난카이 전철(라피트·공항급행)은 빨간색으로 구분되어 있다.

FOLLOW UP

오사카 여행 1회 차 필독!
간사이 국제공항 교통수단 Q & A

교통수단	주요 목적지	소요 시간	요금	특징
하루카 (JR 공항특급)	오사카역·덴노지역· 교토역	50~75분	오사카 1800엔 교토 2200엔	• 사전 구매 권장 • 지정석 또는 자유석
JR 간쿠쾌속 (간사이 공항선)	오사카 중심부	60분 이상	오사카 1180엔	• 예약 불필요 • 자유석 일반 열차
라피트 (난카이 특급)	난카이 난바역	35~45분	난바 1300엔	• 사전 구매 권장 • 지정석 예약 필수
난카이 공항급행 (난카이 공항선)	난카이 난바역	40~50분	난바 970엔	• 예약 불필요 • 자유석 일반 전철
리무진 버스	오사카·교토·고베· USJ·나라 등	50~100분	오사카 1800엔 교토 2800엔	• 예약 불필요 • 선착순 탑승
택시	전 지역	1~2시간	20만 원 이상	

※ 하루카와 라피트는 해외여행자 할인 요금

Q 초보자에게 편리한 교통수단은?
공항 터미널 밖에서 탑승하는 리무진 버스가 가장 직관적이다. 다만 출퇴근 시간에는 교통 정체를 감안해야 한다.

Q 하루카·라피트를 타는 이유는?
한국의 공항 철도 AREX와 비슷한 공항 특급열차다. 짐칸과 화장실이 마련되어 있으며, 가장 빠르고 쾌적하다.

Q 하루카·라피트는 티켓을 꼭 미리 사야 할까요?
한국에서 온라인 예약 플랫폼을 통해 미리 구매해야 해외여행자 할인 요금이 적용된다. 일본 현지에서 승차권을 구입하거나 IC카드(교통 카드)로 탑승하면 정가를 내야 한다.

※ 하루카 현장 요금은 오사카역 지정석 기준 2940엔 / 라피트는 간사이공항역 매표소에서 1350엔 할인권 판매 중

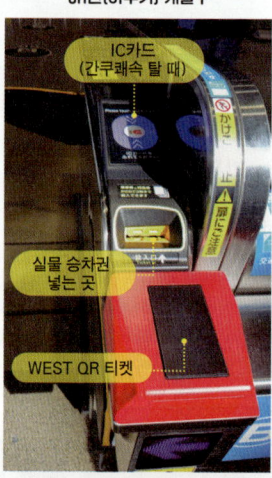

JR선(하루카) 개찰구

헬로키티가 그려진 하루카

JR선은 파란색 게이트 통과

도시별 교통 정보
☐ 오사카 ▶ 2권 P.012 　 ☐ 교토 ▶ 3권 P.012
☐ 고베 ▶ 2권 P.148 　 ☐ 나라 ▶ 3권 P.176

하루카 이용 방법

라피트 이용 방법

GET READY

Q 좌석 지정은 꼭 필요한가요?
라피트는 YES, 하루카는 선택

라피트는 전 좌석 지정제이므로 사전 예약이 필수다. 하루카는 자유석 칸(보통 5~6호차)이 따로 있어서, 지정석을 예약하지 못했거나 열차를 놓치더라도 다음 차를 이용할 수 있다.

※입국 심사 시간을 감안해 좌석은 보통 공항에 도착해서 예약한다.

Q 공항에서 꼭 실물 티켓으로 교환해야 하는지?
요즘에는 NO!

• **라피트**
❶ 예매 후 제공받은 모바일 링크로 좌석을 지정한다.
❷ QR티켓 활성화 후 개찰구 통과

• **하루카**
2025년 3월부터 판매하는 WEST QR 서비스 티켓이라면 실물 티켓 교환 없이 탑승할 수 있다.
❶ 온라인 판매처에서 WEST QR 문구를 확인하고 구매
❷ JR WEST 웹사이트 계정 등록 및 지정석 예약
❸ QR 티켓 활성화 후 개찰구 통과

실물 티켓 교환 방법은 다음 페이지에!

난카이선(라피트) 개찰구

IC카드 (공항급행 탈 때)
컨택리스 카드 (공항급행 탈 때)
라피트 QR 티켓

Q 하루카와 라피트의 대안은?

오사카로 갈 때는 JR 간쿠쾌속이나 난카이 공항급행을 이용해도 괜찮다. 짐칸은 없고 시간이 더 걸리지만, 예약 없이 저렴하게 탈 수 있다. 특히 난카이선은 컨택리스 결제(신용카드·체크카드)가 가능해서 편리하다.

※교토행은 예외! 하루카 또는 리무진 버스를 이용하자.

난카이선은 빨간색 게이트 통과

라피트는 동그란 창문이 특징

🔍 하루카 실물 티켓 발권과 JR 지정석 예약 방법은?

실물 티켓 교환이 필요한 하루카 승차권을 예매했다면 간사이공항역, 오사카역, 교토역의 녹색 발매기(e5489 표시) 중 여권의 IC 칩 스캔이 가능한 기기를 찾아서 발권한다. JR의 다른 승차권이나 특급열차 지정석 발권 방식도 비슷하므로, 사용법을 알아두면 유용하다.

STEP 01
승차권 발권

① 언어를 한국어로 변경하고 'Exchange Order(E-Ticket)' 선택
② 안내에 따라 QR코드(※WEST QR 티켓 아님)와 여권을 차례로 스캔
③ 영수증 + **승차권** 수령
④ 왕복 승차권까지 발권 가능

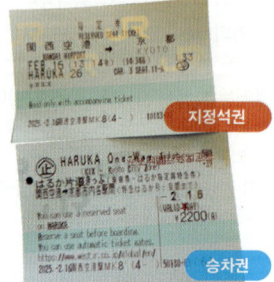
지정석권

승차권

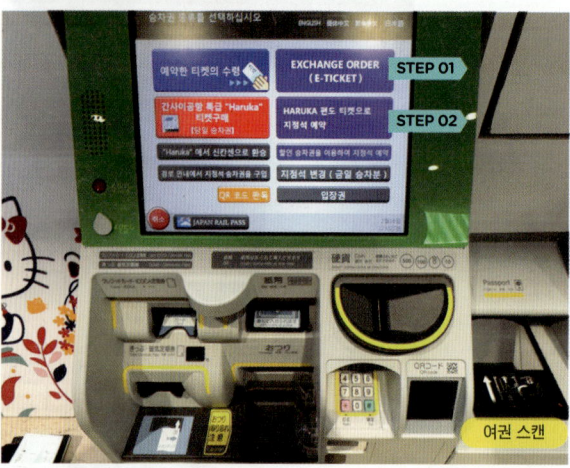
여권 스캔

흰색 기계도 있어요!

판매처에 따라 교환 방식은 달라질 수 있어요. 간사이공항역에서 흰색 기계를 이용한 경우, 게이트 A에서 직원에게 티켓을 보여 주고 개찰구를 통과하면 됩니다.

STEP 02
지정석권 발권

⑤ 첫 화면으로 돌아가 'HARUKA 편도 티켓으로 지정석 예약' 선택
⑥ **승차권**을 기계에 투입
※일행이 있다면 승차권을 차례대로 같이 넣어야 옆자리 선택 가능
⑦ 도착역 선택(Osaka, Kyoto 등) → 날짜/시간 선택 → 좌석 지정
⑧ **승차권** + **지정석권** 수령
⑨ 파란색 게이트의 개찰구에 **승차권** 넣어서 통과
⑩ 목적지에 도착할 때까지 두 티켓을 잘 보관할 것

지정석은 녹색 동그라미 클릭

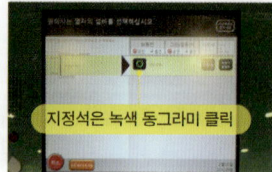

남은 좌석 표시

❓ 그럼 이코카ICOCA는 언제 필요한가요?

간사이 지역에서 발매하는 충전식 교통카드 이코카는 대중교통을 자주 이용할 계획이라면 필요하다. JR·사철·지하철·버스에서 승차권을 따로 구입하지 않고 카드를 태그 하는 방식이라 무척 편리하다.

이코카 IC카드

스이카Suica, 파스모Pasmo 등 다른 IC카드와 호환(도쿄에서도 사용 가능)
- ☐ 편의점, 자판기에서도 결제 가능
- ☐ 환불은 유인 창구에서(수수료 220엔 차감)
- ☐ 구매와 충전은 현금으로

● 카드 종류와 구입처

❶ 일반 이코카
간사이공항역, JR·사철·지하철역의 자동 발매기(ICOCA 発売 표시)에서 구매하거나 충전
유효 기간 마지막 사용일로부터 10년
요금 2000엔(보증금 500엔 + 충전액 1500엔)

❷ 간사이 원패스
해외여행자용 한정판 디자인 카드(헬로키티·아톰). 기능은 일반 이코카와 동일하고, 관광지 할인 혜택이 추가된다. 간사이공항역, 교토역 등 JR 티켓 오피스에서 2025년 11월경까지 판매한다.
유효 기간 무제한 ※관광지 할인은 2027년 3월까지
요금 3000엔(보증금 500엔 + 충전액 2500엔)
홈페이지 kansaionepass.com/ko

❸ 어린이용 카드(6세 이상~12세 미만)
JR 역 녹색 유인 매표소(미도리노 마도구치), 오사카 지하철 안내소 등 유인 창구에서 여권 제시 후 구매
요금 2000엔(보증금 500엔 + 충전액 1500엔)

❹ 모바일 이코카
- 아이폰은 애플 월렛에서 바로 구매하거나 실물 이코카를 모바일로 전환 가능
- 안드로이드폰은 일본 현지 통신사 단말기만 가능

❓ 컨택리스 카드(신용카드·체크카드·모바일)로 개찰구를 통과할 수 없나요?

오사카메트로(지하철) 전 노선, 고베 스카이라이너, 한큐·한신·긴테츠·난카이 등 사용 범위가 빠르게 확대되고 있다. 하지만 JR, 게이한, 교토 지하철과 버스에서는 아직 사용할 수 없고, 특정 노선이나 카드 종류에 따른 제약이 있어 대중교통을 자주 이용하려면 이코카가 더 안정적이다.

※어린이 요금은 컨택리스 카드로 결제 불가

GET READY ④

간사이 교통 이해하기

오사카 여행을 처음 준비하다 보면 가장 어려운
부분이 교통이다. 낯선 이름과 복잡한 노선에 당황하지 않도록
간사이 철도 시스템의 기본 구조부터 교통 패스까지 차근차근 알아보자.

STEP 01　JR · 사철 · 지하철 종류부터 시작

일본은 '철도의 나라'라고 불릴 만큼 운영 회사와 노선이 복잡하다. 이름이 같은 역이라도 회사마다 개찰구가 아예 다르고, 일부 예외를 제외하면 환승 할인도 적용되지 않는다.

	JR	사철	지하철
범위	일본 전역 연결, 장거리 중심	도시 간 연계 중심	각 도시 내 구간
운영	간사이 지역은 JR 서일본(JR-West)에서 운영	고베 ↔ 오사카 ↔ 교토 ↔ 나라	오사카메트로, 교토 시영 지하철 등
노선	오사카 순환선, 간사이 공항선, 도카이도 · 산요 본선(고베선), 교토선) 등	한큐 · 한신 · 게이한 · 긴테츠 · 난카이 등 다수	오사카는 미도스지선 등 9개 노선
장점	빠르게 멀리 갈 때 좋음	저렴한 요금, 철도별로 다른 매력	같은 도시 지하철 노선끼리 환승 가능
패스	JR 전용 교통 패스 사용	회사별 전용 패스는 물론, 주유 패스처럼 지하철과 사철 호환형 교통 패스도 있음	

STEP 02 노선명 구분에 도움 되는 앱 활용법

❶ 구글맵으로 기본 동선 파악

난바 → 유니버설 스튜디오 재팬
구글맵 검색 결과

IC카드(이코카)를 사용하는 경우, 구글맵에서 시간과 요금을 비교해 가장 효율적인 경로를 따라가면 된다. 하지만 교통 패스를 사용하려면 철도 종류까지 정확히 알아야 한다.

효율적인 경로 선택하기

❷ 다른 앱으로 교차 확인

나비타임 재팬   재팬 트랜짓 플래너

처음에는 '오사카 순환선'이 JR, '미도스지선'이 지하철이라는 것을 한눈에 구분하기 어렵다. 나비타임 재팬, 재팬 트랜짓 플래너 같은 앱은 노선명 앞에 'JR', 'Osaka Metro(지하철)' 등 철도 종류가 함께 표시되어 직관적이다.

STEP 03 이제는 실전이다! 열차 종류 구분법

같은 회사 안에서도 열차 종류와 등급이 다양하다. 정확히 알고 타는 것이 물론 좋지만, 처음에는 구글맵의 소요 시간과 요금을 비교해서 대략적인 감을 잡아 나가자.

☑ 기억할 것

- 이름에 '쾌속'이나 '급행'이 들어가면 → 정차역이 줄고 빨라진다.
- 예약제 유료 좌석을 이용하려면 승차권(IC카드) 외에 지정석권(특급권)이 추가로 필요하다.

JR 서일본 JR-WEST JR 西日本

JR은 오사카와 주요 지역을 연결하는 핵심 철도망이다. 30분~1시간 거리 이동은 별도 예약 없이 탑승하는 '신쾌속'이 가장 효율적인 선택이다. 특급열차와 신칸센은 요금이 훨씬 비싸다.

요금 승차권, IC카드
홈페이지 www.westjr.co.jp/global/kr

	등급	일본어	영어	특징	지정석
일반 열차	보통	普通	Local	모든 역 정차	없음
	쾌속	快速	Rapid	일부 역 무정차 통과	없음
	신쾌속	新快速	Special Rapid	일반 열차 중 가장 빠름	일부 지정석
특급열차	특급	特急	Limited Express	예약 필수/ 장거리 위주	전석 지정석
	하루카	はるか	HARUKA	간사이 국제공항 특급열차	자유석 + 지정석
고속열차	신칸센	新幹線	Shinkansen	한국의 KTX 같은 고속 철도	자유석 + 지정석

※ 신칸센은 기존 노선과 다른 전용 선로를 달리기 때문에 같은 역이라도 별도의 개찰구와 플랫폼이 마련되어 있다. 운행 등급(노조미·히카리·고다마 등)에 따라 속도와 정차하는 역이 다르고, 도쿄 ↔ 신오사카는 '도카이도 신칸센', 신오사카 ↔ 하카타는 '산요 신칸센' 등으로 구간이 나뉜다.

IC카드와 지정석권

❶ 전광판 읽는 방법

전광판은 일본어(한자)와 영어로 번갈아 표시됩니다.

❷ 플랫폼 줄 서는 방법

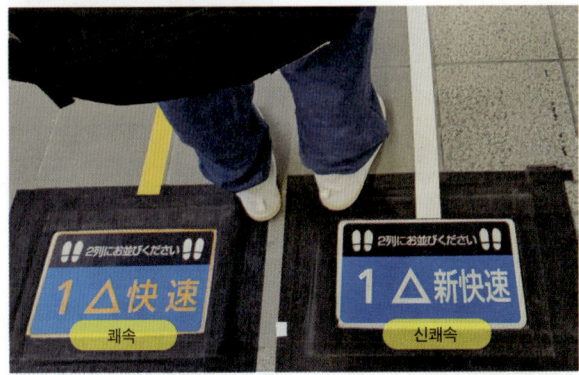

❸ JR 지정석 이용 방법과 주의 사항

- **JR 특급 Limited Express**

특급열차(슈퍼하쿠토·선더버드·기노사키 등)는 전석 지정석으로 운영한다. JR 신쾌속과 같은 플랫폼을 이용하므로 주의! 잘못 타면 검표원에게 특급권 차액 요금을 지불해야 한다.

- **JR 신쾌속 에이시트 A-Seat**

신쾌속 열차 중 일부 편은 9호차를 지정석인 에이시트로 운영한다. 예약하지 않고 탔다면 자유석 칸으로 이동하면 된다.

특급열차

일반 열차

에이시트

HK 한큐 전철 Hankyu 阪急電鉄

한큐 오사카우메다역에서 출발하는 교토행 특급열차(Limited Express)

ⓘ 한큐 투어리스트 센터
구글맵 한큐 투어리스트 센터 오사카우메다
운영 08:00~17:00
가는 방법 한큐 오사카우메다역 열차 승강장은 3층, 투어리스트 센터는 1층

↙ 500엔 추가

오사카에서 고베와 교토(가와라마치·아라시야마)를 연결하는 핵심 교통수단이다. 열차 등급은 보통·준급·급행·특급 등으로 나뉘며, 요금과 이용 방법은 동일하다. 전통적인 일본 전차 분위기로 꾸민 교트레인 가라쿠Kyo-train GARAKU(토·일요일·공휴일 운행) 또한 일반 요금만 받는다. 일부 특급열차에는 고급 지정석 칸인 '프라이베스PRiVACE'가 연결돼 있는데, 자유석 칸에 탄다면 추가 요금은 필요 없다.
▶ 프라이베스 예약하기 3권 P.013

요금 승차권, IC카드, 컨택리스 결제 가능 **홈페이지** www.hankyu.co.jp

HS 한신 전철 Hanshin 阪神電車

한신 난바선은 오사카 난바에서 고베까지 직통으로 연결되는 유일한 노선이다. 우메다 쪽으로 연결된 한신 본선도 있다. 고시엔(한신 타이거스 구장)을 방문하거나 난바에서 고베 당일치기 여행을 다녀올 때 이용한다.
▶ 한신 난바선 2권 P.149

요금 승차권, IC카드, 컨택리스 결제 가능
홈페이지 www.hanshin.co.jp/global/korea

128 PLANNING 2

KH 게이한 전철 Keihan 京阪電車

게이한 본선은 오사카 요도야바시에서 교토 중심가(기온시조·산조·데마치야나기 등)를 연결하는 가장 직관적인 노선이다. 특급 열차에는 전원 콘센트까지 갖춘 지정석 칸 '프리미엄카'가 붙어 있어서 쾌적하게 다니고 싶을 때 유용하다. 특급열차의 자유석 칸은 다른 열차와 요금이 동일하고, 예약 없이 탑승한다.

요금 승차권, IC카드 **홈페이지** www.keihan.co.jp/travel/kr

교토로 한 걸음 더

게이한은 JR이나 한큐보다 속도는 조금 느린 대신 교토를 가장 깊숙하게 누빈다. 특히 후시미이나리역 근처에 이르면 열차가 속도를 늦춰서 주택가와 상점가 사이를 천천히 지나간다. 교토 남부의 우지부터 북부의 히에이잔까지 관광지와 가까운 역이 많아서 게이한만 따라가도 교토 여행의 윤곽이 그려진다.

▶ 게이한 전철 추천 코스 3권 P.173

500엔 추가

KS 긴테츠 전철 Kintetsu 近鉄電車

JR을 제외하면 일본에서 가장 큰 규모의 사철. 오사카, 나라, 교토, 나고야 방면으로 이어지는 광역 노선을 보유하고 있다. 일반 전철과 요금 체계가 다른 특급열차와 관광 열차도 운행하므로, 잘 구분해서 탑승하자.

▶ 나라역 3권 P.178

요금 승차권, IC카드, 컨택리스 결제 가능
홈페이지 www.kintetsu.co.jp/foreign/korean

관광 특급 아오니요시(AONIYOSHI)

오사카 ↔ 나라 ↔ 교토 구간을 하루 1회 운행하는 프리미엄 관광 열차. 트윈 시트(2인석) 또는 살롱 3~4인석 좌석을 탑승 1개월 전 긴테츠 전철 홈페이지를 통해 예약해야 한다. 탑승 당일에는 별도의 승차권 요금을 내고 개찰구를 통과한다.

GET READY ⑤
교통 패스 준비하기

교통 패스의 요금과 구성은 매년 4월 업데이트된다. 2025년부터 요금이 인상되고 혜택은 줄어들어 효용성이 떨어지는 추세다. 실물 티켓 교환 없이 곧바로 사용하는 디지털 티켓(QR 티켓)이 늘어나면서 사용하기 편해진 것은 장점이다.

● IC카드가 더 편리할 때
- ☐ JR인지 지하철인지 노선 구분이 헷갈리는 초보자
- ☐ 지하철·사철·JR 오사카 순환선 등을 교차하며 타는 날
- ☐ 유니버설 스튜디오 재팬에 가는 날
- ☐ 오사카에서 교토, 고베, 우지, 나라를 단순 왕복할 때

● 투어 상품이 더 효율적일 때
- ☐ 일행이 많거나 부모님과 함께 하는 여행
  공항과 숙소 사이만 이동해도 힘들다. 픽업/샌딩 서비스 이용을 고려하자.
- ☐ 교토 당일 왕복 일정
  명소 간 거리가 멀고 도보 이동 구간이 많다. ① 일정을 단순하게 잡거나 ② 1일 투어를 활용하자.

> **예약 전 확인 필수!**
> - 실물 티켓은 수령 장소도 체크
> - 입장 시간 등 이용 조건
> - 교환이나 환불 조건

● 교통 패스 판매처

❶ 오프라인 관광 안내소
- 간사이 투어리스트 인포메이션 센터 📍간사이 국제공항 제1터미널
- 도시별 관광 안내소 📍오사카역, 교토역, 교토 타워, 고베 산노미야역 등

🌐 온라인 예약 플랫폼(글로벌 OTA)
일본 현지에서는 구매 불가능한 해외 전용 상품도 많고, 한국어 설명이 잘 되어 있다. 한 사이트에서 할인받고 일괄 예약하면 편하다.
📍투어비스, 마이리얼트립, 하나투어, 큐재팬, 클룩, KKday, WAUG 등

🎫 공식 판매처 스룻토 Surutto QRtto
오사카 주유 패스와 한큐, 한신 등의 디지털 티켓을 발매하는 플랫폼이다. 이용 방법과 주의 사항을 모바일로 간편하게 확인할 수 있다.
홈페이지 surutto-qrtto.com

패스 이름	요금	이용 범위	참고
JR 서일본 노선의 해외여행자 전용 패스			
간사이 패스	1~4일권 2800엔부터	일반 열차(보통·쾌속·신쾌속) + 하루카 이용 가능 (패스 기간 내 사용하는 조건으로 교토 시영 지하철, 게이한, 한큐 전철 교환권 제공)	1일권은 오사카 ↔ 히메지 구간만 왕복해도 이득. 고베까지 묶어서 다녀온다면 추천
간사이 와이드 패스	5일권 1만 2000엔	일반 열차, 특급열차(하루카 포함), 산요신칸센 (신오사카 ↔ 오카야마 구간만)	장거리 여행 계획이 없으면 불필요하지만, 기노사키 온천만 왕복해도 손해 없음
간사이 미니 패스	3일권 3000엔	오사카·나라·교토 등 가까운 거리의 일반 열차(하루카 제외)	히메지까지는 추가 요금 정산 필요
JR을 제외한 사철/지하철에서 사용하는 패스			
간사이 레일웨이 패스	2일권 5600엔, 3일권 7000엔	간사이 지역의 사철과 지하철 (란덴 열차, 교토 버스, JR 제외)	유효 기간 내 비연속 사용 가능. 확실한 목적 없으면 손해
게이한 패스	1일권 1500엔	교토 한정 노선, 오사카 포함 노선, 에이잔 전철 확대판 등 종류가 다양	교토, 우지를 단순 왕복하는 경우 불필요. 하루에 여러 곳을 다닌다면 선택
한큐 1 Day 패스 (디지털 티켓)	1일권 1300엔	한큐 전철 전 노선 (고베 고속철 제외)	교토, 고베를 단순 왕복하는 경우 불필요. 하루에 여러 곳을 다닌다면 선택
한큐 한신 1 Day 패스 (디지털 티켓)	1일권 1600엔	한큐·한신 전 노선 (고베 고속철 포함)	사용 범위는 넓지만 목적에 따라 신중하게 선택
엔조이 에코 카드	1일권 평일 820엔, 주말 620엔	오사카 지하철·버스 전용 1일 승차권 (외국인용 오사카메트로 패스와 다른 버전)	지하철역 자동 발매기에서 구매. 평일 4회, 주말 3회 타면 이득
교토 1 Day 패스	1일권 1100엔	교토 시내버스·지하철· 관광특급버스(EX100·EX101번)	주말에 관광특급버스를 2회 이상 타거나 오하라까지 버스로 당일 왕복하면 경제적. 교토에서 구매 가능
난카이 올라인 패스	2일권 2600엔	난카이 전철 전 노선 (라피트는 특급권 추가 요금)	유효 기간 내 비연속 사용 가능. 고야산, 와카야마까지 간다면 이득
오사카 관광 상품을 포함한 패스 ▶ 알뜰 사용법 1권 P.107			
오사카 주유 패스 (디지털 티켓)	1일권 3500엔, 2일권 5000엔	관광지 약 40곳 + 오사카메트로 + 사철(JR 제외)에서 사용 ※모노레일 포함 옵션은 별도	오사카성 천수각, 유람선만 타도 이득 (하루카스 300 전망대는 할인)
간사이 조이 패스 (디지털 티켓)	3개 기준 4500엔(변동)	일주일간 선택 관광지 3곳 또는 6곳 + 하루카 편도 티켓 추가 가능	하루카스 300 전망대를 옵션으로 선택하면 이득

 **GET READY ❻**

숙소 예약 실전 가이드

숙소 위치에 따라 이동 동선과 교통 패스 활용도까지 크게 달라진다. 따라서 호텔 등급보다는 위치에 따라 가격 차가 발생한다. 여행 동선과 예산, 교통편을 고려해 일정에 맞는 지역을 선택해 보자.

● 숙소 예산을 얼마로 잡아야 할까?

면적 19㎡

숙소 가격은 시기별로 변동 폭이 크다. 평상시 1박에 15만~20만 원대인 비즈니스 호텔 숙박 비용이 벚꽃철인 3월 중순~4월 초와 골든 위크인 5월 초에는 30만 원 이상 급등한다.

● 보이지 않는 비용, 숙박세

도시별로 부과하는 숙박세는 현지에서 체크인을 할 때 1인당 1박마다 추가되는 금액이다. 숙박비에 따라 금액이 달라진다.

면적 26㎡

오사카		교토	
숙박비	숙박세	숙박비	숙박세
7000엔~1만 5000엔	200엔	2만 엔 미만	200엔
2만 엔 미만	400엔	2만~5만 엔	500엔
2만 엔 이상	300엔	5만 엔 이상	1000엔

● 오사카 이외의 선택지는?

□ **교토** → 하루 이상 숙박 추천. 오사카에 비해 숙박비가 비싼 편이다.
□ **나라** → 저녁에는 조용한 분위기. 당일치기 여행으로 충분하다.
□ **고베** → 오사카역에서 대중교통으로 30분 거리라서 야경까지 보고 돌아올 수 있다.

면적 38㎡

● 예약 전 체크 리스트

❶ **객실 면적(㎡) 확인** 2인 기준 19~21㎡는 되어야 캐리어를 펼칠 공간이 확보된다.
❷ **검색 사이트 활용** 예약 플랫폼(아고다, 호텔스닷컴 등)에서 곧바로 검색하는 것보다 구글 지도 또는 네이버 호텔 링크가 더 저렴할 수 있다.
❸ **리뷰를 꼼꼼히 체크** 구글맵 경로 검색 결과로 나온 도보 시간이 실제보다 짧게 표시될 수 있다.
❹ **'현지 결제'보다는 '즉시 결제'** 현지 지불 옵션은 환율 변동의 영향을 받고, 예약 당시보다 요금이 상승하기도 한다.
❺ **취소 가능한 상품으로** 비용이 조금 더 들더라도 되도록 취소 가능 옵션을 선택한다.
❻ **예약 후 호텔에 확인** 이메일을 보내 컨펌을 받으면 좋다.
❼ **세탁 시설 확인** 호텔 내부 또는 가까운 곳에 코인 세탁기가 있으면 편리하다.

OSAKA

● **오사카역 & 우메다** ➔ 간사이 여행의 베이스캠프

교통 공항에서 하루카·리무진 직결. 교토·고베·히메지 등 근교와 오사카 시내 이동도 편리(난바까지 지하철로 10분 / USJ까지 JR로 20분)

환경 전반적으로 깔끔하고 쾌적하다. 초대형 쇼핑센터가 지하도나 육교로 이어져 있어 날씨의 영향을 적게 받는다.

주의 숙박비가 전반적으로 높고, 유동 인구가 많아 혼잡하다. 구조가 복잡해 길 찾기가 어렵게 느껴진다.

> **선택 TIP!** 오사카역과 이어진 숙소를 찾아보자. ▶ 2권 P.026
> 호텔 한큐 레스파이어 오사카(4성급) 오사카역, 마트, 쇼핑몰 접근성 최고
> 호텔 그란비아 오사카(4성급) 오사카역, 백화점과 연결된 핵심 위치
> 호텔 한큐 그란 레스파이어 오사카(4성급) 하루카 정차역에서 가까운 신축 호텔
> 힐튼 오사카(5성급) 공항 리무진 버스 정류장 바로 앞

● **난바 & 도톤보리** ➔ 맛집과 밤 문화의 중심지

교통 공항에서 라피트·난카이 공항선 직결. 나라행 긴테츠 전철 연결

환경 중저가 숙소가 다양하고, 인기 맛집이 밀집해 있다. 길거리 청결도는 낮은 편이며 야간 소음이 심한 곳도 있다.

주의 닛폰바시역 남쪽의 덴덴타운에는 소규모 술집이 많아 낮과 밤의 분위기가 사뭇 다르다. 닛폰바시역 북쪽의 소에몬초 일대는 유흥업소가 밀집한 거리다.

> **선택 TIP!** 라피트 도착역인 난카이난바역과 도톤보리 사이가 덜 걷는다.
> ▶ 2권 P.054
> 스위소텔 난카이 오사카(5성급) 난카이난바역에서 이어지는 고급 호텔
> 호텔 로열 클래식 오사카(4성급) 도톤보리 입구 쪽 시설이 깔끔한 호텔
> 히요리 호텔 오사카 난바 스테이션(4성급) 난카이난바역 바로 옆
> 난바 오리엔탈 호텔(4성급) 방이 넓어서 가족 여행객에게 적합
> 토요코인 오사카 난바(3성급) 입지와 가성비가 좋은 저가형 호텔
> 호텔 88 신사이바시(3성급) 지하철 난바역과 도톤보리 접근성 최고

● **신사이바시** ➔ 도톤보리와 가깝고 쾌적한 지역

교통 공항 리무진이 있으나 운행 편수는 적다. 지하철 접근성은 좋다.

환경 고급 백화점, 길거리 쇼핑, 맛집까지 원스톱으로 해결 가능

> **선택 TIP!** 신사이바시역과 호텔 닛코 오사카 사이가 편리하다.
> 호텔 닛코 오사카(4성급) 간사이 국제공항 리무진 버스가 정차
> W 오사카(5성급) 시설과 전망 모두 뛰어난 곳
> 미마루 오사카(4성급) 여러 지점 중에서 JR 난바역과 가까운 난바 NORTH 점의 위치가 편리하다.

● 덴노지 ➡ 오사카 여행에 편리한 실속형 거점
교통 공항특급열차 하루카, 지하철 미도스지선, JR 오사카 순환선 등 연결. 오사카 시내 위주로 여행하기 알맞다.
환경 긴테츠 백화점, 아베노하루카스 300, 덴노지 공원 주변은 쾌적하다. 단, 치안이 취약한 니시나리구(덴노지역 남서쪽)로 넘어가지 않도록 주의할 것

> **선택 TIP!** 덴노지역, 아베노하루카스와 연결된 숙소로 정하자. ▶ 2권 P.108
> 오사카 메리어트 미야코 호텔(5성급) 아베노하루카스 상층부에 위치해 최고의 전망
> 호텔 트러스티 오사카 아베노(4성급) 가성비 높은 호텔로 지하철과 연결

● 유니버설시티 ➡ 유니버설 스튜디오 재팬 방문할 때
교통 JR 유니버설시티역에서 오사카역까지 20분 소요. 시내 관광에는 불리하다.
환경 어린이 동반, 1.5일권·2일권 이용 시 최적의 위치

> **선택 TIP!** USJ 입구 바로 앞 호텔 ▶ P.039

KYOTO

● 교토역 ➡ 간사이 국제공항에서 바로 간다면 추천
교통 공항에서 하루카, 리무진 버스 직행. 오사카역에서 JR로 연결. 주요 관광지까지는 버스나 지하철로 15~20분 이동
환경 대형 쇼핑몰과 식당가가 역에 바로 붙어 있어 편의성이 높음

> **선택 TIP!** 교토 타워 방향의 숙소는 관광에 편리하고, 하치조구치 방향에는 저렴한 숙소가 많다. ▶ 3권 P.106
> 호텔 그란비아 교토(4성급) 교토역 내부와 연결, 교토 타워 전망 최고
> 교토 타워 호텔(3성급) 건물은 오래되었지만 교토역 바로 앞
> 호텔 비스키오 교토 바이 그란비아(4성급) 리무진 버스 정류장과 가깝고 시설이 깔끔함
> 미야코 호텔 교토 하치조(4성급) 교토역과 도보 5분 거리의 가성비 높은 숙소

● 시조 가와라마치 ➡ 오사카에서 다녀간다면 추천
교통 한큐 전철(오사카우메다역)이나 게이한 전철(요도야바시역)을 타고 쉽게 갈 수 있다.
환경 니시키 시장, 기온, 가모강까지 걸어갈 수 있고, 쇼핑과 관광이 모두 가능한 지역

> **선택 TIP!** 한큐 교토 가와라마치와 기온시조 사이가 최적 ▶ 3권 P.054
> 호텔 그랜드 바흐 교토 셀렉트(4성급) 위치 면에서 최고. 대욕장이 있어 인기가 많음
> 더 게이트 호텔 교토 다카세가와 바이 홀릭(4성급) 접근성, 전망, 시설 모두 빼어난 고급 호텔

● 아라시야마 ➡ 료칸이나 온천 목적이라면 추천
교통 오사카에서 한큐·JR로 환승 필요. 교토 시내 관광지와는 거리가 꽤 떨어져 있다.
환경 도게츠교 주변에 고급 료칸과 호텔이 모여 있다. 저가 호텔은 공동 온천 쿠폰을 제공하기도 한다.

> **선택 TIP!** 한큐 아라시야마역 근처 숙소로 정하자. ▶ 3권 P.116
> 교토 아라시야마온센 카덴쇼(3성급) 자체 온천을 갖춘 가성비 높은 료칸
> 호텔 아라시야마(3성급) 강 전망이 좋고, 조식 퀄리티도 괜찮은 저가 호텔

FAQ

알아두면 쓸모 있는
간사이 여행 팁

FAQ ①

긴급 상황 발생 시 어떻게 대처해야 하나요?

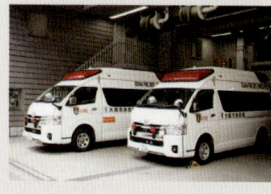

갑작스러운 태풍이나 지진 등 예기치 못한 상황을 대비해 숙소 주변의 공공 대피소 위치와 호텔 비상 연락처를 메모해 두고, 안전 관련 앱을 설치하자.

오사카 방재 앱
지역을 '오사카시'로 설정해 두면 알림을 받을 수 있다. 한국어 안내도 지원하며, 안전 대피 요령 등 여러 가지 정보를 체계적으로 제공한다.

긴급 번호	경찰 신고
질병이나 부상 시	범죄나 사고 피해 시
119	**110**

오사카 일기예보 / 대사관 위치 안내 / 의료 기관 검색

❶ 주일본국 대한민국 대사관
운영 평일 09:00~18:00
일반 전화 +81-3-3455-2601
긴급 전화 +81-70-2153-5454(휴일 및 평일 18:00 이후)
영사콜센터(24시간) +82-2-3210-0404
※ 스마트폰에 영사콜센터 앱을 설치하면 무료 전화 가능

❷ 오사카 방재넷
공공 대피소 위치, 재해 발생 시 발표하는 기상주의보 등 현지 정부의 실시간 대응 정보를 제공한다. 앱을 설치할 필요 없이 모바일로 접속한 다음, 언어 설정을 한국어로 변경한다.
홈페이지 www.osaka-bousai.net

❸ 일본의 파출소 고반交番
경찰서(警察署)보다 규모가 작은 파출소를 고반こうばん이라고 한다. 길 안내부터 분실물 접수, 긴급 신고까지 기본적인 지원을 받을 수 있다. 대부분 24시간 운영하며, 관광객이 자주 찾는 지역에는 영어 회화가 가능한 경찰관이 배치되기도 한다.
구글맵 'police box' 또는 '파출소' 검색

④ 현지 병원과 약국 정보

외국인 환자를 받는 국제 진료 가능 병원이 도시마다 있다. 진료비는 전액 선불이며, 여행자 보험을 적용받으려면 진료비 영수증 및 보험사에서 요청하는 서류를 챙겨야 한다. 진료비, 약값, 입원비 등 수십만 원 단위로 청구될 수 있으므로, 출국 전 여행자 보험 가입은 필수다(일반 내과 진찰 비용 5만~10만 원, 야간·휴일 응급 외래 15만~30만 원).

구급 병원

긴급 상황이라면 119를 호출하거나 주변인에게 도움을 요청 "구급차를 불러 주세요. (규-큐-샤오 온데 구다사이.)"

의사의 진료가 필요할 때

진료 시간(평일 09:00~17:00)에는 일반 클리닉, 종합병원 방문 그 외에는 응급 외래 방문

약이 필요할 때

위급한 증상이 아니라면 가까운 약국(드럭스토어, Pharmacy로 검색)에서 약사와 상담 가능

⑤ 치안과 유의 사항

기본적인 주의 사항만 잘 지키면 대부분의 지역에서 안심하고 여행할 수 있다. 밤늦게 혼자 걷거나 유흥가에서 호객 행위에 응하거나 모르는 사람이 추천하는 술집에 가는 일은 피해야 한다. 과도한 음주 행위는 불미스러운 상황으로 이어질 수 있으므로 주의할 것.

FAQ ②

일본에서 한국 전자 제품을 써도 될까요?

전압
100V 주파수
간토 50Hz, 간사이 60Hz

프리볼트(100~240V)인 제품이라면 변압기 없이 플러그 어댑터(일명 돼지코)만 꽂으면 사용 가능하다. 단, 100V 전압에 민감한 제품(드라이어, 고출력 기기 등)은 주의해야 한다.

⚠ 배터리 내장형 무선 고데기는 항공기 반입 금지 대상

FAQ ❸

"오-키니"는 무슨 뜻? 알고 가면 좋은 생활 상식

 정말 고마워요!
"오-키니おおきに"

간사이 지역의 사투리를 '간사이벤'이라고 한다. "오-키니."는 고맙다는 뜻이 담긴 정감 어린 인사로, 가게 점원이나 시장 상인들이 종종 쓰는 걸 들을 수 있다.

 "후쿠로와 이리마스카?"

일본어를 몰라도 이 말에는 대답해야 한다. 편의점, 드럭스토어, 마트 어디서든 계산할 때 '후쿠로ふくろ'라는 단어가 들린다면 "봉투가 필요하신가요?"라는 뜻! 비닐봉지는 유료(3~5엔)이므로, 필요 없으면 고개를 저으면 되고, 필요하면 "하이はい" 또는 "예스Yes"라고 간단히 답한다.

 자리에 손수건 놓고 가셨어요!

일본에선 손수건 한 장이면 자리 맡기 완료. 테이블 위에 놓인 손수건은 '여기 앉을 사람 있어요'라는 뜻이다.

 저 이거 주문 안 했는데요?

일본 이자카야(술집)에서는 자리에 앉자마자 안주가 나오고, 300~500엔이 계산서에 추가된다. 이것은 오토시お通し 또는 츠키다시突き出し라고 부르는 자릿세 + 웰컴 안주 개념! 일본식 팁이라고 생각하자.

 일본 지역 구분법

일본은 총 47개의 광역 행정구역으로 나뉘며, 이 중 도쿄는 도(都), 홋카이도는 도(道), 오사카와 교토는 부(府), 나머지 43곳은 현(県)에 속한다. 관습적으로는 도쿄를 중심으로 한 간토関東(관동), 오사카를 중심으로 한 간사이関西(관서)로 구분하며, 문화를 비롯해 말투나 음식 스타일까지 지역색이 뚜렷하다. 과거 교토가 수도였던 까닭에 '수도에 가까운 땅'이라는 뜻의 긴키近畿라는 명칭도 뉴스나 일기 예보 등에 자주 등장한다.

택시는 자동문, 손대지 마세요!

일본에서 택시 뒷문은 기사가 자동으로 열고 닫는다. 내릴 때 뒷문을 쾅 소리가 나게 닫지 않도록 조심할 것. 차량 앞쪽의 '空車(공차)' 표시를 보고 손을 흔들어 세우거나, 우버Uber, 디디DiDi, 고GO 등의 공유 차량 서비스 앱으로 호출한다.

길을 걸을 때 방향 확인

오사카에서 보행자는 우측통행, 자전거와 자동차는 좌측통행을 한다. 인도에서는 빠르게 스쳐 지나가는 자전거를 조심해야 한다. 직접 자전거를 대여해서 타는 경우에는 주차 구역 표시를 꼭 확인할 것.

동서남북은 일본어로 알고 가자

동(히가시東), 서(니시西), 남(미나미南), 북(기타北)만 기억해도 지하철 노선도나 역 이름을 훨씬 쉽게 기억할 수 있다.

길거리 흡연? 안 됩니다!

현재 오사카와 교토에서는 공공장소 흡연 전면 금지! 전자 담배라도 흡연 부스를 이용해야 한다. 실내 흡연이 가능한 옛날식 다방(킷사텐)과 노포도 여전히 많다.

쓰레기통을 찾기 힘들어요

요즘에는 조금씩 늘어나고 있으나, 길가에 쓰레기통이 거의 없다. 비닐봉지를 하나 들고 다니면 마음이 편하다.

오미쿠지 일본식 운세 뽑기

신토神道는 일본의 전통 민속 신앙이며, 도리이鳥居라는 문을 지나면 신사가 나온다. 한쪽에 주렁주렁 종이를 매달아 둔 걸 볼 수 있는데, 이것이 바로 길흉화복이 적힌 '오미쿠지おみくじ'다. 좋은 운세가 적힌 종이는 지갑에 간직하고, 나쁜 운세가 적힌 종이는 나무나 지정된 장소에 묶어 액운을 신사에 두고 오는 것이 풍습이다.

FAQ ④

신용카드 사용 방법이 달라졌다는데?

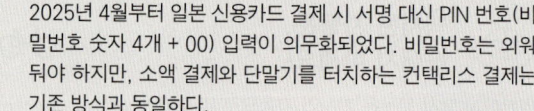

2025년 4월부터 일본 신용카드 결제 시 서명 대신 PIN 번호(비밀번호 숫자 4개 + 00) 입력이 의무화되었다. 비밀번호는 외워둬야 하지만, 소액 결제와 단말기를 터치하는 컨택리스 결제는 기존 방식과 동일하다.

✅ 결제 통화는 '엔화(円)'로!
→ 원화 선택 시 이중 수수료 발생

SPECIAL

일본 여행 필수품!
해외여행 컨택리스 카드

한국 계좌와 연동해 현지 통화를 충전해 쓰는 여행용 카드는 결제, 현금 인출, 교통수단 이용까지 모두 가능한 필수품이다. 각종 수수료와 출금 한도는 카드사 정책에 따라 차이가 있다.

 현지 통화 바로 충전

 결제 및 환전 수수료 혜택

 컨택리스 (비접촉식 결제) 기능

 현금이 필요할 때 인출

 모바일로 간단히 처리

	트래블월렛	트래블GO	트래블로그	SOL 트래블	토스
발행처	트래블월렛	하나은행	하나은행	신한은행	토스뱅크
브랜드	비자	비자	마스터	마스터	마스터
ATM	이온뱅크 AEON Bank		세븐뱅크(세븐일레븐 편의점) Seven Bank		

✅ **보증금 결제는 신용카드로**
호텔 보증금처럼 추후 취소 과정이 필요한 결제는 신용카드가 훨씬 간편하다. 체크카드로 결제하면 금액이 계좌에서 바로 빠져나가며 취소 처리에 상당한 시간이 걸린다.

✅ **결제 수단은 다양하게 준비**
신용카드와 체크카드는 최소 1장씩, 각기 카드사가 다른 것으로 준비하면 유용하다. 카카오페이와 네이버페이는 일본 내 QR 결제를 지원하는 매장에서 알리페이Alipay+와 연동해 사용할 수 있다.

✅ **여행 후 잔액 환급은 천천히**
체크카드로 대중교통 비용을 결제하면 100엔 정도가 빠졌다가 며칠 뒤 실제 사용 금액을 최종 청구한다. 따라서 환급은 여행 후 1개월 정도 여유를 두고 하는 편이 안전하다.

FAQ ❺

일본에서는 현금이 꼭 필요한가요?

일본 은행 신권 · 구권

작은 식당, 전통 상점, 사찰이나 신사 입장료 등 여전히 현금이 필요한 경우가 많다. 또한 해외 카드 결제 오류에 대비해 평소 5000~1만 엔 정도의 비상금은 지참할 것.

☑ IC카드(이코카)를 미리 충전해 두면 비상금 역할을 한다.
☑ 일본 식당에는 팁 문화가 없다. 고급 레스토랑에서는 10%의 봉사료를 카드로 별도 청구한다.

일본 화폐 단위는 엔(円)
- **환율** 100엔=약 900~1000원 ※유동적
- **가격 표기** 보통 기호 '¥'으로 표기한다. 세금 포함(税込), 세금 별도(税抜) 표시를 보는 방법도 확인해 두자.
- **지폐** 2024년 7월부터 발행한 신권과 기존의 구권 두 종류가 있다. 일부 자판기와 셀프 계산대에서는 신권을 인식하지 못한다.
- **동전** 거스름돈 넣을 지갑을 준비하면 편리하다. 100엔과 500엔 동전은 자판기, 식권 발매기, 코인 로커에서 주로 쓴다.

FAQ ❻

데이터 유심, 어떻게 준비할까요?

휴대폰에 eSIM을 장착한 화면

일본에서는 휴대폰에 전적으로 의존해야 하는 만큼 데이터 사용량이 많은 편. 구글맵과 카카오톡만 이용한다면 하루 1~2GB 플랜, 영상 시청까지 고려하면 무제한 플랜을 선택한다.

- **가장 쉬운 건 통신사 로밍**
  유심 교체가 필요 없어 간편하지만 데이터 용량이 제한적이다.
- **저렴한 건 데이터 전용 유심**
  전화나 문자메시지 기능은 없고, 일별 데이터를 제공하는 방식이다.

☑ **eSIM이라면 더욱 편리!**
최신 휴대폰 사용자라면 유심 칩을 교체할 필요 없이, 한국 유심은 전화와 문자메시지, 이심은 데이터로 각각 설정해 쓸 수 있다. 설정 방법은 판매처 안내를 따른다.

☑ **출국 전 통신사 설정 점검**
해외에서 휴대폰 사용이 제한되지 않도록 유심 보호 서비스, 로밍 차단 등 통신사별 가입 서비스 정책을 미리 점검하자.

- **한국 → 일본으로 전화하기**
  국제 전화 접속 번호(001, 002, 00700 등) + 일본 국가 번호(81) + 지역 번호(앞 0 생략) + 전화번호
- **일본 → 한국으로 전화하기**
  통신사 접속 번호(010) + 한국 국가 번호(82) + 휴대폰 또는 지역 번호(앞 0 생략) + 전화번호
  예시: 010-82-10-XXXX-XXXX
  ※휴대폰 로밍은 통신사 안내에 따른다.

FAQ 7

코인 론드리와 코인 로커 이용 방법은?

❶ 코인 론드리(셀프 세탁실)

호텔에 세탁실이 없다면 프런트에 문의하거나 구글 맵에 'coin laundry'를 검색한다. 최근에는 IC카드나 신용카드로 결제가 가능한 곳도 많이 생겼다.

- 세탁 및 건조 통합 코스: 1400~1600엔(신형 기준)
- 세제 자동 투입형인지 확인하고 이용

❷ 코인 로커(물품 보관함)

기차역과 지하철역에서 쉽게 찾을 수 있으며 기계 종류에 따라서 동전(코인)이나 교통카드 또는 신용카드로 결제하게 된다. 보관 전 운영 시간을 꼭 확인하고, 맡긴 위치는 사진으로 찍어 두자.

- 보관함 크기에 따라 500~1000엔(초과 시 추가 요금)
- 오사카역과 교토역은 혼잡 시간대에 자리가 부족하므로 위치와 빈칸 현황을 미리 확인한다.

▶ 오사카역 2권 P.031 ▶ 교토역 3권 P.017

FAQ 8

양손은 가볍게! 수하물 배송 서비스란?

공항과 숙소, 또는 오사카와 교토 간 수하물을 배송해 주는 서비스다. 공항에서 캐리어를 찾지 못하는 상황이 생기지 않도록 짐 맡기는 시간, 배송 일정(당일 또는 익일), 수령 위치를 꼼꼼하게 확인하는 것이 중요하다.

요금 기내용 캐리어 1500~2000엔, 대형 위탁 수하물 2500~3000엔

예약 방법
- 최소 1~2일 전 예약 진행(수하물 사전 수령이 가능한 호텔인지 확인 필수)
- **방법 ①** 온라인 예약 플랫폼에서 '수하물 배송 서비스' 검색 후 예약
- **방법 ②** 공식 홈페이지 또는 호텔을 통해서 직접 예약

  JAL ABC 공항 정식 운영 카운터
  　　　홈페이지 www.jalabc.com
  Airporter 온라인 예약 전용
  　　　홈페이지 airporter.co.jp
  Yamato 호텔 프런트에서 접수

FAQ 9

일본어를 전혀 못하는데 괜찮을까요?

요즘은 실시간 통역기나 파파고나 구글 번역 같은 모바일 번역 앱 덕분에 언어가 통하지 않아서 불편한 일이 크게 줄어들었다. 관광지 음식점에는 영어 또는 한국어 메뉴판이 구비되어 있고, 기본적인 영어 소통도 가능하다. 일본어 웹사이트도 브라우저 언어 설정을 바꾸면 한국어로 웬만큼 번역된다.

파파고 번역 화면 설정 방법 / 원하는 기능 선택

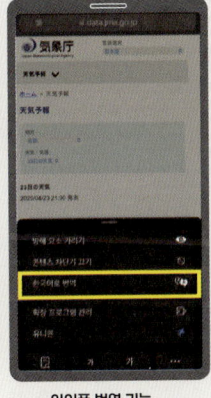
아이폰 번역 기능

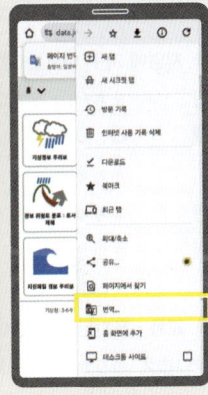
안드로이드폰 번역 기능

FAQ 10

현지에서 유용한 앱을 골라 주세요!

교통, 길 찾기, 언어, 결제까지 상황별로 맞는 앱을 활용하면 여행이 훨씬 수월해진다.

❶ 출입국 관련
- 일본 입국 심사 (Visit Japan Web)
- 인천국제공항 빠른 통과 (ICN SMARTPASS)

❷ 필수 앱
- 번역과 소통을 도와주는 파파고 (Papago)
- 길 찾기부터 정보 확인 구글맵 (Google Maps)

❸ 교통·환승
- 교통 정보 관련(NAVITIME Japan 등)
- 택시 호출을 위한 우버(Uber)
- 이코카 카드 잔액 확인(카드 리더)

❹ 안전 정보
- 외교부 해외안전여행
- 오사카 방재 앱
- 기상 정보 앱

❺ 기타
- 유니버설 스튜디오 재팬
- 맛집 예약 관리(TableCheck)
- % 아라비카 커피 픽업(Arabica)
- 약국에서 바코드 스캔(Payke)

💬 여행할 때 알아두면 유용한 단어

● 방향 · 지명 관련 단어

駅	えき ⏵ 에키	역 예: 교토에키 → 교토역
前	まえ ⏵ 마에	앞 예: 에키마에 → 역 앞
通り	どおり ⏵ 도리	거리/대로 예: 시조도리 → 시조 대로
口	くち ⏵ 구치	출입구 예: 히가시구치 → 동쪽 출구, 기타구치 → 북쪽 출구

● 지명에 자주 나오는 한자

町	まち/ちょう ⏵ 마치/초	마을, 동네
橋	はし ⏵ 하시	다리 예: 에비스바시 → 에비스 다리
川	かわ ⏵ 가와	강 예: 가모가와 → 가모강
寺	てら ⏵ 데라/지	절 예: 기요미즈데라 → 청수사
坂	さか ⏵ 사카	언덕 예: 니넨자카 → 니넨 언덕길

● 교통 · 표지판 관련 단어

乗り換え	のりかえ ⏵ 노리카에	환승
出口	でぐち ⏵ 데구치	출구
入口	いりぐち ⏵ 이리구치/하이리구치	입구
次は	つぎは ⏵ 츠기와	다음은 예: 전철이나 버스에서 안내: "츠기와 ○○데스" "다음 정류장은 ○○입니다"

🧳 여행 준비물 체크 리스트

● 필수품
- ☑ 여권(비상용 여권 사본, 여권용 사진)
- ☐ 항공권과 입국 서류
- ☐ 숙소 바우처
- ☐ 여행자 보험 증서
- ☐ 현금, 신용카드 · 체크카드

● 전자제품
- ☐ 스마트폰 충전기
- ☐ 휴대용 보조 배터리(기내 수하물로 넣기)
- ☐ 100V 어댑터(돼지코)
- ☐ eSIM, 포켓와이파이, 유심 등

● 기본 소지품
- ☐ 세면도구
- ☐ 복용 중인 약(영문 처방전 준비하면 좋음)
- ☐ 지퍼백
- ☐ 접이식 에코백(쇼핑 시 유용)
- ☐ 동전 지갑

● 의류
- ☐ 날씨에 맞는 옷
- ☐ 편한 신발(도보 이동 많음)
- ☐ 속옷, 양말
- ☐ 여름에는 양산 필수

CONTENTS 2

오사카·히메지성·고베
실전 가이드북

오사카 OSAKA

- 010 오사카 미리 보기
- 012 오사카 교통 정보 | 오사카 도심 교통
- 026 **ZONE 1 오사카역 & 우메다**
  - 043 검증된 우메다 백화점 맛집 | 가 볼 만한 우메다 주변 맛집 | 우메다 맛집 골목
  - 052 나카자키초 카페 거리
- 054 **ZONE 2 난바 & 신사이바시**
  - 064 난바의 쇼핑센터
  - 070 도톤보리 & 난바 국룰 코스 맛집 BEST 7 | 고품격 도톤보리 & 난바 맛집
  - 074 부담 없는 도톤보리 맛집 | 혼밥 가능 난바 맛집
  - 084 신사이바시에서 쇼핑하기
  - 086 미나미센바의 라멘 & 우동 대전쟁 | 신사이바시 인기 맛집 | 신사이바시 카페
- 092 **ZONE 3 오사카성 & 나카노시마**
  - 100 기타하마 카페 거리
- 108 **ZONE 4 덴노지 & 신세카이**
- 118 **ZONE 5 덴포잔 & 오사카항**
  - 124 피크닉 명당! 만국박람회 기념 공원
- 126 오사카 맛집 가이드
- 136 히메지성

고베 KOBE

- 146 고베 미리 보기
- 148 고베 교통 정보 | 고베 도심 교통
- 158 **ZONE 1 산노미야 & 고베항**
- 172 **ZONE 2 기타노이진칸**
  - 180 3대 고베규 맛집 | 명물 음식 | 고베 카페 투어
- 188 아리마 온천 & 롯코산 & 마야산
- 196 마이코 공원 & 스마 해변

2026
최신판

팔로우 오사카·교토
고베·나라

팔로우 오사카·교토·고베·나라

1판 1쇄 인쇄 2025년 7월 7일
1판 1쇄 발행 2025년 7월 15일

지은이 | 제이민
발행인 | 홍영태
발행처 | 트래블라이크
등 록 | 제2020-000176호(2020년 6월 24일)
주 소 | 03991 서울시 마포구 월드컵북로6길 3 이노베이스빌딩 7층
전 화 | (02)338-9449
팩 스 | (02)338-6543
대표메일 | bb@businessbooks.co.kr
홈페이지 | http://www.businessbooks.co.kr
블로그 | http://blog.naver.com/travelike1
인스타그램 | travelike_book
ISBN 979-11-992099-5-4   14980
        979-11-982694-0-9   14980 (세트)

* 잘못된 책은 구입하신 서점에서 바꾸어 드립니다.
* 책값은 뒤표지에 있습니다.
* 트래블라이크는 ㈜비즈니스북스의 임프린트입니다.
* 비즈니스북스에 대한 더 많은 정보가 필요하신 분은 홈페이지를 방문해 주시기 바랍니다.

비즈니스북스는 독자 여러분의 소중한 아이디어와 원고 투고를 기다리고 있습니다.
원고가 있으신 분은 ms3@businessbooks.co.kr로 간단한 개요와 취지, 연락처 등을 보내 주세요.

팔로우
오사카·교토
고베·나라

제이민 지음

Travelike

책 속 여행지를 스마트폰에 쏙!

《팔로우 오사카·교토》
지도 QR코드 활용법

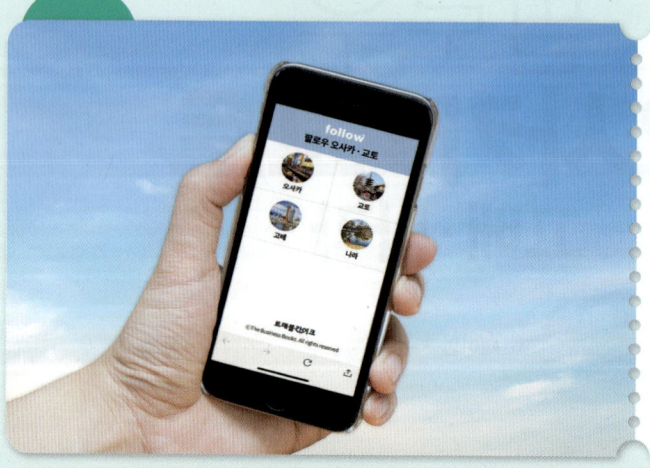

QR코드를 스캔하세요.
구글맵 앱 '메뉴-저장됨-지도'로 들어가면 언제든지 열어볼 수 있습니다.

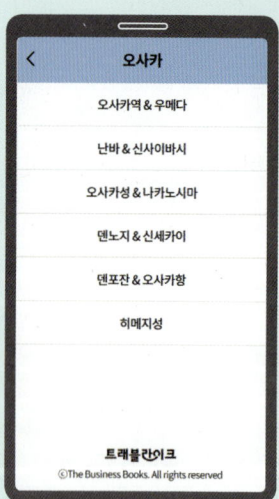

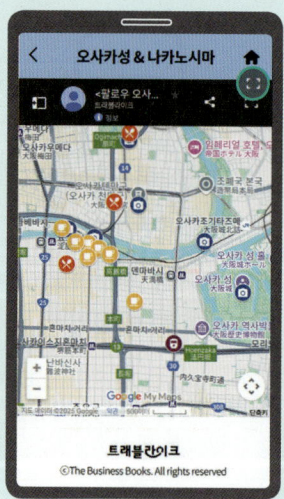

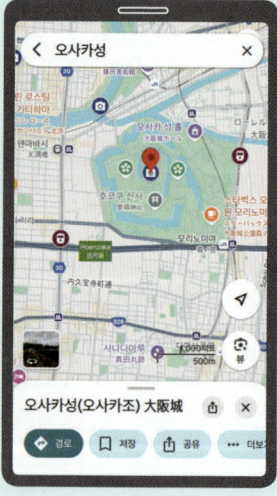

①
스마트폰으로 오른쪽 상단의 QR코드를 스캔합니다. 연결된 페이지에서 원하는 지역을 선택합니다.

②
선택한 지역의 지도로 페이지가 이동됩니다. 화면 우측 상단에 있는 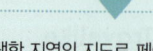 아이콘을 클릭합니다.

③
지도가 구글맵 앱으로 연동되고, 내 구글 계정에 저장됩니다. 본문에 소개된 장소들의 위치를 확인할 수 있습니다.

《팔로우 오사카·교토》 본문 보는 법
HOW TO FOLLOW OSAKA·KYOTO

오사카를 포함한 남쪽 지역을 중심으로 고베, 히메지까지 확장해 소개했습니다. 각 도시로 들어가는 교통편과 환승 정보도 함께 다뤄 지역 간 이동이 많은 여행자에게 실용적인 안내서가 됩니다.

● **존zone 단위 구성 방식**

대도시는 반나절~하루 일정으로 둘러볼 수 있는 범위를 하나의 ZONE(구역)으로 나누어 구성했습니다. 도입부에는 주요 동선과 상점가를 표시한 상세 지도, 소요 시간, 이동 수단, 고려 사항 등을 함께 제시해 추천 일정으로 활용할 수 있도록 구성했습니다. 맛집 정보는 각 ZONE의 마지막에 테마별로 나누어 수록했습니다.

● **대중교통 정보의 시각화**

여행자가 가장 궁금해하는 대표 루트 세 가지는 구글맵 경로 검색처럼 열 구조로 나란히 정리해 직관적으로 코스를 비교하고 선택할 수 있습니다. 핵심 지하철역, 정류장, 랜드마크를 사진과 함께 안내해 길 찾기를 도왔습니다.

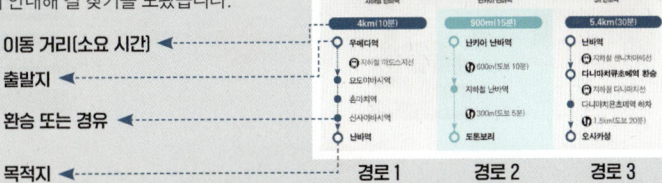

● **여행 정보 확인하는 법**

- **구글맵** 주소 대신 '구글맵 키워드'를 표기했습니다. (※한글 설정 기준의 검색어가 있으면 한글, 영문이면 영문으로 사용했으므로 올바른 맞춤법과 다소 차이가 있을 수 있습니다.)
- **입장료** 기본적으로 성인 1인 기준 요금을 안내했습니다.
- **운영 및 휴무** 정기 휴무가 있는 경우는 표시했으며, 공휴일 및 연말연시, 골든 위크 등 변동이 잦은 시기는 따로 표기하지 않았습니다. 방문 시기의 공휴일과 축제 일정을 반드시 확인하는 것이 좋습니다.
  ▶ 1권 P.016
- **예산** 1인 기준 일본 통화 엔(¥)으로 표기했습니다.
- **가는 방법** 소개하는 장소와 가까운 역명, 버스 정류장 등 교통편을 고려해 정리했습니다.
- **맛집 정보** ☺ 이 집을 방문해야 하는 이유 요약
  ✓ 방문 전 체크 포인트 – 현금 결제, 예약 필요 여부, 대기 시간 등

지도에 사용한 기호 종류

관광 명소	맛집	카페	차 전문점	쇼핑	숙소	온천	포토 스폿
신사	절	선망대	JR	한큐 전철	한신 전철	게이힌 전철	긴테츠 전철
오사카 지하철	교토 지하철	고베 지하철	열차	버스 정류장	케이블카	로프웨이	페리 터미널	공항

FOLLOW

오사카부
大阪府

오사카부는 북쪽 교토부, 서쪽 효고현, 동쪽 나라현, 남동쪽
와카야마현과 맞닿아 있다.
간사이関西 지역의 교통 허브 오사카시大阪市(이하 오사카)를 출발점으로 삼아
유니버설 스튜디오 재팬, 문화유산의 도시 교토, 세련된 항구도시 고베,
히메지성으로 유명한 히메지, 원시림 속 신사와 사슴이 기다리는 나라까지
특색 있는 소도시와 명소를 차례로 돌아보자.

INFO

면적 ▶ 1905.14km²
홈페이지 ▶ ko.osaka-info.jp
인구 ▶ 877만 명

OSAKA

오사카
大阪

21세기 오사카는 쿠시카츠와 타코야키의 이미지를 뛰어넘어 테마파크의 도시로 거듭났다. 도톤보리의 네온사인과 글리코상 앞에서 포즈를 취하던 사람들은 이제 아베노하루카스의 야경을 즐긴다. 우메다에는 킷테 오사카와 그랜드 그린 오사카 같은 랜드마크가 새로 생겼고, 난바의 유명 맛집과 신사이바시 쇼핑가의 인기도 여전하다. 기타하마 카페 거리와 벚꽃 크루즈의 낭만도 빼놓을 수 없다. SNS 핫플 앞에 늘어선 대기 줄과 쇼핑 아이템을 찾아 매장을 돌아다니는 수고로움조차 행복한 이곳! 완벽한 관광도시 오사카를 재발견할 시간이다.

유니버설 스튜디오 재팬

우메다

츠텐카쿠

오사카성

도톤보리

간사이 국제공항

아베노하루카스 전망대

Osaka Preview
오사카 미리 보기

오사카 도심은 크게 오사카역을 중심으로 한 북쪽의 기타北, 난바역과 도톤보리로 대표되는 남쪽의 미나미南로 구분한다. 공식 행정구역상 기타구, 나니와구, 주오구 등 총 24개 구가 모여 오사카시를 구성하고 있으나, 이 책에서는 반나절 또는 하루 일정으로 돌아볼 수 있는 범위를 5개의 구역ZONE으로 정리했다.

오사카역 & 우메다 P.026
오사카 최대의 경제·상업 지구. 간사이 국제공항에서 오사카역까지 하루카(JR 공항특급)를 타고 갈 수 있다. 난바까지는 지하철 미도스지선으로 연결된다.

난바 & 신사이바시 P.054
글리코상이 반겨 주는 도톤보리, 고급 쇼핑가 신사이바시, 구로몬 시장과 덴덴타운이 모인 오사카의 핵심 관광지. 간사이 국제공항에서 난바역까지 라피트(난카이 전철 공항특급)로 연결된다.

오사카성 & 나카노시마 P.092
오사카성에서 유람선을 타고 나카노시마 다녀오기. 기타하마 리버 뷰 카페에서 여유롭게 커피 한 잔. 오사카텐만구 관람과 덴진바시스지 상점가에서 먹방 투어까지.

덴노지 & 신세카이 P.108
시티 팝과 잘 어울리는 츠텐카쿠에 올라가 보자. 신세카이 시장에서 쿠시카츠를 먹고, 아베노하루카스 전망대에서 오사카 야경 감상하기.

덴포잔 & 오사카항 P.118
오사카 항구가 있는 해안 지역. 덴포잔 대관람차 이용과 유람선 승선이 주유 패스의 필수 코스다. 가이유칸 수족관을 관람하려면 오전에 방문하는 것이 좋다.

유니버설 스튜디오 1권 P.032
오사카로 떠나야 할 이유! 해리 포터와 슈퍼마리오가 함께하는 꿈같은 하루! 비행기 티켓보다 유니버설 스튜디오 재팬(USJ) 익스프레스 티켓 예약이 먼저다.

오사카·간사이 엑스포 1권 P.040
2025년 10월 13일까지 열리는 만국박람회. 오사카에서 전 세계로 여행을 떠나 보자. 대한민국 전시관 관람은 필수!

무료 Wi-Fi 이용법

- 오사카 전도 ▶ P.024
- 오사카 맛집 가이드 ▶ P.126
- 오사카 추천 일정 ▶ 1권 P.104

고베

20분 유니버설 스튜디오
유니버설시
사쿠라지마역

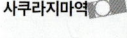
EXPO 25분
유메시마역
코스모스퀘어역

25분 오사카항

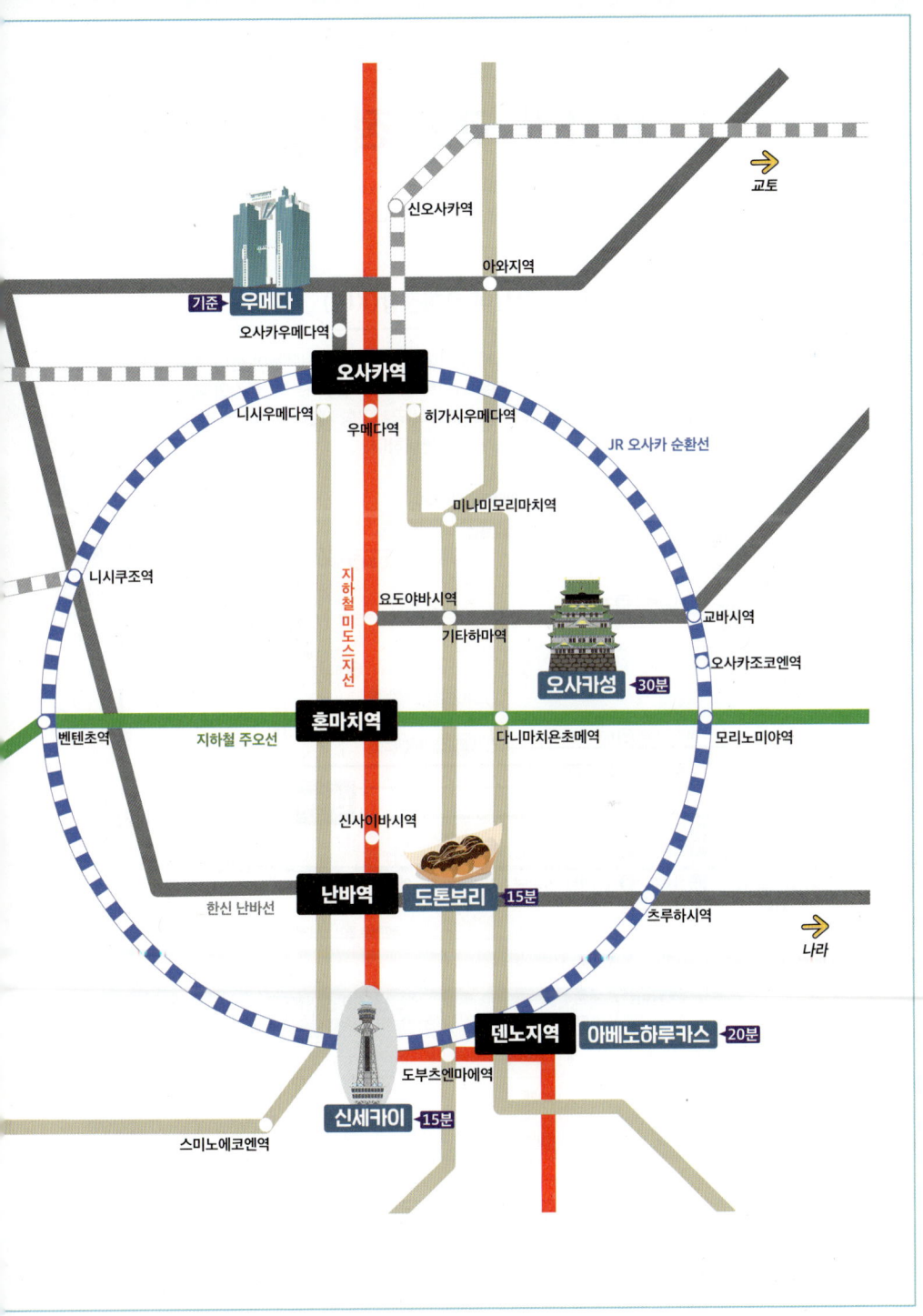

오사카 교통 정보

한국에서 오사카로 갈 때 이용하는 공항은 오사카시에서 남쪽으로 52km 떨어진 간사이 국제공항(KIX)이다. 북쪽에 있는 이타미 공항(ITM)은 국내선 전용이다.

오사카 ↔ 간사이 국제공항(KIX)

간사이 국제공항에서 오사카 도심으로 가려면 숙소 위치에 따라 교통수단을 선택해야 한다. 북쪽의 오사카역으로 갈 때는 하루카Haruka, 남쪽의 난바역으로 갈 때는 라피트Rapi:t가 가장 빠르다. 하지만 배차 간격과 요금을 고려해 다른 교통수단을 이용하는 경우도 많다. 특히 간사이 국제공항 제2터미널에서 출발하거나 유니버설 스튜디오까지 한 번에 가는 경우라면 리무진 버스가 훨씬 편리하다.

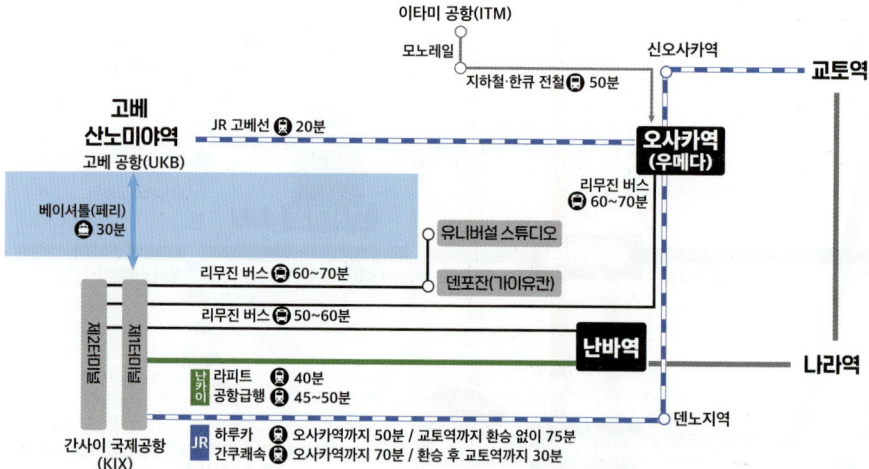

※이해를 돕기 위해 핵심 교통수단과 주요 정차역만 표시했습니다.

교통편 종류	서일본여객철도 JR-West		난카이 전기철도 Nankai Electric Railway		공항교통 주식회사
	하루카 공항특급	간쿠쾌속 일반 열차	라피트 난카이 특급	공항급행 일반 전철	리무진 버스
오사카역까지	1800엔	1180엔	-	-	1800엔
덴노지역까지	1300엔	1060엔	-	-	운휴
난바역까지	-	-	1350엔	970엔	1300엔
지정석	있음	없음	있음	없음	없음
배차 간격	30~40분	15분	30분	10~15분	10~15분

※하루카와 라피트는 해외여행자 전용 할인 요금(출국 전 구매 권장)

하루카(JR 공항특급)

간사이 국제공항 제1터미널에서 덴노지역을 거쳐 오사카역으로 가는 가장 빠른 교통수단이다. 환승 없이 종점인 교토역까지 갈 수 있다. 보통 5~6호 객차는 자유석(Non-Reserved), 나머지 객차는 지정석으로 운영하는데, 지정석으로 예약한 열차 시간을 놓쳤다면 다음 열차에 자유석으로 탑승하면 된다.

☺ → 지정석과 짐칸 이용 가능
☹ → 잦은 열차 지연

소요 시간 오사카역까지 50분
패스 간사이 와이드 패스 / 간사이 패스 사용 가능

공항에서 출발

제1터미널 2층의 구름다리를 이용해 간사이공항역Kansai-airport Station으로 건너가서 탑승한다. 제2터미널 항공사 이용 승객은 공항 무료 셔틀버스를 타고 제1터미널까지 이동해야 한다(10분 소요).
운행 06:31~22:16(평일 기준)

간사이 국제공항 교통수단 Q&A
▶ 1권 P.120
교통 패스 준비하기
▶ 1권 P.130

JR 열차를 타려면 파란색 개찰구를 통과 / 하루카와 간쿠쾌속이 출발하는 공항 승강장

TIP! 2025년 2월부터 실물 티켓 교환 절차 없이 QR 티켓 탑승(WEST QR 서비스)이 가능해졌다. 구입처에 따라 이용 방법은 다를 수 있다.

 ### 하루카 대신 JR 일반 열차를 타도 될까요?

JR-West에서 운행하는 간쿠쾌속(간사이 공항선)으로도 간사이 국제공항 - 덴노지 - 오사카역 사이를 환승 없이 왕복할 수 있다. 시간이 좀 더 걸리지만 배차 간격이 짧은 것이 장점이다. 단, 좌석 지정이 불가능하고, 일반 열차인 만큼 짐칸이 없다.

결제 방법 자동 발매기에서 편도 티켓을 구입하거나 IC카드(이코카 등)를 태그한다. 하루카 티켓을 소지한 경우에도 간쿠쾌속을 이용할 수 있지만 차액은 환불해 주지 않는다.

탑승 장소
• 간사이 국제공항 출발 → 하루카와 같은 개찰구 이용
• 오사카역 출발 → 하루카와 다른 개찰구 이용(센트럴 게이트)

 주의 사항

오사카역에서 간사이 국제공항행 간쿠쾌속을 타면, 8량짜리 열차가 중간에 분리되어 뒤쪽 4량은 다른 목적지(와카야마)로 향하게 된다. 따라서 반드시 앞쪽 1~4번 객차에 탑승해야 한다.

오사카역에서 하루카 승강장 찾기

하루카 승강장은 오사카역 메인 건물이 아니라 지하 1층으로 내려가 10분 정도 걸어서 이동해야 하는 우메키타 지하 게이트うめきた地下口에 있다. 오사카역 중앙 북쪽 출구(루쿠아 1100 빌딩) 또는 그랜드 프런트 오사카 남관에서 지하 1층으로 내려가면 더 가깝다. 우메키타 공원에도 출입구가 있다.

운행 첫차 06:22, 막차 21:03
(평일 기준)

Umekita Underground Gate와 HARUKA 표지판을 따라갈 것

지하 1층에서 정면에 그랜드 프런트 오사카가 보이면 왼쪽 방향이 우메키타 지하 게이트

지하 1층의 개찰구를 통과한 다음 지하 2층의 21번 승강장으로 이동

라피트(난카이 특급)

난카이 전기철도에서 운행하는 최고 시속 120km/h의 특급열차. 한국에서 티켓을 미리 구매한 경우, 모바일로 좌석을 예약하면 발급되는 QR코드를 개찰구에 스캔하고 탑승한다.

😊 → 쾌적한 실내, 난바역 직행　　😐 → 제1터미널에만 정차, 지정석 예약 필수

소요 시간 난카이 난바역까지 35~40분
패스 난카이 올라인 패스 사용자는 특급권 요금 추가

라피트 이용 방법　　난카이 난바역 지도
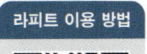 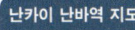

빨간색 개찰구 통과

동그란 창문이 달린 파란색 열차가 라피트

공항에서 출발

제1터미널 2층의 구름다리를 이용해 간사이공항역 Kansai-airport Station으로 건너간다. 라피트 Rapi:t와 공항급행 空港急行 모두 'NANKAI'라고 적힌 빨간색 개찰구를 통과하면 된다. 제2터미널 항공사 이용 승객은 공항 셔틀버스를 타고 제1터미널까지 이동해야 한다(10분 소요).
운행 첫차 06:53, 막차 23:00(평일 기준)

구글맵 '경로' 검색 결과에서 파란색 아이콘에 난카이 특급 으로 표시된 것이 라피트, 초록색 아이콘에 난카이 공항선 표시가 있으면 공항급행이에요!

난카이 공항급행은 어떻게 타나요?

라피트보다 한 등급 아래인 일반 전철로, 라피트에 비해 저렴한 가격과 짧은 배차 간격이 장점이다. 단, 짐칸과 지정석이 없어서 불편하고 중간에 정차하면서 시간이 지연될 수 있다.

소요 시간 난카이 난바역까지 45~50분
결제 방법 현장에서 일회용 승차권 발행 또는 IC카드(이코카 등), 컨택리스 카드(신용카드 및 체크카드) 태그
패스 난카이 올라인 패스 사용자 무료

난카이 공항급행

난카이 난바역에서 출발할 때

난카이 전철이 다니는 난바역 難波駅은 지하철 난바역에서 도보 10분가량 거리이며 지하도로 연결된다. 역 이름이 같아서 혼동을 방지하기 위해 '난카이 난바역'으로 표시한다. 3층으로 올라간 다음, 바닥의 보라색 라인을 따라 가면 라피트 전용 9번 승강장이다.
운행 첫차 06:00, 막차 22:00(평일 기준)

공항 리무진 버스

간사이 국제공항에서 시내 목적지까지 직행하는 리무진 버스는 제1터미널과 제2터미널에 모두 정차하기 때문에 대한항공이 아닌 다른 항공사를 이용할 때 특히 편리하다. 우메다와 난바를 왕복하는 주요 노선은 10~15분 간격으로 운행하며 예약 없이 선착순으로 탑승한다.

- 😊 공항 터미널 바로 앞에서 승하차 가능
- 😞 예약 불가능, 교통 정체 시 지연

소요 시간 우메다까지 60~70분, 난바까지 50~60분
요금 현장 매표소에서 구입, IC카드(이코카 등)는 일부 노선에서만 사용 가능
운행 상세 시간표는 홈페이지 확인 필수
www.kate.co.jp/kr/timetable
- 공항 출발 편 제1터미널은 오전 7시, 제2터미널은 오전 9시부터 자정 무렵까지 운행
- 오사카 출발 편 오사카역 기준 오전 5시, 난바 기준 오전 6시부터 오후 9시까지 운행

지역	편도 요금	주요 출발·도착 장소	공항 출발 편	오사카 출발 편
우메다 (오사카역)	1800엔	신한큐 호텔	오전/저녁 정차	상시 운행
		호텔 한큐 레스파이어	낮에만 정차	없음
		하비스 오사카	상시 운행	상시 운행 ※좌석이 넉넉한 편
기타신치		칸데오 호텔 오사카 더 타워	각 방향으로 하루 2~3회 운행	
신사이바시		호텔 닛코 오사카	각 방향으로 하루 2회 운행	
난바	1300엔	난바 OCAT 빌딩	상시 운행	
	1800엔	닛폰바시(도톤 플라자)	오전~오후 운행	
오사카 베이	1800엔	덴포잔(가이유칸)	오전부터 오후 5~6시 사이에 약 30분 간격 운행	
		유니버설 스튜디오 재팬		

※왕복 승차권 구입 시 승차일로부터 14일간 유효 / 6세 이상~12세 이하: 요금 50%, 1세 이상~6세 미만: 동반 1명 무료

○ 신한큐 호텔
JR 오사카역에서 미도스지 북쪽 출구로 나가면 길 건너편이 정류장과 매표소(티켓 발매기)
구글맵 신한큐 호텔 공항 리무진 버스 승차장

○ 하비스 오사카
킷테 오사카(JR 오사카역 서쪽 출구) 맞은편이 힐튼 플라자 웨스트 호텔과 하비스 플라자
구글맵 하비스 오사카(간사이공항 리무진 승차장)

리무진 버스 정류장

○ 난바 OCAT 빌딩
지하철 난바역에서 도보로 10~15분 떨어진 JR 난바역 OCAT 빌딩 2층에서 탑승한다. 간사이 국제공항 리무진 버스 승차장은 9번이며, 오사카(이타미) 국제공항으로 가는 버스와 혼동하지 않도록 주의할 것. **구글맵** JR난바

오사카 도심 교통

오사카메트로Osaka Metro에서 운영하는 지하철과 버스 외에도 JR 열차와 여러 종류의 전철이 오사카 도심을 지난다. 숙소 위치와 목적지에 따라 가장 편리한 교통수단을 선택하는 것이 여행의 피로를 더는 방법이다. 이 책의 부록으로 정리한 한글 지하철 노선도와 가까운 관광지를 참고하고 최신 지하철 노선도는 QR코드로 다운로드하자.

지하철

1933년에 개통한 지하철은 오사카의 핵심 교통수단이다. 9개 노선 중에서 '뉴트램New Tram'은 경전철이지만, 다른 지하철 노선과 요금 체계는 동일하다. 오사카메트로 홈페이지에서 실시간 운행 상황 알림과 경로 검색 기능을 제공한다.

홈페이지 www.osakametro.co.jp
주의 JR 열차나 다른 전철로 환승하려면(일부 역을 제외하면) 개찰구 밖으로 나가야 함
운행 05:30~24:00(노선별로 다름)
결제 수단 IC카드(이코카 등), 일회용 종이 승차권(자동 발매기에서 발매), 컨택리스 카드(신용카드, 모바일 결제)
패스 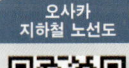  등

개찰구 들어갈 때와 나올 때

한국에서처럼 교통카드나 QR 티켓을 태그하고 들어간다. 일회권이나 실물 교통 패스를 소지한 경우 티켓을 잘 보관했다가 목적지에 도착하면 다시 개찰구를 통과할 때 사용한다.

오사카 지하철 노선도

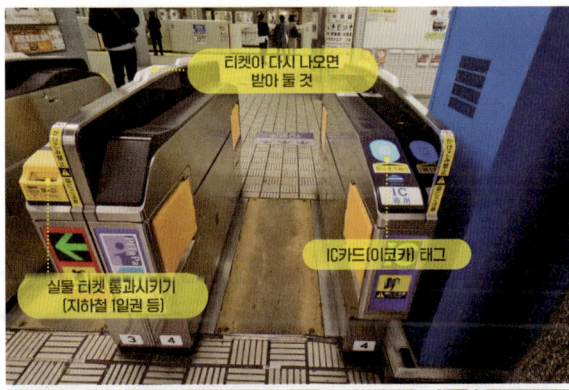

- 티켓이 다시 나오면 받아 둘 것
- 실물 티켓 통과시키기 (지하철 1일권 등)
- IC카드(이코카) 태그

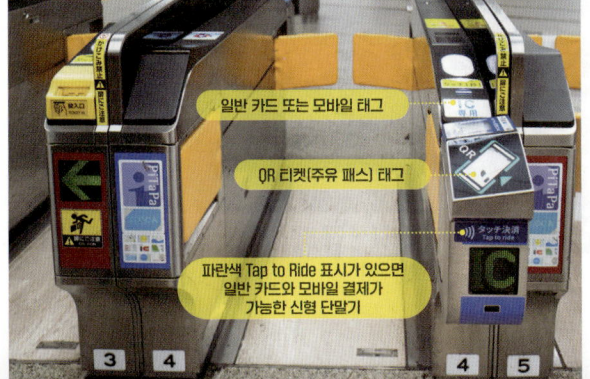

- 일반 카드 또는 모바일 태그
- QR 티켓(주유 패스) 태그
- 파란색 Tap to Ride 표시가 있으면 일반 카드와 모바일 결제가 가능한 신형 단말기

지하철 안전문이 설치되지 않은 역도 있다.

미도스지선을 알면 오사카가 보인다!

오사카를 남북으로 관통하는 황금 노선으로, 미도스지선을 기준으로 삼으면 오사카의 지리를 쉽게 이해할 수 있다. 대부분의 지하철 노선 및 JR선, 다른 전철과 교차한다.

M 미도스지선	T 다니마치선	Y 요츠바시선
御堂筋線 Midō-suji Line	谷町線 Tanimachi Line	四つ橋線 Yotsubashi Line

C 주오선	S 센니치마에선	K 사카이스지선
中央線 Chuo Line	千日前線 Sennichimae Line	堺筋線 Sakaisuji Line

N 나가호리츠루미료쿠치선	I 이마자토스지선	P 난코포트타운선(뉴트램)
長堀鶴見緑地線 Nagahori Tsurumi-ryokuchi Line	今里筋線 Imazatosuji Line	南港ポートタウン線 Nanko Port Town Line (New Tram)

신오사카역 (M13) — JR선 / JR 신칸센
· 고속철도 신칸센과 연결

우메다역 (M16) — 다니마치선 / 요츠바시선 / JR선 / 한큐 / 한신
· 하루카가 정차하는 오사카역과 연결

요도야바시역 (M17) — 게이한
· 게이한 전철의 출발지와 종착지에 해당하는 역
· 오사카 시청, 나카노시마, 기타하마 카페 거리 근처

혼마치역 (M18) — 요츠바시선 / 주오선
· 오사카 베이 또는 오사카성 갈 때 주오선으로 환승

신사이바시역 (M19) — 요츠바시선 / 나가호리츠루미료쿠치선
· 다이마루 백화점, 미나미센바 쇼핑가

난바역 (M20) — 요츠바시선 / 센니치마에선 / JR선 / 한신 / 긴테츠 / 난카이
· 오사카 최고의 관광지 도톤보리
· 라피트가 정차하는 난카이 난바역과 연결

다이코쿠초역 (M21) — 요츠바시선

도부츠엔마에역 (M22) — 사카이스지선
· 츠텐카쿠

덴노지역 (M23) — 다니마치선 / 이마자토스지선 / JR선 / 긴테츠 / 한카이
· 하루카스 300 전망대, 긴테츠 백화점

다른 교통수단이나 노선으로 환승하기

알아보기 쉽게 표시된 지하철 환승 노선

교통수단이 바뀌면 보통 개찰구를 나가서 다른 역으로 이동해야 한다. 사카이스지선 지하철과 한큐 전철이 하나의 플랫폼을 공유하는 노선도 있다.

난코포트타운선 뉴트램

오사카 남부 항구 지역인 난코南港 일대를 운행하는 모노레일형 경전철이다. 오사카메트로에서 운영해 요금과 이용 방식은 지하철과 동일하다. 주유 패스를 이용할 수 있지만, 주요 관광지와 거리가 멀고, 일부러 타러 갈 정도로 전망이 특별하지는 않다.

주요 정차역 (총 10.6km)

- **코스모스퀘어역 (종점)**
  유메시마(오사카·간사이 엑스포 행사장)행 지하철 주오선으로 환승 가능
- **트레이드센터마에역**
  사키시마 코스모 타워 전망대, 컨벤션 센터
- **스미노에코엔역 (종점)**
  지하철 요츠바시선 환승 가능. 스미노에 온천, 리쿠로 오지상 스미노에코엔점 근처

JR 오사카 순환선

大阪環状線 Osaka Loop Line

오사카 도심을 동그랗게 순환하는 환상 노선. 오사카역에서 유니버설 스튜디오, 오사카성, 덴노지로 갈 때 편리하다. 1회용 승차권을 구입하거나 IC카드를 태그하고 개찰구를 통과하면 되는데, 지하철이 아니라 JR 열차이기 때문에 오사카 주유 패스나 메트로 패스는 이용할 수 없다.

오사카 순환선은 빨간색에 줄 서기

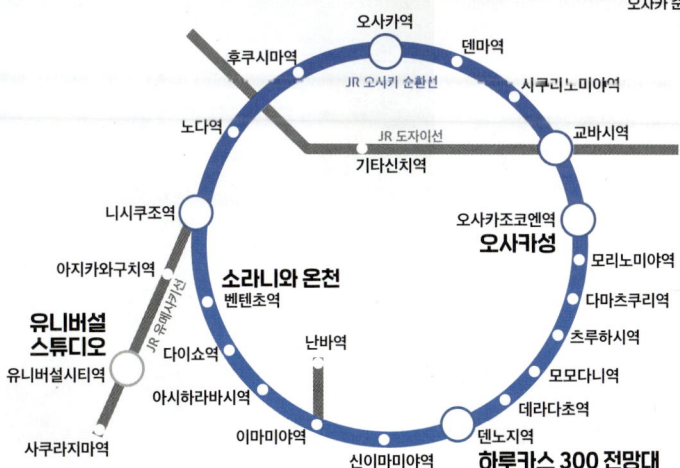

FOLLOW UP

자세히 알아보기
오사카 대중교통 요금

오사카에서는 구글맵으로 길 찾기가 가능하고, 교통카드만 있으면 대중교통을 쉽게 이용할 수 있다. 다만 지하철, JR 열차, 한큐, 한신, 게이한 전철 등 운영 주체가 다른 교통수단으로 갈아타려면 대부분의 경우 개찰구 밖으로 나가서 해당 노선의 역으로 이동해야 한다는 점을 기억하자.

이코카 구입 방법과 간사이 지역 교통 패스 안내
▶ 1권 P.123

① 교통 요금

요금은 이동 거리에 따라 차등 적용한다. 도시 내 주요 관광지에서는 13km 구간을 벗어나는 경우가 드물지만, 여러 가지 교통수단을 혼용해 경로를 정하면 추가 요금이 발생한다. 구글맵에서 가장 효율적인 경로와 요금을 미리 비교하고 출발하자.

지하철 기준	성인	소인 (6~11세)	유아 (1~5세)	영아 (1세 미만)
3km 이하	190엔	100엔	성인과 동승할 경우 유아 2명까지 무료	무료
3~7km	240엔	120엔		
7~13km	290엔	150엔		

② 결제 수단

○ IC카드(이코카 등) 또는 교통 패스(QR 티켓)로 간편하게

개찰구에 태그하는 방식으로 대부분의 교통편을 이용할 수 있다. 환승 비용은 자동으로 정산되어 편리하다. 이코카 카드(보증금 500엔 + 최초 충전금 1500엔)는 지하철 또는 JR 역에 설치된 ICOCA용 자동 발매기에서 구입하거나 충전 가능하다. 이코카 카드는 아이폰 한정 모바일로 옮겨서 사용할 수 있는데, 이 경우 실물 카드는 사용이 중지된다.

○ 종이 승차권 구입

필요하다면 역에 설치된 자동 발매기에서 일회용 승차권이나 1일 승차권을 구입한다. 발매기는 대체로 한국어를 지원하며, 역무원에게 도움을 요청할 수 있다.

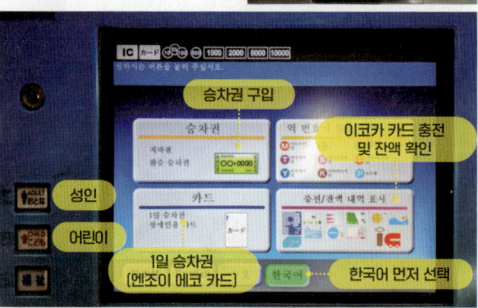

이코카 카드 충전 및 잔액 확인
성인
어린이
1일 승차권 (엔조이 에코 카드)
한국어 먼저 선택

○ 컨택리스 카드와 모바일 결제

2025년 3월부터 해외 비접촉 결제 방식을 지원하는 신용카드나 체크카드 또는 모바일 페이로 결제 가능한 교통수단이 대폭 늘어났다. 개찰구에서 'Tap to Ride' 표시가 있는 전용 단말기를 찾아서 태그하고 통과하면 된다. 이용하려면 1인 1카드가 필요하고, 어린이도 성인 요금으로 결제된다.

이용 가능한 곳 ※2025년 5월 기준
오사카 지하철, 뉴트램, 한큐 전철, 긴테츠 전철, 난카이 전철(라피트 탑승 시에는 특급권 요금 별도 지불), 센보쿠 고속철도 등

주의 사항
한신 전철에서는 마스터 카드 사용 불가.
최종 목적지가 오사카 도심이 아닌 경우 사용 불가능할 수 있음

바닥이나 단말기의 'Tap to Ride' 표시를 잘 확인하고 통과하기

③ 오사카 도심에서 주로 사용하는 교통 패스

	오사카 주유 패스		오사카 e-Pass		엔조이 에코 카드 (지하철 1일권)	
	1일	2일	1일	2일	평일	토·일요일·공휴일
요금	3500엔	5000엔	2400엔	3000엔	820엔	620엔
관광지 혜택	무료 입장권 포함				일부 할인 제공	
지하철 기존 노선	○	○	X	X	○	○
지하철 신규 노선	○	○	X	X	X	X
오사카 시티 버스	○	○	X	X	○	○
한큐, 한신, 게이한, 긴테츠, 난카이 전철	○	○	X	X	X	X
JR 열차(오사카 순환선)	X	X	X	X	X	X

❶ 엔조이 에코 카드
오사카 지하철역 자동 발매기에서도 구입할 수 있는 오사카 지하철·버스 전용 1일 승차권으로, 여행사에서 판매하는 '메트로 패스 1일권 및 2일권'과는 다른 상품이다. 평일 기준 지하철을 3~4회 이상 탑승할 때는 유리하지만, JR 오사카 순환선이나 다른 교통수단은 이용할 수 없다.

❷ 지하철 신규 노선이란?
2025년 1월에 개통한 유메시마역(오사카·간사이 엑스포 개최지)과 코스모스퀘어역 구간은 엔조이 에코 카드 이용 시 추가 요금(90엔)을 내야 한다.

❸ 오사카 시티 버스
오사카메트로에서 운영하는 시영 버스로, 관광객이 이용할 일은 많지 않다. 이케아IKEA 츠루하마, 유니버설 스튜디오 재팬행 버스, 공항버스를 탈 때는 교통 패스를 사용할 수 없다.

❹ 전철(사철)
오사카 주유 패스의 이용 범위는 오사카 도심 노선으로 한정되며, 패스가 없으면 지하철과 마찬가지로 IC카드를 태그하고 타면 된다.

○ 주유 패스로 이용 가능한 교통 수단

한큐

한신

오사카메트로

게이한

긴테츠

난카이

SPECIAL THEME

오사카 레트로 여행
한카이 전차

1910년에 개통한 한카이 전차阪堺電車는 현재 오사카부에서 유일하게 남은 노면 전차다. 오사카 도심과 남쪽의 사카이시를 연결하는 교통수단이라서 현지인이 주로 이용하지만, 길거리를 덜컹이며 지나가는 재미가 있어서 관광객에게도 사랑받는다. 덴노지 또는 에비스초에서 스미요시타이샤까지 20분 거리이며, 신사를 구경하고 돌아오는 데 2시간 정도면 충분하다.

운행 05:38~22:30(덴노지에키마에역 기준) **요금** 편도 230엔 ※전 구간 동일, 1일 승차권 700엔
홈페이지 www.hankai.co.jp/korean

○ **노선은 2개**
에비스초역惠美須町駅(츠텐카쿠 근처)에서 출발하는 한카이선과 덴노지에키마에역天王寺駅前駅(아베노하루카스 근처)에서 출발하는 우에마치선 2개 노선이 스미요시역住吉駅에서 만난다. 역마다 번호가 붙어 있어 알아보기 쉽다. 단, 오사카로 돌아올 때는 종점을 잘 확인하고 타야 한다.

○ **요금은 내릴 때!**
중간 문으로 탑승하면서 IC카드를 태그하고, 하차 전 벨을 눌러 정차를 요청한다. 내릴 때는 운전석 옆 앞문의 단말기에 IC카드를 태그하거나 요금함에 현금을 넣는다.

○ **환승은 2곳에서만!**
다른 노선으로 갈아타는 경우에 한해 스미요시역 또는 아비코미치역에서 1회 환승이 가능하다. 현금으로 결제한 경우에는 내릴 때 환승권을 뽑아야 한다.

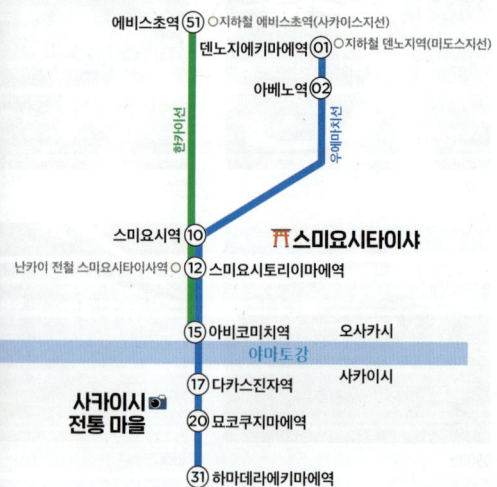

01 스미요시역 住吉駅

두 노선이 만나는 장소

종점이 서로 다른 2개 노선이 교차하는 역으로, 레트로 무드를 물씬 풍기는 전차를 촬영하기 좋은 포인트다. 다음 정거장인 스미요시토리이마에역까지 불과 170m 거리이며, 신사의 북쪽 입구와 가깝다.

소리하시

02 스미요시타이샤 住吉大社 ⛩

석등과 붉은 다리를 품은 신사

바다의 신을 모시는 전국 2300여 개 스미요시 신사의 총본산으로, 3세기경에 창건했다고 전해진다. 스미요시토리이마에역 앞의 도리이를 지나서 몸과 마음을 정화해 준다는 붉은색 반교反橋(소리하시)를 건너면 오사카에서 보기 드물게 드넓은 신사가 나온다. 불교의 영향을 받기 전 순수한 일본식 건축 양식인 스미요시즈쿠리住吉造를 따른 4채의 본전本殿이 모두 국보로 지정되어 있다. 전국의 상인들이 헌납한 600기 이상의 석등이 줄지어 선 경내는 신비로운 분위기를 풍긴다.

구글맵 스미요시 대사
운영 06:00~17:00 **요금** 무료
홈페이지 www.sumiyoshitaisha.net
가는 방법 한카이 스미요시역(HN10) 또는 스미요시토리이마에역(HN12) 하차 / 난카이 스미요시타이샤역에서 도보 2분

ZONE 1 오사카 북쪽

오사카역 & 우메다
大阪駅 & 梅田

간사이 여행의 중심

오사카 북쪽의 기타구北区(북구)에 속한 우메다는 오사카 교통의 중심지이자 간사이 지역 최대의 경제·상업 지구다. 반경 1km 안에 무려 7개의 기차역과 지하철역이 모여 있다.

> 우메다 일대는 철로를 사이에 두고 북쪽과 남쪽으로 갈라지는 경우가 많아서 방향만 파악해도 길을 찾을 때 도움이 됩니다.

- 우메다 예술 극장
- 로프트 우메다
- 나카자키초 카페 거리
- 한큐산반가이 / 그릴 론
- 차야마치
- 마루젠 & 준쿠도 서점
- 오니기리 고리짱
- 나카자키초역
- NU 차야마치 (애니메이트)
- 그랜드 그린 오사카
- 그랜드 프런트 오사카
- 이치란
- HK 오사카우메다역
- 한큐 멘즈
- VS. 미술관
- 공항 리무진 버스 (호텔 한큐 레스파이어)
- 한큐 레스파이어
- 우메다 공중 정원
- LOHE
- 요도바시
- 공항 리무진 버스 (신한큐 호텔)
- 네기야키 야마모토 EST점
- 돈타쿠
- 도야마초
- 우메키타 공원
- 히츠마부시 나고야 빈초
- 우메키타 광장
- 신우메다 쇼쿠도가이
- 헵파이브
- 야키니쿠 고리짱
- 우오신 스시
- 타임아웃 마켓
- 하나다코
- 잇푸도
- 카페 키츠네
- 츠타야 서점
- 루쿠아 오사카
- 돈키호테
- 히가시도리 상점가
- JR 오사카역
- 한큐 백화점
- 이치란
- 오사카 스테이션 시티
- 포켓몬 센터
- 동양정
- 한큐 그란 레스파이어
- 소네자키 오하츠텐진도리
- 상등카레 본점
- 코무기노메가미
- 그란비아 오사카
- HS 오사카우메다역
- 오코노미야키 유카리
- 킷테 오사카
- 한신 백화점
- 슌사이야 야마지
- 미미우
- 힐튼 오사카
- 타유타유
- 공항 리무진 버스 (하비스 오사카 정류장)
- 히가시우메다역
- 오하츠텐진 우라산도
- 하비스 플라자
- 제4빌딩
- 고베규 이시다
- 니시우메다역
- 츠유노텐 신사
- 오사카역 앞 빌딩 제1빌딩 / 제2빌딩 / 제3빌딩
- JR 기타신치역
- 에페
- 미도스지
- 오사카텐만구 P.105
- 후쿠시마역
- 후쿠시마 맛집 거리
- 나카노시마 P.098
- 기타신치

026

01 여행 포인트

- **이동 거리** 오사카역에서 기타신치역까지 약 800m
- **여행 시간** 우메다 공중 정원 1시간, 나머지는 선택에 따라 다름
- **이동 시간은 충분히** → 실제 도보 이동 시간은 구글맵 안내보다 오래 걸린다. 기찻길을 우회하기 위해 계단을 오르내려야 하고, 교통수단마다 역이 달라서 5~10분씩 걸어가야 하기 때문이다.
- **맛집은 여기서** → 새로운 명소인 킷테 오사카와 타임아웃 마켓, 한큐 백화점과 한신 백화점 본점, 그랜드 프런트 오사카 등 초대형 쇼핑센터에서 쇼핑과 식사를 원스톱으로 해결할 수 있다. 혼잡한 우메다에서 벗어나고 싶다면 나카자키초 카페 거리로 발걸음을 옮겨 보자.

02 대중교통 수단

역 이름이 비슷하지만 서로 다른 역이니 잘 구분해야 한다. 현지에서도 혼동을 방지하기 위해 교통수단명을 붙여 '한큐 오사카우메다', '한신 오사카우메다' 등으로 표시한다.

JR	오사카역 ➡ 간사이 국제공항·유니버설 스튜디오·교토·고베·히메지 갈 때
JR	기타신치역 ➡ JR 도자이선으로 환승할 때
한큐	오사카우메다역 ➡ 고베·교토·이타미 공항 갈 때
한신	오사카우메다역 ➡ 고베 갈 때
지하철	우메다역(미도스지선) ➡ 난바·신사이바시·신오사카역 갈 때
지하철	니시우메다역(요츠바시선) ➡ 난바 갈 때
지하철	히가시우메다역(다니마치선) ➡ 오사카성·덴노지 갈 때

지하철 우메다역

JR 오사카역

지하 연결 통로

4km (10분)
- 우메다역
- 요도야바시역
- 혼마치역
- 신사이바시역
- 난바역

8km (20~30분)
- 오사카역
- 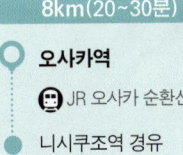 JR 오사카 순환선
- 니시쿠조역 경유
- JR 유메사키선
- 유니버설시티역 (유니버설 스튜디오)

4.5km (30분)
- 히가시우메다역
- 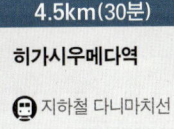 지하철 다니마치선
- 다니마치9초메역 하차
- 1.5km (도보 20분)
- 오사카성

사우스 게이트 빌딩
(다이마루 백화점)   오사카역   노스 게이트 빌딩
(루쿠아 오사카)

우메다 전경

① 오사카 스테이션 시티 大阪ステーションシティ

JR 오사카역이 바로 여기!

간사이 국제공항에서 JR 하루카를 타면 도착하는 오사카역과 여러 개의 빌딩으로 이루어진 복합 쇼핑센터를 오사카 스테이션 시티라고 한다. 지하 통로와 2층 육교로 핵심 건물을 서로 연결한 복잡한 구조다. 오사카역 중앙 북쪽 출구에서 에스컬레이터를 타고 4층으로 올라가면 금시계탑과 은 시계탑이 서 있는 시간의 광장(도키노히로바 時空の広場)이 나온다. 이곳에서 잠시 쉬면서 JR 열차 승강장 전경을 구경할 수 있다.

▶ 오사카역 약도 & 상세 정보 P.030

오사카역 안에 있는
551 호라이 키오스크

구글맵 오사카역 또는 Osaka Station 홈페이지 osakastationcity.com/kr
가는 방법 JR 오사카역 중앙 출구에서 에스컬레이터 이용

오사카역에서 시간의 광장으로 올라가는 길

규카츠 모토무라와 이즈모가 있는 곳
루쿠아 오사카 Lucua Osaka
📍 **B2F~10F** 노스 게이트 빌딩

캐주얼 패션과 편집 숍, 생활용품에서 강세를 보이는 '루쿠아'와 '루쿠아 1100'이라는 쇼핑몰이 2개의 빌딩으로 분리되어 있다. 입구는 서로 다르지만, 2·3·5·7층에서 중간 통로로 건너갈 수 있으며, 지하 2층과 10층 식당가는 통합된 구조다.

구글맵 LUCUA 1100 또는 쇼핑몰 루쿠아
운영 11:00~23:00(식당가 기준)

> 오사카역에서 쉬고 싶을 때는 루쿠아 1100의 츠타야 서점(9F)으로!
> ▶ 1권 P.101

- 🛍 **쇼핑** 빔스 3F, 이세탄 어반 마켓 2F, 로프트 9F, 지브리 숍 8F, 디즈니 스토어 5F, 비비안 웨스트우드 5F, 다니엘 1F
- 🍽 **식당 10F** 모토무라(규카츠), 모리타야(스키야키), 쿠시카츠 다루마(오사카식 꼬치튀김), 하카타 모츠나베(곱창전골)
- 🍽 **식당 B2F** 이즈모 루쿠아(장어덮밥), 인류모두면류(라멘), 푸드 홀(마트 및 간편식)

루쿠아 10층의 공중 정원

오사카에서 제일 큰 포켓몬 센터
다이마루 우메다점 大丸 梅田店
📍 **B2F~15F** 사우스 게이트 빌딩

포켓몬 센터 오사카와 닌텐도 스토어로 가려면 건물 13층까지 엘리베이터를 타고 이동하는 것이 편하다. 방문객이 많을 때는 정리권으로 입장을 통제한다. 신사이바시점의 포켓몬 센터에 비해 규모가 크지만 구입 제품에 대한 면세 혜택은 없으니 주의!

구글맵 다이마루 우메다 **운영** 10.00~20.00

FOLLOW UP

오사카의 중앙역
오사카역 상세 안내

서일본여객철도(JR-West)의 주요 노선이 통과하는 오사카의 중앙역인 오사카역大阪駅이다. 건물 앞에 커다란 JR 알파벳 사인이 붙어 있다. 신칸센이 정차하는 신오사카역新大阪駅과는 다른 역이므로 주의해야 한다.

오사카역 3D 지도

층별 상세도

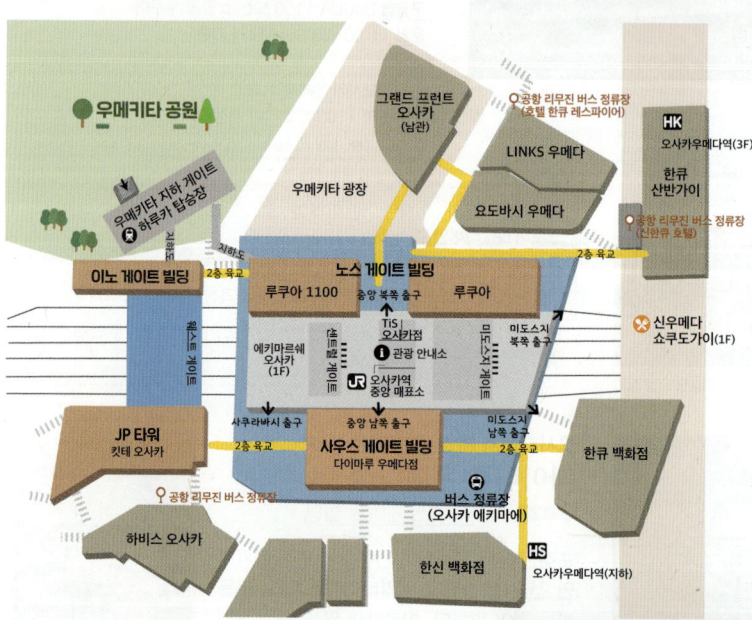

① JR 열차 승강장 1층 센트럴 게이트

1~11번 승강장으로 가려면 오사카역 중앙에 위치한 개찰구 센트럴 게이트中央口, Central Gate 또는 동쪽에 위치한 미도스지 게이트御堂筋口, Midosuji Gate를 통과한다. 이 외에도 역의 각 방향에 개찰구(Gate)와 출구(Exit)가 있다.

- **주요 노선**
  - 오사카 순환선 오사카 도심을 원형으로 순환하는 열차
    - 내선 순환: 니시쿠조(유니버설 스튜디오 환승역), 덴노지 방면 → 1번 승강장
    - 외선 순환: 교바시, 오사카조코엔(오사카성), 츠루하시 방면 → 2번 승강장
  - JR 교토선 → 7번 승강장
  - JR 고베선 → 3~6번 승강장
  - JR 간사이공항선(간쿠쾌속) → 1번 승강장

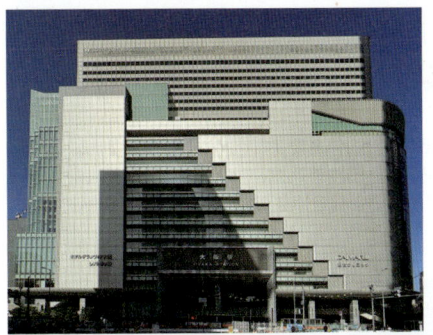
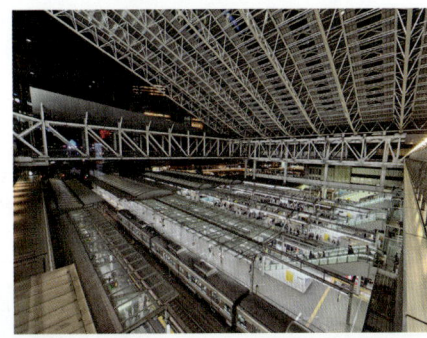

② 하루카 실물 티켓 발권 1층 센트럴 게이트 맞은편

역 구내 여러 곳에 자동 발매기가 설치되어 있으나, 하루카 열차 티켓을 발권하려면 1층 중앙 매표소 쪽에 설치된 녹색 발매기(1~5번)를 이용할 것. 예약 QR코드와 여권을 반드시 지참해야 한다.
운영 06:00~22:00

TIP! 유인 매표소나 초록색 자동 발매기에서도 JR 패스를 교환하거나 각종 승차권을 구입할 수 있다. 하지만 일본 현지에서 하루카 티켓을 구입하는 경우 외국인 할인 요금의 2배 가까운 요금을 지불해야 한다.

중앙 매표소

하루카 티켓 발권은 여권 스캐너가 있는 1~5번 녹색 발매기에서!

③ TiS 오사카점
1층 중앙 북쪽 출구 근처

한국에서 미리 구입한 오사카메트로 패스, JR 패스 등 외국인 여행자를 위한 할인 티켓을 교환, 판매하는 여행사다.
운영 09:30~18:00
구글맵 Nippon Travel Agency TiS Osaka Branch

④ JR 오사카 관광 안내소
TiS 오사카점 바로 옆

TiS 오사카점과 똑같이 Travel Service Center로 운영하지만, 이곳에서는 패스를 교환해 주지 않고, JR 열차 탑승 정보와 길 찾기 안내 서비스만 제공한다.

⑤ 코인 로커

오사카역에는 코인 로커가 20곳 이상 있으므로 짐을 보관한 위치를 정확히 기억하는 것이 중요하다. QR코드로 위치와 빈칸 현황을 파악할 수 있다.

코인 로커 위치 정보

FOLLOW UP

철도가 만든 거대한 미로
오사카역 주변 길 찾기

우메다에 첫발을 내딛는 순간, 복잡한 구조와 엄청난 인파에 놀랄 것이다. 지하에서는 구글맵도 무용지물! 가고 싶은 백화점과 쇼핑센터의 입구를 찾는 것이 생각보다 어렵다. 출퇴근 시간대에는 보행자가 평상시보다 몇 배로 늘어나기 때문에 자칫 길을 잃을 수도 있다. 처음 온 사람도 기본 개념을 파악하기 쉽도록 몇 가지 요령을 소개한다.

① 우메다에서 길 찾는 요령

❶ 헷갈릴 때는 2층으로!
2층 육교로 올라가면 큰 건물을 보고 방향을 파악할 수 있어 길 찾기가 한결 수월하다. 걸어가다가 철로 때문에 길이 막히면 1층으로 내려가서 건물을 통과해 다시 2층으로 올라갈 것.

❷ 실내에서는 표지판에 집중!
호텔이나 식당 등 목적지가 역의 어느 방향에 있는지 알아 두면 유용하다. 예를 들어, JR 오사카역에서 미도스지 남쪽 게이트 Midosuji South Gate 길 건너편은 한큐 백화점이다.

미도스지 남쪽 게이트에서 에스컬레이터를 타면 2층 육교로 올라갈 수 있다.

JR 오사카역과 한큐 백화점 사이의 횡단보도

중앙 북쪽 출구로 나가서 직진하면 쇼핑몰 그랜드 프런트 오사카가 나온다.

② 헵파이브와 요도바시 우메다로 방향 잡기

어디서나 눈에 띄는 붉은색 헵파이브 관람차를 기준 삼아 방향을 잡아 보자. 요도바시 우메다가 입점한 초대형 건물은 링크스 우메다와 연결되어 있다.

편의점보다 퀄리티 높은 하베스 도시락

링크스 우메다 リンクス梅田

호텔 한큐 레스파이어와 같은 건물. 지하에는 우메다 일대에서 가장 큰 슈퍼마켓인 하베스Harves, 1층에는 커스터마이징 서비스를 제공하는 대형 유니클로 매장이 있다.
구글맵 LINKS UMEDA
운영 하베스 09:30~22:00, 유니클로 10:00~21:00

요도바시 우메다 ヨドバシ梅田

지하 2층부터 지상 5층까지 AV 기기나 PC를 포함한 각종 가전제품, 스마트폰, 장난감, 특히 카메라를 다양하게 취급하는 쇼핑센터. JR 오사카역과 지상 2층에서 육교로 연결된다.
구글맵 요도바시 카메라 멀티미디어 우메다
운영 09:30~22:00

오사카 스테이션 시티의 새로운 핫플
킷테 오사카 Kitte Osaka
📍 **B1F~6F** JP 타워

일본어로 우표(きって)와 오세요(きて)라는 중의적 의미를 가진 '킷테'는 일본 우편국에서 직영하는 쇼핑센터다. 옛 중앙우체국 자리에 들어선 초고층 건물 JP 타워에 입점했으며, 오사카역 웨스트 게이트와 바로 연결된다. 일본 전역의 인기 매장을 구경하는 재미가 있다.

구글맵 키테오사카 **운영** 07:00~23:00(층별·매장별로 다름)

🛍 **쇼핑** 일본 특산품 매장 2F, 전통 공예품과 디자인 상품 3F, 스카이 시어터 MBS 극장 6F

🍴 **식당 B1F · 4~5F** 스시 사카바 사시스(초밥), 코무기노메가미(마제소바·라멘), 지쿠요테이(도쿄 긴자의 장어덮밥), 모츠나베 오야마(하카타식 곱창전골), 쿠시카츠 다루마(오사카식 꼬치구이) 등 40여 곳

2층 일본 특산품 매장

지하 1층 우메요코는 타치노미(서서 마시는 술집) 분위기를 가볍게 경험하기 좋은 곳이에요!

3층 전통 공예품과 디자인 상품 매장

슈퍼마켓부터 식당가까지
에키마르쉐 오사카
エキマルシェ大阪
📍 **1F** 오사카역 건물

오사카역 구내의 음식 특화 쇼핑센터. 스낵, 정식 등 다양한 먹거리를 판매하며, 편의점보다 품질 좋은 도시락과 스시를 구입할 때 알맞다.

구글맵 EKI MARCHE OSAKA **운영** 06:30~23:30

02 헵파이브 HEP FIVE

주유 패스가 있다면 타 보자!

빌딩 숲 사이에 설치한 붉은색 대관람차가 눈길을 끄는 헵파이브. 주유 패스로 탑승할 수 있어서 오사카에 처음 오면 누구나 한 번쯤 타 보는 놀이 기구다. 지상 106m 높이에서 우메다 일대를 내려다볼 수 있고, 한 바퀴 도는데 15분 정도라서 부담 없이 타 볼 만하다. 대관람차 탑승장은 쇼핑센터 7층이다.

쇼핑 디즈니 스토어 4F, 점프 숍 6F, 빔스 스트리트 우메다 1F, 스투시 5F, 화장품 전문점 4F (캔메이크 제품) 등 10~20대 고객을 타깃으로 한 영캐주얼 브랜드 위주

식음 오사카 타코야키 마켓 1F

구글맵 헵파이브 관람차 또는 Hep Five Ferris Wheel
운영 쇼핑센터 11:00~21:00, 관람차 11:00~23:00
요금 관람차 탑승 800엔(5세 미만 무료) ※ 주유 패스 · e-Pass 무료
홈페이지 www.hepfive.jp **가는 방법** JR 오사카역 미도스지 출구에서 도보 5분

 오사카 여행 1회 차라면 필독!

이치란 라멘 一蘭

• **이치란 우메다시바타점**
헵파이브 북서쪽(↖) 방향으로 한큐산반가이 건물을 통과
운영 10:00~23:00

• **이치란 우메다 한큐 히가시도리점**
헵파이브 남동쪽(↘) 방향으로 도보 10분 거리에 있다.
운영 11:00~04:45

잇푸도 라멘 一風堂 梅田店

헵파이브 남쪽(↓) 방향 큰길로 나가면 잇푸도 라멘뿐만 아니라, 마루가메 제면(우동), 쿠라스시(회전 초밥), 마츠야(규동) 등 간편하게 식사하기 알맞은 체인점이 모여 있다.

• **잇푸도 우메다점**
운영 11:00~23:00 (주말 03:00까지)

돈키호테 우메다 본점
ドン・キホーテ 梅田本店

잇푸도 라멘 바로 맞은편에 있는 초대형 잡화 할인 매장. 우메다에 숙소를 정했다면 귀국 전날 쇼핑하기에 딱 좋은 위치다.

구글맵 Don Quijote Umeda Main Store **운영** 24시간

9층 광장의 크리스마스 마켓

⑨ 구글맵 한큐 백화점 우메다 본점 또는 Hankyu Umeda Main Store
운영 10:00~20:00(12·13층 식당가 11:00~22:00)
홈페이지 www.hankyu-dept.co.jp
가는 방법 JR 오사카역 미도스지 남쪽 출구 건너편

⓪③ 한큐 백화점 우메다 본점 阪急うめだ本店

우메다 쇼핑은 한큐 백화점으로 직진!

일본 내 한큐 백화점 중에서 규모가 가장 큰 종합 백화점이다. 이곳의 하이라이트는 지하 1층의 식품관! 오사카의 인기 디저트 전문점이 즐비하고, 최고급 식료품이 빼곡히 진열돼 있어 구경만 해도 재미있다.

식품관은 면세 카운터나 고객센터와 바로 연결되므로 이곳에 여권을 제시하고 해외 고객 전용 5% 할인권을 받은 뒤 물건을 구입할 것. 식당가에 사람이 많은 편이므로 먼저 대기표를 발급받고 쇼핑하며 기다리는 것이 시간 활용 면에서 효율적이다. 잠시 쉬고 싶을 때는 다양한 이벤트와 전시회가 열리는 9층 광장 계단을 찾아가자.

맛있는 디저트가 가득한 식품관

- 🛍️ **클래식 명품 브랜드** 에르메스, 루이 비통, 샤넬, 구찌, 디올, 셀린느, 미우미우, 부쉐론, 쇼메, 메종 마르지엘라
- 🛍️ **컨템퍼러리 패션 브랜드** 꼼데가르송, 메종키츠네, 오니츠카타이거, 요시다 포터, 이세이 미야케(바오바오, 플리츠 플리즈, 미 이세이 미야케)
- 🍴 **식당 12·13F** 올스타 다이닝(인기 맛집 모음), 동양정(햄버그스테이크), 도톤보리 이마이(우동)
- 🍴 **식품관 B1F** 고칸(조각 케이크), 마사히코 오즈미 파리(뜨개질 케이크), 몽쉐르(도지마롤), 나카무라토키치(녹차), 아틀리에 우카이(쿠키), 도쿄 튤립로즈(꽃 페이스트리)

오사카 최고의 디저트 플레이스, 고칸

한큐 백화점과 한큐 오사카우메다역 연결 통로

한큐 백화점 바로 옆
한큐 오사카우메다역 大阪梅田駅

한큐 전철 3개 노선의 출발지이자 종착지인 한큐 오사카우메다역은 JR 오사카역과 함께 우메다 지역의 핵심 건물이다. 교토와 고베로 향하는 열차 승강장은 3층에 있으며, 에스컬레이터를 타고 1층으로 내려가면 관광 안내소인 한큐 투어리스트 센터와 백화점 연결 통로가 나온다.

- 교토 본선 ▶ 교토 가와라마치(교토 중심가) 방면
- 고베 본선 ▶ 고베 산노미야 방면
- 다카라즈카 본선 ▶ 이타미 공항 방면

구글맵 오사카우메다

한큐 투어리스트 센터

 ## 쇼핑 스폿

한큐산반가이(3번가) 阪急三番街
한큐 오사카우메다역과 같은 건물 지하 2층부터 지상 2층에 걸쳐 펼쳐진 쇼핑센터 겸 식당가. 키디랜드 오사카우메다점(B1F), 덴푸라 마키노(2F), 우메다 푸드홀(B2F) 등이 입점해 있다.

구글맵 한큐 3번가
운영 10:00~22:00

한큐 멘즈 阪急メンズ 大阪
일본 최초의 남성 패션 전문 백화점. 지하 1층부터 지상 5층까지 크리스찬 루부탱, 디올, 꼼데가르송, 캐피탈 등 인기 브랜드 매장과 함께 북 카페를 비롯한 라이프스타일 공간을 갖추고 있다.

구글맵 한큐 멘즈 오사카
운영 11:00~20:00

차야마치 茶屋町
한큐 오사카우메다역 북쪽에 위치한 차야마치는 현지인이 많이 찾는 지역이다. 오사카에서 가장 큰 서점인 마루젠 & 준쿠도, 디자인 소품이 많은 로프트 우메다(7F 빌리지 뱅가드), 애니메이트 우메다점 등이 모여 있다.

구글맵 'NU 차야마치'로 검색

한신 백화점 우메다 본점 阪神 梅田本店

숨은 맛집을 발견하는 재미

명품보다는 디자이너 브랜드나 캐주얼 브랜드 위주로 운영 중인 종합 백화점이다. 간사이 지역 전통 먹거리를 모아 둔 지하 1층과 2층 식품관에서는 닷사이를 비롯한 각종 사케류를 구입하기 좋고, 9층과 지하 2층에는 엄선한 오사카의 전통 있는 맛집이 즐비한 식당가가 있다. 다른 백화점에 비해 한적한 편이라서 상대적으로 여유롭게 쇼핑과 식사를 즐길 수 있다. 면세 카운터는 2층에 있다.

구글맵 한신 백화점 우메다 본점 또는 Hanshin Umeda Main Store
운영 10:00~20:00(식당가 11:00~22:00)
홈페이지 www.hanshin-dept.jp
가는 방법 JR 오사카역 미도스지 남쪽 출구 또는 지하도를 통해 이동

🚈 한신 본선 ▶ B1F 고베 산노미야, 고시엔 구장 방면

한신 백화점 아래에는
한신 오사카우메다역 大阪梅田駅

한큐 역과 이름이 똑같지만 위치는 완전히 다르고, 개찰구는 지하 1층이다. 한신 전철의 기점에 해당하는 역으로, 프로 야구 한신 타이거스의 홈구장이자 고등학교 야구 대회가 열리는 경기장인 한신 고시엔 구장阪神甲子園球場에 갈 때도 한신 본선을 타면 된다.

구글맵 Hanshin Osaka-Umeda Station

05 미도스지 御堂筋

우메다에서 난바까지 연결된 대로

미도스지는 오사카 북쪽의 번화가를 뜻하는 기타北와 남쪽의 번화가를 뜻하는 미나미南를 연결하는 약 4km에 이르는 곧게 뻗은 대로다. 길 아래로는 지하철 미도스지선이 지나면서 오사카의 핵심 관광지를 편리하게 연결해 준다. 늦가을부터 가로수에 반짝이는 조명을 설치한다.

운영 24시간 (미도스지 일루미네이션 11~12월 17:00~23:00)

06
그랜드 프런트 오사카
グランフロント大阪

📍 구글맵 그랜드 프론트 오사카 또는 Grand Front Osaka
운영 11:00~21:00(식당가 11:00~23:00)
홈페이지 www.grandfront-osaka.jp
가는 방법 JR 오사카역 중앙 북쪽 출구와 연결

🏷️ **스포츠 및 캐주얼 브랜드** 요시다 포터, 노스페이스 퍼플 라벨, 아식스 등
편집 숍 어반 리서치, Bshop(단톤 입점), 유나이티드 애로우즈, 빔스 하우스 등

살 것 많은 대형 쇼핑몰

지하 1층부터 지상 9층까지 무려 260개의 매장이 입점한 대규모 복합 상업 시설. 특히 주목할 곳은 남관 7층부터 9층을 차지한 '우메키타 다이닝' 레스토랑 구역이다. 장어덮밥 전문점인 히츠마부시 빈초(7F)를 비롯한 고급스러운 맛집이 많고, 분위기가 차분해 현지인들이 즐겨 찾는 장소다. 건물 앞 우메키타 광장은 겨울(12~2월)에 스케이트장으로 변신한다.

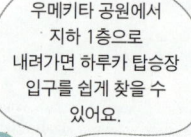

우메키타 공원에서 지하 1층으로 내려가면 하루카 탑승장 입구를 쉽게 찾을 수 있어요.

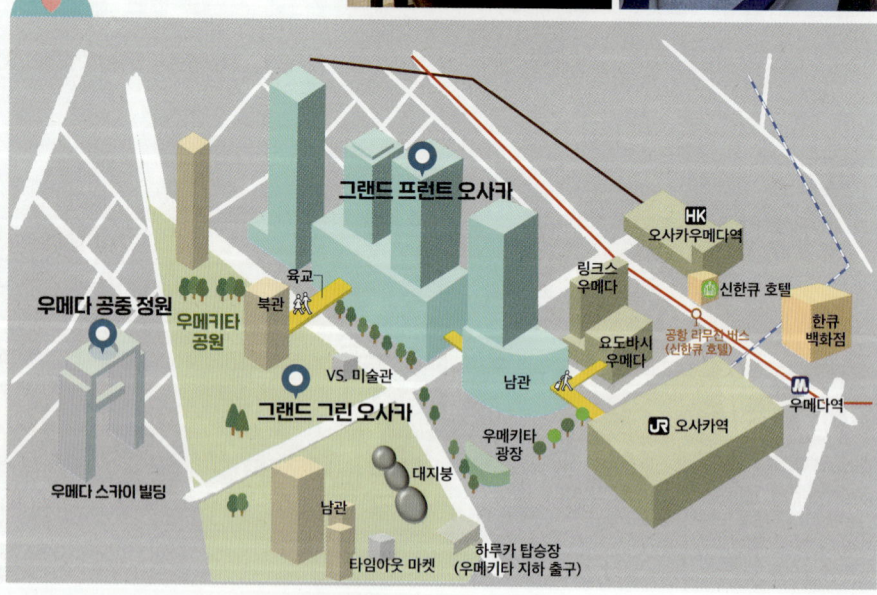

07 그랜드 그린 오사카
グラングリーン大阪

우메다의 새로운 랜드마크

우메다 스카이 빌딩과 그랜드 프런트 오사카 사이 넓은 부지를 활용해 '그랜드 그린 오사카Grand Green Osaka'라는 초대형 도시 개발 프로젝트를 진행 중이다. 2027년까지 쇼핑센터와 레스토랑, 고급 주거 시설 등을 순차적으로 완공할 예정이다.

🔎 **구글맵** Umekita Park **운영** 공원 24시간
홈페이지 umekita.com
가는 방법 JR 오사카역 중앙 북쪽 출구에서 800m(도보 10~20분)

우메다 한복판의 녹지 공간
우메키타 공원

복잡하던 우메다 일대에 2024년 9월 새롭게 조성한 잔디 공원이다. 길다란 구름 모양의 대지붕大屋根 안에는 전시 공간 플랫 우메키타PLAT UMEKITA가 있으며, 이벤트 광장인 로토 하트 스퀘어, 공원의 남쪽과 북쪽을 연결하는 다리 영감의 길(ひらめきの道), 밤에 불을 밝히는 나선형 계단 게이트 랜턴, 오사카가 낳은 세계적인 건축가 안도 다다오가 설계한 VS. 미술관 등 다양한 볼거리가 조성됐다.

은근히 멀어요
북관 北館

캐노피 바이 힐튼 호텔, 패션 매장 파타고니아, 조경 전문 매장 가든스 우메키타 등이 입점해 있다. 2층 구름다리를 통해 그랜드 프런트 오사카의 북관으로 건너갈 수 있다.

오사카역과 가까워요
남관 南館

2025년 3월에 오픈한 푸드 홀 타임아웃 마켓, 카페 키츠네 등 55개 매장과 최고급 호텔인 월도프 아스토리아, 한큐 그란 레스파이어 호텔이 있다. 타임아웃 마켓 건물 바로 옆에 간사이 국제공항 행 하루카 탑승장으로 내려가는 에스컬레이터가 있다.

VS. 미술관과 북관

미술관 1층의 카페 LOHE

08

우메다 공중 정원
梅田 空中庭園

시원한 요도강(요도가와) 전망

우메다 스카이 빌딩의 두 타워를 상부에서 연결해 지상 173m 높이에 만든 초고층 전망대. 독특한 타원형 구조의 플랫폼을 따라 루프톱을 한 바퀴 돌며 전망도 감상하고 인증 샷도 찍기! 낮에는 비교적 한산하다가 일몰 시간대부터 야경을 보려는 관람객이 몰려든다. 오사카의 일몰 시간은 12월 기준 오후 5시, 7월 기준 오후 7시 무렵이니 엘리베이터 대기 시간을 고려해 시간 여유를 두고 찾아가는 것이 좋다.

`1층` 우메다 스카이 빌딩 동쪽 타워로 입장해 에스컬레이터 이용 →

`2층` 전망대 입구의 엘리베이터를 타고 35층으로 이동 →

`35층` 투명 에스컬레이터를 타고 39층으로 이동

↓

`40층` 스카이 카페 & 개방형 루프톱 전망대 ←
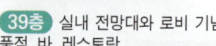

`39층` 실내 전망대와 로비 기념품점, 바, 레스토랑

구글맵 우메다 공중 정원 또는 Umeda Sky Building Kuchu Teien Observatory
운영 09:30~22:30 (마지막 입장 22:00)
휴무 특별 운영일(8월 나니와 요도가와 불꽃 축제, 새해 카운트다운 등)에는 별도 입장권 필요
요금 2000엔 ※ `주유 패스` `e-Pass` 15:00까지 무료, 10% 할인. 옆 건물에 있는 '기누타니 고지 천공 미술관'까지 관람 가능, `조이 패스` 17:00까지 무료, 이후 10% 할인
홈페이지 www.skybldg.co.jp
가는 방법 JR 오사카역 중앙 북쪽 출구에서 우메키타 공원을 지나 800m(도보 15분)

콕 집어서 추천!
검증된 우메다 백화점 맛집

히츠마부시 나고야 빈초 ひつまぶし 名古屋 備長

주메뉴 히츠마부시(나고야식 장어덮밥)
☺ → 편리한 위치, 온라인 예약 가능 ☹ → 예약하지 않으면 대기 있음

나고야에 본점을 둔 장어 요리 전문점. 숯불에 구운 장어의 바삭한 껍질과 부드러운 속살에 아이치현 특제 간장으로 윤기를 더한 고급 히츠마부시를 맛볼 수 있다. 단맛의 정도와 간이 한국인의 입맛에 잘 맞는다.

구글맵 히츠마부시 빈초 그랜드프론트오사카점
운영 11:00~23:00
예산 히츠마부시 세트 5200엔(평일 런치타임 한정)
홈페이지 hitsumabushi.co.jp
가는 방법 그랜드 프런트 오사카 남관 7층

동양정 東洋亭

주메뉴 햄버그스테이크
☺ → 부담 없는 가격과 최고의 맛
☹ → 긴 대기 시간, 예약 불가

1897년 교토에서 개업한 경양식 레스토랑. 은박지에 싸인 '백년 양식 햄버그스테이크'가 대표 메뉴. 토마토 샐러드와 밥(또는 빵)이 포함된 세트 메뉴로 맛보자. 한큐 백화점에 도착하면 이 집에서 먼저 대기표를 뽑은 다음 쇼핑하면서 기다리는 편이 효율적.

구글맵 그릴캐피탈 토요테이 한큐점 **운영** 11:00~22:00
예산 점심 1610~1800엔, 저녁 2060~3400엔
홈페이지 www.touyoutei.co.jp
가는 방법 한큐 백화점 우메다점 12층

미미우 美々卯

주메뉴 우동스키
☺ → 세련된 분위기, 온라인 예약 가능
☹ → 다소 높은 가격

200년 역사의 요정에서 자가 제면 소바와 우동 전문점으로 변신한 전통 맛집. 깔끔하게 우린 국물에 고기와 채소를 데쳐 먹은 뒤 후식으로 우동을 끓여 먹는 '우동스키'의 원조다.

구글맵 Mimiu Hanshin-Ten(한신 백화점 9층) 또는 Mimiu Umedarukuaten(루쿠아 10층) **운영** 11:00~22:00
예산 점심 기준 우동스키 4500엔, 우동·소바 3000엔
홈페이지 www.mimiu.co.jp

그릴 론 Grill Ron

주메뉴 햄버그스테이크
😊→ 합리적인 가격에 푸짐한 식사　😐→ 한큐산반가이점은 현금 결제

한신 백화점 지하 식당가에서 현지인들이 가장 많이 줄 서는 맛집. 본점은 한큐산반가이(한큐 오사카우메다역) 지하 2층에 있다. 햄버그스테이크, 오므라이스, 새우튀김 등 경양식 메뉴가 맛있다. 가키 프라이(굴튀김) 같은 계절 한정 메뉴를 판다면 무조건 맛보자.

구글맵 Grill Ron Hanshin(한신 백화점), 그릴 론(한큐삼반가이점)
예산 1300~2000엔　**운영** 11:00~22:00　**홈페이지** www.ron-corp.com/grillron

 한신 백화점 맛집

기타신치 하라미 北新地はらみ 9F	**하리주 그릴** はり重グリル 9F	**에페** Épais B2F
기타신치에 본점을 둔 야키니쿠 전문점. 품질이 우수한 하라미(안창살)를 얹은 덮밥이 대표 메뉴다.	햄버그스테이크나 규카츠 카레가 맛있는 경양식 전문점. 본점은 도톤보리에 있다.	기타신치에 본점이 있는 돈카츠 전문점. 최상급 돼지고기로 만든 돈카츠를 특제 소금에 찍어 먹는다.
구글맵 Kitashinchi Harami Hanshin Umeda	**구글맵** HARIJYU GRILL Hanshin Umeda	**구글맵** epais 阪神梅田店

하카타덴푸라 다카오 博多天ぷら たかお

주메뉴 튀김 오마카세
😊→ 다양한 세트 메뉴 구성　😐→ 자리 여유가 있는 편

후쿠오카 하카타에 본점이 있는 튀김 체인점이다. 기본 구성인 오사카 세트에 다양한 옵션을 추가할 수 있다. 방금 튀겨 낸 여러 가지 튀김을 접시 위에 올려 주면 식성대로 소금이나 소스에 찍어 먹는 오마카세 방식이다. 혼밥 할 때 부담 없고, 테이블에서 모바일로 주문할 수 있는 것 또한 장점.

구글맵 쇼핑몰 루쿠아
운영 11:00~23:00　**예산** 1000~2000엔
홈페이지 tempura-takao.jp
가는 방법 루쿠아 10층

고베규 이시다 하비스플라자점
神戸牛 石田 ハービスPLAZA店

주메뉴 스키야키, 샤부샤부
😊→ 개별 룸 있음, 온라인 예약 가능　😐→ 봉사료 별도

고베육류유통추진협의회 지정점인 본점을 통해 최상급 소고기인 고베규를 공급받는 스키야키와 샤부샤부 전문점. 인스타그램 프로필에 예약 가능한 링크가 적혀 있다.

구글맵 Sukiyaki Shabu-Shabu Kobe beef Ishida　**운영** 11:00~15:00, 17:00~23:00　**예산** 1만 3000엔 이상　**인스타그램** @ishida_p_umeda
가는 방법 JR 오사카역에서 지하도를 통해 하비스 오사카까지 도보 8분

코무기노메가미
小麦の麺神

주메뉴 마제소바, 토리파이탄 라멘
- 😊 → 킷테 오사카의 핫플
- 😞 → 긴 대기 시간, 예약 수수료 별도

가게 이름은 '밀면의 신'이라는 뜻. 진한 닭고기 육수를 블렌더로 휘핑해 크리미한 질감을 살린 '오사카 토리파이탄 라멘'과 고소한 곱창이 들어가 있는 '호르몬 마제소바'로 주목받는 라멘 전문점이다. 순서가 되면 입구에서 자판기로 주문하고 자리를 안내받는다.

구글맵 코무기노 메가미 킷테오사카점 **운영** 11:00~21:00
예산 라멘 1500엔(예약 수수료 800엔) **인스타그램** @komugi_megami_osaka **가는 방법** 킷테 오사카 4층

루쿠아 오사카 지하 2층 ルクア大阪 B2F

주메뉴 매장에 따라 다름
- 😊 → 오사카역과 가까운 핫플

쿠시카츠 전문점 마츠바, 도쿄의 라멘집 긴자 카가리, 장어덮밥집 이즈모 루쿠아(예약 가능), 고급 라멘 전문점 인류모두면류 프리미엄 등 인기 맛집이 모두 모여 있다. 백화점 식당가답지 않게 서서 먹고 마시는 떠들썩한 분위기다.

구글맵 쇼핑몰 루쿠아 **운영** 11:00~23:00
홈페이지 www.lucua.jp/ko
가는 방법 JR 오사카역 중앙 북쪽 출구와 연결

타임아웃 마켓 Time Out Market

주메뉴 매장별로 다름
- 😊 → 엄선한 맛집만 모은 푸드 홀

영국 유명 매거진 《타임아웃》 발행사가 운영하는 대형 푸드 홀. 2025년 3월 그랜드 그린 오사카에 문을 열었다. 미슐랭 빕 구르망에 이름을 올린 쿠시아게 010, 창의적인 라멘으로 유명한 토리소바 자기인의 분점, 신사이바시에 본점을 둔 멜 커피 로스터스 등이 입점했다.

구글맵 Time Out Market Osaka **운영** 11:00~23:00
인스타그램 @timeoutmarketosaka
가는 방법 그랜드 그린 오사카 잔디광장 앞 건물

위치는 애매하지만
가 볼 만한 우메다 주변 맛집

에페 Épais

주메뉴 도쿄 엑스 로스카츠, 샤토브리앙 히레카츠
🙂 → 프리미엄 돈카츠의 맛, 친절한 응대
😐 → 예약 필수(전화 또는 온라인)

미슐랭 빕 구르망에 선정된 돈카츠 전문점. 최상급 돼지 품종인 도쿄 엑스Tokyo X를 사용한다. 두 번 튀기는 독특한 조리법으로 풍부한 육즙을 살렸고, 식감이 놀랍도록 부드럽다. 16종의 소금과 향신료에 찍어 먹는다. 일반 돈카츠와 비교해 맛과 퀄리티가 월등하지만, 파인 다이닝 수준의 가격대와 특유의 육향은 부담스러울 수 있다.

구글맵 '에페 오사카'로 검색 후 목록에서 기타구의 '에페' 선택(뉴 하나 빌딩 3층) **운영** 11:00~15:30, 18:00~20:00
휴무 일요일 **예산** 5000엔 이상 **홈페이지** epais-kitashinchi.gorp.jp
가는 방법 JR 오사카역에서 950m(도보 15분 이상) 또는 JR 기타신치역에서 300m(도보 5분)

순사이야 야마지 旬彩家 山治

주메뉴 사케와 어울리는 안주류
🙂 → 대기 없는 현지인 맛집

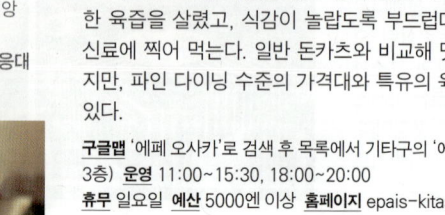

숙련된 주방장의 손맛 하나로 20년 넘게 이어온 작은 일본식 주점. 모둠회에 나오는 생선이 하나같이 매우 신선하고, 각종 구이 요리와 참돔 가마살 간장조림(타이 아라타키), 감자 샐러드(포테토 사라다)도 같이 맛보면 더욱 만족스럽다. 주변 직장인 위주로 영업하는 현지인 맛집을 찾는다면 추천.

구글맵 PG22+8F 오사카 **운영** 17:30~01:00
휴무 일요일(공휴일이면 다음 날 휴무)
요금 1인 3000~4000엔
인스타그램 @yamaji_mk
가는 방법 JR 오사카역 미도스지 남쪽 출구에서 550m(도보 10분)

네기야키 야마모토 ねぎ焼 やまもと

주메뉴 네기야키, 야키소바
😊 → 신선한 맛, 캐주얼한 분위기
✓ → 예약 불가, 대기 20~30분

엄청난 양의 대파를 토핑으로 올려 주는 일본식 파전 네기야키의 시초로 알려져 있다. 오징어, 소고기, 돼지고기가 들어 있는 '딜럭스'가 무난하다. '하이 딜럭스'에는 스지가 추가된다. 다른 메뉴를 먹고 싶으면 오코노미야키보다 야키소바(볶음국수)를 선택하는 편이 낫다.

구글맵 야마모토 네기야키 ('네기야키 야마모토'로 검색하면 다른 지역의 본점이 나옴) **운영** 11:30~21:00
예산 딜럭스 1400~1600엔, 야키소바 700엔
홈페이지 negiyaki-yamamoto.com
가는 방법 JR 오사카역 미도스지 남쪽 출구에서 헵파이브 방향으로 450m(도보 7분)

이즈모 いづも

주메뉴 달걀말이 장어덮밥
😊 → SNS 비주얼 맛집, 온라인 예약 가능
✓ → 카드 결제만 가능, 음료 주문 필수

타레 소스에 적신 밥 위에 두툼한 달걀말이와 함께 장어구이를 올린 소에에루 우나타마동(솟은 장어덮밥)의 비주얼로 인기를 얻은 맛집이다. 장어 위에 소고기를 얹은 우나기규동과 장어 꼬치구이도 있다. 두툼하고 탱글탱글한 장어가 포만감을 준다.

예산 3000~4000엔
※오후 3시부터 자릿세(오토시) 300엔 추가

• **본점**
구글맵 이즈모 우나기
운영 11:00~15:00, 17:00~23:00(브레이크타임 있음)
가는 방법 JR 후쿠시마역 1번 출구에서 130m(도보 2분)

• **루쿠아점**
구글맵 이즈모 루쿠아
운영 11:00~23:00
가는 방법 루쿠아 지하 2층

야키니쿠 고리짱 焼肉ごりちゃん

주메뉴 야키니쿠
😊 → 밤샘 영업, 온라인 예약 가능
✓ → 실내 흡연하는 지하 매장

규탄(우설)과 하라미(안창살), 갈빗살, 등심 등 다양한 부위를 골라 먹을 수 있는 야키니쿠 전문점이다. 시끄럽게 떠들어도 부담 없고 젊은 층을 겨냥한 콘셉트라서 가족과 방문하기에는 적합하지 않다.

구글맵 야키니쿠 고리짱 **운영** 17:00~07:00
예산 4000~5000엔 **홈페이지** issho-hd.com
가는 방법 히가시도리 상점가 안 (JR 오사카역에서 750m)

현지인은 어디서 밥 먹을까?
우메다 맛집 골목

신우메다 쇼쿠도가이 新梅田食道街

😊 → 관광지 한복판에서 만나는 노포   😐 → 현금 결제인 곳 많음, 입장 전 실내 흡연 표시 확인

우메다 일대의 음식 문화는 통근 열차를 이용하는 직장인들과 함께 발전했다. 따끈한 우동 한 그릇으로 하루를 시작하고, 퇴근길에 동료들과 술잔을 기울이며 피로를 푸는 곳! 그 중심에 1950년대에 형성된 신우메다 쇼쿠도가이(식당가)가 있다. 오사카역과 접근성이 뛰어날 뿐 아니라, 서서 마시는 오사카 특유의 타치노미 분위기를 경험하기 좋은 장소다. 쿠시카츠 맛집 마츠바 총본점과 오뎅 전문점 타코우메 같은 100여 개의 점포가 모여 있다. ▶ 마츠바 총본점 정보 P.131

홈페이지 shinume.com
가는 방법 JR 오사카역 미도스지 남쪽 출구 맞은편 실내 식당가

술은 서서 마셔야 낭만이지!

스테이크 스에히로 ステーキ スエヒロ

와규로 만든 비프스테이크를 전문으로 하는 경양식 레스토랑. 신우메다 쇼쿠도가이의 원조 노포 중 하나로, 본점은 기타신치에 있다. 흡연이 가능한 것이 단점이다.

구글맵 Suehiro ※주소 9-25 Kakudacho 확인
운영 11:00~21:00 **예산** 1000~3500엔

토리헤이 총본점 とり平 総本店

1952년부터 자리를 지켜 온 야키토리 전문점. 비장탄으로 구운 오리고기가 기본(유료)으로 세팅된다. 분위기와 음식 맛은 좋지만, 친절도 면에서 호불호가 갈린다.

구글맵 Torihei ※주소 9-10 Kakudacho 확인
운영 월~금요일 15:00~22:30, 토요일 12:00~22:00
휴무 일요일 **예산** 3000~4000엔

하나타코 はなだこ

타코야키 위에 파를 푸짐하게 올리고 마요네즈를 듬뿍 뿌리는 '네기마요'가 별미. 파와 생강 향이 타코야키의 느끼한 맛을 덜어 준다. 생맥주 세트 메뉴도 판매 중이며, 서서 먹는 공간이 마련되어 있다.

구글맵 하나다코 **운영** 10:00~22:00
예산 800~1000엔

가마타케 우동 釜たけうどん

면발이 쫄깃한 사누키 우동이 일품인 붓카케 우동 전문점. 면의 양을 300g, 400g, 800g 중 선택 가능하며, 와규와 송이버섯튀김을 올린 니쿠 붓카케가 인기 메뉴.

구글맵 가마타케우동 **운영** 11:00~재료 소진 시
예산 880~1200엔

시오야 우메다점 潮屋 梅田店

자가 제면한 우동과 소바 면을 쓰는데도 가격이 놀랄 만큼 저렴하다. 바삭한 새우튀김을 얹은 에비텐 우동에 오니기리를 곁들여 즐겨 보자. 아침 일찍부터 하루 종일 영업해 빠르고 간단히 식사하기 좋다.

구글맵 시오야 우메다점 **운영** 06:40~23:00
예산 400~600엔

히가시도리 상점가 東通商店街

😊 → 밤늦게까지 식사 가능

한큐 백화점 뒤쪽에서부터 시작되는 기나긴 아케이드 상점가. 입구에 히가시도리(E Street)라고 적혀 있다. 가라오케와 파친코도 볼 수 있는 유흥가로, 현지인의 비중이 매우 높다.

구글맵 '이치란 우메다 한큐히가시도리점'으로 검색
홈페이지 www.higashidori.jp

돈타쿠 도야마점 どんたく 堂山店

현지인이 사랑하는 오코노미야키 전문점으로, 두툼한 삼겹살을 얹은 돈페이야키가 유명하다.

구글맵 오코노미야끼 돈타쿠 도야마점
운영 목~토요일 18:00~04:00
(월~수요일 01:00까지)
휴무 일요일 **예산** 2000~3000엔

우오신 스시 본점
元祖ぶっち切り寿司 魚心 本店

유난히 두툼한 초밥이 보기만 해도 포만감을 안기는 우오신 스시의 본점. 예약 가능하다.

구글맵 원조 부치 초밥 어신 본점
운영 11:00~24:00 **예산** 2500~3000엔

기타신치 오사카에키마에 빌딩

😊 → 현지인 일상이 궁금할 때, 다양한 옵션

JR 오사카역에서 800m가량 떨어진 기타신치北新地는 현지인의 일상을 경험하고 싶다면 가 볼 만한 장소이다. 특히 '오사카역 앞(오사카에키마에) 빌딩' 4동이 연결된 지하상가에 가면 직장인들이 삼삼오오 모여 하루의 피로를 푸는 술집과 경양식 레스토랑을 경험할 수 있다. 기타신치역 남쪽 방향으로 대로를 건너면 유명한 돈카츠 맛집 에페가 위치한 유흥가가 나온다. ▶ 에페 정보 P.046

구글맵 오사카역 앞 제2 빌딩 ※제1~제4 빌딩까지 있음
가는 방법 JR 오사카역에서 800m(지하도를 따라 도보 10분)

이즈모 우나기와 모에요 멘스케 골목

하나쿠지라 본점과 후쿠시마텐만구

후쿠시마 맛집 거리 福島

☺ → 고수의 숨은 맛집

JR 오사카역에서 한 정거장 떨어진 후쿠시마에는 타베로그 상위권에 랭크된 인기 맛집이 모여 있다. 장어덮밥 전문점 **이즈모 우나기 본점**을 비롯해 오리 육수 라멘 맛집 **모에요 멘스케**, 담백한 멸치 간장 라멘이 일품인 **산쿠** 등에서 다양한 음식을 맛볼 수 있다. 저녁 무렵에는 **하나쿠지라 본점** 등의 오뎅 전문점과 이자카야도 등롱에 불을 밝힌다. 도쿄에서도 인기 만점인 상등카레 본점도 이 근처에 있다. ▶ 상등카레 본점 정보 P.129

구글맵 상호로 검색 **가는 방법** JR 후쿠시마역 하차 또는 JR 오사카역에서 1km(도보 15~20분)

오하츠텐진 우라산도 お初天神裏参道

☺ → 분위기 좋은 맛집 골목

어쩌면 상상한 그대로의 오사카 감성을 이곳에서 찾을 수 있을 것이다. 츠유노텐 신사 앞까지 길게 이어진 오하츠텐진 도리お初天神通り 아케이드 상점가에서 한 블록 안쪽에 형성된 숨은 먹자골목이다. 입구에 있는 프렌치 레스토랑부터 야키토리 전문점까지 식당 20여 곳이 옹기종기 모여 있다.

홈페이지 ohatsu-urasan.com
가는 방법 한큐 백화점에서 500m(도보 10분) 또는 지하철 히가시우메다역 4번 출구에서 150m(도보 2분)

타유타유 たゆたゆ

가고시마산 돼지고기를 비장탄에 굽는 '야키돈' 전문점. 부위별로 주문해 먹어 보자.

구글맵 꼬치구이 야키통야 타유타유 오하츠텐진
운영 17:00~01:00 **예산** 2000엔

오코노미야키 유카리 お好み焼 ゆかり

1953년에 창업한 가게로, 푸짐한 재료와 풍성한 맛으로 꾸준히 인기를 끌고 있다. 치즈를 넣은 '프로마주야키'나 쇠심줄과 파를 넣은 '스지네기야키'가 일품이다.

구글맵 오코노미야키 유카리 소네자키 본점
운영 11:00~23:00 **예산** 2000엔

옛날 주택가 속 신상 카페
나카자키초 카페 거리
中崎町カフェ

2000년대 초반부터 고택을 개조한 카페들이 하나둘 들어서면서 이름이 알려진 동네. 레트로 감성 충만한 주택가 안쪽에 유니크한 카페들이 자리 잡고 있다.

ACCESS
❶ JR 오사카역에서 1.2km(도보 15분)
❷ 지하철 다니마치선 나카자키초역 바로 앞
❸ 지하철 덴진바시스지로쿠초메역에서 600m(도보 10분)

01 살롱 드 아만토 Salon de AManTo

최초의 고택 카페

2001년 7월 26일 문을 열자마자 동네 분위기를 확 바꿔 놓은 나카자키초 최초의 고택 재생 카페. 120년 된 고택을 개조한 카페 입구에 담쟁이덩굴이 덮여 있어 포토 스폿으로 유명해졌다. 내부 인테리어는 아늑한 서재에 들어온 듯 편안한 분위기.

구글맵 살롱 드 아만토 운영 12:00~22:00 휴무 화요일, 공휴일 홈페이지 amanto.jp

02 우테나 킷사텐 うてな喫茶店

나카자키초 감성 카페

싱글 오리진 원두를 선택할 수 있는데, 진한 풀 시티 로스트임에도 에티오피아 원두의 산뜻한 향이 잘 느껴질 만큼 로스팅 기술이 뛰어나다. 주전자가 뿜어내는 수증기, 잔잔하게 흐르는 BGM, 은은한 조명이 어우러지며 나카자키초의 감성을 오롯이 전달하는 오리지널 킷사. 지인의 거실에서 편안하게 쉬는 듯한 기분을 선사한다.

구글맵 우테나 킷사텐 운영 12:00~19:00 휴무 월·화요일, 공휴일(다소 불규칙)

03 OSA 커피 OSA Coffee

여행의 설렘을 담아

후쿠오카의 푹 커피FUK Coffee에 이어, 오사카의 머리글자를 따서 이름 붙인 카페다. 깔끔한 네온 로고와 공항을 모티브로 한 콘셉트. 매장 앞에 설치해 둔 여행용 캐리어에 커피를 올려 놓고 인증 샷을 찍어 보자.

구글맵 OSA COFFEE Nakazaki **운영** 10:00~18:00
인스타그램 @osa_coffee

04 닐 나카자키초 neel 中崎町

맛있는 브런치

도쿄 인기 카페의 첫 번째 간사이 지점. 부드러운 로스카츠가 들어 있는 '카츠산도', 버터와 설탕을 넣어 바삭한 '심플 슈거 버터 크레페'를 맛보자. 오두막에 들어온 것처럼 아늑한 분위기도 매력이다.

구글맵 닐 카페 나카자키초점 **운영** 10:00~20:30
홈페이지 neel.coffee

05 트러플 베이커리 Truffle Bakery

소금빵 맛집

트러플 향이 풍미를 더해 주는 도쿄의 소금빵 맛집이 오사카에 진출했다. 오사카 시립 주택 박물관 방향과 가깝다.

구글맵 Truffle BAKERY Nakazaki
운영 09:00~19:00 **휴무** 월요일
홈페이지 truffle-bakery.com

06 패스파인더 Pathfinder Xnobu

호주식 커피

호주 멜버른의 커피 문화를 오사카에 도입한 세계 라테 아트 챔피언 노부마사 시모야마의 카페. 컬러풀한 레인보 카페 라테가 시그니처. 깔끔한 플랫화이트도 맛있다.

구글맵 PATHFINDER XNOBU Nakazaki
운영 10:00~18:00
인스타그램 @pathfinder_nakazaki

ZONE 2 오사카 남쪽

난바 & 신사이바시
難波 & 心斎橋

오사카 관광 일번지

오사카 남부의 번화가를 일컫는 미나미南는 행정구역상 주오구中央区와 나니와구浪速区 일대에 걸쳐 있다. 오사카의 대표 먹거리가 전부 모인 맛집 천국이자, 전통 시장은 물론 쇼핑 아케이드, 글로벌 패션 매장까지 완벽하게 갖춘 대표 관광지. 동네 특색에 따라 난바·신사이바시·닛폰바시·센니치마에 등으로 구분할 수 있으나 오사카 여행이 처음이라면 도톤보리를 기준점으로 삼아 범위를 점점 넓혀 가면서 구경하면 된다.

도톤보리강 남쪽을 난바, 북쪽을 신사이바시로 크게 나눠서 생각하면 편해요.

01 여행 포인트

- **이동 거리** 신사이바시역에서 난바역까지 직선거리로 1km
- **여행 시간** 도톤보리 1~2시간, 그 외 취향에 따라 결정
- **도톤보리는 저녁에** → 낮에 신사이바시나 다른 동네를 구경하고, 오후 4~5시쯤 도톤보리로 이동하면 조명이 켜지는 시간이다.
- **맛집은 어떻게?** → 유명 맛집은 예외 없이 대기 줄이 길다. 부모님과 아이를 동반했다면 예약 가능한 곳을 미리 알아볼 것.
  난바 맛집 ▶ P.070   신사이바시 맛집 ▶ P.088   아침 식사 장소 ▶ P.134

02 대중교통 수단

도톤보리와 가까운 지하철 **난바역**은 3개 노선(미도스지선·센니치마에선·요츠바시선)이 교차하는 역이다. 주변 역과 전부 지하로 연결되며, 출구 번호만 잘 보고 따라가면 길 찾기는 비교적 쉬운 편이다.

긴테츠·한신 오사카난바역은 지하철 난바역과 가깝지만, **JR 난바역**(간사이 본선)과 공항 리무진 버스가 정차하는 **난바(OCAT)** 역까지는 걸어서 10분 이상 걸린다. **난카이 난바역**(라피트·난카이 공항급행)은 'Nankai Line' 표시를 따라가면 된다. ▶ 라피트 탑승 정보 P.015

03 여행 아이디어

- ☑ 글리코 사인 앞에서 인증 샷 찍고 크루즈도 타고!
- ☑ 명품에서 스트리트 패션까지, 신사이바시 쇼핑
- ☑ 해산물을 좋아한다면 구로몬 시장
- ☑ 평범한 건 재미없어! 덴덴타운과 우라난바

에비스 다리

01

도톤보리
道頓堀

📍
구글맵 에비스 다리 또는 Ebisubashi Bridge
가는 방법 지하철 난바역 14번 또는 B12번 출구에서 도보 5분

인증 샷과 타코야키의 성지

휘황찬란한 네온사인과 글리코 사인이 반겨 주는 곳! 새해를 맞이하거나 축하할 만한 특별한 사건이 있을 때마다 오사카의 젊은이들은 도톤보리강으로 뛰어들고(물론 불법이지만), 전 세계에서 몰려든 여행자는 저마다 원하는 방식으로 도톤보리의 놀이 문화를 즐긴다.

도톤보리라는 이름은 1612년, 이 지역에 운하를 건설한 야스이 도톤安井道頓의 이름에서 유래했다. 당시 가부키歌舞伎(가무극)나 분라쿠文楽(인형극), 조루리浄瑠璃(음곡) 등을 상연하는 극장이 집중적으로 들어서면서 오사카 엔터테인먼트의 중심지로 번성했고, 지금은 각종 위락 시설과 음식점이 밀집한 놀이공원처럼 발전한 상태다.

FOLLOW UP

도톤보리를 더욱 재밌게
즐기는 다섯 가지 방법

글리코 사인을 배경으로 재미있는 인증 샷을 찍고, 강을 따라 유유히 미끄러지는 유람선을 향해 손을 흔들고, 타코야키를 먹으며 인파에 휩쓸려 걸어 다니다가 곳곳에 숨어 있는 요코초(골목길)에서 나만의 맛집을 발견해 보자.

Follow Me!

① 에비스 다리를 기준으로 쉽게 길 찾기

북쪽에는 신사이바시스지 상점가
→ 신사이바시로 가는 길

에비스 다리
→ 일본어로 '에비스바시'

남쪽에는 에비스바시스지 상점가
→ 난바로 가는 길

❷ 글리코상을 찾아라!

1935년 유명 제과 회사 글리코Glico에서 설치한 대형 광고판. 양팔을 치켜든 육상 선수 캐릭터에 '글리코상'이라는 애칭이 붙었다. 글리코 사인을 배경으로 에비스 다리 건너편 어디에서나 사진을 찍을 수 있으며, 유람선을 타고 촬영해도 색다른 사진을 얻을 수 있다.

구글맵 에비스 다리 또는 글리코 사인

다리 건너편이 정면

크루즈를 타고 한 컷!

❸ 도톤보리 대관람차 타기

돈키호테 도톤보리점이 있는 에비스 타워 외벽에 설치한 대관람차는 멀리서도 눈에 확 띈다. 문이 열리고 닫힐 때 캐빈이 수평으로 회전하며, 외벽에 매달린 채 15분간 타야 하기 때문에 단순해 보여도 은근히 스릴 만점. 1층 입구 왼쪽 전용 계단으로 올라가면 티켓 발매기가 나온다.

구글맵 도톤보리 대관람차 에비스 타워
운영 11:00~22:00(화요일 13:00부터)
요금 1000엔 ※ 주유 패스 100엔 할인

④ 길거리 음식 맛보기

다베아루키(걸으면서 음식 먹기)의 성지 도톤보리에는 타코야키와 쿠시카츠 가게가 즐비하다. 오사카 간식의 아이콘이 된 551 호라이 본점의 부타만(돼지고기 만두)과 에비슈마이(새우 만두)라든지, 스테이크나 문어 꼬치구이를 먹어도 좋다. 길거리 음식 가격은 600~1000엔이고, 현금만 받는 가게가 많다.

타코야키 인기 매장 BEST 3

앗치치 혼포 あっちち本舗
도톤보리에서 손님이 가장 많다. 마요네즈와 타코야키 소스를 뿌려 주는 2번 메뉴가 인기다. 파를 듬뿍 얹고 생강을 넣어 느끼한 맛을 줄였다. 지하 좌석이나 에비스 다리 위 테이블에서 먹으면 된다.

구글맵 앗치치 도톤보리 본점

쿠쿠루 くくる
큼직한 크기와 물렁물렁한 식감이 특징. 제법 실한 문어 다리가 들어 있고 포장도 예쁘게 해준다. 본점의 줄이 가장 길고, 앗치치 혼포 옆에도 지점이 있다.

구글맵 타코야키 쿠쿠루 본점 또는 소에몬초점

주하치방 十八番
다른 곳에 비해 크기가 작은 타코야키 위에 덴카스(튀김 조각)를 얹어 크리스피한 식감을 살렸다. 자판기에서 토핑 종류와 개수(6알, 8알)를 선택해서 주문한다.

구글맵 타코야키 쥬하치방 도톤보리점

디저트 맛집 BEST 4

리쿠로 오지상 りくろーおじさん
입안에서 사르르 녹는 수플레 치즈 케이크 전문점. 애플파이를 비롯해 파이류도 맛있다.

구글맵 리쿠로-오지상노 미세 난바본점

멜론팡 メロンパン
큼직하고 바삭한 멜론 소보로빵 사이에 달콤한 아이스크림이 들어 있어 누구나 좋아하는 맛!

구글맵 멜론 브레드

스트로베리 마니아 ストロベリーマニア
쫀득한 찰떡과 상큼한 딸기가 조화로운 딸기 모찌, 딸기 아이스크림 등 각종 디저트가 눈과 입을 사로잡는다.

구글맵 'Strawberry Mania Osaka'로 검색(도톤보리 일대에 3곳)

나루토 타이야키 본점 鳴門鯛焼本舗
팥앙금을 가득 채운 타이야키(도미빵) 체인점. 아이스크림과 팥을 넣은 샌드 메뉴도 맛있다.

구글맵 나루토 타이야키 본점 / 센니치마에 아이조바시점

⑤ 네온사인 테마파크! 나만의 포토 스폿 발견

물론 글리코상이 전부는 아니다. 미도스지 가로수길 서쪽에 세운 도톤보리 네온사인 간판도 잘 알려진 포토 존이다. 인기 매장마다 달아 둔 대형 문어나 게, 용 모양 간판을 배경으로 멋진 인증 샷을 남겨 보자. 기고GiGO(오락실) 입구에 설치된 전광판을 향해 손을 흔들며 본인 얼굴을 찾아보는 것이 요즘 오사카 여행 트렌드!

도톤보리 네온사인

전광판 속 내 모습 찾기
(GiGO 입구)

카니도라쿠 도톤보리 본점
(스타벅스 츠타야 에비스바시점 앞)

킨류라멘 도톤보리점
(센니치마에 상점가 입구)

타코야키 주하치방 도톤보리점
(도톤보리의 명물 구이다오레 인형 옆)

02 도톤보리 크루즈 とんぼりリバークルーズ

도톤보리강을 15~20분 동안 왕복

주유 패스를 구입하면 누구나 탑승해 보는 유람선 프로그램이다. 큰 기대 없이 여행의 들뜬 분위기에 취하고 싶을 때 적당하다. 강폭이 좁아 강변과 다리 위의 다른 관광객들과 손을 흔들며 인사를 나누거나 글리코 사인 앞에 세워 주는 배 위에서 잠시 포토 타임을 가질 수도 있다. 두 군데 업체에서 운영하는데, 프로그램에는 큰 차이가 없다. 원하는 시간에 타려면 예약하는 편이 안전하다.

자리가 남으면 티켓 시간 전에 태워 주기도 하지만, 이럴 경우 일행과 따로 앉게 될 수 있어요.

요금 2000엔
※ 주유 패스 · e-Pass 무료
조이 패스 는 원더 크루즈만 무료

톤보리 리버 크루즈
Tombori River Cruise

가까운 대신 사람이 많다. 성수기에 저녁 크루즈를 타려면 당일 낮에 미리 찾아가 티켓을 교환해야 좌석을 확보할 수 있다.
탑승 돈키호테 도톤보리점 바로 아래 선착장
운영 11:00~21:00

원더 크루즈
Wonder Cruise

다소 거리가 먼 대신 온라인 예약이 가능하다. 당일 탑승 시간보다 30분가량 먼저 가서 예약 내역을 보여 주고 티켓을 수령하면 된다.
탑승 니혼바시 선착장(도보 500m)
운영 17:00~21:30

톤보리 리버 크루즈 매표소

원더 크루즈를 예약했다면 승선권 교환 후 줄 서기

③ 호젠지 요코초
法善寺横丁

난바에서 가장 분위기 있는 맛집 골목

정토종 사찰 호젠지(법선사)의 경내였던 자리에 참배객을 상대로 한 찻집과 노점이 모인 것이 호젠지 요코초의 시초다. 길이 약 80m, 폭 3m 남짓한 두 개의 골목 사이에 오래된 가이세키 요리점, 복어 요리점, 마츠자카규 전문점 등 음식점 50여 곳이 밀집해 있다. 절과 골목은 대부분 복원한 것이며, 미즈카케 후도손水掛不動尊이라는 불상은 사람들이 소원을 빌며 뿌린 물을 머금은 녹색 이끼가 뒤덮고 있어서 이곳의 명물이 되었다.

구글맵 호젠지 또는 Hozen-ji Temple
운영 상시 개방　**요금** 무료
가는 방법 지하철 난바역 B18번 출구에서 도보 3분

TRAVEL TALK

가미가타우키요에관
上方浮世絵館

우키요에浮世絵란 1670년 무렵 등장해 1765년경 다색 목판화 기법이 개발되면서 에도(현재의 도쿄)를 중심으로 크게 유행한 일본의 전통 회화 양식입니다. 오사카에서는 당대 도톤보리에서 활동한 가부키 배우를 그린 작품이 인기를 끌었습니다. 주유 패스를 구입했다면 작은 미술관에 잠시 들러 감상해 보세요.

운영 11:00~18:00　**휴무** 월요일(공휴일이면 다음 날 휴무)
요금 700엔 ※ 주유 패스 / e-Pass 무료　**홈페이지** www.kamigata.jp　**가는 방법** 호젠지 앞

오사카 여행 1회 차라면 필독!

어디가 난바難波일까?

난바라는 지명은 고대부터 사용했으며, 7~8세기 잠시 일본의 수도 역할을 한 나니와(오사카의 옛 지명)에서 유래한다. 원래는 신사이바시까지 포함하는 범위였으나, 현재는 도톤보리강 남쪽의 난바역 일대를 일컫는다.

지상과 지하 구분하기

에비스바시스지와 센니치마에는 지상에 있는 상점가, 난바역과 닛폰바시역 사이의 '난바워크Namba Walk'는 지하 상점가라는 점을 꼭 기억해야 맛집을 잘 찾아갈 수 있다.

우라난바裏難波도 있어요!

현지인이 즐겨 찾는 이자카야와 작은 음식점이 밀집한 골목을 우라난바, 즉 난바의 뒷골목이라는 별명으로 부른다.

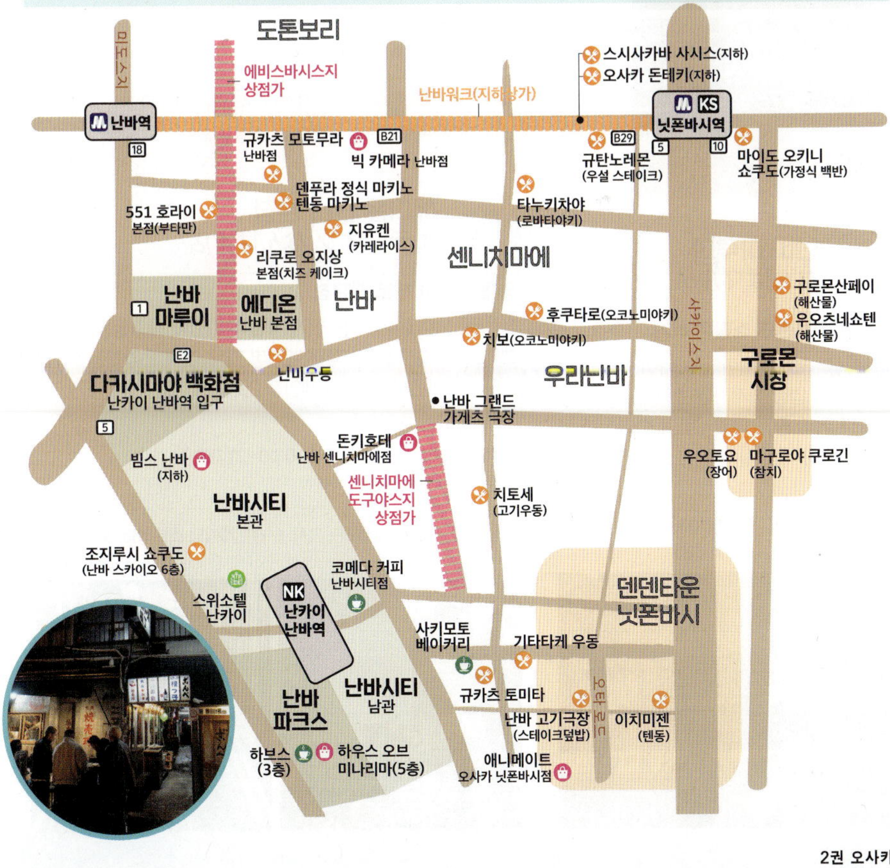

도톤보리강 남쪽
난바의 쇼핑센터

난바역 E2번 출구를 통해 지상으로 나가면 고풍스러운 다카시마야 백화점 건물과 주변 초대형 쇼핑센터가 한눈에 들어온다. 난카이 난바역까지 지하로 연결되어 있다.

01 다카시마야 백화점 오사카 본점
高島屋 大阪本店

식품관만 구경해도 대만족

1831년 교토에서 창업한 이래 난바를 상징하는 고급 백화점으로 성장했다. 요시노스시의 틀초밥(하코즈시), 미슐랭 스타 레스토랑 우카이테이의 레시피로 만든 아틀리에 우카이의 쿠키, 꽃 모양의 랑그드샤 쿠키 하나랑그, 미타라시단고와 킨츠바 맛집 기야스 총본점 등 인기 먹거리를 한데 모은 식품관은 구경만 해도 눈이 즐겁다.

구글맵 오사카 다카시마야 **운영** 10:00~20:00(식당가 11:00~23:00)
홈페이지 www.takashimaya.co.jp/osaka

 쇼핑 요지 야마모토 3F, 플리츠 플리즈 4F, 면세 카운터 7F
 식당 난바 다이닝 메종 7-9F, 동양정 7F, 식품관 B1F

02 난바 마루이
なんばマルイ

실속 있는 브랜드 쇼핑은 여기

유니클로, GU, 세리아Seria(다이소 같은 백엔 숍) 등이 입점한 저가형 쇼핑몰. 지하 1층의 칼디 커피 팜은 다카시마야 백화점과 연결되어 지나가는 길에 자연스럽게 구경할 수 있다.

구글맵 난바 마루이 **운영** 11:00~20:00
홈페이지 www.0101.co.jp/085

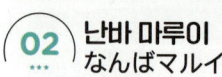

03 에디온 난바 본점
エディオン なんば本店

초대형 전자 제품 전문점

컴퓨터, 모바일 기기 등 전자 제품과 가전에 특화된 대형 쇼핑센터. 1층에는 플라잉재팬(네이버 카페)에서 운영하는 여행자 센터, 9층에는 전국 라멘 체인점 8곳을 모아둔 '난바 라멘 이치자'가 있다.

구글맵 에디온 난바 본점 **운영** 10:00~21:00
홈페이지 namba.edion.com

쇼핑 주류 판매점 6F, 가차 숍 6F, 캐릭터 스트리트 7F

난바 파크스에서 바라본 난바시티

04 난바시티 なんばCITY

공항에서 라피트 타고 오면 여기

난카이 난바역과 연결된 초대형 쇼핑센터로 본관과 남관으로 나뉜다. 대중적인 패션 브랜드와 라이프스타일 숍 240여 개 점포가 들어서 있다. 1층 인포메이션 센터에 라피트 티켓을 보여 주면 할인 쿠폰을 발급하기도 한다.

구글맵 난바시티
운영 11:00~22:00(레스토랑은 시간 다름)
홈페이지 www.nambacity.com

🛍 쇼핑 ABC 마트 2F, 빔스 난바 B1F, 어반 리서치 B1F

05 난바 파크스 なんばパークス

크리스마스 필수 코스

고급스러운 디스플레이가 구경하는 즐거움을 더하는 초대형 쇼핑센터. 나무 1만여 그루가 심어진 옥상정원 '파크스 가든'이 건물 간 연결 통로로 기능하며, 겨울에는 반짝반짝하는 크리스마스 일루미네이션 장식으로 시선을 끈다. 난카이 난바역에서 가까운 대신 도톤보리에서는 걸어서 15~20분 거리로 다소 멀다.

구글맵 난바 파크스 운영 11:00~21:00
홈페이지 nambaparks.com

PICK! 주목할 만한 브랜드 매장

꼼데가르송(플레이 라인 팝업 스토어도 있음), 스투시, 히스토릭 클래미, 비비안 웨스트우드 레드 라벨 등 인기 브랜드의 단독 매장과 여러 편집 숍이 입점해 있다.

Bshop (단톤 제품 보유) 📍 3F
어반 리서치 도어스, 유나이티드 애로우즈, 빔스 하우스 난바 📍 2F
알펜 아웃도어스 (캠핑과 아웃도어 전문 용품) 📍 3~4F
쿠라 치카 바이 포터 (요시다 포터의 백팩과 컬래버레이션 제품) 📍 4F
빌리지 뱅가드 (캐릭터 굿즈와 소품이 많은 잡화점) 📍 5F
하우스 오브 미나리마 (〈해리 포터〉 아트 프린트와 굿즈) 📍 5F

 04

센니치마에
千日前

도톤보리에서 쉽게 길 찾기

센니치마에에는 도톤보리와 난바 사이에 위치한 동네 이름이면서, 두 지역을 연결하는 보행자 거리다. 킨류라멘 도톤보리점 앞에서 시작되는 아케이드 상점가에는 화려한 간판을 내건 오사카 명물 맛집이 즐비하다. 이 길을 따라 걸으면 지하상가 난바워크Namba Walk와 빅 카메라Big Camera 난바점을 쉽게 찾을 수 있다.

구글맵 센니치마에 상점가 또는 킨류라멘 도톤보리점
가는 방법 지하철 센니치마에선 닛폰바시역 B20번 또는 B21번 출구

센니치마에 도구야스지 상점가

지하철 난바역 남동쪽 센니치마에 골목길에 형성된 주방용품 전문 시장. 그릇을 좋아하는 사람이라면 눈이 휘둥그레질 각종 식기류를 비롯해 칼, 냄비 등 전문 조리 도구도 취급한다. 우리나라 식당주들이 그릇을 사러 원정을 떠날 만큼 유명하다. 돈키호테 난바 센니치마에점을 찾으면 바로 앞이 북쪽 입구. 여기서부터 남쪽으로 150m가량 상점가가 이어진다.

구글맵 센니치마에 도구야스지 상점가
운영 10:00~18:00

05 난바 야사카 신사 難波八阪神社

SNS 성지가 된 사자 머리 신사

신사이바시 쪽에 있는 난바 신사와는 완전히 다른 곳으로, 사자 머리를 본뜬 12m 높이의 거대한 사자전獅子殿에서 사진을 찍으려고 전 세계에서 관광객이 모여든다.

📍 **구글맵** 난바 야사카 신사
또는 Namba Yasaka Jinja
운영 06:00~17:00 **요금** 무료
홈페이지 nambayasaka.jp
가는 방법 지하철 난바역 32번 출구에서 600m(도보 6분)

06 덴덴타운 でんでんタウン

취미 동호인의 천국

전 세계의 만화, 애니메이션, 게임 등 서브컬처 마니아들이 오사카에 오면 꼭 찾아가는 취미 생활의 성지. 차가 다니는 큰길을 따라서 닛폰바시 전자상가가 양쪽으로 뻗어 있고, 여기서 골목 하나 안쪽에 있는 오타로드까지 묶어 덴덴타운이라는 별명으로 부른다. 혼밥 하기 좋은 맛집이 많고, 일본의 연예 기획사 요시모토 흥업에서 운영하는 희극 전문 극장 난바 그랜드 가게츠나 구로몬 시장도 가까워 종종 지나치게 되는 동선이다. 매년 3월 대규모 코스프레 퍼레이드가 열리는 '닛폰바시 스트리트 페스타'의 행사장도 바로 여기.

📍 **구글맵** 덴덴타운 닛폰바시전기가
가는 방법 지하철 닛폰바시역 5번 출구에서 큰길을 따라 남쪽으로 750m(도보 10분)

덴덴타운 쇼핑센터

애니메이트 アニメイト

일본 최대의 애니메이션 굿즈 체인점으로, 6층 규모의 건물에 최신 애니메이션과 만화책 관련 상품, 피규어, 코스프레 용품 등을 폭넓게 취급하고 있다. 우메다 쪽에 있는 매장보다 규모가 훨씬 크다.

구글맵 애니메이트 오사카 닛폰바시점 **운영** 11:00~20:00

슈퍼키즈랜드 スーパーキッズランド

프라 모델, 피규어, 장난감 등을 전문적으로 판매하는 대형 매장이다. 건담 마니아들에게 특히 인기가 높다. 입구의 텔레토비 인형으로 알아볼 수 있다.

구글맵 죠신 슈퍼키즈랜드 본점
운영 10:00~23:00

⑦ 구로몬 시장
黒門市場

오사카의 부엌

에도 시대에 수산시장으로 문을 열어 200여 년의 역사를 이어온 전통 시장이다. 1912년 오사카 미나미 지역 대화재로 소실된 엔묘지圓明寺의 검은 문에 빗대어 '구로몬이치바黒門市場'로 불리게 되었다. 약 580m 거리에 점포 150여 개가 밀집해 있으며, 복어와 갯장어를 취급하는 전문점도 많고, 관광객이 좋아하는 킹크랩, 해산물 구이, 타코야키 같은 길거리 음식도 판다. 현지인이 식재료를 구입하는 시장 본연의 모습과 관광지의 상업성이 어우러지며 구경하는 재미가 있으나 물건값은 생각보다 비싼 편이다.

구글맵 쿠로몬시장 또는 Kuromon Market **홈페이지** kuromon.com/jp
가는 방법 지하철 닛폰바시역 10번 출구에서 200m(도보 3분)

구로몬 시장 상세도

> **TIP!** 오후 4시가 넘어가면 파장 분위기이므로 되도록 일찍 찾아가자. 현금만 받는 가게가 많으므로 현금을 충분히 준비하는 것이 좋다. 음식을 구입하면 그 자리에 서서 먹거나 지정 식사 공간을 찾아가면 된다.

구로몬 시장 맛집

마구로야 쿠로긴
まぐろや黒銀

합리적인 가격에 인생 참치를 맛볼 수 있는 곳. 오도로(대뱃살)와 주도로(중뱃살), 담백한 빨간 속살(아카미), 특수 부위 가마도로(목살)까지 부위별로 주문할 수 있는데, 고급 부위는 일찍 품절된다. 사시미 또는 초밥으로 주문 가능하고, 카운터에 앉아 먹을 수 있다.

구글맵 Maguroya Kurogin Kuromon
운영 09:30~16:30 ※휴무일 현장 공지 **예산** 스시 6조각 2600~3400엔

우오토요 鮮魚 魚豊

복어와 장어로 유명한 구로몬 시장의 노포. 민물장어를 정성스레 숯불에 굽는 할머니의 손맛이 고스란히 전해진다. 테이크아웃해서 시장 내 지정 공간에서 먹으면 된다.

구글맵 우오토요
운영 09:00~16:30 ※재료 소진 시 영업 종료
휴무 일요일
예산 장어덮밥 2500엔

구로몬산페이
黒門三平

킹크랩과 타이거새우를 토치로 굽는 장면이 눈길을 끄는 관광 맛집. 스시, 장어덮밥, 관자구이 등 원하는 메뉴를 고른 다음 내부 카운터에서 결제하고 자리를 잡는다. 테이블이 넉넉한 대형 매장이다.

구글맵 쿠로몬 산페이 **운영** 09:30~18:00
예산 킹크랩 4200엔

우오츠네쇼텐
魚常商店

홋카이도산 성게와 손바닥만 한 굴이 먹음직스럽고 신선한 어물전. 낱개로 주문하면 즉석에서 손질해 준다. 값이 조금 비싸도 큰 것으로 먹자.

구글맵 Uotsuneshoten
운영 07:00~17:00
예산 개당 500~1500엔

TRAVEL TALK

소설 《파친코》의 배경, 츠루하시 시장
鶴橋市場

난바에서 지하철로 세 정거장 떨어진 츠루하시 시장은 무려 800여 개의 점포가 모인 대규모 재래시장입니다. 재일 한국인들이 터를 잡은 것을 계기로 일본 최대의 한인 타운으로 발전했고, 야키니쿠·떡볶이·호떡 등 한국 음식을 먹을 수 있는 핫플로 변모했어요. 이 중 유명한 곳으로는 김치가 들어 있는 오코노미야키를 파는 **오코노미야키 오모니**, 야키니쿠 호르몬(특수 부위) 맛집 **소라호**, 푸짐한 참치덮밥으로 유명한 **츠루하시 마구로 쇼쿠도**, 한국에도 진출한 **츠루하시 후게츠** 등이 있습니다.

운영 10:00~18:00(매장별로 다름) **홈페이지** www.turuhasi-ichiba.com
가는 방법 지하철·JR·긴테츠 츠루하시역 하차

1시간 대기는 기본!
도톤보리 & 난바 국룰 코스 맛집 BEST 7

덴푸라 정식 마키노 天ぷら定食まきの

주메뉴 덴푸라 정식
- 😊 → 신선한 재료로 만든 바삭한 덴푸라
- 😟 → 텐동 마키노 대기 시간이 더 긴 편

카운터 자리에 앉아 조리하는 모습을 지켜보며 즉석에서 튀겨 내오는 바삭한 튀김을 오마카세 스타일로 맛볼 수 있다. 달걀튀김(다마고텐스키)을 꼭 주문해서 먹자.

구글맵 덴푸라 마키노 난바센니치마에점
운영 11:00~21:00
예산 1500~2000엔
홈페이지 www.toridoll.com/shop/makino
가는 방법 에비스 다리에서 350m(도보 6분)

덴푸라 정식 마키노에서 반대편 골목으로 건너가면 텐동 마키노와 규카츠 모토무라 난바점이 나와요!

 텐동 마키노가 더 유명하던데?

소스를 묻힌 따끈한 튀김을 밥 위에 푸짐하게 얹어 내는 텐동 맛집. 덴푸라 정식 마키노와 같은 집이지만 입구가 완전히 분리되어 대기 줄도 따로 서야 한다.

운영 11:00~15:30, 17:00~21:00

규카츠 모토무라 牛かつ もと村

주메뉴 규카츠
- 😊 → 살살 녹는 규카츠 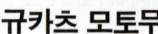 → 도톤보리점, 난바점 예약 가능

미디엄 레어 소고기튀김을 돌판에 구워서 특제 와사비 소스나 소금(암염)에 찍어 먹는 규카츠 전문점. 가공육을 사용하기 때문에 가격 대비 육질이 부드럽다. 기본 한 조각이 130g이고, 포만감을 느끼고 싶다면 1.5조각(195g)을 주문하는 것이 좋다.

구글맵 'Gyukatsu Motomura'로 검색 (오사카에 5곳)
운영 11:00~23:00 **예산** 2000~3000엔 **홈페이지** www.gyukatsu-motomura.com

  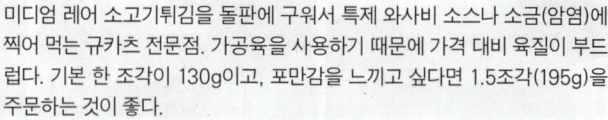

규카츠 토미타 牛かつ 冨田

주메뉴 규카츠
- → 덴덴타운 핫플
- → 현금 결제, 예약 불가, 대기 30분 이상

한국인 여행자에게 인기 높은 난바의 규카츠 맛집. 겉은 바삭하게 튀기고 속은 레어 상태로 나오는 규카츠 조각을 화로에 직접 구워 먹는다. 줄 서는 동안 미리 주문을 받는데, 규카츠 보리밥 세트(130g, 260g)에 마가 포함된 메뉴로 시켜 보자.

구글맵 규카츠 토미타 **운영** 11:00~20:45 **예산** 1800~2900엔
가는 방법 난카이 난바역 근처 건물 2층, 에비스 다리에서 900m(도보 15분)

후쿠타로 본점 福太郎 本店

주메뉴 오코노미야키, 야키소바
- → 우라난바 노포 감성과 보장된 맛
- → 도톤보리에서 꽤 떨어진 곳, 대기 30분 이상

오픈 키친에서 푸짐한 재료로 요리하는 모습을 직접 볼 수 있어 현지인과 관광객 모두에게 사랑받는 가게. 매장 앞에 도착하면 대기 명단에 이름을 적고 기다리면 된다. 단, 관광지와 가까운 오코노미야키집을 찾는다면 **아지노야 본점**과 예약 가능한 **보테쥬 본점**을 방문하자. ▶ 지도 P.057

구글맵 후쿠타로 오꼬노미야끼 **운영** 평일 17:00~23:30, 주말 12:00~23:00
예산 1000~2000엔 **가는 방법** 에비스 다리에서 700m(도보 10분)

하나마루켄 난바·호젠지점
花丸軒 難波·法善寺店

주메뉴 돈코츠 라멘
- → 진한 돈코츠 라멘 맛집 → 현금 결제

돼지 뼈를 12시간 이상 고아 내는 국물, 삼겹살과 특수 부위인 토로코츄를 쓰는 부드러운 차슈가 별미다. 갈비찜, 차슈, 어묵, 죽순을 기본 토핑으로 올리는 시아와세 라멘이 대표 메뉴. 볶음밥이나 교자를 곁들여 먹어도 좋다. 김치가 필요하면 요청할 것.

구글맵 하나마루켄 **운영** 24시간
예산 1100~1400엔
가는 방법 센니치마에 상점가(호젠지 요코초 입구)

스시사카바 사시스 すし酒場 さしす

주메뉴 스시
- → 퀄리티 높은 초밥
- → 예약 불가, 대기 30분 이상

손님 상당수가 한국인 여행자라서 흔한 관광지 가게로 오해할 수 있으나 참치 뱃살 김말이와 성게알 군함말이 등 신선한 초밥을 맛보면 기다린 시간을 충분히 보상받을 수 있을 것! 우메다의 킷테 오사카, 기타신치에도 체인점이 있다.

구글맵 스시 사카바 사시스 난바 **운영** 11:00~22:00
예산 2500~3000엔 **가는 방법** 난바워크 지하 1층(B29번 출구 근처)

미리 예약하고 가세요!
고품격 도톤보리 & 난바 맛집

호젠지 아사쿠사 法善寺 浅草

주메뉴 복어 가이세키 코스
😊 → 맛있는 복어 요리와 호젠지 요코초 전망의 개인실
✅ → 온라인 예약 필수

구글맵 Hozenji Asakusa
운영 17:00~22:30
휴무 일요일(공휴일이면 다음 날 휴무)
예산 7품 디너 1만 3000엔
홈페이지 houzenjiasakusa.gorp.jp
가는 방법 지하철 난바역 B18번 출구에서 도보 3분

호젠지 요코초가 정면으로 내려다보이는 자리에서 최상품 규슈산 복어를 푸짐한 코스 요리로 즐긴다. 뎃사(회), 덴푸라(튀김), 뎃치리(전골), 조스이(달걀죽)까지 차례로 나온다.

> 오사카 사람들은 복어를 유난히 좋아해요. 가격이 부담스럽다면 가성비 복어 요리 맛집 후구쿠지라Fugukujira 또는 후쿠노마이 Fukunomai로 검색해 보세요.

타누키차야 たぬき茶屋

주메뉴 로바타야키
😊 → 재미있는 퍼포먼스
✅ → 구글맵으로 예약

1948년부터 영업해 온 곳으로 입구에 세워 놓은 너구리(타누키) 상징물이 반겨 준다. 활가리비 버터구이, 천연 대하 소금구이, 오늘의 사시미 4종 모둠 등의 메뉴를 선보인다. 화려한 퍼포먼스를 보면서 식사하는 로바타 카운터석을 원한다고 예약할 때 요청해 보자.

구글맵 로바타야키 타누키챠야 **운영** 16:00~23:15 **예산** 3000엔(주류 별도)
홈페이지 rikimaru-group.com/group/tanukichaya
가는 방법 지하철 난바역과 긴테츠 닛폰바시역 사이(센니치마에)

카니도라쿠 도톤보리 본점
かに道楽 道頓堀本店

주메뉴 게 샤부샤부, 가이세키 정식
- 😊 → 부모님과 식사하기 좋은 대형 음식점, 도톤보리강 전망
- ✅ → 구글맵으로 예약

1962년 도톤보리에 개업해 일본 전역으로 지점을 확장한 게 요리 전문점이다. 합리적인 가격의 점심 메뉴로 인기가 높다. 예약 시 좌석 종류 중에서 '호리코타츠'를 선택하면 다다미가 깔린 좌석에서 식사할 수 있다. 솥밥이 포함된 런치 코스(미즈키 또는 아카네)에 단품 게구이를 추가하면 더 좋다. 테이블에 놓인 태블릿으로 한국어 메뉴를 확인하고 주문한다.

구글맵 카니도라쿠 도톤보리본점 **운영** 11:00~22:00(런치 16:00까지) **예산** 런치 4000엔부터, 디너 8000엔부터 **홈페이지** douraku.co.jp **가는 방법** 에비스 다리 근처에서 커다란 게 간판 찾기

규탄노레몬 오사카 본점
牛たんの檸檬 大阪本店

주메뉴 우설 스테이크
- 😊 → 우설을 좋아한다면 추천
- ✅ → 온라인 예약 권장, 긴 대기 시간

부드러운 우설(규탄)을 정성껏 구워서 두툼하게 썰어 내오는 스테이크로 도쿄 신주쿠에서 인기를 얻은 맛집이다. 우설만 따로 주문하거나 소금구이, 갈비, 스테이크를 섞어서 주문해도 된다. 테이블에 놓인 QR코드를 스캔하면 한국어 메뉴가 보인다. 2024년 9월에 개업하자마자 오사카의 핫플로 떠올랐다.

구글맵 규탄노레몬. 인스타그램을 통해 예약 링크 확인 **운영** 11:00~15:00, 17:00~21:30 **휴무** 격주 화요일 **예산** 3500~5000엔 **인스타그램** @beeflemon.nanba **가는 방법** 긴테츠 닛폰바시역 4번 출구 앞

하리주 도톤보리 본점 はり重 道頓堀本店

주메뉴 스키야키, 샤부샤부
- 😊 → 다다미방에서 먹는 스키야키
- ✅ → 타베로그(일본 계정)로 예약해야 런치 코스 선택 가능

1919년부터 정육점으로 명성을 얻은 고급 스키야키 맛집. 다다미가 깔린 개별 룸에서 기모노를 입은 직원이 서비스해 주는 전통 방식으로 운영한다. 고기의 질은 가격대에 따라 다르다.

구글맵 하리쥬 도톤보리 본점 **운영** 11:30~21:00 **휴무** 화요일 **예산** 점심 최소 7000엔, 저녁 1만 5000엔 이상 **홈페이지** www.harijyu.co.jp **가는 방법** 에비스 다리에서 150m(도보 2분)

밤늦게까지 영업 중!
부담 없는 도톤보리 맛집

킨류라멘 金龍ラーメン

주메뉴 돈코츠 라멘
- 😊 → 김치 무한 리필, 지점 여러 군데
- 😕 → 미도스지점은 좌석 없음

꼬리가 잘려 눈물 흘리는 용을 보려면 도톤보리점으로!

오사카 도톤보리 일대에서 성업 중인 라멘 체인점. 차슈는 약간 퍽퍽하지만, 진한 돈코츠 국물에 김치, 부추, 다진 마늘을 넣고 밥까지 말아 먹을 수 있어서 든든한 한 끼로 손색없다.

구글맵 '킨류라멘'으로 검색(본점, 도톤보리점, 센니치마에점, 미도스지점)
운영 본점 제외 24시간 영업 **예산** 기본 800엔, 차슈 추가 1100엔
홈페이지 kinryuramen.com

츠루톤탄 소에몬초점 つるとんたん 宗右衛門町店

주메뉴 일반 우동, 카레 우동, 명란 크림 우동, 스키야키 우동
- 😊 → 맛있는 사누키 우동, 가족이 식사하기에 적당한 장소
- 😕 → 30분 이상 대기, 온라인 예약은 거의 불가능

두툼하고 쫄깃한 수타 우동을 큰 그릇에 담아 내는, 일명 '세숫대야 우동'으로 유명한 츠루톤탄의 본점이다. 다마쿠로 구분하는 면의 양은 최대 3배까지 추가 요금 없이 선택할 수 있으나, 1~1.5배면 충분하다. 테이블에 놓인 태블릿으로 한국어 메뉴를 보고 주문하면 된다.

구글맵 츠루통탄 소에몬초 **운영** 11:00~06:00 **예산** 1500~2000엔
홈페이지 www.tsurutontan.co.jp/shop/soemoncho
가는 방법 에비스 다리에서 500m(도보 7분)

도톤보리점

난바 본점

쿠시카츠 다루마 串かつだるま

주메뉴 쿠시카츠, 도테야키
- → 한 번은 먹어야 할 오사카 명물
- → 원조 매장은 신세카이 시장 ▶ P.115

구글맵 '쿠시카츠 다루마'로 가까운 체인점 검색
운영 11:00~22:30(매장별로 다름)
예산 2000~2500엔
홈페이지 www.kushikatu-daruma.com
가는 방법 에비스 다리에서 250m (도보 4분)

갖가지 재료를 꼬치에 꽂아 튀겨 먹는 쿠시카츠는 오사카를 대표하는 길거리 음식이다. 오사카 어디에나 있는 쿠시카츠 체인점 '다루마'는 매장 앞 화난 셰프 캐릭터로 알아볼 수 있다. 맛은 큰 차이가 없으니, 지나가다 자리가 있을 때 들어가 보자.

 도톤보리에서 가성비 높은 스시를 찾는다면?

사카에스시 さかえすし

- → 밤새 영업하는 인기 초밥집

담당 셰프가 직접 만들어 주는 초밥의 퀄리티가 좋다. 같은 위치에 매장 2곳을 운영해 회전율이 빠르다.

구글맵 사카에스시 타마야초점 또는 미츠테라점
운영 18:00~05:00 **예산** 4000엔

우오신 미나미 난바점 魚心 南難波店

- → 예약 가능한 가성비 높은 초밥집

유난히 두툼한 생선회가 특징. 장어초밥이 크고 실하다. 몇 종류를 먹어 보고 입에 맞으면 추가로 주문하자.

구글맵 Ganzo Butchikiri Sushi Uoshin Minami Namba Branch **운영** 11:30~23:00 **예산** 3000~4000엔

초지로 호젠지점 CHOJIRO 法善寺店

- → 예약 가능, 깔끔한 분위기

회전 초밥집이지만 실제로는 주문 즉시 셰프가 만들어 주는 방식이라 만족도가 높다.

구글맵 회전초밥 쵸지로 호젠지점
운영 11:00~15:00, 17:00~22:30 **예산** 3500~4000엔

스시로 スシロー / 쿠라스시 くら寿司

- → 3대 회전 초밥 체인점

메뉴가 다양한 공장형 회전 초밥집. 스시로의 만족도가 약간 더 높고, 쿠라스시는 재미있다.

구글맵 도톤보리 일대에 여러 곳
운영 매장별로 다름 **예산** 2000~3000엔

저렴하고 맛있는 한 그릇!
혼밥 가능 난바 맛집

이치미젠 一味禅

주메뉴 텐동(튀김덮밥)
☺ → 저렴한 가격과 정감 넘치는 맛 ✓ → 현금 결제, 작은 가게

할아버지 세프가 바로 튀긴 튀김을 올리고 비법 소스를 끼얹은 텐동으로 우리나라 예능 프로그램 (식신로드)에도 소개된 난바의 텐동 맛집. 아나고튀김, 새우, 채소튀김, 소고기를 올린 '놀라운 마법 텐동'은 양이 굉장히 많고, 큰 새우 두 마리와 채소튀김을 올려 내오는 대하 텐동(오에비텐동)이 일품이다. 토핑으로 반숙 달걀 튀김도 추가해 먹자.

구글맵 이치미젠 **운영** 11:00~16:30 **휴무** 월요일
예산 마법 텐동 1350엔, 대하 텐동 1000엔, 달걀 150엔
홈페이지 www.ichimizen.com **가는 방법** 덴덴타운 상가 1층

덴덴타운 본점 분위기

난바 고기극장 難波肉劇場

주메뉴 로스트비프덮밥, 삼겹살덮밥
☺ → 가성비 높은 고기덮밥
✓ → 현금 결제

혼밥 하기 좋은 고기덮밥 전문점. 비프로스덮밥의 고기 질도 가격 대비 괜찮은 편이다. 가게에 들어가 키오스크에서 메뉴를 고를 때 밥은 대·중·소 중에서 식사량에 맞게 선택하면 된다. 직원이 주문표 반쪽을 절취해서 먼저 가져가고, 식사가 나오면 나머지 반쪽을 회수한다.

구글맵 난바 고기극장
운영 11:00~23:00
예산 1000~1500엔
홈페이지 nikudonsenmonten.com
가는 방법 난카이 난바역 근처, 덴덴타운 오타로드 초입

오사카 돈테키 난바워크점 大阪トンテキ なんばウォーク店

주메뉴 돈테키(돼지 목살 스테이크)
☺ → 단돈 1만 원에 든든한 한 끼 ✓ → 현금 결제

두툼한 돼지 목살을 프라이팬에 굽고 특제 소스를 뿌려 내오는데, 튀김옷 없는 돈카츠라고 생각하면 된다. 음식 간이 약간 달고 짠 편이므로, 달걀을 추가하거나 양배추 샐러드와 먹으면 알맞다. 키오스크에서 식권을 먼저 뽑고 줄을 선다.

구글맵 오사카 톤테키 난바워쿠점 **운영** 11:00~22:00 **예산** 1200~1400엔
홈페이지 www.ron-corp.com/osakatontekin
가는 방법 난바워크 지하 1층(B27·B28번 출구 사이)

기타타케 우동 き田たけうどん

주메뉴 붓카케 우동, 츠케멘
😊 → 장인의 손으로 뽑은 수타 면
😕 → 사누키 우동 아님

사누키 우동은 아니지만, 수준급 수타 우동을 먹을 수 있는 곳. 어묵과 튀긴 반숙 달걀을 올린 지쿠타마텐 붓카케 우동 등 냉우동 메뉴로 선택해 보자. 수제 라유(고추기름)와 김치를 넣은 기무라쿤도 별미다. 면 중량이 600g으로 양이 상당히 많다.

구글맵 키타타케 우동 **운영** 11:00~15:00
휴무 월요일 **예산** 1000~1400엔
가는 방법 난카이 난바역 근처, 덴덴타운 오타로드 초입

이마이 본점 今井 本店

주메뉴 키츠네 우동, 와라비모찌(고사리떡)
😊 → 도톤보리 한복판 전통 가옥에서 식사
😕 → 고급 코스 요리(우동 나베)도 있음

1946년에 창업한 우동 전문점. 홋카이도산 천연 다시마로 우려낸 국물이 개운하다. 넓적한 유부를 토핑으로 올리는 키츠네 우동은 단맛이 강한 편이니 시치미를 뿌려 얼큰하게 먹어 보길.

구글맵 도톤보리 이마이 우동 맛집
운영 11:30~21:00 **휴무** 화·수요일 **예산** 1000~2000엔
홈페이지 www.d-imai.com **가는 방법** 에비스 다리에서 200m(도보 3분)

난바우동 なんばうどん

주메뉴 키츠네 우동, 덴푸라 우동
😊 → 저렴한 가격, 편리한 위치
😕 → 현금 결제

키오스크로 티켓을 뽑아 카운터에 내밀면 곧바로 면을 삶아 우동을 만들어 주는 곳. 면의 식감이나 재료가 특별하진 않지만 국물이 무척 담백하고, 무엇보다 카운터 자리에 둘러앉아 먹는 재미가 색다르다.

구글맵 난바우동 **운영** 11:00~21:00
휴무 월요일 **예산** 300~500엔
가는 방법 다카시마야 백화점 앞 센니치마에 상점가 입구

신사이바시
心斎橋

은행나무 가로수길 너머 화려한 불빛, 반짝이는 쇼윈도. 오사카에서 가장 'Chill'한 순간을 찾는다면, 답은 언제나 신사이바시.

신사이바시 요약 정리

🔍 쇼핑은 이렇게!

다이마루 백화점을 중심으로 신사이바시 파르코와 OPA 빌딩, 명품 브랜드 플래그십 스토어, 트렌디한 패션 매장이 밀집해 있다. 신사이바시스지 상점가를 기준 삼아 걸으면 길을 찾기 쉽고, 찾아갈 매장의 위치를 미리 파악해 두면 효율적인 동선을 짤 수 있다.

미도스지 가로수길

🔍 교통편은 이렇게!

지하철 3개 노선이 교차하기 때문에 교통이 매우 편리하다. 호텔 닛코 오사카 앞에서 하루 두 차례 간사이 국제공항행 리무진 버스가 출발한다. 쇼핑이 주목적이라면 이곳에 숙소를 정해도 좋다. 도톤보리 에비스 다리에서 신사이바시역까지는 700m 거리다.

신사이바시스지 상점가

08 다이마루 백화점 신사이바시점 大丸 心斎橋店

신사이바시 랜드마크

2026년에 창립 300주년을 맞이하는 다이마루 백화점의 전신은 1717년 교토에서 창업 후 1726년 오사카 신사이바시까지 진출한 '다이몬지야'라는 포목점이다. 1933년에 건축한 옛 건물은 유지한 채 2019년에는 최신 건물을 세우며 시대의 흐름에 따라 변화를 거듭했다. 건물 위로 우뚝 솟은 초대형 大 자 마크에는 '최고의 상인이 되겠다'는 의지가 담겨 있다.

본관에는 각종 명품 브랜드와 비비안 웨스트우드, 요지 야마모토 등이 입점해 있고, 양옆의 건물인 남관南館, 파르코PARCO 백화점, 뒤쪽으로는 신사이바시스지 상점가와 연결된다. 할인 쿠폰은 1층에서 발급하며, 면세 카운터는 본관 9층과 남관 4층에 있다.

구글맵 다이마루 신사이바시
운영 10:00~20:00(10층 식당가 11:00~22:00)
홈페이지 www.daimaru.co.jp
가는 방법 지하철 신사이바시역

백화점 층별 안내

 백화점 9층 포켓몬 카페에 가려면 예약 필수!

신사이바시점의 포켓몬 센터는 우메다의 포켓몬 센터 오사카에 비해 규모는 약간 작지만, 같은 층에 포켓몬 카페를 운영하고 있으며 면세 혜택을 받을 수 있는 것이 장점이다. 9층 매장은 자유롭게 출입 가능하고 바로 옆 점프 숍도 함께 구경할 수 있지만, 포켓몬 카페는 반드시 예약하고 가야 한다.

▶ 포켓몬 센터 오사카 1권 P.098

홈페이지
osaka.pokemon-cafe.jp
• 방문 31일 전 오후 6시 예약 오픈
• 예약 시간 10분 전 도착해서 QR코드 제시 후 입장

⑨ 신사이바시 파르코 心斎橋 PARCO

패션과 라이프스타일 쇼핑몰

다이마루 백화점과 연결된 신사이바시 파르코 백화점은 지하 2층부터 지상 14층까지 패션과 소품 숍 외에도 영화관과 이벤트 공간까지 갖추고 있다. 게임, 애니메이션 등 캐릭터 굿즈로 가득한 6층에 주목할 것!

구글맵 파르코 신사이바시
운영 10:00~20:00
홈페이지 shinsaibashi.parco.jp
가는 방법 다이마루 백화점과 연결

> 🛍 **클래식 명품** 에르메스, 구찌, 메종 마르지엘라
> **컨템퍼러리 & 캐주얼 패션** 휴먼메이드, 유나이티드 애로우즈(아크네), 노스페이스 퍼플 라벨, 요시다 포터 익스체인지 오사카, 바오바오
> **생활용품 & 잡화** 프랑프랑, 무인양품, 핸즈
> **캐릭터 숍(6F)** 도토리 공화국(지브리 숍), 레고 스토어, 고질라 스토어, 키디랜드, 스누피 타운 숍, 리락쿠마 스토어

⑩ 신사이바시스지 상점가 心斎橋筋商店街

깔끔한 아케이드 쇼핑 거리

미도스지와 나란히 뻗은 580m의 아케이드 상점가로, 17세기 초반 에도 시대부터 형성되기 시작했다. 다이마루 백화점 후문과 연결되어 있으며, 쭉 걷기만 해도 빅 카메라, 유니클로(2곳), ABC 마트를 비롯한 수많은 상점을 구경할 수 있다.

구글맵 신사이바시스지 상점가 또는 Shinsaibashi-Suji Shopping Street
운영 24시간 **가는 방법** 지하철 신사이바시역 5·6번 출구 또는 도톤보리 에비스 다리 북쪽과 연결

> UTme! 커스텀 티셔츠 제작을 원하면 신사이바시역과 가까운 유니클로 신사이바시점으로 가세요.

⑪ 아메리카무라(아메무라) アメリカ村

미국 감성 스트리트 패션

1970년대에 창고를 개조한 상점에서 미국산 의류와 잡화를 팔기 시작하면서 '미국 동네'라는 뜻의 '아메리카무라'라는 별명으로 불리게 되었다. 벽화와 그라피티가 그려진 길거리에 빈티지 의류나 중고 레코드 가게도 여전히 남아 있지만, 트렌디한 카페가 많은 핫플레이스이기도 하다. 삼각형 모양의 미츠 공원(삼각공원)과 빅 스텝Big Step 쇼핑몰이 상징적 장소다.

구글맵 빅 스텝 또는 미쓰 공원
가는 방법 다이마루 백화점 정문에서 길 건너편 자유의 여신상 방향

⑫ 오렌지 스트리트 Orange Street

신사이바시에서 특별한 아이템을 찾는다면

신사이바시 서쪽 지역인 호리에堀江는 과거 목재상과 가구상이 밀집해 있던 지역이다. 첫인상은 한적한 뒷골목을 걷는 듯한 느낌이지만, 최신 유행 스트리트 패션 브랜드와 소품 매장이 모여 있다. 약 800m에 걸쳐 길게 뻗은 오렌지 스트리트(타치바나 거리)의 메인 쇼핑 구역은 호리에 공원 주변이다.

구글맵 '호리에 공원'으로 검색하면 메인 쇼핑 구역
가는 방법 아메리카무라의 미츠 공원에서 호리에 공원까지 300m (도보 5분)

SPECIAL THEME

감각적인 패션 스토어를 찾아서!
신사이바시에서 쇼핑하기

신사이바시스지 / 미나미센바

래그태그 신사이바시점
Ragtag 心斎橋店

명품 세컨드핸즈를 모아 둔 편집 숍 체인. 구찌, 프라다, 때로는 슈프림 같은 브랜드까지 득템 찬스를 노려보자.

구글맵 Ragtag Shinsaibashi

비비안 웨스트우드
Vivienne Westwood

다이마루 신사이바시점(4층)에도 입점해 있지만, 보다 다양한 컬렉션과 액세서리를 구경하고 싶다면 미나미센바의 단독 매장을 찾아가자.

구글맵 Vivienne Westwood Shinsaibashi Store

이세이 미야케 센바
Issey Miyake Semba

바오바오, 플리츠 플리즈 등 이세이 미야케의 다양한 브랜드를 한자리에서 살펴볼 수 있는 곳. 지하에는 '창조의 샘'을 콘셉트로 꾸민 전시 공간도 마련돼 있다.

구글맵 이세이 미야케 센바

와일드사이드 요지 야마모토
ワイルドサイド ヨウジヤマモト

전위적이고 시크한 디자인이 돋보이는 요지 야마모토의 실험적인 컬렉션을 선보이는 곳. 온라인에서만 볼 수 있던 S'YTE 제품도 진열돼 있다.

구글맵 MGF3+R2 오사카

꼼데가르송 Comme des Garçons

베이프스토어, 나이키와의 협업 공간까지 갖춘 대형 매장. 제품이 입고되는 목요일에는 오픈 시간(11시)보다 30분~1시간 일찍 도착해 줄을 서야 한다. 플레이 라인은 보통 매장 왼쪽에 배치되어 있으니 곧바로 직진할 것!

구글맵 신사이바시 꼼데가르송

남다른 스케일의 패션 부티크와 트렌디한 로드 숍을 둘러보는 것이야말로 신사이바시의 진정한 매력! 오니츠카타이거, #FR2, BAPE STORE®, 프라이탁 등은 쇼핑 지도에 표시해 두었다. ▶ 쇼핑 지도 P.080

호리에 오렌지 스트리트

애크미 퍼니처
Acme Furniture

멋진 가구가 꽉 들어차 있는 인테리어 편집 숍. 디자인 소품과 의류 코너도 갖추고 있다.

구글맵 ACME Furniture Katen

잼 호리에점
JAM 堀江店

오렌지 스트리트뿐만 아니라 신사이바시, 아메리카무라, 우메다 치야마치에도 매장이 있는 일본의 대표적인 빈티지 상품 체인점.

구글맵 JAM Horie Orange Street

굿랜드 마켓
The Goodland Market

친환경 콘셉트 스토어. 업사이클링 패션 브랜드 프라이탁의 제품도 보유하고 있다. 1층에서 비건 도넛도 판매 중.

구글맵 더 굿랜드 마켓 호리에점

노스페이스 호리에점
The North Face 堀江

디자이너 혼마 에이치로와 협업한 퍼플 라벨 컬렉션을 찾는다면 주목. 호리에 공원 바로 앞쪽 매장의 규모가 꽤 큰 편이다.

구글맵 노스페이스 오사카

비오톱 Biotop

논픽션이나 요시다 포터 같은 브랜드의 감각적인 소품부터 꼼데가르송, 비즈빔 등 인기 브랜드의 상품을 구경하고, 1층에서는 커피, 4층 루프톱에서는 식사까지 즐길 수 있는 복합 라이프스타일 숍.

구글맵 Biotop Minamihorie

줄 섰다 하면 핫플
미나미센바의 라멘 & 우동 대전쟁

우사미테이 마츠바야 うさみ亭 マツバヤ

주메뉴 우동
- 😊 → 원조 키츠네 우동집의 품격
- ✓ → 현금 결제, 예약 불가

1893년에 창업한 노포. 달콤하게 조린 유부를 올린 키츠네 우동의 원조 가게다. 간사이풍 다시의 깊은 맛이 특별하고, 쫄깃한 면발과 잘 어울리는 달콤한 유부, 토핑으로 올리는 튀김(덴푸라)까지 수준급이다.

구글맵 우사미테이 마츠바야
운영 11:00~18:00
휴무 일요일
예산 1000엔
가는 방법 지하철 신사이바시역 1번 출구에서 450m(도보 6분)

무기토 토리 麦×鶏

주메뉴 라멘, 츠케멘
- 😊 → 성게알이 든 고급 토리파이탄 라멘
- ✓ → 현금 결제, 예약 불가

구글맵 무기토 토리
운영 10:30~15:00, 18:00~22:00
예산 1250~1600엔
홈페이지 mugitori.jp
가는 방법 지하철 신사이바시역 1번 출구에서 550m(도보 7분)

에스푸마 기법으로 거품을 낸 크리미한 닭 육수 베이스에 성게알이나 명란을 넣은 고급 라멘. 키오스크에서 맨 윗줄은 기본 닭 육수고, 명란(멘타이めんたい)은 빨간색, 성게알(우니ウニ)은 노란색으로 표시되어 있다. 꼬들꼬들한 면을 소스에 적셔 먹는 츠케멘이 인기 높지만, 부드러운 식감을 원하면 라멘(무기麦 선택)으로 주문해도 된다. 두툼한 닭 가슴살 차슈가 기본 토핑이고, 특제 토핑을 주문하면 돼지고기 차슈와 달걀이 추가된다.

> **TIP! 라멘 주문 팁**
>
> 신사이바시 미나미센바 쪽에는 끼니때마다 가게 앞에 긴 줄이 생기는 인기 라멘집이 유난히 많이 모여 있다. 영어와 한국어 메뉴를 갖춘 곳이 많고, 혼밥도 환영하는 분위기이므로 부담 없이 찾아가면 된다. 입구에 키오스크가 설치되어 있다면 먼저 결제한 다음 식권을 직원에게 전달하고 자리에 앉는다. 현금 결제만 가능한 곳이 많으니 주의!

라멘대전쟁 신사이바시점 ラーメン大戦争 せんば心斎橋店

주메뉴 라멘

😊 → 세련된 매장, 깔끔한 쇼유라멘 ✓ → 현금 결제, 예약 불가

유명 라멘집 '인류모두면류'의 스핀오프 브랜드로 '더 라멘 워'라는 이름으로 더현대 서울에도 입점했다. 대표 메뉴는 간장(쇼유) 베이스 국물에 닭과 조개로 감칠맛을 더한 피스톨 라멘. 짠맛을 줄이려면 가다랑어 기름이 들어 있는 헤이와(평화) 라멘으로 맛보자. 얇게 저민 차슈는 최대 5장까지 추가 요금 없이 선택할 수 있다.

구글맵 라멘 대전쟁 신사이바시점 **운영** 11:00~23:00
예산 1000엔 **홈페이지** ramen-daisenso.com
가는 방법 지하철 신사이바시역 1번 출구에서 550m(도보 7분)

토리소바 자긴 鶏Soba 座銀

주메뉴 라멘

😊 → 고급 토리파이탄 라멘 ✓ → 현금 결제, 예약 불가

도쿄까지 진출한 고급 라멘 전문점. 재료를 장식해 둔 실내 인테리어가 인상적이다. 대표 메뉴인 토리소바는 진하게 우린 가고시마산 닭 육수에 우엉튀김을 얹어 바삭한 식감을 살린 라멘이다. 규슈산 멸치를 쓰는 니보시煮干し 라멘은 탁한 국물(nigori 표시)과 맑은 국물(clear 표시) 중에서 선택할 수 있다. 키오스크 왼쪽은 고기초밥이나 차슈덮밥이 포함된 세트 메뉴. 오른쪽 단품 메뉴로 선택해도 된다.

구글맵 토리소바 자긴 니보시점 **운영** 10:00~21:30
예산 1000~1400엔
가는 방법 지하철 신사이바시역 1번 출구에서 300m(도보 5분)

부타야마 미나미센바점 豚山 南船場店

주메뉴 라멘, 츠케멘

😊 → 진한 돈코츠 국물과 푸짐한 차슈 ✓ → 현금 결제

기름진 돈코츠(돼지 뼈) 국물에 숙주를 산더미처럼 쌓아 주는 지로계 라멘 체인점. 기본 사이즈인 쇼라멘小ラーメン도 양이 상당히 많고, 두툼한 차슈는 매수에 따라 2장, 5장, 8장으로 구분해 요금을 다르게 받는다. 서빙 전 다진 마늘(닌니쿠)을 넣어 줄지 묻는데, 표준은 한 스푼이다. 양을 반으로 줄이려면 스코시少し, 2배로 늘리려면 마시마시マシマシ라고 하면 된다.

구글맵 Butayama Minamisenba Store
운영 11:00~22:30 **예산** 1200엔(차슈 5장짜리 쇼부타 라멘)
홈페이지 shop.butayama.com
가는 방법 토리소바 자긴 바로 옆

취향에 맞게 골라 보세요!
신사이바시 인기 맛집

메이지켄 明治軒

주메뉴 오므라이스 등 경양식

☺ → 신사이바시 한복판의 숨은 맛집　☑ → 현금 결제, 온라인 예약은 3인부터

1962년에 문을 연 경양식 레스토랑으로, 깔끔한 유니폼을 갖춰 입은 셰프가 프라이팬을 휘둘러 밥을 볶고 달걀을 부쳐 오므라이스를 만들어 준다. 상큼하고 부드러운 특제 소스가 정말 맛있다. 이 외에도 햄버그스테이크, 포크촙, 그라탱 등 다양한 메뉴를 선보이며, 점심에는 소고기 안심을 바삭하게 튀긴 쿠시카츠 세트 메뉴, 저녁에는 특상 비프커틀릿이 인기 높다.

구글맵 메이지켄 **운영** 11:00~15:00, 17:00~20:00(재료 소진 시 영업 종료)
휴무 월요일 저녁, 수요일(공휴일이면 다음 날 휴무)
예산 점심 1000~1200엔, 저녁 1400~2400엔
홈페이지 www.meijiken.com
가는 방법 지하철 신사이바시역에서 300m(도보 5분)

오레노 프렌치·이탤리언
俺のフレンチ・イタリアン

주메뉴 피자, 파스타, 스테이크

☺ → 편안하게 식사하기 좋은 곳　☑ → 자릿세 있음

신사이바시에서 와인이나 맥주를 곁들여 프랑스 요리와 이탈리아 요리를 캐주얼하게 맛볼 수 있는 곳. 바에 앉으면 즉석에서 피자를 만들어 구워 준다. 안티파스토(전채)와 계절 한정 오이스터 메뉴가 맛있다.

구글맵 Ore No French & Italian Shinsaibashi **운영** 12:00~15:00, 17:00~23:00 **예산** 2000~3000엔 **홈페이지** www.oreno.co.jp
가는 방법 다이마루 백화점에서 280m(도보 4분)

레드락 아메무라
Red Rock Amemura

주메뉴 로스트비프덮밥, 스테이크덮밥

☺ → 가성비 높은 푸짐한 고기덮밥
☑ → 키오스크 주문 후 입장

고베에 본점을 둔 고기덮밥 전문 체인점. 오븐에서 저온에 조리한 고깃덩어리를 얇게 썰어 밥 위에 얹어 주는 로스트비프, 와규 스테이크, 고베규 히츠마부시 등 다양한 메뉴를 제공한다.

구글맵 레드락 아메무라점 **운영** 11:30~15:00, 17:00~21:00 **예산** 2000~3000엔
홈페이지 www.redrock-kobebeef.com
가는 방법 아메리카무라 빅 스텝에서 도보 3분

돈카츠 다이키 とんかつ 大喜

주메뉴 돈카츠
- → 가격 대비 최상급 돈카츠
- → 예약 불가, 대기 1시간 이상

미슐랭 빕 구르망에 오른 돈카츠 맛집. 가고시마산 고급 돼지고기를 저온에서 바삭하게 튀겨 낸다. 로스카츠(등심)와 히레카츠(안심)의 무게와 비계 함량을 선택 가능하다. 시간에 쫓기지 않고 식사할 수 있도록 한 타임(약 1시간 30분)씩 입장시키기 때문에 대기 시간이 유난히 길다.

구글맵 돈카츠 다이키 **운영** 11:00~14:15, 17:30~21:15
휴무 일요일(수요일 휴무는 페이스북 공지)
예산 2500~3000엔 **페이스북** @100063568930972
가는 방법 다이마루 백화점에서 450m(도보 6분) / 지하철 나가호리바시역에서 200m(도보 3분)

소라노 미나미센바점 空野 南船場店

주메뉴 두부 요리
- → 정갈한 가정식 한 상, 편안한 분위기
- → 저녁 말고 점심 정식 공략

홋카이도산 유기농 대두에서 추출한 두유로 만든 두부를 재료로 하는 두부 요리 전문점. 간장, 소금, 후추를 취향대로 곁들여 먹는 두부가 무척 담백하고, 아게다시도후(튀긴 두부)도 훌륭하다. 근처 직장인들이 자주 찾는 숨은 맛집으로, 점심때 가야 런치 정식을 주문할 수 있다.

구글맵 두부 요리 소라노 미나미센바점
운영 11:30~15:00, 17:00~22:30
예산 런치 1000~1200엔, 디너 4000엔 이상
홈페이지 www.foodgate.net/shop/sorano
가는 방법 미나미센바, W 오사카 호텔 신사이바시점 뒤쪽

오니기리 고리짱 おにぎりごりちゃん

주메뉴 오니기리(일본식 주먹밥)
- → 테이블을 갖춘 오니기리 전문 체인점
- → 좁은 매장

남은 밥은 오차즈케로 먹기!

토핑을 골라 주문할 수 있는데, 랭킹 1위 메뉴에는 연어알과 구운 연어가 들어 있고, 2~3위에는 간장에 절인 달걀노른자가 들어 있다. 연어만 들어 있는 '사케 오니기리'도 추천.

구글맵 오니기리 고리짱 난바 **운영** 09:00~21:00
예산 개당 500~750엔 **인스타그램** @onigiri_gorichan_namba
가는 방법 지하철 신사이바시 2번 출구에서 220m(도보 3분)

쇼핑하다 카페인 충전
신사이바시 카페

> 인기 디저트 체인점 시아와세노 팬케이크, 하브스 정보도 같이 확인해 보세요!
> ▶ P.133

새러데이 뉴욕시티
Saturdays NYC

주메뉴 커피와 디저트
😊 → 스타일리시하고 쾌적한 공간

뉴욕 소호 기반의 캐주얼 의류 브랜드 세러데이 서프 NYC에서 운영한다. 2층은 패션 매장이고, 1층 대부분을 카페로 활용 중이라 실내가 넓고 쾌적하다. 신사이바시 거리가 내다보이는 창가에 앉아 커피를 마시며 잠시 쉬기 좋은 곳이다.

구글맵 Saturdays NYC Minamisenba
운영 09:00~20:00
예산 500~1000엔
홈페이지 saturdaysnyc.co.jp
가는 방법 미나미센바, 비비안 웨스트우드 맞은편

신사이바시 바이센쇼 心斎橋焙煎所

주메뉴 커피와 디저트
😊 → 고급 원두로 핸드 드립

일본 로스팅 챔피언십 우승 경력을 보유한 실력파 바리스타의 커피 브랜드. '바이센쇼(로스팅하는 장소)'라는 이름에 걸맞게 직접 로스팅한 원두를 다양하게 구비하고 있다. 타이야키(붕어빵)나 바스크 케이크 같은 디저트 종류도 많다. 커피에 관심이 있다면 홈페이지에 올리는 칼럼을 읽어 보는 것도 재미있다.

구글맵 The Roasters Coffee Shinsaibashi **운영** 09:00~19:00 **예산** 500엔 **홈페이지** coffee-japan.com
가는 방법 다이마루 백화점에서 큰길 건너 250m(도보 3분)

카스테라 긴소 カステラ 銀装

주메뉴 커피와 카스텔라
😊 → 2층 카페에서 먹는 정통 나가사키 카스텔라

1952년에 개업한 카스텔라 전문점이다. 가마에서 갓 쪄 낸 촉촉한 카스텔라가 시그니처다. 신사이바시스지 상점가가 내려다보이는 2층 카페에서 커피를 곁들인 카스텔라 세트나 간단한 식사를 주문할 수 있다. 쇼핑하다 잠시 쉬기에는 최고의 위치!

구글맵 카스테라 긴소 신사이바시점
운영 10:30~19:00 **예산** 1000엔
홈페이지 www.ginso-shop.com
가는 방법 신사이바시스지 상점가 방향 다이마루 백화점 입구 바로 앞

스트리머 커피 컴퍼니
Streamer Coffee Company

주메뉴 스트리머 라테, 리볼버 라테
☺ → 멋진 라테 아트와 아메리카무라 감성

세계 라테 아트 대회 챔피언 사와다 히로시의 최초 매장. 진한 에스프레소와 스팀 밀크가 조화로운 카페 라테로 유명하다. 정성껏 라테 아트를 그려 주는 스트리머 라테, 더블 샷이 들어가는 리볼버 라테, 말차와 화이트 초콜릿을 첨가한 밀리터리 라테가 대표 메뉴다.

구글맵 스트리머 커피 컴퍼니 신사이바시
운영 09:00~19:00 **예산** 750~900엔
인스타그램 @streamer_coffee_company
가는 방법 다이마루 백화점 큰길 건너 280m(도보 4분)

카타치 카페 Katachi Cafe

주메뉴 커피와 차, 디저트
☺ → 편리한 위치

타이완을 비롯한 세계 각국에서 수입한 디자인 잡화를 모아 둔 편집 숍을 겸한다. 카눌레 같은 미니 디저트와 간단한 브런치 메뉴도 주문 가능. 토리소바 자긴이나 우사미테이 마츠바야에서 점심을 먹은 후 들르기 좋은 위치에 있다.

구글맵 KATACHI CAFE **운영** 10:00~22:00
예산 500~1000엔 **홈페이지** www.katachi-cafe.com
가는 방법 미나미센바, 지하철 신사이바시역 1번 출구에서 450m(도보 6분)

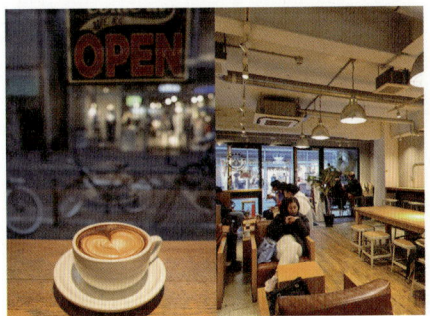

카타치의 마스코트!

커피 러프넥스 Coffee Roughnecks

주메뉴 플랫화이트, 핸드 드립 커피
☺ → 뉴질랜드식 플랫화이트 ☺ → 테이크아웃만 가능

뉴질랜드 유학파 사장이 직접 원두를 로스팅하며 운영하는 카페. 플랫화이트, 사이펀 커피도 맛볼 수 있다.

구글맵 Coffee Roughnecks
운영 평일 08:00~17:00, 주말 10:00~18:00
휴무 화요일(인스타그램 확인)
예산 500~1000엔 **인스타그램** @coffee_roughnecks
가는 방법 오렌지 스트리트 호리에 공원 서쪽으로 550m (도보 8~10분)

ZONE 3 오사카 중심

오사카성 & 나카노시마
大阪城 & 中之島

오사카성과 낭만의 강변

주오구中央区는 오사카의 중심부에 위치한 행정구역으로, 오사카성이라는 대표적인 랜드마크를 비롯해
고층 빌딩이 즐비한 혼마치, 강변을 따라 카페가 늘어선 기타하마, 신사이바시까지 모두 주오구에 속해 있다.
오사카성 북쪽으로는 기타구北区와 경계를 이루는 오카와大川(오강)가 흐른다.
파리 센강의 바토무슈를 닮은 유람선을 타고 나카노시마까지 다녀오거나 기타하마의
강변 전망 카페에서 보내는 시간은 오사카 여행의 쉼표가 되어 준다.

01 여행 포인트

- **이동 거리** 도보 4~5km
- **여행 시간** 오사카성 천수각만 본다면 1~2시간, 유람선 탑승 시 3~4시간
- **주유 패스 활용법** → 오사카성 천수각, 니시노마루 정원, 역사박물관, 피스 오사카, 유람선 등 주유 패스로 입장 가능한 어트랙션이 많다.
- **유람선 탑승 장소** → 고자부네 놀잇배와 수상 버스 아쿠아라이너의 매표소와 선착장은 오사카성 북쪽에 있다. 주유 패스 사용자라면 오전 중에 방문해 티켓을 확보하는 것이 좋다. 봄에만 운행하는 오카와 벚꽃 크루즈는 게이한 전철 덴마바시역 근처 하치켄야하마 선착장에서 탑승한다. ▶ 유람선 총정리 1권 P.048

02 대중교통 수단

오사카성 주변 어느 역에서 내리더라도 해자로 둘러싸인 중앙의 천수각까지 가려면 최소 15~20분은 걸어야 한다. 정문은 남서쪽의 오테몬이지만, 성의 다른 방향에도 진입로(지도의 화살표 참고)가 있다.

지하철 다니마치욘초메역 | 오사카성 천수각 | JR 오사카조코엔역

5km(15분)
- 난바역
- 지하철 센니치마에선
- 다니마치큐초메역 환승
- 지하철 다니마치선
- 다니마치욘초메역

4.5km(12분)
- 오사카역
- 300m(도보 6분)
- 히가시우메다역
- 지하철 다니마치선
- 다니마치욘초메역

4.5km(10분)
- 오사카역
- JR 오사카 순환선 ※주유 패스 사용 불가
- 오사카조코엔역

교통수단	역 이름	천수각까지	공원 내 교통수단
지하철	다니마치욘초메역 9번 출구	1.2km	일렉트릭 카
지하철, JR선	모리노미야역 3-B번 출구	1.3km	로드 트레인
JR선	오사카조코엔역 2번 출구	1.5km	로드 트레인
지하철	오사카비즈니스파크역 2번 출구	1.1km	없음
지하철, 게이한 전철	덴마바시역 3번 출구	1.4km	없음

구글맵 오사카성
요금 천수각 앞 혼마루까지는 무료.
천수각과 니시노마루 정원은 유료
홈페이지 www.osakacastlepark.jp

01 오사카성(오사카조) 大阪城

겉모습은 유적지, 내부는 전망대

오사카성은 도요토미 히데요시가 1583년에 이시야마 혼간지 터에 축조한 요새였다. 중앙에 솟은 천수각과 혼마루本丸(요새의 중심부)를 외부 성곽인 니노마루二の丸 및 이중 해자로 방어하는 구조였으나, 1615년에 완전히 파괴됐다. 1620년부터 약 10년에 걸쳐 해자와 성벽을 재건하며 지었던 두 번째 천수각 또한 1665년에 낙뢰로 소실되었다. 현재의 천수각은 고증 없이 복원한 55m 높이의 철근 콘크리트 구조물로, 오사카시가 운영하는 박물관 겸 전망대로 활용하고 있다. 오사카성 공원(오사카조코엔)으로 지정된 성 일대에는 니시노마루 정원, 매림梅林(매화 명소), 대형 공연장 오사카 홀 등이 자리해 시민 공원의 역할을 겸한다.

FOLLOW UP

헤매지 말자!
효율적인 오사카성 관람법

오사카성 주변 지하철역에서 나오면 어디서나 천수각이 보여서 길 찾기는 쉽다. 하지만 해자로 둘러싸인 성 안으로 들어가기 위해 꽤 오래 걸어야 하므로, 동선을 미리 파악해 두면 도움이 된다.

오사카성 상세 지도

PLAN ①
천수각과 정문을 보고 싶다면?
공원 남서쪽 방향으로 진입

🚇 다니마치욘초메역 → 🚶 130m 오사카 역사박물관 → 🚶 450m 오테몬(정문) → 🚶 350m 사쿠라몬(혼마루로 진입하는 관문) → 🚶 300m 천수각 순서로 관람

역사박물관에서 바라본 오사카성 전경
- 고자부네 놀잇배 매표소
- 천수각
- 아쿠아라이너 매표소
- 오사카 영빈관
- 혼마루 구역
- 사쿠라몬
- 매림
- 니시노마루 정원
- 진입로
- 오테몬(정문)
- 벚나무 길
- 다니마치 욘초메역 방향

○ 오사카 역사박물관
大阪歷史博物館

고대에서 현대까지 오사카의 역사를 실물 자료로 소개하는 박물관. 10층에 나니와노미야궁의 대극전을 재현한 전시관이 있고, 6층까지 걸어 내려가면서 오사카성 공원의 전경을 눈에 담을 수 있다. NHK 방송국과 같은 건물이다.

운영 09:30~17:00 **휴무** 화요일 (공휴일이면 다음 날 휴무), 12/28~1/4
요금 성인 600엔, 고등학생·대학생 400엔, 중학생 이하 무료
※ **주유 패스** 무료

○ 천수각(덴슈카쿠) 天守閣

입장권은 현장 키오스크에서 구매할 수 있으며, 온라인 예약자 또는 주유 패스 소지자는 매표소 앞에 줄을 서지 말고 QR코드만 제시하면 된다. 1층에서 5층까지는 엘리베이터(줄이 길다면 계단 이용)로 올라가고, 5층부터 8층 전망대까지는 좁은 계단으로 걸어서 이동한다. 층별로 마련된 박물관에서는 성의 변천사와 함께 주로 도요토미 히데요시와 관련된 유물을 전시한다. 2025년 4월에 지하에 묻혀 있던 석벽관을 개관했다.

운영 09:00~18:00 **휴무** 12/28~1/1
요금 성인 1200엔, 고등학생·대학생 600엔, 중학생 이하 무료
※ **주유 패스** 무료/축제 기간 입장료는 별도
홈페이지 www.osakacastle.net

PLAN ②
부모님을 모시고 여행한다면?
미니 열차와 전기차를 활용

공원 내부를 순환하는 차량은 시간에 맞춰 탑승하기가 까다롭지만, 계속 걸어야 하는 부담을 줄여 준다. 표는 자동 발매기를 이용하거나 직원에게 구입할 수 있다.

로드 트레인(미니 열차) 정류장
· 지하철 모리마치역 3-B번 출구 앞
구글맵 오사카성 공원 분수
· JR 오사카조코엔역 근처
구글맵 JO-TERRACE OSAKA
· 극락교
구글맵 고자부네 뱃놀이 티켓 판매소

일렉트릭 카(전기차) 정류장
· 오사카 역사박물관 맞은편 공터
구글맵 Banbacho Stop
· 오테몬 앞
구글맵 Otemae Stop
· 사쿠라몬 앞
구글맵 오사카성 사쿠라 몬

운영 09:30~17:30 ※배차 간격 약 20분
휴무 매월 첫째 목요일(공휴일이면 다음 날 휴무)
요금 편도 성인 400엔, 어린이·65세 이상 200엔 / 1일권 성인 1000엔, 어린이·65세 이상 600엔
※ 사용 불가

PLAN ③
벚꽃철, 단풍철, 크리스마스 시즌이라면?
니시노마루 정원 西の丸庭園

오테몬으로 들어가면 왼쪽에 니시노마루 정원 매표소가 보인다. 오사카성을 해자 건너편에서 바라볼 수 있다는 것 외에는 특별한 점이 없지만, 벚꽃이 만개하는 봄날 밤에는 푸드 트럭까지 찾아와 성대한 벚꽃 축제가 열린다. 크리스마스 무렵에도 '오사카성 일루미네이션'이라는 조명 쇼를 펼친다.

운영 3~10월 09:00~17:00, 11~2월 09:00~16:30, 야간 개장 17:30경
요금 200엔(축제 기간 입장료는 별도)
※ 주유 패스 무료

> **식사는 이렇게!**
> 오사카성 주변에 자판기와 편의점이 설치되어 있고, 음식점은 천수각 앞의 미라이자 오사카조(구 오사카 시립박물관 건물)와 JR 오사카조코엔역 앞의 조 테라스 오사카 상점가에 있다.

PLAN ④
오사카성에서 배를 타고 싶다면? 주유 패스 활용!

○ **고자부네 놀잇배 御座船** *소요 시간 20분*

도요토미 히데요시 시대 병풍에 그려진 화려한 금박 봉황선을 재현한 놀잇배. 이 배를 타면 천수각이 보이는 안쪽 해자를 따라 유람하면서 도쿠가와 막부 시대에 정교하게 쌓아 올린 석벽 가까이까지 접근한다. 매표소와 선착장 위치가 다르므로 탑승 시간에 늦지 않게 도착해야 한다.

운영 10:00~17:00, 겨울철 16:30까지(배선 간격 15~20분) **휴무** 12/28~1/3 **요금** 1800엔(먼저 매표소에서 승선권 교환) ※ 주유 패스 · e-Pass 무료
가는 방법 지하철 오사카비즈니스파크역 2번 출구에서 매표소까지 750m(도보 10분)

○ **오사카 수상 버스 아쿠아라이너** *소요 시간 55분*

오사카성 북쪽의 선착장에서 강을 따라 나카노시마까지 운항하는 유람선이다. 여러 다리를 지나며 오사카 중앙공회당까지 배 안에서 볼 수 있다.

운영 10:00~16:00(배선 간격 약 1시간)
휴무 3월 말~4월 초에는 '오카와 벚꽃 크루즈'로 대체
요금 왕복 2000엔, 편노 1500엔 ※온라인 예약 가능, 주유 패스 · e-Pass 사용자는 전화 예약을 하거나 당일 매표소에서 승선권 교환
홈페이지 suijo-bus.osaka/language/aqualiner
가는 방법 지하철 오사카비즈니스파크역 1번 출구에서 400m(도보 5분)

02 나카노시마
中之島

예술과 문화의 섬

나카노시마는 도지마강과 도사보리강 중간에 자리한 동서 길이 약 3km, 폭 300m의 길쭉한 섬이다. 오사카 시청과 일본은행 오사카 지점 등 행정과 경제 시설이 밀집한 상업지구이자 오사카시 중앙공회당과 여러 미술관이 모인 문화와 예술의 중심지다. 가장 예쁜 구간은 중앙공회당과 남쪽 기타하마 카페 거리 사이로 계절마다 다른 꽃을 피우는 장미 정원이 조성되어 있고, 강폭이 좁아서 다리를 건너며 산책을 즐길 수 있다.

구글맵 Naniwabashi Bridge
가는 방법 지하철·게이한 요도야바시역 또는 기타하마역

유람선은 어디서 타면 좋을까?

나카노시마 리버 크루즈 선착장은 주요 관광지나 지하철역과 거리가 멀고, 하치켄야하마 선착장이 덴마바시역이나 기타하마에서 비교적 가깝다. 유람선의 종류가 다양하므로 공식 홈페이지에서 알아보고 주유 패스 이용 방법 안내를 확인할 것.

- 수상 버스 아쿠아라이너 운항 벚꽃철을 제외한 낮 ※오사카성 항구에서도 탑승 가능
- 오카와 벚꽃 크루즈 운항 3월 말~4월 중순 낮
- 요리미치 선셋 크루즈 운항 9~10월 주말 저녁

구글맵 Hachikenyahama Pier
홈페이지 suijo-bus.osaka/cruiselist
가는 방법 지하철·게이한 덴마바시역 하차

나카노시마를 거닐다
中之島

분주한 오사카에서 커피 한 잔의 여유를 선물해주는 장소.
늦가을부터는 오사카 시청에서 오사카 중앙공회당까지 약 150m의 느티나무 가로수 길이 '오사카 빛의 르네상스' 일루미네이션 스트리트로 변신한다.

SPECIAL THEME

리버 뷰 카페에서 커피 한 잔
기타하마 카페 거리

오사카 기타하마北浜는 금융가로 유명하지만, 여행자에게는 카페 거리로 더 잘 알려져 있다.
특히 나카노시마를 사이에 두고 흐르는 도사보리강 쪽에 전망 좋은 카페가 많다.
가는 방법 지하철·게이한 기타하마역과 요도야바시역 사이

01 모토 커피 Moto Coffee

나니와 다리 건너편 하얀 건물

나카노시마와 연결된 나니와 다리와 장미 정원이 바라다보이는 전망 좋은 카페. 강변 테라스석에 앉기 위한 경쟁이 치열해서 대기표를 뽑아야 할 정도다. 2층과 3층에도 아름다운 풍경을 내다볼 수 있는 창가 자리가 있다.

구글맵 모토커피 Kitahama
운영 11:00~18:00
인스타그램 @moto_coffee

02 임뱅크먼트 커피 Embankment Coffee

전망보다 더 깊고 진한 한 잔

산미가 강한 핸드 드립 커피를 좋아한다면 꼭 찾아가 봐야 할 곳이다. 고택을 개조한 카페 분위기도 운치 있다.

구글맵 Embankment Coffee
운영 평일 11:00~18:00, 주말 09:00~18:00
휴무 수요일 **인스타그램** @embankmentcoffee

디저트 맛집 고칸과 뜨개질 케이크 정보
▶ P.132

03 브루클린 로스팅 컴퍼니
Brooklyn Roasting Company

오사카에서 만나는 뉴욕 감성

뉴욕 브루클린에서 오사카와 도쿄까지 진출한 로스터리 카페. 라테가 맛있고, 인더스트리얼 무드의 인테리어로 꾸민 내부도 분위기 만점. 나카노시마 장미 정원이 보이는 강변 테라스 좌석을 갖추고 있다.

구글맵 브루클린 로스팅 컴퍼니 기타하마
운영 평일 08:00~20:00, 주말 08:00~19:00
인스타그램 @brooklynroastingjapan

04 마운트 기타하마점
Mount Kitahama

중앙공회당을 정면에 두고

대기자가 많지 않고 실내도 비교적 넓은 것이 장점. 건너편 중앙공회당을 바라보며 잠시 쉬어 가기 좋은 위치다.

구글맵 마운트 키타하마점 **운영** 11:00~17:30
홈페이지 www.mountkitahama.com

05 스모브로 키친 スモーブローキッチン

도서관 속 북유럽 감성

나카노시마 도서관의 카페 겸 레스토랑. 점심시간에는 북유럽식 오픈 샌드위치 스뫼레브뢰드를 선보인다.

구글맵 스모브로 키친 나카노시마
운영 일~목요일 09:00~17:00, 금·토요일 09:00~20:00
인스타그램 @smorrebrodkitchen

06 몽쉐르 도지마 본점 モンシェール 堂島本店

도지마롤의 탄생지

국내에서도 큰 인기를 끈 생크림 롤케이크 '도지마롤'을 처음 만든 앰비언트 도지마 호텔 자리에 문을 연 베이커리 1호점이다. 카페처럼 이용하려면 신사이바시에 있는 살롱 드 몽쉐르로 발길을 옮기자.

구글맵 파티세리 몽쉐르 도지마 본점 또는 살롱 드 몽쉐르
홈페이지 www.mon-cher.com

03 오사카시 중앙공회당 大阪市中央公会堂

나카노시마의 랜드마크

1918년 오카다 신이치로의 설계로 준공된 네오르네상스 양식의 건물로, 2002년 복원 공사를 거쳐 국가 중요문화재로 지정됐다. 평상시에는 공회당의 역사를 소개하는 전시실과 기념품점 정도만 둘러볼 수 있다. 평일 점심시간에는 1층 레스토랑에서 한정 판매하는 오므라이스 런치 세트를 먹기 위해 긴 줄이 늘어선다.

• 공회당
구글맵 오사카시 중앙공회당 또는 Osaka City Central Public Hall
운영 09:30~21:30
홈페이지 osaka-chuokokaido.jp

• 레스토랑
구글맵 Nakanoshima Social Eat Awake
운영 11:00~15:00, 17:00~21:00
예산 점심 1450~1650엔, 저녁 3000엔 이상
홈페이지 nakanoshima-social-eat-awake.jp

 나카노시마의 미술관과 박물관

국립국제미술관(NMAO)
国立国際美術館

대나무를 형상화한 은빛 조형물이 눈에 띄는 현대미술관. 전시관을 지하에 마련한 독특한 구조다.

운영 10:00~17:00
휴무 월요일
요금 430엔
홈페이지 www.nmao.go.jp

오사카 시립 과학관
大阪市立科学館

우주와 에너지를 테마로 한 과학 박물관. 플라네타륨(천체관) 입장권은 선착순으로 판매한다.

운영 09:30~17:00
휴무 월요일
요금 600엔
홈페이지 www.sci-museum.jp

오사카 시립 동양도자미술관
大阪市立東洋陶磁美術館

재일 교포 이병창 박사의 기증품을 포함한 1000여 점의 한국 도자기와 중국, 일본의 도자기를 소장하고 있다.

운영 09:30~17:00
휴무 월요일 **요금** 2000엔
홈페이지 www.moco.or.jp

나카노시마 예술 산책
오사카 나카노시마 미술관
大阪中之島美術館(NAKKA)

2022년에 개관한 미술관으로 아메데오 모딜리아니, 살바도르 달리, 르네 마그리트, 장미셸 바스키아, 사에키 유조, 요시하라 지로, 고이데 나라시게 등 19세기 후반부터 현대에 이르는 화가의 작품 6000여 점을 소장하고 있다. 검은색 큐브 형태가 인상적인 미술관 건물은 나카노시마의 동서를 연결하는 지점에 위치한다. 다양한 방향에서 접근할 수 있도록 출입구를 배치했고, 1~2층은 전시 관람객뿐만 아니라 누구나 자유롭게 이용할 수 있는 개방적인 공간으로 설계했다. 미술관 1층의 카페 뮤제 카라토 Musée KARATO에서 제철 채소를 활용한 정갈한 런치를 즐기는 것 또한 오사카 나카노시마 미술관을 향유하는 또 다른 방법이라 할 수 있겠다.

구글맵 오사카 나카노시마 미술관 또는 Nakanoshima Museum of Art, Osaka
운영 10:00~17:00(마지막 입장 16:30)
휴무 월요일(공휴일이면 다음 날 휴무)
요금 전시 일정에 따라 다름
홈페이지 nakka-art.jp/ko
가는 방법 지하철 히고바시역 4번 출구에서 550m(도보 10분) / 나카노시마 도서관에서 1.1km(도보 15분)

고이데 나라시게 <거리 풍경>(1925)

- **사에키 유조(1898~1928)**
  1920년대에 프랑스에서 활동하며 대담한 필치로 파리의 풍경을 그린 서양화가
- **요시하라 지로(1905~1972)**
  전위 예술 그룹 구타이미술협회具体美術協会를 창립한 일본 추상미술의 선구자
- **고이데 나라시게(1887~1931)**
  절제된 색감과 정적인 구도를 통해 일본적 미감을 강조한 서양화가이자 수필가

르네 마그리트 <기성품 꽃다발>(1957)

⓪④
오카와(오강)
大川 🌸

📍
구글맵 가와사키 다리
Kawasakibashi Bridge/
덴마 다리 Temmabashi Bridge
가는 방법 게이한·지하철 덴마바시역
에서 강변 쪽으로 걸어가기

오사카 힐링의 강

오사카 중심부에 흐르는 약 14km의 구요도강旧淀川은 원래 요도강의 본류였으나, 1907년 신요도강新淀川 준설 이후 유람선이 오가는 여유로운 강으로 변모했다. 지점에 따라 명칭이 계속 바뀌는데, 오사카 조폐 박물관이 있는 상류에서는 오강大川으로 불리다가 오사카성 위쪽에서 네야강寢屋川과 합류하고, 나카노시마를 사이에 두고 도지마강堂島川과 도사보리강土佐堀川으로 나뉜다. 그리고 다시 합쳐져 아지강安治川이 되어 오사카 베이까지 흘러간다.

매년 축제 시즌이 되면 강변에는 어김없이 포장마차(야타이)가 늘어서며 활기를 더한다. 3월 말부터 4월 중순에는 벚꽃 축제, 7월 7일에는 소원을 담은 파란 등불이 강물을 수놓는 다나바타 마츠리, 6월 말부터 7월 말까지는 덴진 마츠리 기간에 맞춰 다양한 행사가 열린다.

덴마 다리(덴마바시) 걸어서 건너기

05
오사카텐만구
大阪天満宮 🌸 ⛩

매화의 신사

학문의 신 스가와라노 미치자네를 모시는 오사카텐만구는 949년에 창건되었으며, 수험생과 학업 성취를 비는 사람들에게 인기 있는 신사다. 매년 입시철마다 일본 전국에서 합격을 기원하는 참배객이 몰려든다.

경내에 수험생이 소원을 적어 걸어 두는 에마絵馬가 가득하며, 합격 기원 부적이나 학업 관련 기념품도 판매한다. 또한 매화가 만개하는 2월에는 경내가 온통 분홍빛으로 물들면서 봄의 시작을 알린다.

구글맵 오사카텐만구(오사카 천만궁) 또는 Osaka Tenmangu Shrine **운영** 05:30~18:30 **요금** 무료
홈페이지 osakatemmangu.or.jp **가는 방법** 지하철 미나미모리마치역 4번 출구 또는 JR 오사카텐만구역 7번 출구

📷 일본 3대 축제
덴진 마츠리 天神祭

951년부터 오사카텐만구 신사에서 주관해 온 초대형 여름 축제다. 7월 24일의 전야제를 시작으로, 7월 26일에 히이라이드인 본제가 열린다. 오후 3시 30분에 신을 모시는 가마 미코시神輿를 운반하는 육로 행렬인 리쿠토교陸渡御가 덴마바시 앞 선착장까지 행진한다. 뒤이어 수상 행렬인 100여 척의 후나토교船渡御가 오카와(오강)를 거슬러 오르며 나무로 만든 창인 가미호코神鉾를 강에 띄워 보내는 장관을 연출하고, 밤에는 수천 발의 불꽃을 쏘아 올리며 대단원의 막을 내린다.

관람 장소 하류 가와사키 다리 또는 상류 OAP 타워 & 플라자 부근 / 유료 관람 구역은 입장권 판매

⑥ 오사카 시립 주택 박물관 大阪くらしの今昔館

오사카 민속촌 체험

에도 시대부터 현대에 이르기까지 오사카 사람들의 생활상을 재현한 박물관이다. 건물 8층 매표소에서 표를 구입하고 10층으로 올라간다. 1830년대 약방, 포목점, 목욕탕과 전통 가옥을 실물 크기로 복원한 민속촌에서 인증 샷을 남기기 좋은 곳. 기모노도 대여 가능하다. 주유 패스 사용자들이 주로 찾는 명소로 덴진바시스지 상점가 북쪽 끝에 자리 잡고 있다.

구글맵 오사카 시립 주택 박물관 또는 Osaka Municipal Housing Museum
운영 10:00~17:00
휴무 화요일(공휴일이면 개관)
요금 600엔 ※ 주유 패스 무료, 기모노 체험 1000엔(자동 발매기에서 현금으로 티켓 구입)
홈페이지 www.osaka-angenet.jp/konjyakukan
가는 방법 지하철 덴진바시스지로쿠초메역 3번 출구 앞 건물 8층

⑦ 덴진바시스지 상점가
天神橋筋商店街

일본에서 가장 긴 상점가

약 2.6km에 걸쳐 뻗은 쇼핑 아케이드에 로컬 맛집, 전통 상점 등 현지인의 생활과 밀접한 가게 600여 곳이 빼곡하게 늘어서 있다. 덴진바시를 기점으로 잇초메1丁目부터 로쿠초메6丁目까지 6개 구역으로 나뉜다.

구글맵 Tenjinbashi-suji Shopping Street
운영 점포별로 다름(보통 10:00~20:00)
가는 방법 남쪽 입구 덴진바시 & 오사카텐만구 근처 / 북쪽 입구 오사카 시립 주택 박물관 앞

> 덴진바시스지 상점가 북쪽 끝에서 우메다까지는 1.6km 거리입니다. 큰 볼거리는 없으나 중간에 나카자키초 카페 거리에 들를 계획이라면 걸어가도 좋습니다. ▶ P.052

FOLLOW UP

골라 먹는 재미가 있는
덴진바시스지 맛집

타코야키, 쿠시카츠, 우동 등 싸고 맛있는 음식으로 사랑받는 현지인 맛집이 가득! 이 중 가장 인기가 높은 곳은 하루코마 본점이지만, 골목을 누비며 취향에 맞는 곳을 찾아 보는 것도 좋은 방법이다.

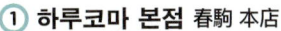
골목 안 히로코 타코야키도 인기!

① 하루코마 본점 春駒 本店
주메뉴 스시
☺ → 가격 대비 놀라운 퀄리티　☹ → 예약 불가

시장 내에 2곳
현지인과 관광객 모두에게 사랑받는 스시 전문점이다. 자리에 앉아 종이에 원하는 메뉴를 영어 또는 일본어로 적어 담당 셰프에게 건네면 즉석에서 맛있는 초밥을 만들어 준다. 바쁘게 돌아가는 곳이고 수기로 계산하는 시스템이므로 간혹 착오가 생긴다. 종이를 사진 찍어 두었다가 주문 내역을 확인하자. 본점과 지점이 도보 2~3분 거리에 있으므로 대기 상황을 보고 결정하면 된다.

구글맵 하루코마 본점 또는 '하루코마 지점'으로 검색
운영 11:00~21:30　**휴무** 화요일
예산 2000~3000엔
인스타그램 @harukoma_5tenjinbashi
가는 방법 지하철 덴진바시스지로쿠초메역에서 400m(도보 6분)

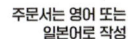
주문서는 영어 또는 일본어로 작성

② 그릴 램프테이 グリル らんぷ亭
주메뉴 철판 햄버그스테이크
☺ → 혼밥이 가능한 경양식 맛집　☹ → 예약 불가, 현금 결제

대표 메뉴 B 세트를 주문하면 두툼한 철판에 나폴리탄 스파게티를 깔고 그 위에 큼직한 햄버그스테이크와 새우튀김 2개를 올려 내온다. 계절 한정 굴튀김, 비프스테이크, 오므라이스 등 다양한 음식을 맛볼 수 있다.

구글맵 Grill Lamp-tei
운영 11:00~22:00　**예산** 1200~1500엔
홈페이지 www.ron-corp.com/lamptei
가는 방법 지하철 오기마치역에서 80m(도보 1분)

ZONE 4 오사카 남쪽

덴노지 & 신세카이
天王寺 & 新世界

초고층 전망대와 쿠시카츠 맛집 골목

백제식 가람 배치가 인상적인 불교 사찰 시텐노지, 초고층 전망대 하루카스 300, 레트로 감성의 츠텐카쿠 타워가 한곳에 모두 모인 관광지. 낮에는 동물원과 오사카 시립미술관, 일본식 정원을 품은 덴노지 공원에서 한가로이 산책을 즐겨 보자. 오사카 사람들이 사랑하는 맛집이 많은 신세카이 시장 일대는 하루 중 저녁 무렵에 가장 활기를 띤다.

01 여행 포인트

- **이동 거리** 4km(덴노지역에서 도부츠엔마에역까지 지하철 이용 시 3km)
- **여행 시간** 츠텐카쿠 1시간, 아베노하루카스 2시간
- 낮에 가면 좋은 곳 → 시텐노지, 덴노지 동물원, 게이타쿠엔 정원, 오사카 시립미술관
- 저녁에 가면 좋은 곳 → 하루카스 300 전망대, 신세카이 시장 & 잔잔요코초, 스파월드(온천)
- 주유 패스 이용 시 → 츠텐카쿠 타워슬라이더, 다이브앤워크를 이용하려면 오후 6시 이전 방문 권장

02 대중교통 수단

간사이 국제공항에서 JR 간쿠쾌속이나 하루카를 타면 덴노지역까지 30분 만에 도착한다. 덴노지역은 JR 오사카 순환선, 지하철 미도스지선과 다니마치선 등이 모두 연결된 역으로, 오사카 내 주요 관광지에서 찾아가기 편하다. 오사카의 유일한 노면전차인 한카이 전철이 출발하는 덴노지에키마에역도 가깝다.

▶ 한카이 전차 P.022

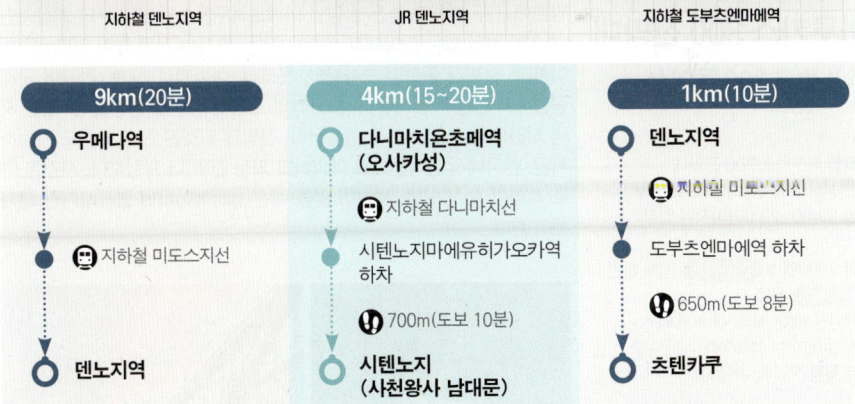

지하철 덴노지역 | JR 덴노지역 | 지하철 도부츠엔마에역

9km(20분)
우메다역 → 지하철 미도스지선 → 덴노지역

4km(15~20분)
다니마치온초메역 (오사카성) → 지하철 다니마치선 → 시텐노지마에유히가오카역 하차 → 700m(도보 10분) → 시텐노지 (사천왕사 남대문)

1km(10분)
덴노지역 → 지하철 미도스지선 → 도부츠엔마에역 하차 → 650m(도보 8분) → 츠텐카쿠

03 여행 아이디어

- ☑ 최고의 파노라마 뷰! 하루카스 300 전망대
- ☑ 잔잔요코초에서 현지인과 어울려 쿠시카츠 맛보기
- ☑ 도심 속 온천 스파랜드에서 힐링하고 츠텐카쿠 인증 샷 찍고!

하루카스 300 전망대에서 바라본 오사카 야경

① 하루카스 300 전망대
ハルカス300展望台

구글맵 하루카스 300 전망대
또는 Harukas 300 Observatory
운영 09:00~22:00(마지막 입장 21:30)
요금 2000엔 ※ 주유 패스 10% 할인,
조이 패스 무료
홈페이지 www.abenoharukas-300.jp/kr/observatory
가는 방법 지하철·JR 덴노지역과 연결

오사카 최고 높이에서 야경 감상

일본에서 두 번째로 높은 빌딩인 아베노하루카스의 58층부터 최상층인 60층에 걸쳐 있는 전망대로, '300'이라는 숫자는 건물 높이 300m를 의미한다. 날씨가 좋으면 오사카만, 롯코산, 아와지섬, 교토, 간사이 국제공항까지 한눈에 들어온다. 오사카의 노을과 야경을 감상할 수 있는 저녁 시간대의 전망이 가장 아름답다. 전망대 티켓은 현장 발권도 가능하지만, 한국에서 온라인으로 예약하고 가는 편이 더 저렴하다. 시간은 따로 지정할 수 없으며, 사람이 많을 때는 엘리베이터에 탑승하려면 대기해야 한다.

츠텐카쿠 타워에서 바라본 아베노하루카스 빌딩과 덴노지 공원 전경

전망대 상세 정보

16층으로 입장
아베노하루카스 미술관과 전망대 매표소가 있는 16층에서 엘리베이터를 타고 올라간 뒤, 총 3개 층으로 이루어진 전망대를 둘러본다. 16층의 무료 개방 야외 정원도 기억해 두자.

60층 실내 전망대
사방이 유리로 둘러싸여 계절과 날씨에 상관없이 파노라마 전망을 즐길 수 있다. 출구인 59층에는 기념품점이 있다.

58층 하늘 정원 & 카페
중앙의 천장을 개방해 야외 공간으로 조성했으며, 스카이가든 300 카페가 있다. 겨울에는 운치 있는 고타츠 테이블에서 식사하는 프로그램(예약제)도 운영한다.

02 덴노지 공원
天王寺公園

천천히 보면 더 예쁜 공원

잔디광장인 덴시바てんしば를 비롯해 다양한 문화 시설과 여가 시설이 모인 시민 공원이다. 게이타쿠엔 정원의 연못에 비치는 아베노하루카스 빌딩과 오사카 시립미술관의 물그림자가 특히 아름답다. 공원 중앙의 붉은색 구름다리를 건너면 야트막한 구릉 지대인 자우스산茶臼山이 나온다. 1614년 오사카 전투 당시 도쿠가와 이에야스의 본진이던 곳으로, 계단 위쪽에 전망 포인트가 마련되어 있다. 여기서 시텐노지까지는 10분 거리이며, 가는 길에 소원을 이루어 준다고 전해지는 호리코시 신사堀越神社에 들러 둘러볼 수도 있다.

게이타쿠엔 정원에서 바라본 아베노하루카스

구름다리 위에서 바라본 츠텐카쿠

구글맵 덴노지 공원 또는 Tennoji Park
운영 07:00~22:00
요금 무료　**홈페이지** www.tennoji-park.jp
가는 방법 지하철·JR 덴노지역 3번 출구(공원 입구는 각 방향에 있음)

 입장료가 필요한 명소

덴노지 동물원 天王寺動物園

올해로 개원 110주년을 맞이한 도심 속 동물원. 래서판다, 펭귄, 사자, 북극곰 등 동물 1000여 마리가 살고 있다.

운영 09:30~17:00　**휴무** 월요일
요금 500엔
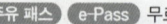

게이타쿠엔 정원 慶沢園

연못을 중심으로 다리와 다실, 정자를 배치한 지천회유식 정원. 교토 헤이안 신궁의 조경가 오가와 지헤에가 설계했다.

운영 09:30~17:00　**휴무** 월요일
요금 300엔　※ 주유 패스 무료

오사카 시립미술관 大阪市立美術館

회화, 조각, 공예 등의 예술 작품 약 8700점을 소장한 미술관. 2025년 3월에 재개관했다.

운영 09:30~17:00　**휴무** 월요일
요금 500엔

5층까지 개방된 오중탑五重塔

03 시텐노지(사천왕사) 四天王寺

일본 최초의 관립 사찰

불교를 장려하고 백제와 수나라의 문물을 받아들이며 일본 고대 국가 체제의 기틀을 마련한 쇼토쿠 태자(성덕태자聖德太子, 574~622)가 593년에 창건했다. 나라현의 아스카데라飛鳥寺, 호류지法隆寺와 함께 일본에서 가장 오랜 역사를 지닌 사찰이다. 수세기에 걸친 화재와 전란으로 원래 건물은 소실되었지만, 중심축 선상에 중문, 탑, 금당, 강당을 두고, 이를 회랑으로 둘러싼 백제식 가람 배치의 특징은 그대로 유지하고 있다. 일본에서는 이를 6~7세기 대륙과 한반도에서 전해진 '시텐노지식'이라 일컫는다.

1294년경에 세운 석조 이시도리이石鳥居와 극락문

> 지하철 시텐노지마에에서 내리는 경우, 구글맵은 북쪽의 묘역을 통과하는 경로로 안내합니다. 조금 돌아가더라도 극락문 방향으로 진입하세요.

구글맵 사천왕사 남대문 또는 사천왕사 이시도리이
운영 경내 24시간, 유료 구역 08:30~16:30(10~3월 16:00까지)
요금 경내 무료, 중심 가람 500엔, 정원 300엔, 보물관 500엔
※ 주유 패스 e-Pass 소지 시 중심 가람과 정원만 무료
가는 방법 지하철 시텐노지마에유히가오카역 4번 출구에서 700m(도보 10분) 또는 지하철·JR 덴노지역 7번 출구에서 1.1km(도보 15분)

경내 안내

의외로 재미 있는 빈티지 전망대

츠텐카쿠(통천각)
通天閣

"사랑하는 연인과 함께 보는 츠텐카쿠는 도쿄 타워보다 아름답다"라는 노랫말이 있을 정도로, 츠텐카쿠는 다분히 디스토피아적인 외관에도 불구하고 오사카 여행을 즐겁게 해주는 장소다. 1912년에 건립해 1956년에 현재 108m 높이로 재건했는데, 높이가 적당해 옥외 전망대에서 바라보는 경치가 의외로 괜찮다. 전망대만 다녀온다면 30분이면 충분하지만, 하네스를 착용하고 타워 외부를 걷는 다이브앤워크, 지상 22m에서 지하 1층까지 10초 만에 내려가는 타워슬라이더까지 체험하려면 1시간 이상 걸린다.

구글맵 츠텐카쿠 또는 Tsutenkaku **홈페이지** www.tsutenkaku.co.jp
가는 방법 지하철 에비스초역 3번 출구에서 250m(도보 3분) 또는 도부츠엔마에역 1번 출구에서 500m(도보 7분)

시설	층	운영	요금	주유 패스	e-Pass	조이 패스*
옥외 전망대	R층(95.4m)	10:00~19:50	300엔 추가	300엔 추가		
일반 전망대	4·5층(87.5m)	10:00~20:00	1200엔	무료		
다이브앤워크	R3층(26m)	10:00~19:15	3000엔	무료	이용 불가	2000엔 할인
타워슬라이더	2층(22m)	10:00~19:30	1000엔	평일 무료		
매표소 입구	지하 1층	전망대와 타워슬라이더 입구는 구분돼 있고, 줄도 따로 선다.				

*할인 패스 사용법은 구입처 안내를 확인할 것

옥외 전망대의 특별 포토 스폿

실내 전망대

황금색 행운의 신 빌리켄과 스탬프 투어

전망대 입구

타워슬라이더

⑤ 신세카이 시장
新世界市場

📍 **구글맵** 신세카이 시장
가는 방법 지하철 도부츠엔마에역 1번 출구 앞에서 츠텐카쿠까지

츠텐카쿠 아래 맛집 골목

20세기 초반에 츠텐카쿠 타워를 중심으로 형성된 신세계, 신세카이는 오사카에서 가장 복고적인 분위기의 유흥 거리다. 사행성 오락 게임장, 쿠시카츠 전문점과 이자카야, 오코노미야키 가게 등이 줄지어 늘어서 있다. 관광객도 많지만 현지인이 더 많이 찾는 편이라서 어떤 가게에 들어가든 오사카 사투리가 들려온다. 지하철 도부츠엔마에역 1번 출구에서 츠텐카쿠 방향으로 걷다 보면 남북으로 약 180m에 걸쳐 뻗은 아케이드 상점가인 잔잔요코초ジャンジャン横丁가 나온다. 네온사인 간판이 불을 환하게 밝히는 저녁 시간에 가야 이곳만의 분위기를 온전히 느낄 수 있다.

🍴 신세카이에 가면 뭐 먹지?

신세카이에서는 바삭한 튀김꼬치 요리 쿠시카츠串カツ와 스지(소의 힘줄)를 된장 소스에 조린 도테야키どて焼き를 맥주나 하이볼과 함께 먹어 봐야 한다. ▶ **주문 방법 1권 P.061**

- **쿠시카츠 다루마 신세카이**
  총본점 だるま 本店
  운영 11:00~22:30

- **텐구 てんぐ**
  운영 10:30~20:00
  휴무 월요일

- **야에카츠 八重勝**
  운영 10:30~20:30
  휴무 목요일

> FOLLOW UP

덴노지&신세카이
쇼핑과 편의 시설

왁자한 분위기에서 현지인과 어울려 식사하는 것이 약간 부담스럽다면, 백화점을 찾아 쇼핑과 식사를 원스톱으로 해결해 보자.

① 아베노하루카스 긴테츠 백화점 본점
あべのハルカス 近鉄 本店

긴테츠 백화점은 하루카스 300 전망대와 같은 아베노하루카스 빌딩에 자리하고 있으며, 매장 연면적(10만㎡)만 따지면 일본 최대를 자랑한다. 지하로는 긴테츠 전철 아베노바시역, 지하철 덴노지역과 연결된다.

구글맵 아베노하루카스 **운영** 09:00~22:00
홈페이지 abenoharukas.d-kintetsu.co.jp

> **타워관** 면세 카운터 2F, 바오바오 1F, 셀린느 1F, 비비안 웨스트우드 3F, 하브스(카페) 3F
> **윙관** 면세 카운터 3.5F, 빔스 골프 6F, 스포츠용품 6F
> **식당** 아베노하루카스 다이닝 12~14F(백화점 식당가: 동양정), 아베노 이치바 쇼쿠도 B2F(지하 식당가: 홋쿄쿠세이), 식품관 B1F(카스테라 긴소, 토라야, 쾨니히스 크로네, 타네야, 몽쉐르)

하루카스 300 전망대

19~57층 메리어트 미야코 호텔

지하 2층~지상 14층 긴테츠 백화점

전망 카페 차오 프레소

16층 하루카스 300 전망대 입구에서 에스컬레이터로 한 층 올라가면 멋진 전망 카페가 나온다.

구글맵 CAFFE CIAO PRESSO 아베노 하루카스점
운영 평일 07:00~20:00, 주말 08:00~20:00

육교와 지하로 연결된 아베노하루카스와 JR 덴노지역의 MIO 쇼핑센터

아베노하루카스에서 메가돈키호테까지 걸어서 10분!

② 메가돈키호테 신세카이점
MEGA Don Quijote 新世界店

신세카이에 갔다면 매장 규모가 어마어마한 '메가돈키'에 들어가 봐야 한다. 1층에는 대형 파친코가 있고, 스파월드 바로 옆 건물이다.

운영 09:00~05:00

③ 스파월드 Spaworld

호텔과 함께 운영 중인 초대형 스파 시설. 입구(2층)에서 표를 끊어 입장하고 신발을 보관함에 넣은 다음, 탈의실(남성 4층, 여성 6층)로 올라간다. 찜질방처럼 기본 온천과 사우나만 즐기거나 추가로 수영장까지 이용할 수 있다.

운영 09:00~05:00 **요금** 기본 1500엔, 수영장 포함 2000엔(워터슬라이드, 스톤사우나 등 시설 이용료 별도) ※자정부터 새벽까지는 심야 요금 1300엔 및 입탕세 150엔 추가

스파월드 계단에서 보이는 츠텐카쿠

ZONE 5 오사카 베이

덴포잔 & 오사카항
天保山 & 大阪港

바다와 도시가 만나는 관광지

오사카만大阪湾에 면한 오사카항(오사카코)은 간사이 지역의 물류·산업 중심지이자, 부산에서 출발한 페리가 도착하는 중요한 항구다. 한국 여행자가 이곳을 방문하는 목적은 주로 세 가지. 유니버설 스튜디오 재팬(USJ) 또는 가이유칸海遊館(해유관) 수족관을 방문하거나, 덴포잔天保山에서 주유 패스를 알차게 활용하는 것이다. 2025년 오사카·간사이 엑스포 개최지인 인공 섬 유메시마夢洲로 넘어가는 길목이기도 하다.

> 2025년 1월 19일에 개통한 지하철 주오선 유메시마 ↔ 코스모스퀘어 구간에서는 요금 90엔이 추가됩니다.

01 여행 포인트

- **이동 거리** 2~3km
- **여행 시간** 반나절 (우메다 또는 난바에서 오사카코역까지 왕복 1시간 소요)
- **주유 패스 활용법** ※가이유칸에서는 사용 불가
- 사전 예약 필수 → 산타마리아 나이트 크루즈, 레고랜드 디스커버리 센터
- 현장 방문 후 발권 → 산타마리아 데이 크루즈
- 예약 불필요 → 덴포잔 대관람차, 코스모 타워 전망대, 지라이언 뮤지엄

02 대중교통 수단

오사카 도심과 지하철 주오선으로 연결된다. 유니버설 스튜디오 재팬(USJ)과 오사카코역 사이에는 직통 지하철 노선이 없으므로, 건너오려면 캡틴 라인 페리가 편리하다. 남부 항만 지역에서 가는 경우 뉴트램을 이용하면 된다.

지하철 오사카코역 1번 출구 / 덴포잔 대관람차와 가이유칸 옆 선착장

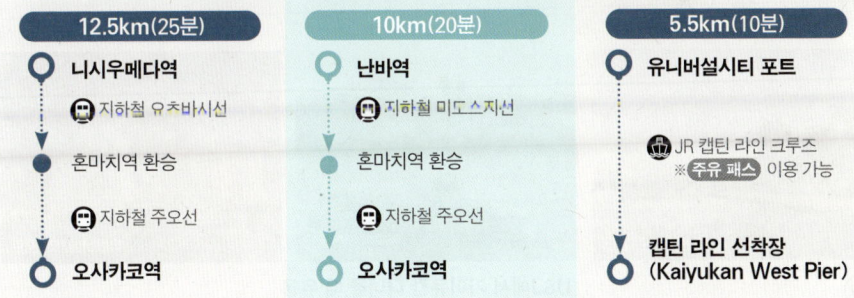

12.5km (25분)
- 니시우메다역
- 지하철 요쓰바시선
- 혼마치역 환승
- 지하철 주오선
- 오사카코역

10km (20분)
- 난바역
- 지하철 미도스지선
- 혼마치역 환승
- 지하철 주오선
- 오사카코역

5.5km (10분)
- 유니버설시티 포트
- JR 캡틴 라인 크루즈 ※주유 패스 이용 가능
- 캡틴 라인 선착장 (Kaiyukan West Pier)

03 여행 아이디어

- ☑ 부산에서 오사카를 오가는 팬스타드림호 탑승 정보 ▶ 1권 P.115
- ☑ 덴포잔과 별도 일정으로 여행 계획을 세워야 하는 유니버설 스튜디오 재팬 ▶ 1권 P.032
- ☑ 오사카·간사이 엑스포(2025년 4월 13일~10월 13일) ▶ 1권 P.040

01 산타마리아 크루즈
Santa Maria Cruise

- 데이 크루즈 45분
운영 11:00~16:00(매시 정각 출항), 성수기에는 17:00 추가 운행
요금 성인 1800엔, 6~12세 900엔

- 트와일라잇 크루즈 60분
운영 토·일요일, 공휴일 하루 1회 출항(계절별 변동)
휴무 겨울철 요금 2300엔

주유 패스가 있다면 타 보자

콜럼버스의 선박을 모티브로 설계한 유람선. 먼저 덴포잔 대교를 지나 유니버설 스튜디오 재팬 쪽을 다녀온 다음, 방향을 틀어 오사카항 주변을 순회한다. 일반 승객은 온라인으로 예약할 때 시간을 지정할 수 있지만, 주유 패스나 e-Pass 사용자는 전화 예약만 가능하다. 보통 사전에 예약하지 않고 이용 당일 현장 매표소에서 티켓이 남은 시간에 맞춰 탑승한다.

구글맵 산타마리아 베이 크루즈 또는 Osaka Bay Cruise Santa Maria
예약 문의 06-6942-5511 홈페이지 suijo-bus.osaka/intro/Santamaria
가는 방법 가이유칸 수족관 건물 옆 니시 하토바 승선장

02 캡틴 라인 페리
Captain Line Ferry

USJ에서 가이유칸 다녀올 때 유용

낮에만 운행하는 일반 페리로, 유니버설시티 쪽에 숙소를 잡고 가이유칸 수족관에 다녀오고 싶은 사람에게 유용한 교통수단이다. 예약은 필요 없으나 스케줄 변경이 잦아서 홈페이지에서 반드시 확인해야 한다.

구글맵 Kaiyukan West Pier 또는 Universal City Port
운영 30분~1시간 간격 운행 휴무 USJ 또는 가이유칸 수족관 휴관일
요금 편도 성인 900엔, 7~12세 500엔, 3~6세 400엔 ※ 주유 패스 e-Pass 왕복 무료, 가이유칸 수족관 입장권과 같이 구매 시 할인 혜택 있음
홈페이지 www.mmjp.or.jp/Capt-Line

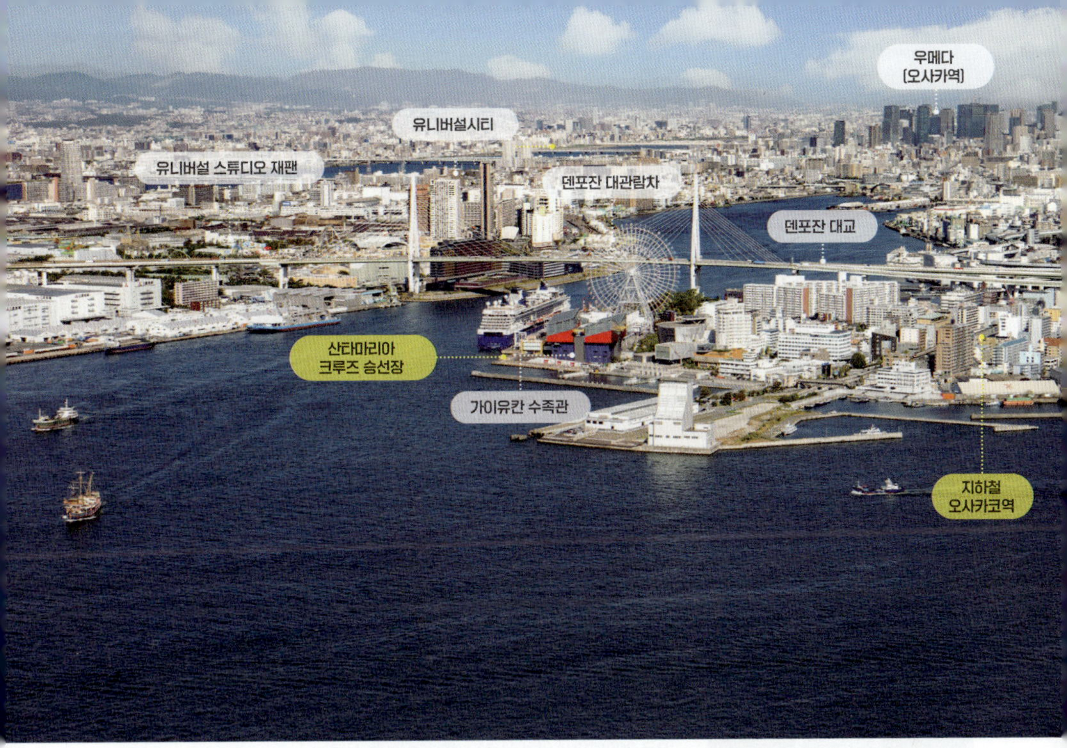

우메다
(오사카역)

유니버설시티

유니버설 스튜디오 재팬

덴포잔 대관람차

덴포잔 대교

산타마리아
크루즈 승선장

가이유칸 수족관

지하철
오사카코역

 편의 시설은 덴포잔 마켓 플레이스에!

지하철 오사카코역에서 내리자마자 대관람차가 한눈에 들어오기 때문에 길을 찾기는 쉽다. 역에서 가이유칸 수족관 혹은 대관람차까지 걸어가는 길이나 덴포잔 마켓 플레이스에는 간단하게 요기를 할 만한 체인 음식점과 패밀리 레스토랑이 있다. 가이유칸 수족관 건물 2층에도 스타벅스와 기념품점이 입점해 있다.

가는 방법 지하철 오사카코역 1번 출구에서 500m(도보 7~10분)

· **스키야 すき家**
유형 규동 & 스키야키 체인점
가는 방법 지하철 오사카코역 2번 출구 앞

· **칫코우멘코우보우 築港麺工房**
유형 우동 전문점
가는 방법 지하철 오사카코역 1번 출구에서 300m(도보 4분)

· **코코스 ココス**
유형 패밀리 레스토랑
가는 방법 덴포잔 마켓 플레이스 2층

2권 오사카 121

사키시마 코스모 타워 전망대

가이유칸 수족관

대관람차에서 본 전망

03 덴포잔 대관람차
天保山大観覧車

오사카만 풍경 파노라마
높이 112.5m, 지름 100m의 초대형 관람차로, 약 15분 동안 오사카항과 주변 경관을 360도로 조망할 수 있다. 대관람차만 일부러 타러 가기에는 다소 아쉬울 수 있고, 가이유칸 수족관 입장 시간을 기다릴 때나 주유 패스가 있을 때 한 번쯤 타 볼 만하다. 바닥이 투명한 캐빈을 타려면 별도로 지정된 위치에 줄을 서야 한다. 불투명한 캐빈도 큰 차이는 없다.

구글맵 덴포잔 대관람차 또는 Tempozan Ferris Wheel
운영 10:00~22:00 **휴무** 1월 말~2월 평일 점검을 위해 운휴
요금 900엔(3세 이하 무료) ※주유 패스 무료
홈페이지 tempozan-kanransya.com
가는 방법 가이유칸 수족관에서 290m(도보 4분)

04 가이유칸 수족관
(해유관) 海遊館

> **TIP! 예약하기**
> 입장 시간 지정 예약제를 운영하며 늘 대기 줄이 긴 편이므로, 오전에 둘러보고 싶다면 공식 홈페이지에서 e-티켓 예약을 시도해 보자. 미처 예약하지 못했거나 해외 신용카드 결제가 불가능한 경우, 아침 일찍 현장에 도착해 매표소에서 당일 입장권을 구매해야 한다.

인기 만점! 대형 수족관
1990년에 개관했으며, 오키나와 추라우미 수족관에 이어 일본에서 두 번째로 큰 수족관이다. 고래상어와 쥐가오리가 유영하는 거대한 태평양 수조가 특히 인기 높다. 8층에서 시작해 한 층씩 내려오며 관람하는 방식인데, 먹이 주는 시간을 미리 파악해 두면 좀 더 효율적으로 관람할 수 있다.

구글맵 해유관 또는 Osaka Aquarium Kaiyukan
운영 입장 시간 지정 예약 필수 ※관람에는 최소 2시간 소요
요금 16세 이상 2700~3500엔, 7~15세 1400~1800엔, 3~6세 700~900엔
※주유 패스 사용 불가 **홈페이지** www.kaiyukan.com
가는 방법 지하철 오사카코역 1번 출구에서 500m(도보 5분)

	종류	먹이 주는 시간
7층	수달	11:30, 13:30, 15:30
	바다사자, 물개	09:40, 12:50, 14:20
	펭귄	10:20, 14:30
	돌고래	11:10, 13:15, 15:40
6층	태평양 수조	10:30, 15:00

*변동 가능

05 사키시마 코스모 타워 전망대
さきしまコスモタワー展望台

바다를 조망할 수 있는 히든 전망대

옛 오사카 월드 트레이드 센터 55층에 위치한 전망대로, 지상 252m 높이에서 오사카만과 간사이 국제공항, 2025년 오사카·간사이 엑스포 개최지인 유메시마까지 360도 파노라마 뷰가 펼쳐진다. 지하철에서 꽤 걸어야 하는 탓에 평소에는 한산하다.

구글맵 오사카 부 사키시마청사 전망대 또는 Sakishima Cosmo Tower Observatory
운영 11:00~22:00(마지막 입장 21:30)
요금 성인 1200엔, 초·중학생 600엔
※ 주유 패스 · e-Pass 무료
휴무 월요일(공휴일이면 다음 날 휴무)
홈페이지 sakishima-observatory.com
가는 방법 지하철 코스모스퀘어역 3번 출구에서 600m(도보 10분) 또는 뉴트램 트레이드센터마에역 하차

> **TIP! 전망대 입구는 1층!**
> 관광지라기보다는 직장인이 드나드는 업무용 빌딩이라서 안내판이 거의 없다. 영어 간판(Entrance to Observatory)이나 바닥의 파란색 화살표를 따라서 1층의 매표소를 찾아갈 것. 초고속 엘리베이터를 타고 52층에 도착한 다음, 55층까지는 에스컬레이터를 타고 올라가는 구조다.

 주유 패스로 여기도 갈 수 있어요!

레고랜드 디스커버리 센터 오사카
LEGOLAND® Discovery Center Osaka

3세부터 10세까지 어린이를 위한 실내 레고 테마파크. 어린이를 동반할 때만 입장이 가능하다.

운영 사전 예약 후 방문 **요금** 3세 이상 3300엔
※ 주유 패스 · e-Pass · 조이 패스 는 특정일에만 무료. 그 외에는 500엔 할인
홈페이지 www.legolanddiscoverycenter.com/osaka

지라이언 뮤지엄 Glion Museum

1923년에 지은 붉은 벽돌 건물 창고에 희귀한 빈티지 차량을 전시한 클래식 자동차 박물관이다.

운영 11:00~17:00
휴무 월요일(공휴일이면 다음 날 휴무) 또는 대관일
요금 1300~1900엔
※ 주유 패스 · e-Pass 무료
홈페이지 glion-museum.jp

피크닉 명당!
만국박람회 기념 공원

만국박람회 기념 공원万博記念公園은 1970년에 '인류의 진보와 조화'를 주제로 열린 아시아 최초의 만국박람회(EXPO'70) 부지에 조성됐다.
박람회의 역사와 유산을 전시한 EXPO'70 파빌리온과 스포츠 시설, 이벤트 공간이 마련돼 있어서 주말이면 시민들이 즐겨 찾는 장소다.
오사카 북부의 이타미 공항까지 연결된 모노레일을 타고 가다 보면 공원의 상징인 태양의 탑이 눈에 들어온다.

구글맵 반파쿠기넨코엔(엑스포'70 기념 공원) **운영** 09:30~17:00
휴무 수요일(공휴일이면 다음 날 휴무) **요금** 입장료 260엔 ※태양의 탑, EXPO'70 파빌리온 등은 추가 요금 **홈페이지** www.expo70-park.jp
가는 방법 우메다에서 20km, 대중교통으로 35~40분 소요(지하철 센리추오역에서 모노레일로 환승 → 반파쿠키넨코엔역 하차)

 태양의 탑 太陽の塔

공원의 상징

아방가르드 예술가 오카모토 다로가 디자인한 높이 약 70m의 독특한 조형물. 만화 《20세기 소년》에서 미래에 대한 꿈과 현실의 괴리를 드러내는 상징물로 등장한다. 정면에는 황금빛 미래를 상징하는 황금의 얼굴과 현재를 상징하는 태양의 얼굴이, 뒷면에는 과거를 상징하는 검은 태양이 그려져 있다. 내부에 있던 '땅속의 태양'이라는 제4의 얼굴은 박람회 이후 철거되었다고 한다. 내부 관람을 원하면 공식 홈페이지에서 예약해야 한다.

02 하나미 花見

벚꽃놀이에 진심인 오사카

5500그루의 벚나무에 벚꽃이 만개하는 매년 3월 말부터 4월 초 무렵까지 일본의 '하나미 문화'를 제대로 경험할 수 있는 명소. 나들이 나온 가족부터 친구나 직장 동료끼리 벚나무 아래 좋은 자리를 맡으려는 경쟁이 치열하다. 돗자리와 도시락을 준비해서 가면 멋진 피크닉을 즐길 수 있다.

푸드 트럭도 많아요!

03 엑스포시티 EXPO CITY

쇼핑과 맛집 투어는 여기서

최고 지점이 높이 123m에 달하는 일본 최대 규모의 대관람차, 오사카 휠이 있는 복합 시설. 300개 이상의 브랜드가 입점한 라라포트 엑스포시티 쇼핑센터, 아이맥스 영화관, 스누피를 테마로 한 피너츠 카페 등이 있다.

운영 10:00~21:00
요금 대관람차 1000엔
※ **주유 패스** 오사카 모노레일판 소지자에 한해 무료

취향 맞춤 미식 여행
오사카 맛집 가이드

오사카의 음식 문화는 구이다오레食い倒れ, 즉 "재산을 탕진할 정도로 먹는다"는 속설과 깊은 관련이 있다. 타코야키, 오코노미야키, 쿠시카츠 같은 길거리 음식부터 스시, 야키니쿠, 가이세키 요리까지, 미식의 도시 오사카에서는 음식 자체가 여행의 목적이 된다.

오사카 아침·점심·저녁 식사 플랜
여행 중 알차게 즐기자!

아침 거르지 마세요!

호텔 조식 뷔페가 편하지만, 모닝커피와 함께 토스트나 샌드위치를 제공하는 카페나 체인점도 많다. 백화점 식당가 오픈런도 괜찮은 방법이다.

- 가성비 최고! 편하고 저렴한 일본 체인점 → 1권 P.074
- 알아두면 쓸모 있는 로컬 맛집 & 카페 → P.134
- 콕 집어서 추천! 검증된 우메다 백화점 맛집 → P.043

점심 합리적인 가격으로 푸짐하게

뜨끈한 라멘이나 우동, 푸짐한 고기덮밥처럼 간단히 먹는 한 그릇도 만족스럽고, 시간이 조금 걸리더라도 미식 탐방을 떠나도 좋다. 가성비 높은 런치 세트를 파는 고급 요리점은 예약하고 방문하길.

- 미리 예약하고 가세요! 고품격 도톤보리 & 난바 맛집 → P.072
- 맛으로 보상받는 오사카 찐맛집 → P.128
- 도톤보리 & 난바 국물 코스 맛집 BEST 7 → P.070
- 시장 구경과 맛집 탐방을 동시에! 구로몬 & 쿠로항바 시장 → P.069
- 취향에 맞게 골라 보세요! 신사이바시 인기 맛집 → P.088
- 줄 섰다 하면 핫플 미나미센바 라멘 & 우동 대전쟁 → P.086
- 저렴하고 맛있는 한 그릇! 혼밥 가능 난바 맛집 → P.076

저녁 오사카의 밤을 제대로 즐기고 싶다면

본격적인 맛집 투어에 나설 시간. 정겨운 노포에서 쿠시카츠에 맥주, 야키토리에 하이볼을 곁들여 보자.

- 도톤보리 길거리 음식 타코야키 & 디저트 → P.059
- 오사카 소울 푸드 현지 감성 충만한 오사카 노포 → P.130
- 밤늦게까지 영업 중! 부담 없는 도톤보리 맛집 → P.074
- 위치는 애매하지만 가 볼 만한 우메다 주변 맛집 → P.046
- 현지인은 어디서 밥 먹을까? 우메다 맛집 골목 → P.048

달콤한 디저트에 기대 잠시 쉬고 싶다면?

- 쇼핑하다 카페인 충전, 신사이바시 카페 → P.090
- 옛날 주택가 속 신상 카페, 나카자키초 카페 거리 → P.052
- 리버 뷰 카페에서 커피 한 잔, 기타하마 카페 거리 → P.100
- 오사카 빵지 순례 진짜 디저트 맛집 → P.132

맛으로 보상받는
오사카 찐맛집

이자카야 도요 居酒屋 とよ

위치 교바시 **주메뉴** 참치모둠, 참치 볼살구이, 성게알
→ 싸고 맛있는 해산물, 화려한 퍼포먼스 → 현금 결제, 의자 없음

일흔이 넘은 나이에도 역동적인 퍼포먼스를 선보이는 지쿠모토 도요지 셰프는 넷플릭스 시리즈 <길 위의 셰프들>에 등장하며 세계적으로 유명해졌다. 관광지와 거리가 먼 노점(야타이) 이자카야에서 그의 손맛을 경험하려면 1시간 이상 줄을 서서 기다려야 한다. 하지만 얼음물에 손을 담그며 구워 내는 마구로 호호니쿠 아부리(참치 볼살구이)와 우니(성게알), 이쿠라(연어알)를 맛보는 순간 기다린 시간이 전혀 아깝지 않을 것!

구글맵 '토요 오사카'로 검색 후, 미야코지마구의 '토요'를 선택
운영 화·수·금·토요일 13:00~17:00
휴무 일·월·목요일
예산 2000~3000엔
인스타그램 @izakayatoyo
가는 방법 JR·게이한 교바시역에서 200m(도보 3분), 지하철 교바시역에서 500m(도보 7분)

혼케 시바토 本家柴藤

위치 혼마치 **주메뉴** 고급 장어덮밥 (오사카 마무시)
→ 약 300년 전통의 간사이풍 장어 요리
→ 전화로만 예약 가능 (06-6231-4810)

에도 시대 중기에 창업해 무려 15대째 가업을 이어 온 오사카의 고급 장어 요리 전문점이다. 밥 사이에 장어를 끼워 찌는 특유의 조리법 덕분에, 살이 무척 부드럽고 풍미가 살아 있다. 찬합에 밥을 깔고 큼직하게 자른 장어구이를 올려 주는 오사카 마무시가 가장 맛있고, 맨밥이 따로 나오는 가바야키, 나고야식 히츠마부시처럼 잘게 자른 장어구이에 찻물을 곁들여 즐기는 오히츠 마무시도 있다.

구글맵 시바토우 장어덮밥
운영 월~토요일 10:30~18:00 (재료 소진 시 영업 종료)
휴무 일·월요일 및 공휴일 **예산** 6000~9000엔
홈페이지 www.shibato.net
가는 방법 지하철 요도야바시역 8·11번 출구에서 280m(도보 4분)

상등카레(조토카레) 본점
上等カレー 本店

위치 JR 후쿠시마역 주변
주메뉴 카츠카레(돈카츠 카레)
😊 → 맛있는 수제 카레 😐 → 현금 결제, 예약 불가

내공이 남다른 맛이 모인 후쿠시마구福島区에 1983년 문을 연 인기 맛집. 정성스럽게 끓인 매콤한 카레 소스와 바삭한 돈카츠의 조화가 일품! 새우튀김을 토핑으로 올리면 더욱 풍성하고 먹음직스럽다. 키오스크에서 주문하고 식권을 뽑아 직원한테 전달하는 시스템이다.

구글맵 상등카레 본점 **운영** 점심 11:00~15:45, 저녁 17:00~21:45(주말 21:15까지)
예산 1000엔(새우 추가 400엔)
홈페이지 www.tokumasa.net
가는 방법 JR 오사카역에서 850m(도보 15분) 또는 JR 후쿠시마역에서 450m(도보 7분)

만료 미나미모리마치점 万両 南森町店

위치 오사카텐만구 근처 **주메뉴** 갈비, 특선 상로스, 상하라미
😊 → 부담 없는 가격에 입에서 살살 녹는 고기
😐 → 현장 대기 불가, 예약 필수(전화 또는 온라인)

1992년에 개업한 야키니쿠(일본식 불고기) 전문점으로 타베로그 1위에 올랐을 정도로 인정받는 맛집이다. 알맞게 양념한 고기의 질이 뛰어나고, 다양한 특수 부위를 맛볼 수 있다.

구글맵 만료 미나미모리마치점 **운영** 16:00~24:00
휴무 월요일 **예산** 저녁 6000~7000엔
홈페이지 yakiniku-manryo-minamimorimachi.com
가는 방법 지하철 미나미모리마치역 2번 출구에서 200m(도보 3분)

뉴베이브 도요사키
ニューベイブ豊崎

위치 지하철 나카스역 주변
대표 메뉴 로스카츠, 히레카츠
😊 → 프리미엄 돈카츠 맛집
😐 → 인스타그램 예약 권장

최상급 돼지고기를 튀김옷을 아주 얇게 입혀 저온에서 튀기는 프리미엄 돈카츠 맛집. 비계 함량과 무게에 따라 가격이 달라진다. 기장 기름진 부위가 상로스Rib-loin(상등심)이고, 부드러운 식감을 느끼고 싶다면 상히레Upper Fillet(상안심)을 선택하면 된다. 두 가지 다 맛보고 싶은 사람을 위한 반반 메뉴Half도 있다.

멘치카츠 (다진 고기 튀김)도 추천 메뉴!

구글맵 New Babe Toyosaki
운영 11:00~15:00, 17:30~19:30
예산 점심 기준 3000엔, 멘치카츠 500엔
인스타그램 @newbabe_toyosaki
※구글맵 Autoreserve로 예약하지 말 것
가는 방법 한큐 오사카우메다역에서 북쪽 자야마치 방향으로 600m(도보 10분)

> 뉴베이브 도요사키에서 걸어서 3분 거리에 인기 라멘집 무기토 멘스케도 있어요!

오사카 소울 푸드
현지 감성 충만한 오사카 노포

홋쿄쿠세이 신사이바시 본점
北極星 心斎橋本店

위치 신사이바시와 도톤보리 사이
주메뉴 오므라이스, 하야시라이스
😊 → 고택에서 맛보는 원조 오므라이스 ✅ → 예약 불가

한국에는 '북극성'으로 잘 알려진 맛집. 1925년에 창업해 일본 경양식의 대표 메뉴인 오므라이스를 처음으로 개발한 원조 노포다. 가게에 들어서서 신발을 벗어 사물함에 넣으면 다다미가 깔린 방으로 안내해 준다. 치킨 오므라이스 외에도 해산물 오므라이스, 하야시라이스 등 메뉴가 다양하다.

구글맵 홋쿄쿠세이 신사이바시본점
운영 11:30~21:30 **예산** 1300~2000엔
홈페이지 www.hokkyokusei.jp **가는 방법** 에비스 다리에서 도톤보리 번화가 반대편으로 400m(도보 6분)

지유켄 自由軒

위치 난바 **주메뉴** 카레라이스
😊 → 현지인에게 인기 만점
✅ → 현금 결제, 예약 불가

창업 125주년을 맞이한 경양식집으로 밥과 카레 소스를 미리 섞은 다음, 날달걀을 올린 '명물 카레'로 도톤보리 한복판 자리를 고수하고 있다. 하이라이스, 오므라이스, 카레 돈카츠, 경양식 세트도 판매한다.

구글맵 지유켄 난바본점 **운영** 11:00~20:00
휴무 월요일(공휴일이면 다음 날 휴무)
예산 900~1400엔
홈페이지 www.jiyuken.co.jp
가는 방법 에비스 다리에서 난바 쪽으로 450m(도보 7분)

타코우메 たこ梅

위치 도톤보리, 우메다 **주메뉴** 오뎅
😊 → 전석 금연, 다양하고 맛있는 오뎅 ✅ → 예약 불가

도톤보리에 본점, 신우메다 쇼쿠도가이에 지점을 운영하는 180년 전통의 오뎅 전문점. 아츠아게(튀긴 두부), 타코(문어), 모치킨차쿠(유부모찌주머니)처럼 일반적인 메뉴부터 사에즈리(고래 혀)와 코로(고래의 피부밑 지방) 등 희귀한 재료를 가다랑어 육수에 계속 끓여 낸다.

예산 2000~3000엔 **홈페이지** takoume.jp
- 본점 **구글맵** 타코우메 **운영** 16:00~21:50
- 우메다점 **구글맵** Takoume Kitaten **운영** 16:00~22:50

다루마 본점 だるま 本店

위치 츠텐카쿠 주변 신세카이 시장
주메뉴 쿠시카츠, 도테야키
☺ → 쿠시카츠의 원조, 한국어 메뉴 ☹ → 현금 결제

1929년에 문을 연 일본 최초의 쿠시카츠집이라는 상징성이 특별한 매장이다. 주문하면 바로 따끈하게 튀겨 준다. 노포 감성은 살아 있지만, 매우 좁기 때문에 무리해서 방문할 필요는 없다.

구글맵 쿠시카츠 다루마 신세카이 총본점
운영 평일 11:00~22:30 (주말 10:30부터)
예산 2000~3000엔
홈페이지 k471500.gorp.jp
가는 방법 츠텐카쿠에서 120m (도보 3분)

야에카츠 八重勝

위치 츠텐카쿠 남쪽 잔잔요코초 **주메뉴** 쿠시카츠, 도테야키
☺ → 신선한 재료와 비법 소스, 영어 메뉴 ☹ → 현금 결제

쿠시카츠의 발상지 신세카이의 소문난 맛집. 오픈 키친을 빙 둘러싼 카운터석에 앉아 본인 취향대로 주문하면 즉석에서 튀겨 준다. 재료가 신선하고, 상큼한 소스가 느끼한 맛을 잘 덜어 준다. 이곳에서라면 도테야키(스지 된장 조림)도 도전해 볼 만하다. 본점 바로 맞은편에 분점을 운영하고 있다.

구글맵 야에카츠 **운영** 10:30~20:30 **휴무** 목요일
예산 2000~3000엔 **인스타그램** @shinnsekai_yaekatsu
가는 방법 지하철 도부츠엔마에역 1번 출구에서 150m (도보 3분)

> 통에 담긴 공용 소스에는 꼬치에 입을 대지 않은 맨 처음 한 번만 담그는 것이 규칙!

마츠바 총본점
松葉 総本店

위치 JR 오사카역 주변 **주메뉴** 쿠시카츠
☺ → 편리한 위치, 한국어 메뉴
☹ → 의자 없음, 흡연 가능

1949년에 창업한 오사카 명물 쿠시카츠 전문점. 퇴근 후 열차를 기다리며 쿠시카츠와 맥주(쿠시맥)로 하루의 피로를 푸는 오사카 직장인들이 즐겨 찾는다. 카운터에서 서서 먹는 방식으로 운영한다. 루쿠아 쇼핑몰과 오사카역 서쪽 출구에도 지점이 있으나 분위기는 역시 신우메다 쇼쿠도가이!

구글맵 마츠바 본점 오사카
운영 평일 14:00~22:00, 주말 11:00~21:30
예산 2000엔 (개당 120엔부터)
가는 방법 JR 오사카역 길 건너편 신우메다 쇼쿠도가이 상가

오사카 빵지 순례
진짜 디저트 맛집

고칸 기타하마 본관 五感 北浜本館

위치 기타하마 **주메뉴** 쇼트케이크, 마들렌
😊→ 오감 만족 명품 디저트

기타하마의 옛 은행 건물에 자리한 본관은 일부러 찾아갈 가치가 충분하다. 2층 디저트 살롱에서 디저트 세트를 주문하면 트레이에 샘플을 담아 가져와 직접 고를 수 있게 한다. 홋카이도산 생크림을 사용한 쇼트케이크와 롤케이크, 이와기섬에서 나는 레몬으로 만든 마들렌은 1층 매장에서 구입하면 된다. 기타하마 본관에서 걸어서 5분 거리에는 초콜릿 전문 카페(카카오티에 고칸 Cacaotier Gokan)를 운영 중이다.

구글맵 고칸 키타하마
운영 10:00~19:00
예산 디저트 + 음료 1500~2000엔
홈페이지 shop.patisserie-gokan.co.jp
가는 방법 지하철·게이한 기타하마역에서 130m(도보 3분)

마사히코 오즈미 파리
Masahiko Ozumi Paris

위치 오사카에 3곳 **주메뉴** 몽블랑 케이크
😊→ 요즘 핫한 '뜨개질 케이크'

파리 5성급 호텔 수세프 출신 파티시에 오즈미 마사히코의 섬세한 미각과 창의성이 돋보이는 고급 파티스리. 일본 방석 '자부톤' 모양을 본뜬 케이크는 뜨개질한 듯한 텍스처를 구현했고, 최고급 밤으로 짠 몽블랑 무스, 가나슈와 초콜릿 비스킷을 속재료로 사용한다. 최근에 문을 연 기타하마 카페 거리 매장에 가면 테이블에 앉아 먹을 수 있다.

구글맵 Masahiko Ozumi Paris **운영** 매장별로 다름
예산 800~1000엔 **인스타그램** @masahikoozumi
가는 방법 우메다 한큐 백화점 지하 1층 또는 지하철 요도야바시역 근처

팡토에스프레소토 사카이스지 클럽
パンとエスプレッソと堺筋倶楽部

위치 미나미센바
주메뉴 빵, 브런치, 애프터눈 티 세트
😊→ 분위기 있는 공간, 다양한 메뉴
✅→ 온라인 예약 권장

1931년에 건축한 옛 은행 건물을 리노베이션해 고급형 브런치 카페로 운영한다. 시간대별로 메뉴가 바뀐다. 애프터눈 티는 예약 필수.

구글맵 Bread, Espresso and Sakaisuji Club
운영 08:00~19:00 **예산** 2000~5000엔
홈페이지 bread-espresso.jp
가는 방법 지하철 나가호리바시역에서 240m(도보 5분)

하브스 Harbs

위치 오사카에 7곳 **주메뉴** 과일 생크림 케이크
😊 → 유명한 디저트 체인점

뉴욕까지 진출한 과일 생크림 케이크의 레전드. 크레페를 겹겹이 쌓아 올린 밀 크레이프 케이크, 맛있는 딸기와 생크림을 듬뿍 올린 스펀지케이크 등 조각 케이크 맛집이다.

구글맵 HARBS **예산** 한 조각 1000엔
홈페이지 www.harbs.co.jp/ko

시아와세노 팬케이크 幸せのパンケーキ

위치 오사카에 4곳 **주메뉴** 과일 팬케이크
😊 → 온라인 예약 가능

두툼하고 폭신한 수플레 팬케이크를 유행시킨 인기 체인점이다. 마누카 꿀과 발효 버터로 구운 팬케이크를 한 접시에 3장씩 담고 생과일과 초콜릿, 캐러멜 시럽 등을 곁들여 낸다.

구글맵 시아와세 팬케이크 신사이바시점
운영 11:00~20:00 **예산** 한 접시 1400~1700엔, 음료 세트 350엔 **홈페이지** magia.tokyo
가는 방법 아메리카무라 빅 스텝 맞은편

사키모토 베이커리
Sakimoto Bakery

위치 난카이 난바역 근처
주메뉴 소금빵, 식빵
😊 → 착한 가격, 맛있는 빵

맛있는 소금빵(시오팡)과 크루아상 등 베이커리류를 파는 고급 식빵 전문점. 2층에는 편히 앉을 수 있는 좌석을 갖춘 카페도 마련돼 있다. 베이커리 맞은편에서 운영하는 테이크아웃 커피 전문점 '사키모토 커피 바이센쇼'의 커피도 수준급이다.

구글맵 사키모토 베이커리 카페 **운영** 09:00~18:00(주말 19:00까지) **예산** 1000~2000엔
홈페이지 shokupan-sakimoto.com
가는 방법 난카이 난바역에서 140m(도보 2분)

다니엘 ダニエル

위치 우메다 루쿠아 **주메뉴** 카눌레
😊 → 고베 인기 디저트를 오사카에서 ✓ → 테이크아웃 매장

고베에 본점을 둔 카눌레 전문점. 오사카역 근처 테이크아웃 매장에 항상 긴 줄이 늘어서 있다. 플레인·카카오·말차·무화과·호두 등 다양한 맛을 선택할 수 있으며, 한 입 크기 카눌레는 보통 6~10개 단위로 구입한다.

구글맵 다니엘 **운영** 10:30~19:00 **휴무** 수요일
예산 10개 1400엔 **인스타그램** @caneledaniel
가는 방법 루쿠아 쇼핑몰 1층

알아두면 쓸모 있는
로컬 밥집 & 카페

마루후쿠 커피 센니치마에 본점
丸福珈琲店 千日前本店

위치 난바 센니치마에 **주메뉴** 에그산도, 팬케이크, 푸딩
☺ → 넓은 매장, 아침부터 영업

타임머신을 타고 시간 여행을 온 듯 오래전 시절의 정겨운 풍경을 고스란히 간직한 90년 역사의 노포다. 좌석이 넉넉해서 브런치 카페처럼 이용하면 된다. 음식은 늦게 나오는 편이다.

구글맵 마루후쿠 커피 센니치마에 본점
운영 08:00~23:00   **예산** 1500~2000엔
홈페이지 marufukucoffeeten.com/store/sennichimae
가는 방법 긴테츠·지하철 닛폰바시역에서 230m(도보 4분)

킷사 도레미 喫茶 ドレミ

위치 츠텐카쿠 바로 아래
주메뉴 파르페, 에그산도, 단팥 핫케이크
☺ → 관광지 한복판, 충만한 레트로 감성   ✓ → 흡연 가능

1967년에 문을 연 전통 킷사텐. 가볍고 부드러운 푸딩 로열(수제 푸딩), 팥소를 올린 오구라 핫케이크, 에그산도(달걀 샌드위치)가 진한 커피와 무척 잘 어울린다. 일본 MZ세대도 즐겨 찾는 가게다.

구글맵 킷사 도레미   **운영** 10:00~18:00
휴무 월·화요일(구글맵에 휴무일 공지)
예산 메뉴당 700~800엔   **가는 방법** 지하철 도부츠엔마에역 1번 출구에서 500m(도보 7분)

아라비야 커피 アラビヤコーヒー

위치 도톤보리   **주메뉴** 커피, 커피 푸딩
☺ → 도톤보리 한복판의 안식처

영화나 드라마에서 본 듯한 기시감이 드는 작고 아담한 카페. 인테리어만 봐도 가게의 역사와 커피에 대한 애정이 고스란히 전해진다. 진한 일본식 커피에 수제 커피 푸딩을 곁들여 맛보자.

구글맵 아라비야 커피 난바   **운영** 평일 12:00~18:00, 주말 10:00~19:00
예산 600~1000엔   **홈페이지** arabiyacoffee.com
가는 방법 도톤보리 에비스 다리에서 260m(도보 4분)

조지루시 쇼쿠도 오사카 본점
象印食堂 大阪本店

위치 난카이 난바역 주변 **주메뉴** 일본 가정식
→ 맛있는 쌀밥, 친절한 응대와 깔끔한 실내

일제 전기밥솥의 대명사 조지루시에서 운영하는 가정식 밥집이다. 조지루시 밥솥으로 지은 세 종류의 밥이 무한 리필되며 정갈한 반찬과 함께 나온다. 홍보를 겸해 운영하는 곳으로 음식의 질이 높아 현지 여성들 사이에서 인기가 높다.

구글맵 zojirushisyokudo **운영** 11:00~15:00, 17:00~21:00
예산 런치 2000~2500엔 + 날달걀 200엔
가는 방법 스카이오(SKY O) 쇼핑센터 6층(스위소텔 난카이 오사카 방향)

우라야 八百屋

위치 JR 난바역 주변
주메뉴 일본 가정식
→ 깔끔한 가정식 한 상

밥과 정갈한 반찬 몇 가지로 구성된 일본 가정식은 오사카 여행에서 꼭 먹어 봐야 할 음식이다. 난바 주변에서 좋은 식당을 찾기가 의외로 어려운데, 이런 아쉬움을 달래 주는 밥집 겸 술집이나. 식전주로 사케 플라이트를 선택하면 일본주 3잔을 맛볼 수 있다.

구글맵 우라야 난바 본점 **운영** 11:00~23:00
홈페이지 sasaya-company.jp
가는 방법 도톤보리 에비스 다리에서 600m(도보 10분)

마이도 오키니 쇼쿠도
まいどおおきに食堂

위치 닛폰바시, 신사이바시 등
주메뉴 달걀말이, 가정식 반찬
→ 밤샘 영업, 부담 없는 식사 → 현금 결제

겉보기에는 노포 같지만, 대형 외식업체에서 운영하는 체인점이나. 원하는 밥과 국, 반찬을 쟁반에 담아서 먹고 있으면 자리에 계산서를 놓아 준다. 달걀말이는 주문하면 바로 만들어 주고, 생선과 고기류는 전자레인지에 데워 제공한다. 술과 기름진 음식에 지친 속을 달래려는 한국인 손님이 대부분이다.

구글맵 마이도 오오키니 쇼쿠도 나니와 닛폰바시 식당 **운영** 09:00~07:00 **휴무** 일요일
예산 1000~1500엔
가는 방법 지하철·긴테츠 닛폰바시역

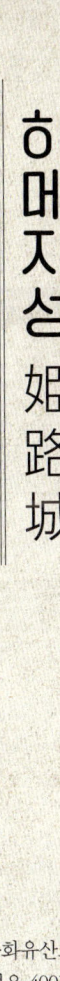

히메지성 姫路城

유네스코 세계문화유산으로 등재돼 히메지성은 400년이 넘는 긴 세월 동안 원형 그대로의 모습을 유지해 왔다. 하늘로 날아오르는 백로처럼 보인다고 해서 붙은 백로성白鷺城(하쿠로조 또는 시라사기조로 발음)이라는 별명이 더없이 잘 어울린다. 경내에 심어진 1000여 그루의 벚꽃이 만개할 때 가장 아름답다. 효고현 히메지시는 오사카에서 당일로 다녀올 수 있는 거리이며, 고베와 하루 코스로 묶으면 더욱 알찬 여행을 할 수 있다.

히메지성 실전 여행

- **이동 거리** 오사카에서 95.5km **여행 시간** 이동 시간 3시간 + 성 관람 2~3시간
- **준비물** 양말(천수각 내부 신발 착용 불가), 여름에는 양산과 모자

출발	교통수단	소요 시간	편도 요금	참고 사항
오사카역	JR 신쾌속 Special Rapid	1시간	1460엔	가장 효율적
	JR 쾌속 Rapid	1시간 35분	1460엔	신쾌속과 혼동 주의
	JR 특급 Ltd. Express	54분	3190엔	전석 지정석 운행, 예매 필수
신오사카역	산요 신칸센	30분	3750엔 이상	JR 패스로는 자유석 이용 불가
오사카우메다역 & 난바역	한신 직통특급 Ltd. Express	1시간 50분	1350엔	고베 고속선, 산요 전철과 공동 운행

▶ 지정석 정보 & 주의 사항 P.150

STEP 01 교통 패스 알아보기

- **간사이 패스** 1일권 2800엔 / JR 신쾌속에서 사용 가능. 왕복 요금보다 저렴해서 추천
- **간사이 와이드 패스** 5일권 1만 2000엔 / JR 특급, 신칸센 탑승 전 지정석 예매 필수
- **한신-산요 시사이드 1Day** 1일권 2400엔 / 한신 전철과 산요 전철 전선에서 사용 가능

STEP 02 JR 열차 탑승하기

오사카에서 히메지성을 왕복할 때는 JR 고베선의 신쾌속 열차가 비용 대비 가장 효율적이다. 일반 자유석은 예매 없이 탑승 가능하지만, 교통 패스를 준비하는 것이 유리하다.

홈페이지 www.westjr.co.jp/global/kr

STEP 03 히메지역에서 히메지성까지 가기

JR 히메지역 북쪽 출구北口로 나가자마자 정면으로 히메지성이 보인다. 큰길(오테마에도리)을 따라 1.5km를 걸어가도 되고, 역 왼쪽의 정류장에서 버스를 타면 3분 만에 정문 앞(히메지조오테몬마에 정류장)에 도착한다.

• 신키 버스(일반 버스) Shinki Bus

요금 편도 210엔

중간 문으로 탑승하며 IC카드를 태그하고, 앞으로 내리면서 다시 태그한다. 출발역이 아닌 곳에서 현금으로 탑승한다면 정리권을 뽑을 것.

• 루프 버스 Loop Bus

요금 편도 210엔, 1일 승차권 600엔

히메지성 주변 명소를 한 바퀴 도는 관광용 순환버스는 6번 정류장에서 출발한다. 1일권은 히메지역 앞 신키 버스 안내소에서 구매 후 탑승해야 한다.

- JR 히메지역
- 센히메 모란원
- 산노마루 광장
- 매표소
- 유료 구역

히메지성 천수각에서 본 전망

JR 패스를 이용한 추천 코스

오전

오사카에서 히메지역으로 이동 ⏰ JR 신쾌속 1시간
히메지역에서 히메지성으로 이동 ⏰ 버스 5분
① 사람이 많아지기 전에 천수각 관람 ⏰ 30~40분
② 니시노마루, 센히메 모란원 관람 ⏰ 1시간

오후

③ 고코엔 정원 관람 ⏰ 30분
히메지역에서 마이코역으로 이동 ⏰ JR 쾌속 45분
④ 마이코 공원과 해상 프롬나드 관람 ⏰ 1시간
마이코역에서 고베산노미야역으로 이동 ⏰ JR 쾌속 20분
고베 관광 후 오사카로 이동 ⏰ JR 신쾌속 21분

계절별 날씨

🌸 **벚꽃철(3월 말~4월 초)**
오사카보다 개화 시기가 4~5일 늦음. 야간 라이트업 행사 진행

🍁 **단풍철(11월 중순~하순)**
히메지성 옆 고코엔에서 '모미지에紅葉会' 라이트업 행사 진행

⚠️ **주의 사항**
여름과 겨울에는 성 내부에 냉난방 시설이 없어 관람하기 힘들 수 있음

- JR 히메지역
- 택시 승강장
- 버스 승강장

① 산노마루 광장 三の丸広場

🔍 구글맵 히메지 성 대수문
운영 05:00~24:00 요금 무료

히메지성 외부 관람은 무료

히메지성으로 들어가려면 해자를 건너는 사쿠라몬바시(앵문교)와 오테몬(대수문)을 통과해야 한다. 이곳에서 매표소까지 이어지는 산노마루 광장은 나무 아래 돗자리를 깔고 피크닉을 즐기는 장소이다. 매일 일몰부터 자정까지 성 전체에 조명을 밝히기 때문에 저녁에도 방문객이 많이 찾아온다.

유네스코 세계문화유산 기념비

② 센히메 모란원 千姫ぼたん園

계절별로 꽃을 피우는 정원

산노마루 광장을 지나 서쪽으로 올라가면 나오는 정원. 매년 4월 말부터 5월 초에는 '센히메 모란제'가 열려서 센히메의 가마 행렬, 다도회, 무대 공연 등 다양한 이벤트가 펼쳐진다.

🔍 구글맵 센히메보탄원 운영 09:00~16:00

⓸ 고코엔 好古園

지천회유식 정원의 정석

히메지성 바로 옆, 오테몬에서 도보 3분 거리에 위치한 고코엔은 1992년 히메지시 탄생 100주년을 기념해 문을 열었다. 각각 다른 스타일로 설계한 9개의 정원을 차례로 돌아보는 구조. 내부의 다실과 식당도 입장권을 구입한 후 이용해야 한다.

구글맵 코코엔
운영 09:00~17:00
요금 310엔(천수각을 방문할 예정이라면 통합권 구입)
홈페이지 www.himeji-machishin.jp/ryokka/kokoen

• 갓스이켄 活水軒
주메뉴 우동, 소바, 히메 정식
예산 1500~2700엔
운영 10:00~15:00(현장 대기 또는 3일 전 전화 예약)

• 다실 소주안 双樹庵
주메뉴 말차와 다과
예산 700엔
운영 12:00~15:40(예약 없이 현장 접수)

해자에서 즐기는 뱃놀이

히메지성 외곽의 해자를 따라 재래식 목조 놀잇배를 타고 돌아볼 수 있다. 겨울에는 고타츠(난로)를 설치한 배를 운행하기도 한다. 오테몬에서 고코엔으로 가는 길에 선착장을 볼 수 있다.

운영 3월 중순~12월 초 09:30~오후까지
요금 1500엔 ※예약 없이 현장 접수

04
히메지성 천수각
姫路城 天守閣

현존 12천수의 희소성

성의 기원은 히메산에 처음으로 성채를 쌓은 1333년까지 거슬러 올라간다. 1581년에는 도요토미 히데요시가 기존의 작은 성을 확장해 3층짜리 천수각을 세웠으며, 현재의 대천수大天守는 1609년 이케다 데루마사에 의해 완공된 것이다. 본래의 천수각(덴슈가쿠)이 보존된 일본 12개의 성(현존 12천수) 중 하나로, 국보로 지정되어 있다.

천수각으로 가까이 다가갈수록 미로처럼 얽힌 성벽과 통행로가 드러나는데, 이는 방어력을 높이기 위한 설계라고 한다. 천수각은 대천수를 중심으로 여러 개의 소천수와 망루가 길게 이어진 연립식 구조이며, 적에게 돌을 던지는 개구부인 이시오토시石落とし나 화승총을 쏘는 격자창 무샤마도武者窓 등의 방어 구조도 그대로 남아 있다.

지도 · 음성 안내

구글맵 히메지 성 대천수
운영 09:00~17:00 (마지막 입장 16:00)
휴무 12월 29~30일
요금 천수각 & 니시노마루 정원 1000엔, 코코엔 통합권 1050엔 (현장 구매 또는 온라인 예매 후 QR 티켓 제시)
※ 벚꽃철, 단풍철에는 변동
홈페이지 www.himejicastle.jp/kr

FOLLOW UP

히메지성 단계별 가이드
유료 구역 관람 안내

① 산고쿠보리 三国堀
입장권을 제시하고 히시노몬菱の門(성문)을 통과하면 나오는 내부 해자. 여기서 왼쪽 방향의 니시노마루가 가깝지만, 천수각을 먼저 관람하자. 관람객이 많으면 일시적으로 입장을 통제할 수 있다.

② 대천수 大天守
지상 6층, 지하 1층의 목조건물. 내부 관람 시에는 신발을 벗어야 한다(봉투 제공). 좁은 통로와 가파른 계단을 따라 길게 줄을 서서 계속 이동하기 때문에 멈춰 서서 자세히 살펴보거나 오래 머물기 어렵다.

③ 니시노마루 정원 西の丸庭園
불운한 결혼과 파란만장한 생애로 유명한 도쿠가와 이에야스의 손녀, 센히메千姬(1597~1666)가 거처하던 곳이다. 시녀들이 생활하던 여러 개의 방과 망루를 연결하는 240m 길이의 백칸회랑百間廊下이 남아 있으며, 관람 시 줄을 서야 한다. 정원에서 보이는 천수각의 전망이 일품이다.

④ 기념품점
출구 쪽 작은 기념품점에서는 일본 100대 명성 책자와 다양한 기념품을 판매한다. 기념 스탬프는 매표소 옆 안내소에서 찍을 수 있다.

KOBE

고베
神戸

1868년 개항 이후 일본의 서구화를 이끄는 중심지가 된 고베는 효고현의 현청 소재지이자 국제 관광도시로 발전을 거듭해 왔다. 간사이 지방의 패션 트렌드를 읽을 수 있는 모토마치, 고베규 철판 스테이크 맛집이 모인 이쿠타 로드, 유럽풍 저택이 늘어선 기타노이진칸, 화려한 야경으로 유명한 고베항까지 알차게 돌아볼 수 있다.

하버랜드

쇼핑

산노미야

카페 투어

기타노이진칸

롯코산

고베규

Kobe Preview
고베 미리 보기

바다와 인접한 항구도시 고베에서는 어디서나 멋진 풍경을 볼 수 있다.
언덕 위 기타노 지역의 저택에서 내려다보는 전망도 특별하고,
산악 케이블카를 타고 오르는 롯코산과 마야산은 당일 여행지로 최고다.
기차를 타고 근교로 떠나면 스마 해변의 넓은 백사장과 아카시 해협 대교가 기다린다.

ⓘ 고베시 종합 관광 안내소
구글맵 Kobe Tourist Information Center
운영 09:00~18:00
위치 JR 산노미야역 1층
홈페이지 www.feel-kobe.jp/information

ⓘ 기타노 관광 안내소
구글맵 Kitano Information Centre
운영 09:00~18:00(11~2월 17:00까지)
위치 기타노이진칸 풍향계의 집 바로 옆

Best Course
고베 추천 코스

오사카역에서 기차를 타면 30분 만에 고베에 도착한다. 물론 길을 찾고 기차를 기다리는 시간을 포함해 이동 시간은 1시간 정도로 넉넉하게 잡아야 한다. 산노미야 북쪽에 있는 기타노이진칸(ZONE 2)은 인파가 적은 오전 시간에 다녀오는 것이 바람직하다. 오후에는 산노미야와 모토마치에서 쇼핑을 하거나 맛집을 탐방하고, 저녁에 화려한 고베 야경을 감상하며 하루를 마무리하자.

TRAVEL POINT
- 이런 사람 팔로우! 고베 카페 체험과 쇼핑, 고베규 맛보기
- 여행 적정 일수 고베 중심가 하루 + 근교 반나절 또는 하루
- 주요 교통수단 도보 또는 루프 버스 ▶ P.155
- 여행 준비물 고베규 스테이크 맛집 예약 ▶ P.180

PLAN A 알차게 즐기는 하루 고베 중심가 코스

오전

JR 오사카역 → 산노미야역 (🚆 21분)
🚌 루프 버스(CL7 정류장)

기타노이진칸 ▶ P.172

- 저택 투어
- 스타벅스 기타노이진칸점

▼ 도보 650m
☕ 니시무라 커피

오후

▼ 도보 200m

산노미야 & 모토마치 ▶ P.158
- 이쿠타 신사
- 고베 3대 스테이크 맛집
- 난킨마치 로쇼키 만두

구거류지 쇼핑가 & 카페 ▶ P.162

▼ 도보 850m

메리켄 파크 ▶ P.166
- 고베 포트 타워, 해양 박물관

오후

▼ 도보 500m
- 모자이크 대관람차
- 고베 하버랜드에서 쇼핑 & 저녁 식사

JR 고베역 → 오사카역 (🚆 25분)

PLAN B 취향에 맞게 선택하는 고베 테마 여행

고베의 박물관과 미술관 ▶ P.157

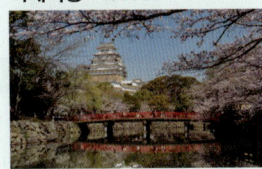

- 효고 현립미술관, 고베 동물왕국 등

히메지성 ▶ P.136

- 벚꽃철이라면 무조건 히메지성!

고베 근교 여행 ▶ P.188

- 고베 북쪽의 힐링 여행지 아리마 온천
- 롯코산 케이블카와 마야산 전망대
- 마이코 공원과 스마 해변

고베 교통 정보

고베는 간사이 국제공항(KIX)으로 입국해 오사카를 거점으로 삼아 당일치기 또는 1박 2일 정도로 돌아보는 것이 일반적이다. 또한 2025년 4월부터 인천국제공항에서 고베 공항(UKB)으로 바로 가는 직항편이 신설돼 선택의 폭이 더욱 넓어졌다.

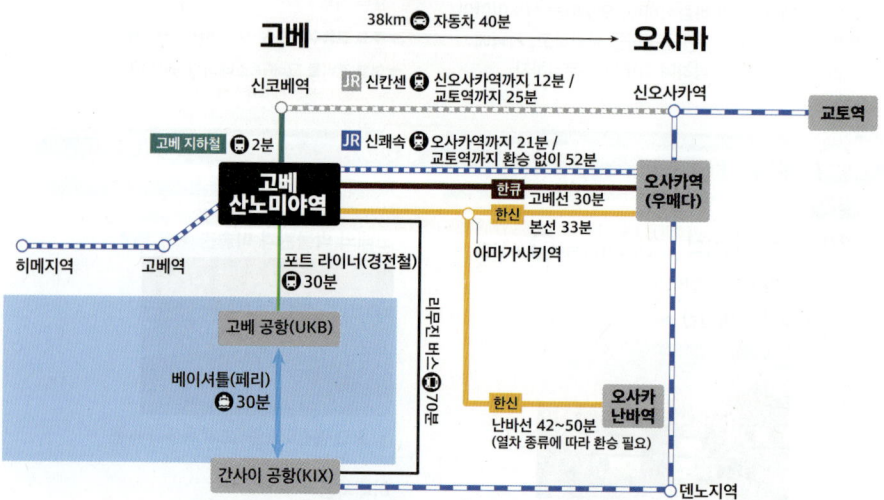

교통편 종류	신칸센	JR 신쾌속	한큐 특급	한신 난바선
	※Shinkansen	❶ Special Rapid	❷ Limited Express	❸ Rapid Express
오사카에서	12분 / 3270엔	21분 / 420엔	30분 / 330엔	(난바 기준) 50분 / 420엔
교토에서	25분 / 3830엔	52분 / 1110엔	1시간 15분 / 640엔	노선 없음
지정석	있음	A-Seat	오사카↔교토 구간	없음
교통 패스	JR 패스 종류에 따른 이용 제한에 주의		한큐 1Day 패스, 한큐·한신 1Day 패스, 간사이 레일웨이 패스	

※JR 서일본의 `간사이 와이드 패스` 로는 도카이도 신칸센(신오사카 ↔ 교토 구간)을 이용할 수 없다.
산요 신칸센(히메지-고베-오사카 구간)이나 JR 특급(슈퍼 하쿠토, 선더버드 등)은 지정석을 예매하고 탑승해야 한다.

💡 헷갈리지 마세요!

고베의 주요 관광지는 JR 산노미야역三宮駅과 한큐·한신 고베산노미야역神戸三宮駅에서 가깝습니다. 신코베역新神戸駅은 신칸센이 정차하는 역이고, 고베역神戸駅은 산노미야에서 2.3km 떨어진 JR 역입니다.

오사카 우메다에서 출발

비용과 효율성 측면에서는 ❶JR 신쾌속(도카이도·산요 본선)이 좋은 선택. 하지만 ❷한큐 특급(고베선)이나 한신 본선 직통특급을 이용해도 큰 차이는 없다. JR 신쾌속·한큐·한신 전철은 자유석 운행이 기본이며, 예매 없이 탑승 가능하다. 좌석을 확보하려면 출퇴근 시간을 피할 것.

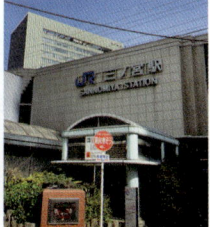

JR 신쾌속 JR 산노미야역

한큐 특급 한큐 고베산노미야역

오사카 난바에서 출발

난바↔고베 구간을 한 번에 연결하는 철도 노선은 ❸한신 난바선 하나뿐이다. 열차 종류에 따라 아마가사키역尼崎駅에서 환승해야 할 수 있으므로 미리 구글맵으로 확인할 것.

한신 본선 한신 본선과 난바선이 만나는 아마가사키역 한신 난바선

구글맵 '오사카난바역 → 고베산노미야역' 경로 검색 결과에서 한신 난바선, 한신 본선 두 가지가 보인다면 환승이 필요하다는 뜻이에요. 요금은 동일하고 시간은 조금씩 달라져요.

HS 한신 난바선 > HS 한신 본선 → 환승 필요

HS 한신 난바선 → 환승 불필요

한신 고베산노미야역과 연결된 한큐 백화점. 간사이 국제공항 리무진 버스도 이곳에 정차한다.

교토에서 출발

교토 ↔ 고베 구간은 환승할 필요 없는 ❶JR 신쾌속이 가장 편리하다. 이 구간 역시 자유석이 기본이지만, 앉아서 가고 싶다면 아래 방법으로 지정석을 이용할 수 있다. ❷한큐 전철은 오사카우메다역 또는 주소역에서 환승해야 하며, JR에 비해 시간이 더 오래 걸린다.

JR 지정석 이용 방법과 주의 사항

• JR 특급 特急 Limited Express
요금 승차권 1100엔 + 특급권 1730엔

출퇴근 시간 위주로 운행하는 '슈퍼 하쿠토'는 전석 지정석으로 운영하는 특급열차. JR 신쾌속과 완전히 다른 종류지만 같은 플랫폼을 이용하므로 주의! 잘못 타면 검표원에게 특급권 차액 요금을 지불해야 한다.

• JR 신쾌속 에이시트 A-Seat
요금 승차권 1100엔 + 지정석권 840엔

일반 신쾌속 열차의 9호칸을 지정석으로 사용한다. 예약하지 않고 탄 경우에는 당황하지 말고 다른 자유석 칸으로 이동하면 된다. 하루 6회 운행

지정석 예약과 발권이 가능한 녹색 발매기(e5489)

고베 할인 패스 정보

간사이 지역 교통 패스 총정리 ▶ 1권 P.131

▶ 스마트 패스포트
기타노이진칸 저택 일부(네덜란드관, 덴마크관, 오스트리아관, 연두색의 집), 모자이크 대관람차, 고베 시립박물관, 효고 현립미술관 등의 입장권을 묶어 판매하는 공식 할인 패스다. 고베 유람선, 고베 동물왕국, 고베 누노비키 허브엔/로프웨이 같은 인기 장소는 프리미엄으로 업그레이드해야 한다.

구입처 온라인 구입 후 QR코드로 이용
베이식(33곳) 1일 2500엔, 2일 3900엔
프리미엄(48곳) 1일 4500엔, 2일 7200엔
홈페이지 www.feel-kobe.jp/ko/smartpass

▶ 고베 마치메구리 1Day
포트 라이너, 고베 지하철, 고베 고속선 1일 승차권에 더해 모자이크 대관람차 등 이용료 800엔 이하 시설에 1회 무료 입장할 수 있는 패스.

구입처 지하철 및 포트 라이너역 **요금** 1000엔 ※타 지역 확장판도 있음
홈페이지 www.feel-kobe.jp/tickets/machimeguri1day

▶ 아리마 온천·롯코산·마야산 관련 패스
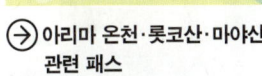
마야산과 롯코산을 다녀온다면 해당 지역의 교통편(버스, 케이블카 탑승권 등)과 아리마 온천 이용권까지 묶은 패스가 경제적이다. ▶ 상세 정보 P.190

패스 구매
고베 관광청 공식 홈페이지 또는 JR 산노미야역의 고베시 종합 관광 안내소에서 구매

티켓 수령
온라인 구매 시 회원 가입 필수. 결제 진행 후 전자 티켓(QR코드)을 메일로 전달받기

관광지에서
해당 시설을 방문해 스마트폰 화면의 QR코드를 제시하고 이용

 ## 고베의 주요 행사

1~2월	난킨마치 춘절제 : 중국의 춘절(설날)을 기념한 차이나타운의 용춤·사자춤 공연
5월	히가시나다 단지리 퍼레이드 : 화려하게 장식한 나무 수레 단지리의 행렬
5월	고베 마츠리 : 전통 공연과 삼바 댄스 팀의 퍼레이드가 펼쳐지는 최대 행사
8월	미나토 해상 불꽃놀이 : 고베항에서 약 1만 발의 불꽃을 쏘아 올리는 축제
10월	고베 재즈 스트리트 : 일본 최초로 재즈가 연주된 도시다운 라이브 축제
12월	고베 루미나리에 : 1995년 한신·아와지 대지진 희생자를 위해 불을 밝히는 행사

FOLLOW UP

더욱 편리해진
고베 공항 이용 방법

고베 공항 Kobe Airport(UKB)은 산노미야에서 약 8.2km 떨어진 인공 섬에 위치한 소규모 공항이다. 2025년 4월 18일부터 대한항공에서 인천 ↔ 고베 간 직항편을 신설했다. 고베 공항에서는 포트 라이너를 타고 산노미야까지 20분 만에 갈 수 있다.

홈페이지 www.kairport.co.jp/kor

노선	출발	도착
인천 → 고베	08:25	10:00
	15:50	17:30
고베 → 인천	11:00	13:00
	18:30	20:40

※상기 운항 스케줄은 변경될 수 있습니다.

산노미야 ↔ 고베 공항
JR산노미야역 1층에서 에스컬레이터를 타고 2층으로 올라가면 포트 라이너 개찰구

고베 공항 ↔ 산노미야
국내선 터미널 2층과 연결된 포트 라이너 개찰구

베이셔틀 Bay Shuttle

간사이 국제공항에서 고속 페리인 베이셔틀을 타면 30분 만에 고베 공항 선착장에 도착한다. 날씨가 좋으면 유람선처럼 탈 수 있지만, 페리 선착장까지 셔틀버스로 갈아타야 하기 때문에 생각보다 시간이 오래 걸린다.

소요 시간 페리 탑승만 30분 ※산노미야까지 최소 1시간
요금 편도 1880엔, 왕복 3060엔 ※여권을 제시하면 편도 500엔으로 할인
예약 온라인 예약 또는 현장 구매
홈페이지 www.kobe-access.jp/kor

바다 건너편이 간사이 국제공항

전체 노선·시간표

리무진 버스

고베 공항 1층 터미널 앞에서 출발하는 버스는 노선별로 업체와 탑승 방식이 다르다. 또한 간사이 국제공항 리무진 버스는 고베 공항이 아닌 산노미야(한큐 백화점 부근)까지 운행한다는 점에 유의할 것.

오사카 버스
고베 공항 → 도톤보리(1일 1회 운행) → 오사카역

시간 70분
요금 1000엔
예약 불필요

마나토 관광버스
고베 공항 → 고베 베이 쉐라톤 호텔 & 타워 → 유니버설 스튜디오

시간 50분
요금 900엔
예약 고베 공항 방향은 온라인 예약제 운영

간사이 국제공항 리무진 버스
고베 산노미야 → 고베 베이 쉐라톤 호텔 & 타워 → 간사이 국제공항

시간 직행 65분, 경유 75분
요금 2200엔
예약 고베 베이 쉐라톤 호텔 & 타워 출발편은 온라인 예약제 운영

🚊 포트 라이너 Port Liner

고베 공항과 산노미야를 왕복하는 무인 모노레일이다. IC카드 또는 컨택리스 카드(Visa, Master 모두 가능) 결제도 탑승할 수 있다. 단, 어린이 요금을 적용받으려면 자동 발매기에서 승차권을 구입해야 한다.

소요 시간 공항에서 산노미야까지 18분
운행 새벽부터 자정까지 5~10분 간격으로 운행
패스 간사이 레일웨이 패스, 고베 마치메구리 1Day 사용 가능, 고베 동물왕국이나 롯코 라이너와 묶은 알뜰 티켓도 판매
홈페이지 www.knt-liner.co.jp/ko

정차역 번호	요금(엔)	
	성인	어린이
P01 산노미야 출발		
P03 포트 터미널까지 기본요금	210	100
P08 계산과학센터(고베 동물왕국)	290	140
P09 고베 공항까지 최대 요금	340	170
1일 승차권	710	360

포트 라이너와 좌석 공간이 넉넉한 내부

고베 도심 교통

고베 도심은 주요 관광지를 도보와 시티 루프 버스로 충분히 둘러볼 수 있는 범위이며, IC카드(이코카 등)와 시티 루프 버스 1일권 정도만 준비해도 불편이 없다. 또한 시영 지하철, 포트 라이너, 고베 전철(일부 노선), 산요 전철 등 컨택리스 카드로 결제 가능한 교통수단이 늘어나고 있다. 개찰구의 Tap to Ride 표시를 확인하고 이용하자.

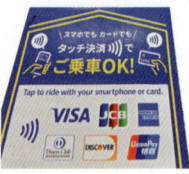

🚈 지하철 & 전철

● **시영 지하철** 神戸市営地下鉄 **& 시버스** 市バス
😊 산노미야 주변에서 탈 일은 드물어요

고베 지하철은 세이신·야마테선, 호쿠신선, 가이간선 3개 노선이다. 신코베역으로 가는 경우를 제외하면 도심 지역에서 관광객이 지하철이나 시버스를 이용할 일은 그리 많지 않다. 시버스의 경우, 효고현의 다른 버스 회사(산요 버스·신키 버스)와 공동 운행하는 구간에서는 1일 승차권을 사용할 수 없다.

요금 210~410엔 ※구간별 차등 요금(버스는 현금 결제 시 정리권 수령)
패스 [간사이 레일웨이 패스] [고베 마치메구리 1Day] 는 지하철에서만 사용 가능

● **산요 전철** 山陽電車
😊 해안 구경하기 좋아요

고베 니시다이역西代駅에서 히메지역姫路駅까지 연결하는 사철이다. 한신 전철, 고베 고속선과 선로를 공유하는데, 구글맵 검색 결과에서 열차 종류를 잘 확인하고 이용하면 된다. JR 열차에 비해 속도는 상대적으로 느리지만 해안선을 따라 달리는 노선이라서 창밖으로 펼쳐지는 풍경이 예쁘다.

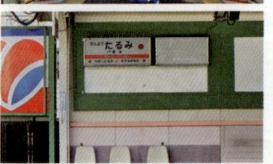

요금 고베산노미야역에서 스마우라코엔역까지 400엔(25분 소요), 마이코코엔역까지 540엔(40분 소요)
패스 [간사이 레일웨이 패스] [한신–산요 시사이드 1Day]

● **고베 전철** 神戸電鉄
😊 아리마 갈 때 이용해요

고베시와 효고현의 북쪽 산간 지역을 연결하는 노선으로 고베 고속선, 아리마선, 산다선, 아오선, 고엔토시선 등의 노선이 있다. 아리마 온천으로 갈 때 이용하는 교통수단이다.

요금 지하철 산노미야역에서 아리마온센까지 720엔(40분 소요)
패스 [간사이 레일웨이 패스] [다이코노유 패스]

루프 버스 Loop Bus

😊 여러 곳을 둘러볼 때 추천해요

관광객을 위한 버스. 기타노이진칸이나 항구 지역 등 이동 거리가 먼 곳을 다닐 때 이용하면 편리하다. 정식 1일권이나 2일권을 구매하면 시티 루프 버스 두 개 노선뿐 아니라 야마테선, 고베 시내 신키 버스, 고베 공항행 버스도 탑승하고, 관광지 할인 혜택까지 받을 수 있다.

운행 08:35~19:35(배차 간격 15~30분, 계절에 따라 변동)

시간표와 지도

종류	요금(엔)		결제 방법
	성인	12세 미만	
1회 승차권	300엔	150엔	현금, IC카드, 신용카드(Visa)
1일권(1Day Loop Bus Ticket)	800엔	400엔	※신용카드는 하루 최대 800엔 결제
2일권(2Day Loop Bus Ticket)	1200엔	600엔	❶ 모바일 앱(RYDE PASS 설치 후 '고베' 검색) ❷ JR 산노미야역 관광 안내소에서 실물 티켓 ❸ 시티 루프 버스에서 직접 구입(1일권만 가능, 현금이나 IC카드로 결제)

• 시티 루프 버스 City Loop Bus

※앞문으로 탑승하며 결제
고베 공항 → 하버랜드 → 모토마치/난킨마치 → 구거류지 → 산노미야 → 기타노이진칸 → 누노비키 허브엔 → 신코베역 → 메리켄 파크 → 포트 타워 등 16개 정류장을 순환

• 포트 루프 버스 Port Loop Bus

※뒷문으로 탑승 후 내릴 때 결제
신코베역 → 산노미야역 → 시청 (뮤료 킨밍내) → 고베 포트 뮤지엄 → 메리켄 파크 등 항구 지역 위주로 운행

산노미야에서 기타노이진칸으로 갈 때
→ **CL7** 정류장

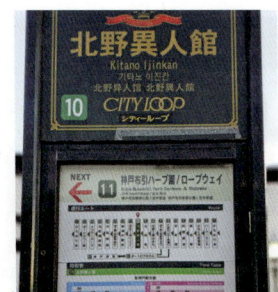

기타노이진칸에서 산노미야, 포트 타워로 돌아갈 때
→ **CL10** 정류장

SPECIAL THEME

알고 보면 콘텐츠 부자!
고베 어트랙션 총정리

고베 하면 흔히 항구 야경만 떠올리지만, 다양한 테마의 볼거리가 곳곳에 자리 잡고 있다.
자신의 관심사에 맞춰 더욱 재미있고 알찬 고베 여행을 즐겨 보자.

지역	장소	특징	휴무	요금
기타노	기타노이진칸	유럽풍 저택과 인생 포토 스폿	-	P.173
	다르빗슈 뮤지엄	메이저리거 야구 선수 기념관	수요일	500엔
산노미야	고베 시립박물관	고베의 개항 역사 자료와 유물	월요일	1층 무료
	고베 시청 전망대	시청 건물 24층을 개방한 공간	-	무료
고베항	모자이크 대관람차	고베항의 풍경을 감상하기 좋은 전망 대관람차	-	800엔
	호빵맨 어린이 박물관	호빵맨과 친구들을 주제로 한 체험형 박물관	-	1800엔 이상
	고베 해양 박물관 & 가와사키 월드	각종 선박, 신칸센, 가와사키 바이크 전시 및 체험관	월요일	900엔
	고베 포트 뮤지엄	디지털 아트를 융합한 신개념 아쿠아리움	-	2600엔
	고베 포트 타워	고베의 랜드마크로 맨 위는 전망대로 운영	-	1200엔
포트 아일랜드	고베 동물왕국	가까이에서 여러 동물 관찰	목요일	2200엔
	반도 고베 과학 박물관	다양한 과학 체험과 학습 공간	수요일	600엔
롯코 아일랜드	고베 패션 미술관	패션 관련 자료 전시	월요일	1000엔
	고이소 기념 미술관	고이소 료헤이의 작품 전시	월요일	200엔
기타	효고 현립미술관	안도 다다오의 건축 세계	월요일	일부 무료
	사와노츠루 사케 박물관	전통 사케 제조 과정 관람과 시음	수요일	시음 500엔
	하쿠츠루 주조 자료관		-	시음 500엔
	기쿠마사무네 사케 기념관		-	시음 500엔
	고베 누노비키 허브엔	로프웨이를 타고 허브 정원으로!	-	2000엔

※휴무일과 요금은 변동 가능

SPECIAL THEME

안도 다다오의 건축과 예술이 만나는 공간
효고 현립미술관 兵庫県立美術館

건물 자체가 예술 작품인 효고 현립미술관은 근현대 일본 미술 작품을 감상하는 동시에 '자연과의 조화'라는 안도 다다오의 건축 철학을 체감할 수 있는 장소다. 전시실을 둘러싼 유리 회랑을 통해 쏟아지는 빛과 그림자가 극적인 대비를 이루고, 지하 1층에서 2층으로 이어지는 원형 테라스의 나선형 계단이 실내와 실외의 경계를 자연스럽게 허문다. 제2 전시동인 안도 갤러리에서 그의 건축 모형과 도면을 살펴볼 수 있다. 야외 테라스에 설치된 안도 다다오의 '푸른 사과', 플로렌테인 호프만의 '고베 개구리' 같은 세계적인 작품, 롯코산과 고베항이 바라다보이는 풍경 또한 놓치지 말아야 할 포인트다.

구글맵 효고현립미술관 또는 Hyogo Prefectural Museum of Art
운영 10:00~18:00 **휴무** 월요일(공휴일이면 다음 날 휴무)
요금 컬렉션전 성인 550엔(매월 둘째 일요일 무료), 고등학생 이하 무료 / 안도 갤러리 무료 ※특별전 요금은 별도
홈페이지 www.artm.pref.hyogo.jp **가는 방법** 오사카역에서 34km, 고베산노미야역에서 3km(JR 고베선 나다역灘駅에서 도보 10분 또는 한신 전철 이와야역岩屋駅에서 도보 8분)

미국 시인 새뮤얼 울먼의 시 <청춘>에서 받은 영감을 표현한 <푸른 사과>는 안도 다다오의 정신을 잘 나타내는 오브제로, 우리나라 강원도 원주와 제주도의 미술관에도 설치되어 있다.

ZONE 1 고베 남쪽

산노미야 & 고베항
三宮 & 神戸港

고베 여행 하이라이트

고베 교통과 관광의 중심지 산노미야에서 북쪽의 기타노까지 1km, 항구 지역까지는 2.5km 거리다. 지붕을 덮은 쇼핑 아케이드를 따라가다 보면 자연스럽게 주요 맛집과 쇼핑 명소를 지나치게 된다. 메리켄 파크(고베항)까지 걸어서 갈 수 있는 범위지만, 주요 관광지 앞에 정차하는 루프 버스를 활용하는 것도 고려할 만하다.

01 여행 포인트

- **이동 거리** 2~4km
- **여행 시간** 2~3시간

02 대중교통 수단

산노미야에는 JR·지하철·한큐·한신·포트 라이너 역이 철로를 사이에 두고 모여 있다. 모든 역의 명칭에 '산노미야'가 포함되다 보니, 구글맵에서 한국어로 검색하면 정확한 결과가 표시되지 않는다. 따라서 현지에서는 Sannomiya Station(산노미야 북쪽의 JR 역과 한큐 역) 또는 **한큐 백화점 고베점**(지하로 내려가면 한신 역과 연결)으로 검색한 다음, 표지판을 보고 길을 찾는 편이 오히려 쉬운 방법이다.

01 기타나가사도리
北長狹通

산노미야역 바로 앞 번화가

산노미야에서 모토마치까지 철도 주변에 형성된 상점가다. 이 길을 따라가면 이쿠타 신사 앞 도로인 이쿠타 로드와 모토마치를 쉽게 찾을 수 있다. 고베 3대 스테이크하우스가 모인 곳도 여기!

구글맵 고베 산노미야(정거장 ID: HK16)
가는 방법 한큐 고베산노미야역 히가시구치東口 2번 출구

ⓜ 이쿠타 신사
生田神社 🌸 ⛩

📍
구글맵 이쿠타 신사 또는 Ikuta Shrine
운영 07:00~17:00(여름 18:00까지)
요금 무료 **홈페이지** ikutajinja.or.jp
가는 방법 한큐 고베산노미야역에서 250m(도보 3분)

신을 모시는 마을 고베의 기원

3세기 무렵 창건된 이쿠타 신사를 돌보던 마을, 간베かんべ의 발음이 변해 현재의 고베こうべ가 되었다고 전해진다. 태양의 여신이자 인연을 맺어 주는 와카히루메노미코토稚日女尊를 주신으로 모시는 까닭에 연애와 결혼을 기원하는 참배객이 많이 찾는다. 그리 크지 않은 규모임에도 부속 신사 10여 개가 자리하고 있으며, 이 중 교토의 후시미이나리 신사처럼 도리이가 늘어선 이나리 신사가 도심 한복판의 포토 스폿으로 유명하다. 또한 신사 뒤편의 이쿠타 숲(이쿠타노모리)은 1180년부터 1185년 사이에 일어난 겐페이 전쟁源平合戦의 유적지다.

이쿠타노모리

신사 입구

이나리 신사

⓷ 모토마치 상점가 元町商店街

날씨에 상관없이 구경하기 좋은 곳

고베 개항 초기에 형성되어 1950년대 지붕을 덮은 아케이드로 정비된 약 1.2km의 쇼핑가다. 150여 년의 역사를 자랑하는 화과자점 가메이도 총본점, 히라무라 사진관 등의 원조 노포는 물론 다양한 업종의 매장 약 300곳이 늘어서 있다.

구글맵 모토마치 상점가 또는 Kobe Motomachi Shopping Street **운영** 24시간 **가는 방법** 다이마루 고베점 길 건너편

⓸ 난킨마치 南京町

고베 명물 No. 2 부타만

1868년 고베 개항에 맞춰 중국인이 다수 이주하며 형성된 간사이 지방에서 가장 큰 차이나타운이다. 이곳까지 찾아가는 이유는 오직 하나! 1915년에 문을 연 로쇼키의 '부타만'을 먹기 위해서다. 중국 톈진의 만두를 일본풍으로 변형한 것으로, 육즙이 풍부한 돼지고기 만두가 출출할 때 간식으로 제격이다.

구글맵 로쇼키 **운영** 10:00~18:30 ※재료 소진 시 영업 종료
요금 5개 600엔 **홈페이지** roushouki.com
가는 방법 다이마루 고베점에서 300m(도보 4분)

SPECIAL THEME

감각적인 패션 스토어를 찾아서
고베 구거류지

1868년 고베 개항과 함께 외국인 거주지로 조성된 지역을 고베 구거류지神戸旧居留地라고 한다. 당시 건축된 유럽풍 석조 건물 안에 글로벌 명품 브랜드와 일본의 유명 디자이너 매장이 입점한 세련된 쇼핑가로 변신했다.

가는 방법 지하철 규쿄류치·다이마루마에역 1번 출구와 연결 / 한큐 고베산노미야역에서 600m (도보 10분)

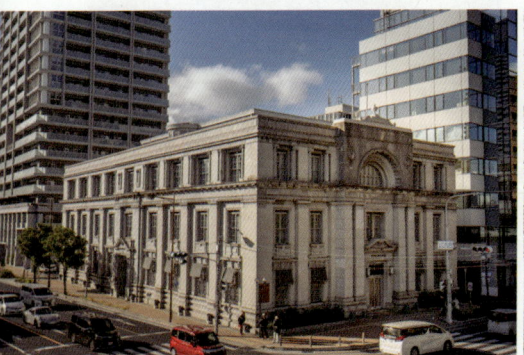

01 다이마루 백화점 고베점
大丸 神戸店

모토마치의 랜드마크

1913년에 개점해 1927년부터 모토마치 상점가 맞은편에 자리 잡은 고베의 대표 백화점이다. 지상 10층, 지하 2층 규모의 본관 건물 주변에 있는 고급 브랜드 부티크 매장 대부분이 다이마루 백화점의 일부다.

구글맵 다이마루 고베점 **운영** 10:00~20:00
홈페이지 daimaru.co.jp/kobe

02 구거류지 38번관
旧居留地38番館

본관 뒤쪽 교차로에 주목!

고풍스러운 석조 건물인 구거류지 38번관과 현대적 감각의 블록 30이 마주하는 사거리. 각 코너에는 에르메스, 루이 비통, 발렌시아가, 빔스의 플래그십 스토어가 자리한다. 본관 쪽으로 걸어 올라가는 길의 노천카페에서 고베 특유의 이국적인 분위기를 느낄 수 있다.

구글맵 구거류지 38번관 **운영** 11:00~20:00

03 카페라
Caffera

밀라노 감성의 노천카페

쇼핑하다가 즐기는 에스프레소와 카푸치노, 티라미수! 구거류지 쇼핑가에 마련된 테라스석이 인기다. 사람이 많을 때에는 백화점 내부 입구에서 대기하고, 평소에는 테라스 쪽으로 들어가도 된다.

구글맵 Caffera ※다이마루 고베점 1층 **운영** 09:45~21:00

04 단톤
DANTON

단독 매장이 가진 특별함

일본에서 디자인과 생산까지 하는 프랑스의 워크웨어 브랜드. 다른 도시에서는 주로 셀렉트 숍 체인인 비숍Bshop을 통해 유통되지만, 독립 매장인 고베점은 좀 더 다양한 제품을 갖추고 있다. 코너 하나만 돌면 비숍 고베 본점, 노스페이스와 헬리한센의 컬래버레이션 매장, A.P.C. 고베점까지 있어 함께 둘러보기에 좋다.

구글맵 DANTON KOBE 운영 11:00~20:00
인스타그램 @danton_official

비숍 고베 본점

노스페이스 / 헬리한센

A.P.C. 고베

05 나나미카 고베
Nanamica Kobe

도쿄 다이칸야마에서 고베까지

노스페이스 퍼플 라벨 디렉터이기도 한 디자이너 혼마 에이이치로의 프리미엄 캐주얼웨어 브랜드. 규모는 작지만 제품 라인업이 알차다.

구글맵 Nanamica Kōbe 운영 11:00~19:00
인스타그램 @nanamica_kobe

06 새러데이 뉴욕시티
& 비오톱 고베
Saturdays NYC & BIOTOP Kobe

감각적인 편집 숍

도보 2분 거리에 위치한 두 매장을 지나치지 말자. 의류점과 카페를 같이 운영하는 새러데이 뉴욕시티는 넓고 쾌적한 실내가 장점이다. 2025년 3월에 오픈한 비오톱 고베는 편안한 분위기의 카페 겸 레스토랑을 함께 운영하는 라이프스타일 편집 숍이다.

구글맵 Saturdays NYC Kobe / BIOTOP KOBE
운영 11:00~20:00

07 BAL 고베 & 어넥스
BAL Kobe & Annex

부티크 백화점의 매력

교토와 고베 두 도시에 매장을 둔 복합 쇼핑몰. 본관에는 투데이스 스페셜, 마두 등 라이프스타일 숍이 입점했다. 다이마루 고베점과 비슷하게 주변의 단층 건물까지 영역을 넓힌 어넥스에는 하이엔드 패션 매장이 들어서 있다.

구글맵 BAL KOBE 운영 11:00~20:00 홈페이지 www.bal-bldg.com/kobe

08 오츠나카도리
乙仲通

요즘 감성 충만!

구거류지보다 한결 편안한 분위기의 골목에 카페와 베이커리, 소품 매장까지, 일본 MZ들의 핫플이 즐비하다.

인스타그램 HOT SPOT

파티스리 몽플류 @patisserie_montplus 고베 3대 디저트 카페
오레전 @h_orejon 라이프스타일 셀렉트 숍에서 디저트와 커피까지
롱 쉬크레 카페 @rond_sucre_cafe 달콤한 마시멜로, 상큼한 에이드 한 잔
옐로 @yellow_kobemotomachi 달걀로 만든 맛있는 브런치
셸비 @junk_food_cafe_shelby 푸짐한 미국식 햄버거 맛집

산노미야 쪽 쇼핑센터

민트 고베 Mint Kobe

민트색 건물이 눈에 띄는 대형 쇼핑센터. 쾌적하고 여유로운 공간이 장점이다.

- 생활 JR 고속버스 터미널 1F, 포트라이너 산노미야역 2F, 영화관 9F, 식당가 B1F
- 쇼핑 아디다스 팝업 스토어, 노이에, 마크스앤웹, 맨해튼 포티지, 유나이티드 애로우즈

한큐 백화점 고베점

본관과 신관으로 나뉜다. 신관 쪽에 실속 있는 브랜드가 많다. 오사카로 돌아가기 전 지하 식품관 디저트 매장에서 달콤한 기념품을 챙기는 것도 추천!

- 패션 아크네 스튜디오 2F, 마르니 2F, 셀린느 1F, 꼼데가르송 포켓 1F
- 잡화 로프트 4F, 무인양품 5~6F, 효고현 특산품 5F
- 카페 카페 클로이 2F, 블루보틀 1F

하버랜드에서 본 메리켄 파크

 05

메리켄 파크
メリケンパーク

📍 **구글맵** 메리켄 공원
운영 24시간
가는 방법 다이마루
고베점에서 1km(도보 15분)
시티 루프 버스 `CL16` 메리켄 파크
포트 루프 버스 `PL35` 메리켄 파크

루프 버스 노선

탁 트인 항구 전망과 포토 스폿
메리켄 파크는 고베항을 따라 조성된 넓은 해변 공원으로, 고베 포트 타워, 고베 해양 박물관, 1995년 한신·아와지 대지진의 희생자를 기리는 추모 공원이 있다. 비 고베(BE KOBE)라는 슬로건이 적힌 조형물과 메리켄 파크 오리엔탈 호텔을 배경으로 기념사진을 남길 수 있는 곳.

 스타벅스 메리켄파크점

메리켄 파크에 가면 눈에 확 띄는 독특한 디자인. 매장 내부에서 대형 유리창을 통해 바다와 하늘, 공원의 녹지를 한눈에 담을 수 있다.
운영 07:30~22:00

166

포트 타워에서 본 고베

고베 포트 타워
神戸ポートタワー

06

운영 09:00~23:00(마지막 입장 22:30)
요금 전망대 1000엔, 옥상 데크 포함 1200엔
홈페이지 www.kobe-port-tower.com/ko
가는 방법 메리켄 파크 입구 쪽

360도 파노라마 전망대

1963년에 완공된 고베의 상징적인 전망 타워로, 108m 높이에서 고베 항과 롯코산, 오사카만까지 한눈에 조망할 수 있다. 일본 전통 북인 츠즈미를 모티브로 한 붉은색 철골 구조의 곡선형 디자인이 돋보인다. 타워에 입장해서 엘리베이터를 타고 전망 층인 U5로 올라가 전망을 감상한 뒤, U1까지는 한 층씩 걸어서 내려오는 구조다.

R 야외 옥상 데크(추가 요금)
U5 360도 실내 전망대
U4 미디어 아트 전시관
U3 회전식 카페 & 바
U2 기념품 매장
U1 내려오는 엘리베이터

L4 무료 실외 테라스 & 카페
L3 레스토랑
L2 빔스 재팬 & 소품 매장
L1 매표소 및 입구

FOLLOW UP

고베항의 쇼핑 & 엔터테인먼트 지구
하버랜드 ハーバーランド

하버랜드는 대형 쇼핑센터와 레스토랑, 엔터테인먼트가 결합된 복합 문화 공간이다. 포트 타워와 메리켄 파크가 정면으로 보인다. 산노미야에서 걸어가기에는 꽤 멀고, 근처 JR 고베역까지는 약간 떨어져 있어서 미리 동선을 잘 계획해야 한다.

구글맵 고베하버랜드 umie **홈페이지** harborland.co.jp
가는 방법 다이마루 고베점에서 1.5km(도보 20분) / JR 고베역·지하철 하버랜드역에서 740m(도보 10분) / 포트 루프 버스 `PL37` 하버랜드 ※오후 8시 이전 운행 중단

① 모자이크 モザイク
바다 전망을 감상하기 좋은 개방형 쇼핑센터. 고급 레스토랑부터 카페 프란츠나 빗쿠리 동키 같은 부담 없는 가격대의 체인점도 있다.
운영 10:00~20:00

② 우미에 Umie
유니클로, GU, H&M, GAP 등 대중적인 패션 브랜드를 비롯해 다양한 상점과 레스토랑이 입점한 대형 쇼핑몰.
운영 10:00~20:00

③ 고베 벽돌 창고 神戶煉瓦倉庫

1890년대 후반 지어진 벽돌 창고를 개조한 상업 시설. 올드 스파게티 팩토리 등의 레스토랑과 만년필로 유명한 나가사와 문구점이 입점해 있다.

운영 문구점 11:00~19:00,
레스토랑 11:00~15:00, 17:00~21:00

④ 모자이크 대관람차 モザイク大観覧車

탑승 시간은 약 10분. 저녁에는 약 12만 개의 LED 조명이 다양한 색상과 패턴으로 빛나는 고베항의 야경 명소다. 바로 뒤에 호빵맨 어린이 박물관이 있다.

운영 10:00~22:00(토요일 및 공휴일 전날은 23:00까지)
요금 만 3세 이상 1인당 800엔, 프리미엄 곤돌라 900엔

⑤ 유람선 타고 고베항 한 바퀴!

일반 유람선은 카모메리아 터미널 앞 선착장(포트 루프 버스 `PL38` 정류장)에서 보통 1시간 간격으로 출항한다. 극성수기를 제외하면 예약 없이 탑승할 수 있다. 다카하마 부두(모자이크 앞)에서 출항하는 콘체르토는 식사 프로그램을 예약해야 한다.

유람선	운항	요금	프로그램
로열 프린세스	45분	1700엔	고베항의 명소를 순회하는 클래식한 유람선 **홈페이지** kobebayc.co.jp/time_fee
고자부네 아타케마루	45분	2300엔	에도 시대 거선 모양의 전통 놀잇배 **홈페이지** kobebayc.co.jp/time_fee
보보 고베	60분 90분	2200엔 2600엔	고베항의 명소를 순회하는 캐주얼한 유람선 **홈페이지** www.kobe-seabus.com
콘체르토	2시간	9000엔 이상	식사를 하며 관광하는 크루즈선(예약 필수) **홈페이지** thekobecruise.com

야나세 다카시 극장

07 고베 호빵맨 어린이 박물관 & 쇼핑몰
神戸アンパンマンこどもミュージアム＆モール

고베에서 만나는 호빵맨의 세계

야나세 다카시의 그림책 주인공으로 세계적인 인기 애니메이션이 된 호빵맨과 친구들을 주제로 한 테마파크. 2층의 박물관은 온 가족이 함께 시간을 보내기에 적당한 곳으로, 애니메이션 장면을 그대로 재현한 '호빵맨 월드'의 신기한 놀이 시설이 아이들의 호기심을 자극한다. 세균맨의 '세균 비밀 기지'는 점프하거나 스위치를 조작하면서 놀 수 있는 공간이다. 인기 캐릭터들이 등장해 신나는 퍼포먼스를 펼치는 '야나세 다카시 극장'도 있다.

📍 **구글맵** 고베 호빵맨 어린이 박물관 & 쇼핑몰
운영 10:00~18:00(마지막 입장 17:00)
요금 쇼핑몰 무료, 박물관 2000~2500엔(요일별로 다름)
홈페이지 www.kobe-anpanman.jp
가는 방법 하버랜드의 모자이크 대관람차 바로 뒤편

세균 비밀 기지

1층 쇼핑몰 한정판 캐릭터 상품과 귀여운 먹거리를 파는 1층의 쇼핑몰은 입장료를 내지 않고 이용 가능하다. 곳곳에 설치된 포토 존과 고베항의 전망도 놓치지 말아야 할 포인트다.

©Takashi Yanase／Froebel-kan, TMS, NTV

⑧ 고베 포트 뮤지엄
神戸ポートミュージアム

푸드홀이 결합된 수족관

거대한 돌섬을 연상케 하는 건축물은 신개념 아쿠아리움과 고베의 유명 파티스리 투스투스 Tooth Tooth 에서 운영하는 푸드 홀이 결합된 복합 문화 공간이다. 1층 푸드 홀은 일식, 양식, 아시아 요리 등 입맛대로 골라 먹을 수 있고, 밤에는 바 겸 라운지로 변신한다. 2층 아쿠아리움은 고전적 수족관의 틀을 벗어나 빛과 미디어 아트를 활용한 몰입형 전시로 눈길을 사로잡는다.

구글맵 고베 포트 뮤지엄(KPM)
홈페이지 kobe-port-museum.jp
가는 방법 포트 루프 버스 **PL34** 신코초 하차

• **투스 마트**
  Tooth Mart
요금 매장별로 다름
운영 11:00~22:00

• **아토아** átoa
요금 성인 2400엔,
초등학생 1400엔,
유아 800엔
운영 10:00~19:00

 라 스위트 르 팡 Le Pan

호텔 라 스위트 고베 하버랜드의 직영점으로, 건너편 하버랜드의 풍경이 한눈에 들어오는 위치에 2025년 3월 문을 열었다. 1층에는 레몬 타르트로 유명한 베이커리 카페 르 팡 Le Pan, 2층에는 테라스 레스토랑 아미 고베 ami Kobe가 입점했다. 4층의 루프톱 바에서 고베항의 야경을 감상하며 특별한 시간을 보낼 수 있다.

운영 베이커리 08:00~20:00, 레스토랑 11:00~14:00, 17:00~22:00
홈페이지 www.l-s.jp/lepan/lasuitelepan

ZONE 2 고베 북쪽

기타노이진칸
北野異人館

언덕 위에 자리 잡은 유럽풍 건물

고베는 1868년 개항 이후 일본의 핵심 무역항으로 급부상했다. 당시 영국, 프랑스, 네덜란드 등 다양한 나라의 외국인들이 거주하면서 전파된 유럽 문화가 지금까지 고스란히 남아 있다. 특히 산노미야 북쪽 기타노 지역에 19세기 말부터 20세기 초에 지어진 유럽풍의 이진칸異人館(외국인 저택)이 특별한 볼거리를 제공한다.

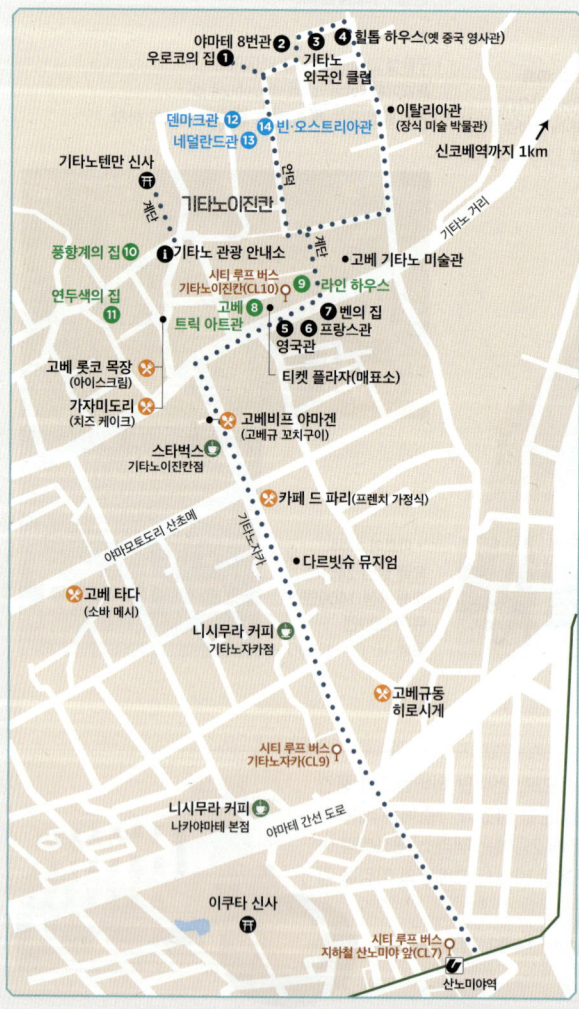

01 여행 포인트

- **이동 거리** 1km
- **여행 시간** 2~3시간
- **언제 가면 좋을까?**
주요 저택은 1년 내내 개방하며, 개방 시간은 09:30~18:00 (10월부터 3월까지는 10:00~17:00)이다. 오후에는 방문객이 많아지므로, 한적한 분위기에서 예쁜 사진을 찍고 싶다면 오전에 가는 편이 좋다.

02 대중교통 수단

기타노이진칸으로 가는 길은 오르막이기 때문에 시티 루프 버스를 타면 체력을 아낄 수 있다. 이 버스는 티켓 플라자(매표소) 앞에서 정차한 후 누노비키 허브엔(로프웨이 입구)과 신코베역을 거쳐 다시 산노미야역으로 돌아간다.

걸어서 가기	시티 루프 버스
산노미야역 (JR · 지하철)	CL7 지하철 산노미야역 앞
1km(도보 15분)	CL9 기타노자카(언덕길 입구)
기타노이진칸	CL10 기타노이진칸 (티켓 플라자 앞)

03 기타노이진칸 전시관 총정리

메인 도로의 티켓 플라자에서 입장권을 판매하는 1~8번 저택, 무료로 개방하는 9번 라인 하우스, 별도 요금 정책으로 운영하는 10~14번 저택이 있다. 이 외에도 주변에 작은 박물관과 갤러리가 많다.

	전시관	요금	통합권 종류	
❶	우로코의 집 & 전망 갤러리★	1100엔	4종 통합권 2200엔	기타노 7관 프리미엄 패스 3300엔
❷	야마테 8번관★	550엔		
❸	기타노 외국인 클럽	550엔		
❹	힐톱 하우스(옛 중국 영사관)	550엔		
❺	영국관(셜록 홈스 테마)★	880엔	3종 통합권 1540엔	
❻	프랑스관(요칸 나가야)	550엔		
❼	벤의 집	550엔		
❽	고베 트릭 아트관	880엔	해당 없음	
❾	라인 하우스	무료		
❿	풍향계의 집(가자미도리)★	500엔	-	-
⓫	연두색의 집★	400엔		
⓬	덴마크관(바이킹의 집)	500엔	3종 통합권 1400엔 ※현금 결제	스마트 패스포트 2500엔
⓭	네덜란드관(향기의 집)	700엔		
⓮	빈 · 오스트리아관	500엔		

★추천 명소

얼마나 걸릴까?
저택 한 곳당 15분이면 관람할 수 있는 규모다. 가까운 곳 위주로 둘러보면 약 1시간, 언덕 위로 10분쯤 올라가야 나오는 1~4번 저택까지 모두 보려면 더 많은 시간이 필요하다.

메인 도로 (기타노도리)

시티 루프 버스

01 티켓 플라자에서 가까운 4곳

영국관 英国館
셜록 홈스 테마의 포토 스폿

클래식한 영국풍 저택과 정원에서 마음껏 사진 찍기 좋은 곳. 입구에서 명탐정 셜록 홈스의 트레이드마크인 인버네스 망토와 디어스토커 모자를 무료로 대여해 준다. 2층에는 아서 코난 도일의 《머즈그레이브가의 전례문》에 묘사된 셜록 홈스의 방을 재현해 두었다.

구글맵 영국관 또는 The English House
건축 1909년

프랑스관(요칸 나가야)
仏蘭西館

프렌치 감성 스폿

두 채의 집이 계단 양쪽으로 완벽한 대칭을 이루는 서양식 연립주택. 내부는 키치한 감성으로 꾸며져 있다. 2층 한쪽 구석에 19세기 루이 비통의 빈티지 여행 트렁크가 보관되어 있다.

구글맵 요칸 나가야(프랑스관)
건축 1908년

라인 하우스
ラインの館

무료 입장 전망 좋은 집

독일인 무역상의 옛 저택. 버스 정류장 뒤쪽의 돌계단을 따라 올라가면 입구가 나오고, 1층 기념품점과 화장실까지 이용할 수 있다. 2층 베란다에서 기타노이진칸의 풍경이 보인다.

구글맵 Rhine House
건축 1915년

벤의 집
ベンの家

영국 귀족의 유별난 취미

벤 앨리슨이 세계 각지에서 사냥한 북극곰, 아메리카들소 등 실물 크기의 동물 박제가 전시되어 있다. 진귀한 수집품이 흥미로우면서도 다소 부담스럽다.

구글맵 Ben's House
건축 1902년, 고베시 문화재

02 언덕 위 이진칸

우로코의 집 うろこの家

멋진 전망과 남다른 컬렉션

1968년까지 외국인 전용 고급 임대주택으로 사용하다가 고베 최초의 이진칸으로 공개한 호화로운 대저택. 외벽을 장식한 약 4000장의 천연석 슬레이트가 물고기 비늘처럼 보여 '우로코노이에(비늘의 집)'로 불리게 됐다. 마이센, 로열 코펜하겐, 로열 우스터 등 유럽의 명품 자기 컬렉션과 함께 에밀 갈레의 유리공예품, 티파니앤코 램프까지 볼 수 있다. 나란히 붙은 옆 건물 우로코 미술관 3층으로 올라가면 고베항까지 보이는 높은 위치에 자리 잡고 있다.

구글맵 우로코노 이에 **건축** 1905년경, 국가 등록 유형문화재

좁은 골목을 따라 언덕 위로

③ 프리미엄 패스가 있다면 방문

야마테 8번관 山手八番館

로댕 작품도 보고 소원도 빌고!

영국 튜더 왕조 시대의 건축양식으로 지은 2층 목조건물. 로댕과 부르델의 조각상, 간다라 미술품, 세르반테스의 소설 《돈키호테》 속 돈키호테와 산초의 모습을 재현한 장식품이 전시되어 있다. 로마 신화의 농경과 계절의 신 사투르누스를 새긴 의자에 앉으면 소원이 이루어진다는 속설이 있다.

구글맵 Yamate 8-Bankan
건축 20세기 초

기타노 외국인 클럽 北野外国人俱楽部

드레스 입고 인증 샷 남겨 볼까?

외국인들의 사교 모임 장소로 이용된 저택. 옛 주방과 살롱, 그레고리오 성가 악보 등을 관람할 수 있다. 19세기 빈티지 드레스를 입고 기념 촬영을 하는 프로그램을 운영 중이다.

구글맵 Kitano Gaikokujin Club
건축 20세기 초
운영 드레스 대여료 5500엔(예약제)
홈페이지 kobe-ijinkan.net/md/dress

힐톱 하우스 坂の上の異人館

옛 중국 영사관

다른 유럽관과 달리 외관부터 동양식으로 지은 저택. 명나라에서 청나라 시대에 제작된 중국 가구로 꾸몄다. 서주 시대(기원전 1046~771년)에 출토된 백유문종百乳文鐘(일본 청동 방울의 원형), 전통 도자기, 한나라 시대의 마용馬俑 등 예술품도 전시되어 있다.

구글맵 Hilltop House
건축 1940년

④ 3종 패스포트로 입장하는 곳

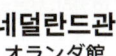

네덜란드관
オランダ館

향기의 집

과거 네덜란드 총영사관으로 사용하던 저택을 1987년부터 일반에 공개 중이다. 전문 조향사가 만든 향수를 판매하며, 향수 만들기와 전통 의상 체험 프로그램을 진행하는 경우도 있다.

구글맵 Holland House **건축** 1918년

덴마크관
デンマーク館

바이킹과 안데르센의 나라

덴마크 대사관의 후원으로 설립한 테마관. 실내에는 바이킹 선박의 레플리카와 안데르센의 서재를 만들어 놓았다. 스웨덴의 무민 트롤 캐릭터도 찾아 보자.

구글맵 덴마크관
건축 20세기 초

빈·오스트리아관
ウィーン・オーストリアの家

모차르트와 황후의 방

오스트리아 대사관의 후원으로 개관한 박물관. 빈 출신의 천재 음악가 모차르트와 '시시Sisi'라는 애칭으로 알려진 엘리자베스 황후를 조명하는 전시물로 채워져 있다.

구글맵 Vienna, Austria house
개관 1992년

TRAVEL TALK

기타노이진칸 스탬프 투어

미술품 감상을 좋아한다면 핵심 저택 7곳을 돌아보는 프리미엄 패스를 구입해도 좋아요.
덴마크관, 네덜란드관, 빈·오스트리아관은 별도의 3종 패스포트를 발행해 운영하고 있어요.

(05)

풍향계의 집
風見鶏の館

📍 구글맵 Weathercock House
건축 1909년, 국가 중요문화재
운영 2025년 7월 18일 재개관

기타노이진칸의 상징

독일인 무역상 고트프리트 토마스의 저택이었으며, 첨탑 위 수탉 모양의 풍향계 때문에 '가자미도리노야카타(풍향계의 집)'라는 이름이 붙은 붉은색 벽돌 건물이다. 고베시가 소유한 건물로 인근에 위치한 연두색의 집(모에기노야카타萌黄の館: 미국 총영사 헌터 샤프의 자택)과 함께 국가 중요문화재로 지정되었다. 집 앞 광장(기타노초히로바)에 앉아 휴식하며 전체 모습을 감상해 보자.

 풍향계의 집 근처 디저트 맛집 BEST 3

가자미도리 본점
風見鶏 本舗

'풍향계의 집'을 모티브로 한 치즈 케이크 & 푸딩 전문점. 진한 치즈의 풍미와 촉촉한 식감이 매력적.

고베 롯코 목장 기타노 본점
神戸六甲牧場 北野本店

우유 본연의 깊고 부드러운 맛이 살아 있는 고베 명물 아이스크림을 테이크아웃으로 즐기자.

프란츠 고베
Franz Kobe

동결건조 딸기의 상큼한 맛이 일품인 트뤼프 초콜릿과 '고베 마법의 항아리 푸딩'이 인기 아이템

06 기타노텐만 신사
北野天満神社 🌸 ⛩

높은 계단 위 하늘의 신사

1180년에 창건한 신사로, '기타노'라는 지명이 여기에서 유래했다. 현재 남아 있는 본전은 1724년에 건립되었으며, 가파른 계단 끝에 올라서면 고베항이 한눈에 보이는 전망 덕분에 '하늘의 신사'라는 별칭이 붙었다. 풍향계의 집을 관람한 뒤 잠시 들러 보자.

구글맵 기타노텐만 신사 또는 Kitano Tenman Shrine
운영 07:30~17:00 **요금** 무료
홈페이지 www.kobe-kitano.net
가는 방법 풍향계의 집에서 도보 2분 거리에 계단 아래쪽 입구가 있음

07 고베 누노비키 허브엔 神戸布引ハーブ園

로프웨이 타고 허브 정원까지 한 번에

마야산이나 롯코산까지 갈 시간이 없다면 신코베역 부근에서 로프웨이를 탑승해 보자. 올라가는 동안 고베 도심과 바다를 내려다볼 수 있고, 10분 정도 지나면 계절마다 다양한 꽃을 피워 내는 허브 정원에 도착한다. 이곳에서는 시원하게 떨어지는 누노비키 폭포를 바라보며 산책이나 트레킹을 즐길 수 있다. 기타노이진칸에서 가까운 편이지만 걸어가기보다는 버스를 이용하는 편이 낫다.

구글맵 고베 누노비키 허브엔 또는 Kobe Nunobiki Herb Gardens
운영 09:30~21:00(비수기 17:00까지)
요금 2000엔(허브 정원 입장료+로프웨이 왕복)
홈페이지 www.kobeherb.com/kr
가는 방법 신코베역에서 400m(도보 5분) 또는 기타노이진칸에서 시티 루프 버스로 1개 정류장 `CL11` 하차

눈과 입이 즐거운 뎃판야키!
3대 고베규 맛집

모리야 본점 モーリヤ 本店

주메뉴 뎃판야키
🙂 → 1885년 창업, 최고의 퀄리티 ✅ → 온라인 예약 권장

최상급 고베규를 사용하며, 교토 기온에도 매장을 운영할 만큼 명성이 높은 업체다. 140년 역사의 노포다운 품격이 돋보이는 본점에서 식사해 볼 만한 가치는 충분하다. 런치 A 세트는 전채와 구운 채소만 제공하며, B 세트는 수프, 샐러드, 빵 또는 밥을 포함한 구성이다. 추가 요금을 내고 갈릭라이스를 선택하면 풍미가 폭발하는 소고기볶음밥을 맛볼 수 있다.

구글맵 모리야 본점 **운영** 11:00~21:00 **홈페이지** www.mouriya.co.jp/ko

런치 코스 가격 비교
(중량 150g 기준)

마블링 함량이 높은 고베규神戸牛는 가격이 훨씬 높다. 고급 식당에서 저렴한 메뉴를 찾기보다는 적당한 선에서 등급이나 중량을 올리는 편이 나을 수 있다.

	등급	가격	봉사료
모리야 본점	고베규 허벅살(우치모모)	9130엔	포함 가격
	고베규 A5 등급 리브 로스(갈비 등심)	2만 2180엔	
	일반 리브 로스(갈비 등심)	1만 30엔	
스테이크랜드	일반 스테이크(L 세트)	1880엔	포함 가격
	고베규 스테이크 런치	3500엔	
	특선 고베규 스테이크	6580엔	
이시다 본점	고베규 A4 등급 등심	1만 4630엔	10%
	고베규 A5 등급 등심	1만 7380엔	
	일반 와규 등심	8250엔	

 KOBE 고베 맛집 가이드

3곳 모두 한큐 고베산노미야역에서 도보 5분 거리에 있어요.

스테이크랜드 ステーキランド

주메뉴 뎃판야키

→ 전화 예약(078-332-2900), 워크인 가능

가성비 높은 철판 요리 전문점. 고베규를 원한다면 기본 메뉴(런치 S 세트·L 세트)에서 업그레이드해야 한다. 단체 관광객도 많이 방문하는 큰 규모의 식당이며, 가까운 거리에 매장 2곳을 운영 중이다.

구글맵 스테이크랜드 고베관 또는 고베점
운영 11:00~14:00, 17:00~21:00 ※1월 1~3일에는 런치 주문 불가
홈페이지 steakland-kobe.jp

이시다 본점 石田 本店

주메뉴 뎃판야키

→ 코스로 즐기는 프리미엄 고베규
→ 3일 전 예약, 봉사료 10%

최고 등급의 고베규를 엄선해 사용하며, 애피타이저부터 디저트까지 7코스로 준비되기 때문에 만족도가 매우 높은 곳이다. 추가 요금을 내고 갈릭라이스로 업그레이드하면 더 맛있다. 고베 본점 외에도 도쿄 긴자와 오사카 우메다(링크스LINKS)에 지점이 있다

구글맵 고베규 스테이크 이시다 본점(건물 3층)
운영 11:00~15:00, 17:00~21:30
휴무 화요일
홈페이지 www.kobe-ishidaya.com

2권 고베 181

고베에서 꼭 맛볼
명물 음식

고베규동 히로시게 神戸牛丼 広重

주메뉴 규동(불고기덮밥)
😊→ 맛있고 가성비 높은 한 끼   😐→ 예약 불가, 현금 결제

입안에서 살살 녹는 맛있는 규동으로 인기가 높다. 사장님 혼자서 요리와 서빙을 담당하기 때문에 첫 회차에 자리를 잡지 못하면 꽤 오래 기다릴 각오를 해야 한다. 규동은 사이즈(레귤러·라지)만 선택할 수 있고, 나마타마고(날달걀) 대신 온센타마고(반숙)로 업그레이드 가능.

구글맵 히로시게 규동   **운영** 11:00~15:00, 18:00~22:00
휴무 수요일   **예산** 규동 2600엔, 온센타마고 100엔
가는 방법 산노미야와 기타노이진칸 사이

모리야쇼텐 모토마치 본점
森谷商店 元町本店

주메뉴 정육 & 튀김
😊→ 현지인이 줄 서는 맛집   😐→ 테이크아웃 매장

1873년에 창업한 노포 정육점 매장 한쪽에 튀김 코너를 운영한다. 크로켓과 멘치카츠, 소고기 슬라이스를 튀긴 미니 비프커틀릿을 맛보자.

구글맵 모리야쇼텐   **운영** 10:00~20:00
예산 1개당 120~330엔
홈페이지 www.moriya-kobe.co.jp
가는 방법 다이마루 고베점 맞은편 모토마치 상점가 입구

고베비프 야마겐
神戸ビーフヤマゲン

주메뉴 크로켓과 스테이크 샘플러
😊→ 간편하게 고베규 맛보기
😐→ 테이크아웃 매장

와규로 만든 비프 크로켓, 고베규 인증 꼬치구이를 부위별로 판매한다.

구글맵 KOBE Beef-YAMAGEN
운영 11:00~17:00   **예산** 2000엔
가는 방법 기타노이진칸 근처

고베 타다 神戸 多田

주메뉴 소바메시
😊→ 철판 스테이크와 볶음밥을 동시에!
😐→ 전화 예약 가능 ☎ 078-222-1715

야키소바와 밥을 함께 볶아 먹는 소바메시そばめし는 1950년대 고베 나가타의 작은 식당 오코노미야키 아오모리에서 만들기 시작한 고베 명물 음식이다. 기타노이진칸 뒷골목에 있는 '타다'에서 저렴하게 와규 스테이크 세트를 맛보는 것도 색다른 경험이 될 것이다.

구글맵 고베 타다
운영 월~금요일 11:00~15:00,
토요일 11:00~20:00
휴무 일요일   **예산** 소바메시 1000엔, 세트 1650엔
가는 방법 스타벅스 기타노이진칸점 근처

국물에 찍어 먹는 아카시야키

타치바나 たちばな

주메뉴 아카시야키(타코야키와 비슷한 간식)
😊 → 고베 명물 음식 ✓ → 예약 불가, 현금 결제

효고현 아카시시明石市에서 유래한 음식인 아카시야키를 현지 감성 그대로 맛볼 수 있는 곳. 모양은 타코야키와 비슷하지만 달걀이 많이 들어 있어 식감이 폭신하고, 따뜻한 맛국물에 찍어 먹는 것이 특징이다. 테이크아웃도 가능하지만 제대로 즐기려면 자리에서 먹고 가야 한다. 다만, 앉은 자리에서 혼자 10개(1인 1메뉴 주문)를 다 먹기에는 다소 부담스럽다.

구글맵 타치바나(아카시야끼) **운영** 11:00~19:00
휴무 목요일 **예산** 800엔 **가는 방법** 산노미야와 기타노이진칸 사이

효고 고코쿠 월드 ひょうご五国ワールド

주메뉴 효고현 니혼슈, 로컬 안주
😊 → 효고현의 명물을 한자리에서
✓ → 온라인 예약 가능

역사 속 효고현의 5개 지역을 테마로 각 지자체와 제휴해 지역 음식을 판매한다. 고베규, 아카시야키, 소바메시, 히메지 오뎅, 지역 해산물까지 효고현에서 먹어야 할 메뉴를 대부분 체험할 수 있다. 효고현의 대표 니혼슈 60종을 시음할 수 있는 니혼슈 코너가 인기다. 2차로 가기에 적당한 술집.

구글맵 효고 오국 월드
운영 16:00~23:00(주말·공휴일 14:00부터)
예산 메뉴에 따라 다름
가는 방법 한큐 고베산노미야역 근처의 건물 2층

> **TIP!** 효고현 지역별 명물은?
> • 히메지성이 있는 하리마播磨 → 히메지 오뎅
> • 기노사키 온천이 있는 다지마但馬 → 소고기
> • 단바야키 도자기로 유명한 단바丹波 → 밤, 검은콩, 팥
> • 아카시 해협 대교 건너편의 아와지섬淡路島 → 양파, 소고기
> • 사케 주조장이 모인 나다고고灘五郷 → 사케(술)

뉴 뮌헨 고베 대사관 ニューミュンヘン 神戸大使館

주메뉴 맥주와 경양식
→ 좌석 많은 호프집, 예약 가능

1958년에 창업하며 맥주를 전파하는 대사관이 되겠다는 각오로 이런 기발한 가게 이름을 지었다. 시즈오카 공장에서 직접 공급받는 삿포로 맥주 블랙 라벨, 에비스 프리미엄 블랙 라벨 맥주를 비롯해, 건물 내 양조장에서 직접 주조한 고베 다이시칸 맥주와 미나토 고베 바이첸 맥주를 판매한다. 치킨 가라아게, 소시지, 피자 등 어린이 취향의 음식도 있다.

구글맵 뉴뮌헨 고베 다이시칸
운영 평일 14:00~22:00, 주말 12:00~22:00
휴무 매월 둘째 화요일(7·8월 무휴)
예산 2500~4000엔
홈페이지 newmunchen.co.jp
가는 방법 다이마루 고베점에서 300m(도보 5분)

카페 드 파리 カフェ・ド・パリ

주메뉴 프렌치 가정식 코스 요리
→ 가성비 높은 런치 스테이크   → 저녁에는 예약 필요

프랑스계 주인이 운영하는 프랑스 가정식 레스토랑. 여러 인테리어 소품과 분위기가 파리의 어느 카페에 들어온 듯한 느낌을 준다. 런치타임 코스 요리 중 기본 메뉴로는 생선이 나오고, 스테이크나 고베규 코스를 선택하면 가격이 올라간다.

구글맵 Café de Paris
운영 11:30~21:00 **휴무** 월·화요일
예산 런치 코스 2860엔(일반 스테이크), 저녁 코스 5000~1만 엔
홈페이지 cafe-de-paris.jp
가는 방법 스타벅스 기타노이진칸점 맞은편

레드락 본점 レッドロック 本店

주메뉴 로스트비프덮밥, 스테이크덮밥
→ 가성비 높은 고기덮밥

고베규의 도시에 본점을 둔 인기 고기덮밥 체인점. 오븐에서 부드럽게 조리한 로스트비프를 수북이 쌓고, 날달걀과 사워크림을 올린 로스트비프덮밥이 대표 메뉴.

구글맵 레드락 본점 또는 산노미야히가시점 **운영** 11:30~21:00
예산 1500~2000엔 **인스타그램** @redrockhonten
가는 방법 한큐 고베산노미야역에서 150m(도보 3분)

고베 카페 투어
고베 스위츠와 고베 커피!

| TIP! | 고베가 카페의 도시라고 불리는 이유는? |

일본에서 서양식 디저트인 양과자洋菓子 문화가 가장 먼저 정착한 도시 고베. 당연히 치즈 케이크, 푸딩, 바움쿠헨, 크로켓 등 서양식 디저트가 일본 스타일로 발전하게 되었다.

니시무라 커피 にしむら珈琲店

주메뉴 커피와 케이크
→ 고베의 클래식한 명소 경험

1948년에 개업한 니시무라 커피는 고베를 대표하는 노포 커피숍이다. 특히 나카야마테 본점은 북독일풍의 목조 건축 양식이 멀리서도 눈에 띈다. 식사 메뉴도 판매하며, 수제 푸딩과 케이크를 곁들인 커피 세트가 인기 메뉴. 본점 근처 기타노의 2층 벽돌 건물을 개조한 기타노자카점은 고급 살롱 스타일로 운영 중이다.

홈페이지 kobe-nishimura.jp

- **나카야마테 본점 中山手本店**
운영 08:30~23:00 ※워크인 가능
가는 방법 이쿠타 신사에서 도보 5분

- **기타노자카점 北野坂店**
운영 10:00~22:00 ※예약 권장
가는 방법 스타벅스 기타노이진칸점 근처

스타벅스 기타노이진칸점
Starbucks 北野異人館店

주메뉴 커피와 케이크
→ 기타노이진칸과 잘 어울리는 포토 스폿

1907년 건축해 유형문화재로 등록된 2층 주택을 개조한 특별 매장이다. 1995년에 일어난 한신·아와지 대지진으로 피해를 입은 외국인 주거지를 고베시에서 2001년 현재 위치로 이전해 복원했다. 1층에는 라운지가 있으며, 2층은 여러 개 방을 각각 다른 분위기로 꾸며 놓았는데 마음에 드는 자리에 앉으면 된다. 외부 현관 앞 나무로 된 스타벅스 로고가 인증 샷 포인트.

구글맵 스타벅스커피 고베 기타노이진칸점
운영 08:00~22:00
예산 500~1000엔
가는 방법 기타노이진칸 근처, JR 산노미야역에서 800m(도보 15분)

하타 커피 はた珈琲店

주메뉴 커피와 원두
☺ → 정통 킷사텐 분위기   ✓ → 현금 결제, 흡연 가능

1978년에 창업한 자가 로스팅 커피숍이다. 모든 커피 원두는 가게에서 직접 로스팅해 깊은 맛과 향이 일품이다. 약 200개의 커피잔 중에서 손님이 고른 잔에 담아 주는 독특한 서비스도 인기 요인 중 하나.

구글맵 Hata Coffee   **운영** 09:00~19:00
휴무 수요일   **예산** 500엔   **홈페이지** hatacoffee-kobe.com
가는 방법 모토마치 상점가, 고베 포트 타워에서 800m (도보 15분)

가자미도리 본점 風見鶏 本舗

주메뉴 치즈 케이크, 푸딩
☺ → 고베 명물 디저트   ✓ → 테이크아웃 매장

고베에 가면 누구나 들고 다니는 주황색 쇼핑백의 주인공! '풍향계의 집'의 수탉 모양을 로고로 사용하는 고베의 명물 디저트 전문점이다. 낱개로 판매하는 치즈타르트는 그 자리에서 바로 먹고, 푸딩과 치즈 케이크는 포장 가능.

구글맵 Kazamidori   **운영** 10:00~17:00
홈페이지 www.kazamidori.co.jp
가는 방법 기타노이진칸 풍향계의 집 아래쪽

이스즈베이커리 イスズベーカリー

주메뉴 식빵, 카레빵
☺ → 다양한 종류의 맛있는 빵   ✓ → 테이크아웃 매장

1946년에 창업한 베이커리 체인점. 전국 과자 박람회에서 상을 받은 식빵(하드 야마쇼쿠, 에멜러)으로 유명하다. 카레 크로켓과 작은 빵 종류도 판다.

구글맵 이스즈 베이커리(본점·모토마치점·이쿠타로드점)
운영 매장별로 다름
예산 300~1000엔
홈페이지 isuzu-bakery.jp

우에시마 커피 上島珈琲店

주메뉴 식빵, 카레빵
☺ → 융 드립 커피, 깔끔한 체인점

1933년에 고베에서 창업한 커피 전문점이다. 고베 공항을 포함해 오사카, 교토 등 일본 전국 어디에나 지점이 있다. 플란넬 천으로 추출하는 넬 드립 커피가 특징이다.

구글맵 '우에시마커피'로 검색
운영 매장별로 다름
예산 500~1000엔

파티스리 투스투스 본점 Patisserie TOOTH TOOTH 本店

주메뉴 프랑스식 디저트
😊 → 고베의 핫플 ✌ → 온라인 예약 또는 현장 대기

1986년 고베의 뒷골목에서 시작해 인기 있는 베이커리 카페이자 프랑스 식당으로 발전했다. 본점은 2층의 독채 건물이며, 1층은 갓 구운 케이크와 프랑스 전통 과자를 판매하는 부티크, 2층은 살롱(카페) 형태다. 본점 외에도 하버랜드 앞 레스토랑(Fish in the Forest TOOTH TOOTH)과 포트 뮤지엄 1층의 푸드 홀(TOOTH Mart)을 운영 중이다.

구글맵 Patisserie Tooth Tooth 本店
운영 1층 부티크 10:00~20:00, 2층 살롱 10:30~20:00
예산 1000~2000엔, 애프터눈 티 1인 3300엔
홈페이지 www.toothtooth.com
가는 방법 다이마루 고베점에서 350m(도보 5분)

쾨니히스 크로네 ケーニヒスクローネ

주메뉴 독일식 디저트
😊 → 생과일 파르페와 식사 메뉴

쾨니히스 크로네 호텔 1층 매장에서 브런치와 스위츠를 판매하는 독일식 디저트 전문점. 고베의 백화점은 물론, 오사카, 교토, 도쿄 등 전국 백화점 식품관에서 다양한 스위츠를 판매한다. 한신 고베산노미야역 지하 식당가에도 매장이 있어서 열차 시간을 기다릴 때 잠시 들어가서 쉬기 좋다.

구글맵 '케니히스 쿠로네 쿠마포치테이(호텔 영업점)' 또는 'Konigs-Krone'로 검색 **운영** 10:00~18:00 **예산** 2000~3000엔 **홈페이지** konigs-krone.co.jp
가는 방법 다이마루 고베점에서 350m(도보 5분)

칸논야 모토마치 본점 観音屋 元町本店

주메뉴 치즈 케이크, 경양식
😊 → 알고 보면 치즈 파스타 맛집

칸논야 모토마치 본점은 1975년부터 영업을 이어온 치즈 케이크 전문점이다. 치즈가 부드럽게 녹아내리는 '덴마크 치즈 케이크'가 대표 메뉴. 테이크아웃도 가능하지만 매장에서 바로 먹으면 더욱 깊은 맛을 느낄 수 있다. 치즈 토스트와 치즈 파스타 등 다양한 치즈 요리도 인기가 많다.

구글맵 칸논야 모토마치혼텐 **운영** 10:30~21:00 **예산** 1500~2000엔
홈페이지 kannonya.co.jp
가는 방법 모토마치 상점가, 다이마루 고베점에서 350m(도보 5분)

고베 북쪽의 힐링 여행지

아리마 온천 & 롯코산 & 마야산
有馬温泉 & 六甲山 & 摩耶山

Day Trip

효고현 고베시 북쪽에 위치한 롯코산과 마야산 일대는 케이블카(강삭철도)와 로프웨이(공중 케이블카)를 타고 발아래 펼쳐지는 자연 경관을 감상할 수 있다. 롯코산을 지나 아리마 온천을 방문해 온천을 즐기고 료칸에서 가이세키 요리를 먹으면 완벽한 하루 코스가 완성된다. 교통편이 다른 마야산은 별도 일정으로 계획해야 한다.

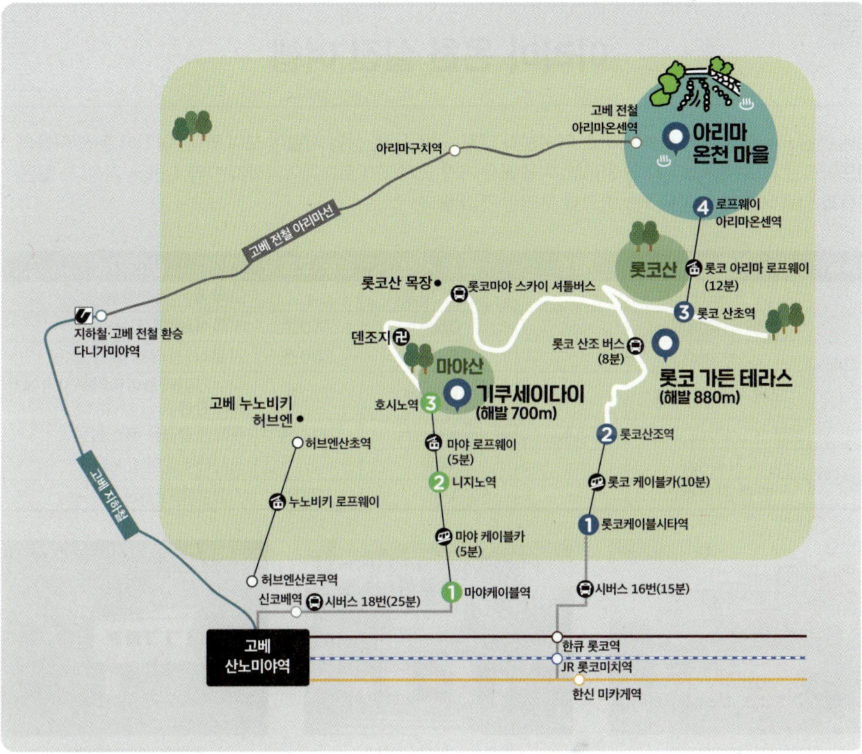

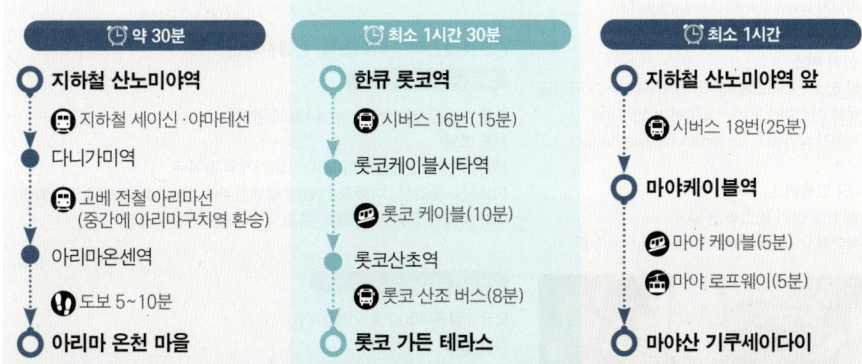

Follow Check Point

- **이동 거리** 고베에서 아리마 온천까지 약 21km
- **준비물** 1박 2일이라면 아리마 온천 숙소 예약, 오사카 당일 왕복이라면 교통 패스 준비
  산간 시내이므로 따뜻한 옷 필요

약 30분	최소 1시간 30분	최소 1시간
지하철 산노미야역	한큐 롯코역	지하철 산노미야역 앞
지하철 세이신·야마테센	시버스 16번(15분)	시버스 18번(25분)
다니가미역	롯코케이블시타역	마야케이블역
고베 전철 아리마선 (중간에 아리마구치역 환승)	롯코 케이블(10분)	마야 케이블(5분)
아리마온센역	롯코산조역	마야 로프웨이(5분)
도보 5~10분	롯코 산조 버스(8분)	
아리마 온천 마을	롯코 가든 테라스	마야산 기쿠세이다이

아리마 온천 실전 여행

고베 전철 아리마온센역 주변에 버스 터미널과 대형 숙박 시설, 상업 시설이 모여 있다. 여기서 온천 마을의 랜드마크인 킨노유金の湯까지 약 350m, 마을에서 가장 고지대인 로프웨이역까지는 약 1.2km 거리다. 좁은 골목과 언덕이 많아서 짐은 최소한으로 꾸리는 것이 좋다.

출발	교통수단	환승	소요 시간	편도 교통비	참고 사항
고베	자동차	-	20~30분	-	고베에서 약 21km
	JR 고속버스	-	35분	780엔	지정석/예매 가능
	신키 버스	-	50분	600엔	자유석/정리권 뽑고 탑승
	고베 지하철·전철	2회	30~35분	720엔	다니가미역 & 아리마구치역에서 2회 환승
	롯코-아리마 로프웨이	5회	2~3시간	2600엔	롯코산 관광용 패스 활용
오사카	자동차	-	40분	-	오사카에서 약 40km
	한큐 관광버스	-	1시간	1400엔	지정석/예매 권장

고베 전철 아리마온센역

한큐 버스 아리마 터미널

로프웨이 아리마온센역

교통 패스는 '꼭' 사야 할까?

01 짐이 많거나 온천만 다녀온다면 직행 관광버스를 추천

• **한큐 관광버스**
출발 장소 오사카 우메다 한큐 3번가
구글맵 Hankyu Umeda Station
홈페이지 www.hankyubus.co.jp/kr

• **신키 버스**
출발 장소 민트 고베 1층의 산노미야 버스 터미널
구글맵 신키버스코베산노미야버스터미널
홈페이지 shinki.bus-japan.net/kor/local

• **JR 고속버스**
출발 장소 신키 버스와 동일
홈페이지 www.nishinihonjrbus.co.jp/ko

02 오사카에서 한큐·한신 전철로 고베를 경유한다면

다이코노유 패스
요금 한신판 2950엔, 한큐판 3150엔
사용 범위
[한큐 또는 한신 전철] 전 노선(고베 고속선 제외)
[고베 시영 지하철·전철] 산노미야 - 다니가미 - 아리마 온센 구간
[아리마 온천 마을] 다이코노유 온천 이용권

03 롯코산이나 마야산을 관광한다면

롯코·마야 레저 티켓
요금 한신판 2350엔 ※4~11월에 판매
사용 범위
[한신 전철] 고베산노미야역 ↔ 미카게역 왕복권
[마야산·롯코산] 이동과 관광에 필요한 버스, 케이블/로프웨이 왕복권
주의 판매가 중단된 아리마·롯코 주유 패스와 다른 종류

스마트 패스포트 프리미엄
요금 1일권 4500엔, 2일권 7200엔
사용 범위
롯코 케이블, 롯코 아리마 로프웨이, 롯코 시다레, 마야 뷰라인 등

01 아리마 온천 有馬温泉

1400년의 역사를 이어온 온천 마을

고베 북쪽 롯코산 기슭 해발 350~500m에 위치한 아리마 온천 마을은 일본에서도 손꼽히는 휴양지다. 724년 온센지温泉寺가 건립되기 전부터 귀족들의 치유 장소였다는 기록이 있으며, 1191년에는 승려 닌사이仁西가 숙박 시설(슈쿠보宿坊) 12곳을 만들면서 온천 마을의 시초가 되었다. '도센 고쇼보陶泉御所坊'처럼 이름에 '坊(보)'가 들어가는 료칸은 과거의 온천 문화를 계승하고 있음을 의미한다.

구글맵 Kin no Yu Hot Springs 홈페이지 arima-onsen.com

숙소 목록

온센지의 겨울

온천 마을에서는 료칸에서 먹는 저녁이 큰 즐거움 중 하나다. 정통 가이세키 요리부터 고급 스키야키까지 식사의 종류에 따라 가격이 달라진다. 온천 시설이 객실 내 개별 온천인지, 공동 대욕장인지, 아니면 마을의 공중탕을 이용해야 하는지도 확인해 봐야 한다.

FOLLOW UP
깊은 산속 온천 마을
아리마 온천 즐기는 방법

고즈넉한 아리마 온천 마을. 온천 탕을 찾아 여행의 피로를 풀고,
골목골목 숨어 있는 유서 깊은 가게를 찾아가 보자.

① 유모토자카 湯本坂
아리마의 중심 상점가 산책

킨노유 옆에서 시작해 아리마 온천 마을을 가로지르는 약 600m의 완만한 언덕길. 양쪽에 늘어선 전통찻집과 디저트 가게를 방문하거나 각종 기념품을 구경하는 재미가 쏠쏠하다. 료칸에서 저녁 식사를 마친 후 산책을 나서면 낮에는 관광객으로 분주하던 거리가 한산해져 있다.

온천 마을의 상점들은 오후 5~6시에 대부분 문을 닫고, 겨울에는 쉬는 날이 늘어나요. 저녁 식사는 미리 계획을 세우세요!

킨노유 밖에 설치된 무료 족욕탕

② 아리마의 대표 온천
➔ 온천은 어디가 좋을까?

지하 심층 암석층에서 솟아나는 아리마 온천수는 붉은 황금빛 온천인 킨센金泉(염분과 철분을 다량 함유)과 맑고 청량한 긴센銀泉(탄산 원천과 라듐 성분이 혼합)으로 구분된다. 꼭 료칸에 투숙하지 않더라도 공동 온천은 누구나 이용할 수 있다.

• **킨노유(금탕)** 金の湯

온천 마을에서 가장 오래된 원탕 元湯을 경험할 수 있는 곳. 1884년 서양식 건물로 개축했다.
휴무 둘째·넷째 화요일
요금 평일 650엔, 주말 800엔

• **긴노유(은탕)** 銀の湯

탄산 원천이 흐르는 언덕 위쪽 동네에 2001년 개장했다. 규모는 가장 작다.
휴무 첫째·셋째 화요일
요금 평일 550엔, 주말 700엔
(킨노유 + 긴노유 1200엔)

• **다이코노유** 太閤の湯

온천 마을 골목이 아닌 개천가에 위치한 대형 온천. 킨센, 긴센, 노천탕을 갖추고 있다.
휴무 없음
요금 평일 2750엔, 주말 2970엔

③ 탄산센겐 공원
炭酸泉源公園

온천의 원류를 찾아서

절과 신사가 많은 동네 위쪽에 탄산 원천이 숨어 있다. 온천 탄산수의 수온은 18.3℃ 정도, 샘물을 병에 담아 뚜껑을 닫으면 탄산가스의 압력 때문에 뚜껑이 총알처럼 날아가서 철포수 鉄砲水로 불렸다고 한다. 탄산 전병과 탄산 사이다를 바로 이 물로 만든다.

구글맵 탄산 원천 공원

- **달콤한 탄산 사이다**

탄산 원천에서 흐르는 음료는 강한 탄산과 철분 때문에 쓴맛이 강하다. 이 물을 맛있게 마실 수 있도록 단맛을 첨가한 것이 탄산 사이다! 마을 여기저기서 판다.

- **최고의 기념품, 탄산 전병**

킨노유에서 골목길로 1분만 걸어 올라가면 원조 가게인 미츠모리 혼포 三津森 本舗가 나온다. 1907년부터 천연 탄산수로 반죽한 센베이를 만들기 시작했다고 전해진다. 가게 안에서 장인이 센베이를 한 장씩 정성스럽게 굽는 모습을 볼 수 있다.

구글맵 Mitsumori Honpo

롯코 가든 테라스

02

롯코산·마야산
六甲山·摩耶山

낮에 가도 좋아요!

해발 931m의 롯코산은 사계절 내내 수려한 자연 경관을 자랑한다. 정상 쪽 가든 테라스와 야외 미술관에서는 드넓은 아카시 해협과 오사카 평야가 바라다보인다. 해발 700m의 마야산 기쿠세이다이掬星台 전망대에서는 롯코 마야 스카이 셔틀버스를 타고 덴조지, 롯코산 목장, 롯코산 조역까지 다녀올 수 있다.

> **TIP!** 날씨의 영향이 큰 지역이므로 방문 당일 교통수단 운행 여부 확인은 필수! JR 산노미야역의 관광 안내소에서도 관련 패스를 구입하거나 정보를 얻을 수 있다.
>
> 롯코 케이블 www.rokkocable.com/information
> 롯코 로프웨이·마야 케이블·마야 로프웨이 koberope.jp

마야산의 덴조지

일본 3대 야경

FOLLOW UP

단계별 가이드
롯코산에서 아리마 온천으로 가는 길

아리마 온천으로 가는 길에 케이블과 로프웨이를 갈아타면서 롯코산을 구경하는 것도 여행의 재미다. 고베로 돌아갈 때는 버스나 고베 전철을 이용하는 편이 빠르다.

STEP 01 롯코 케이블카 10분
한큐 롯코역, JR 롯코미치역 또는 한신 미카게역에서 16번 버스를 타고 롯코케이블시타역 하차. 1932부터 운행 중인 강삭철도를 타고 가파른 언덕을 오른다.

구글맵 롯코케이블시타 또는 Rokko Cable Shita Station
운영 07:00~20:45 **요금** 편도 600엔, 왕복 1100엔

STEP 02 롯코 산조 버스 10분
롯코 케이블이 도착하는 시간에 맞춰 버스가 대기하고 있다. 롯코산으로 가려면 빨간색 롯코 산조 버스를 타야 한다.

구글맵 롯코산조 또는 Rokko Sanjo Station
운영 09:53~17:33(배차 간격 20~40분)
요금 370엔

STEP 03 가든 테라스 관람 30분~1시간
오르골 박물관, 고산 식물원 등을 지나 가든 테라스에 하차한다(종점 아님). 전망 탑과 레스토랑, 카페 등 편의 시설이 잘 갖춰져 있다. 개방형 야외 미술관인 롯코 시다레에서는 더욱 특별한 사진을 남길 수 있다.

구글맵 롯코 가든 테라스 또는 Rokko Garden Terrace
요금 전망대 무료, 롯코 시다레 1000엔
홈페이지 www.rokkosan.com

롯코 시다레

STEP 04 롯코 아리마 로프웨이 12분
가든 테라스에서 도보 3분 거리의 롯코산초역에서 로프웨이를 타고 아리마 온천 마을의 가장 높은 곳으로 향한다.

구글맵 Rokko Arima Ropeway-Rokko Sancho Station
운영 09:30~17:10(주말·공휴일, 8월 연장 운행) ※매시 10분/30분/50분 출발
요금 편도 1400엔, 왕복 2520엔
홈페이지 koberope.jp/rokko/price

바다를 달린다
마이코 공원 & 스마 해변
舞子公園 & 須磨海浜

Day Trip

해안선을 따라 달리는 열차와 창밖으로 펼쳐지는 바다와 하늘이 맞닿은 풍경. 현지인들의 주말 피크닉 명소를 찾아 떠나 보자. JR 고베선이나 산요 전철을 타고 고베와 히메지 사이를 왕복하다 보면, 아카시 해협에 걸쳐진 웅장한 현수교를 볼 수 있는 마이코 공원, 벚꽃 명소 스마우라산조 놀이공원, 스마 해수욕장까지 모두 볼 수 있다.

Follow Check Point

- **이동 거리** 고베에서 마이코 공원까지 19km, 히메지에서 46km
- **JR 고베선** 정차역 수가 적고 속도가 빠르다. JR 패스가 있다면 히메지를 다녀오는 길에 마이코 공원이나 스마 해변에 잠시 들르기 좋다. `간사이 패스` 1일권 2800엔
- **산요 전철** 스마우라산조 놀이공원에 가려면 꼭 필요한 교통수단이다. 히메지성까지 다녀온다면 `한신-산요 시사이드 1Day` 2400엔

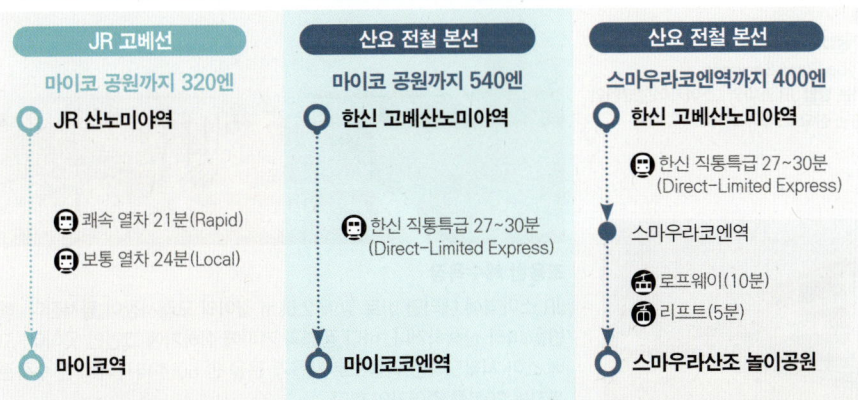

ⓞ 마이코 공원
舞子公園

📍
구글맵 마이코 해상 프롬나드
홈페이지 hyogo-maikopark.jp/ko
가는 방법 JR 마이코역 또는 산요 마이코코엔역 하차

아카시 해협 대교 너무 멋진데?

세계에서 두 번째로 긴 현수교 아카시 해협 대교(길이 3991m)와 건너편 아와지섬을 조망하기 좋은 바닷가 공원이다. 교량 아래쪽에 마이코 해상 프롬나드라는 인공 산책로를 조성해 놓았다. 해수면으로부터 약 47m 높이에서 바다 위를 걷는 듯한 기분을 느낄 수 있으며, 전시 공간과 함께 전망 카페도 운영 중이다.

깔끔하게 정비된 해안은 고베 시민들의 주말 나들이 명소다. 고베에서 망명 생활을 했던 대만의 쑨원孫文 기념관을 포함해 저택 3채를 관람해도 좋다.

• **마이코 해상 프롬나드**
운영 09:00~18:00
휴무 10~3월 둘째 월요일
요금 평일 250엔, 주말 300엔

• **쑨원 기념관**
운영 10:00~17:00
요금 100엔(3곳 통합권 340엔)

ⓥ 스마 해변 須磨海浜

📍
구글맵 Suma Beach 또는 Kobe Suma Seaworld
가는 방법 JR 스마역, 스마카이힌코엔역 또는 산요 스마역 하차

조용한 해수욕장

JR 스마역에 내리면 바로 앞에 2.5km 길이의 모래사장이 펼쳐진다. 해변을 따라 산책하거나, 바다 풍경과 커피에 취하기에 그만인 곳이다. 고베 스마 시월드라는 이름으로 새롭게 문을 연 60년 역사의 해변 수족관까지는 20분쯤 걸어야 한다.

스마우라산조 놀이공원 須磨浦山上遊園 ❀

현지인의 벚꽃놀이 명소

해발 250m 높이에 자리한 산속 유원지. 매년 봄이면 화사한 벚꽃으로 물드는 산자락이 아름답기 그지없다. ❶ 스마우라 로프웨이와 ❷ 카레이터(카트 종류)를 타고 올라가면 고베 앞바다가 한눈에 내려다보이는 전망각이 나온다. 맨 마지막 ❸ 리프트는 놀이공원 가장 깊숙한 곳까지 이동하는 수단이다. 매표소에서 차례대로 구경할 수 있도록 안내해 준다.

구글맵 스마우라산조 놀이공원 **운영** 10:00~17:00 **휴무** 화요일
요금 ❶+❷ 1200엔, ❸ 포함 1800엔 **홈페이지** www.sumaura-yuen.jp
가는 방법 산요 스마우라코엔역 하차

로프웨이

카레이터

리프트

놀이공원에서 보이는 스마 해변

팔로우하라!
가이드북을 바꾸면 여행이 더 업그레이드된다

follow series

더 가벼워지다

더 새로워지다

더 풍성해지다

팔로우 다낭 · 호이안 · 후에	박진주 지음 ǀ 값 18,500원
팔로우 스페인 · 포르투갈	정꽃나래 · 정꽃보라 지음 ǀ 값 22,000원
팔로우 나트랑 · 달랏 · 무이네	박진주 지음 ǀ 값 16,800원
팔로우 동유럽	이주은 · 박주미 지음 ǀ 값 20,500원
팔로우 발리	김낙현 지음 ǀ 값 19,000원
팔로우 타이베이	장은정 지음 ǀ 값 18,000원
팔로우 호주	제이민 지음 ǀ 값 21,500원
팔로우 뉴질랜드	제이민 · 원동권 지음 ǀ 값 21,500원
팔로우 싱가포르	김낙현 지음 ǀ 값 17,000원
팔로우 오사카 · 교토	제이민 지음 ǀ 값 21,000원

Travelike

팔로우 시리즈는 여행의 새로운 시각과 즐거움을 추구하는 가이드북입니다.

Osaka · Kyoto · Kobe · Nara

**팔로우 시리즈가
제안하는
오사카 여행
버킷 리스트**

 오사카 SNS 핫플 명소와 최고의 야경 스폿

 벚꽃 유람선 타고 오사카성 & 감성 카페 투어

 글리코상이 반겨 주는 도톤보리 거리에서 인증샷

 미식의 도시 오사카에서 국룰 코스 맛집 탐방

 유니버설 스튜디오에서 영화 같은 하루 보내기

follow
Osaka·Kyoto Kobe·Nara

제이민 지음

2026 최신판

팔로우 오사카·교토
3
교토·우지·나라·오하라

Travelike

CONTENTS 3

교토·우지·나라·오하라
실전 가이드북

교토 KYOTO

- 010 교토 미리 보기
- 012 교토 교통 정보 | 교토 도심 교통
- 024 화사한 벚꽃 열차의 추억 란덴 열차
- 030 ZONE 1 기요미즈데라 & 기온
  - 038 조용하고 우아하게! 히가시야마 골목길 산책
  - 048 산넨자카 & 니넨자카 맛집 | 기온 명물 맛집 | 면과 단품 요리
- 054 ZONE 2 가모강 & 가와라마치
  - 062 폰토초 & 가모강 인기 맛집 | 혼밥 해도 좋은 맛집
- 066 교토 쇼핑 가이드
- 076 ZONE 3 철학의 길 & 헤이안 신궁
  - 084 교토 문화 예술 산책
  - 088 난젠지 & 헤이안 신궁 맛집
- 092 ZONE 4 니조성 & 교토 교엔
  - 104 니조성 & 데마치야나기 맛집
- 106 ZONE 5 교토역 & 후시미이나리
  - 114 만 개의 문을 가진 여우 신사, 후시미이나리타이샤
- 116 ZONE 6 아라시야마
  - 128 아라시야마 맛집 | 아라시야마 전망 카페
- 132 ZONE 7 금각사 & 기타노텐만구
- 140 교토 맛집 가이드
- 148 오하라
- 154 기후네 신사 & 히에이잔
- 164 우지

나라 NARA

- 178 나라 실전 여행
- 180 나라 여행 핵심 코스
  - 192 나라 음식 투어 | 차 한 잔의 힐링

2026
최신판

팔로우 오사카·교토
고베·나라

팔로우 오사카·교토·고베·나라

1판 1쇄 인쇄 2025년 7월 7일
1판 1쇄 발행 2025년 7월 15일

지은이 | 제이민
발행인 | 홍영태
발행처 | 트래블라이크
등 록 | 제2020-000176호(2020년 6월 24일)
주 소 | 03991 서울시 마포구 월드컵북로6길 3 이노베이스빌딩 7층
전 화 | (02)338-9449
팩 스 | (02)338-6543
대표메일 | bb@businessbooks.co.kr
홈페이지 | http://www.businessbooks.co.kr
블로그 | http://blog.naver.com/travelike1
인스타그램 | travelike_book
ISBN 979-11-992099-5-4   14980
       979-11-982694-0-9   14980 (세트)

* 잘못된 책은 구입하신 서점에서 바꾸어 드립니다.
* 책값은 뒤표지에 있습니다.
* 트래블라이크는 ㈜비즈니스북스의 임프린트입니다.
* 비즈니스북스에 대한 더 많은 정보가 필요하신 분은 홈페이지를 방문해 주시기 바랍니다.

비즈니스북스는 독자 여러분의 소중한 아이디어와 원고 투고를 기다리고 있습니다.
원고가 있으신 분은 ms3@businessbooks.co.kr로 간단한 개요와 취지, 연락처 등을 보내 주세요.

팔로우
오사카 · 교토
고베 · 나라

제이민 지음

Travelike

책 속 여행지를 스마트폰에 쏙!

《팔로우 오사카·교토》
지도 QR코드 활용법

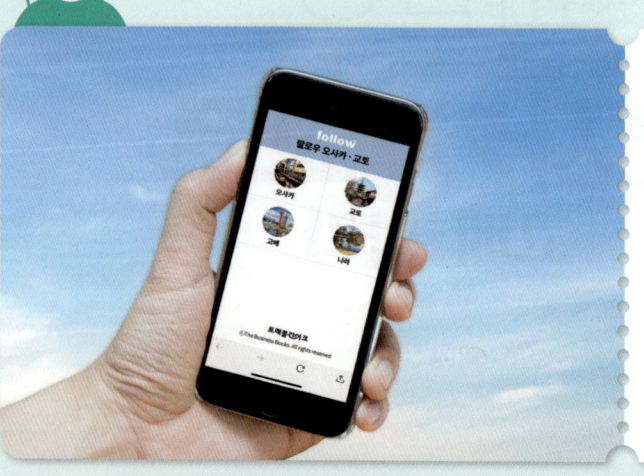

QR코드를 스캔하세요.
구글맵 앱 '메뉴–저장됨–지도'로 들어가면 언제든지 열어볼 수 있습니다.

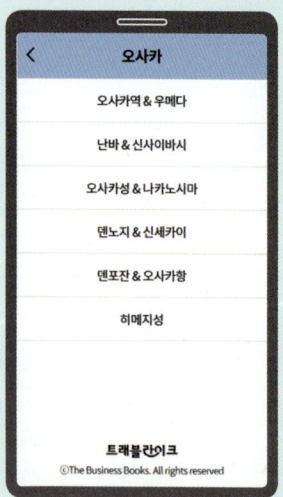

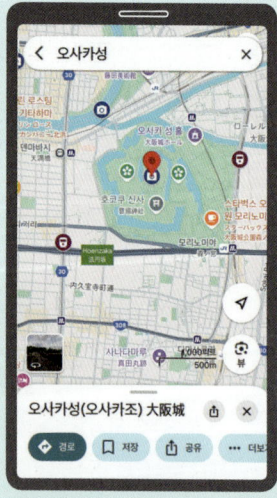

1
스마트폰으로 오른쪽 상단의 QR코드를 스캔합니다. 연결된 페이지에서 원하는 지역을 선택합니다.

2
선택한 지역의 지도로 페이지가 이동됩니다. 화면 우측 상단에 있는 아이콘을 클릭합니다.

3
지도가 구글맵 앱으로 연동되고, 내 구글 계정에 저장됩니다. 본문에 소개된 장소들의 위치를 확인할 수 있습니다.

《팔로우 오사카·교토》 본문 보는 법
HOW TO FOLLOW OSAKA · KYOTO

교토를 중심으로, 주변의 우지·나라와 교토 북부의 소도시까지 함께 소개해
깊이 있는 간사이 여행을 제안합니다.

● 존zone 단위 구성 방식

대도시는 반나절~하루 일정으로 둘러볼 수 있는 범위를
하나의 ZONE(구역)으로 나누어 구성했습니다. 도입부에는
주요 동선과 상점가를 표시한 상세 지도, 소요 시간, 이동
수단, 고려 사항 등을 함께 제시해 추천 일정으로 활용할
수 있도록 구성했습니다. 맛집 정보는 각 ZONE의
마지막에 테마별로 나누어 수록했습니다.

● 대중교통 정보의 시각화

여행자가 가장 궁금해하는 대표 루트 세 가지는 구글맵
경로 검색처럼 열 구조로 나란히 정리해 직관적으로 코스를
비교하고 선택할 수 있습니다. 핵심 지하철역, 정류장,
랜드마크를 사진과 함께 안내해 길 찾기를 도왔습니다.

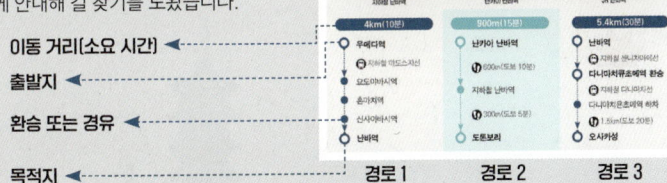

- 이동 거리(소요 시간)
- 출발지
- 환승 또는 경유
- 목적지

● 여행 정보 확인하는 법

- **구글맵** 주소 대신 '구글맵 키워드'를 표기했습니다. (※한글 설정 기준의 검색어가 있으면 한글, 영문이면 영문으로 사용했으므로 올바른 맞춤법과 다소 차이가 있을 수 있습니다.)
- **입장료** 기본적으로 성인 1인 기준 요금을 안내했습니다.
- **운영 및 휴무** 정기 휴무가 있는 경우는 표시했으며, 공휴일 및 연말연시, 골든 위크 등 변동이 잦은 시기는 따로 표기하지 않았습니다. 방문 시기의 공휴일과 축제 일정을 반드시 확인하는 것이 좋습니다.
  ▶ 1권 P.016
- **예산** 1인 기준 일본 통화 엔(¥)으로 표기했습니다.
- **가는 방법** 소개하는 장소와 가까운 역명, 버스 정류장 등 교통편을 고려해 정리했습니다.
- **맛집 정보** ☺ 이 집을 방문해야 하는 이유 요약
  ✓ 방문 전 체크 포인트 – 현금 결제, 예약 필요 여부, 대기 시간 등

지도에 사용한 기호 종류

기호	의미	기호	의미
📍	관광 명소	✖	맛집
🍵	카페	🍃	차 전문점
🛍	쇼핑	🏨	숙소
♨	온천	📷	포토 스폿
⛩	신사	卍	절
🔭	전망대	JR	JR
HK	한큐 전철	HS	한신 전철
KH	게이한 전철	KS	긴테츠 전철
Ⓜ	오사카 지하철	✱	교토 지하철
	고베 지하철	🚆	열차
📍	버스 정류장	🚠	케이블카
🚡	로프웨이	🚢	페리 터미널
✈	공항		

FOLLOW

교토부
京都府

교토부는 북쪽으로는 후쿠이현, 남쪽은 오사카부와 나라현, 동쪽은 시가현에
면해 있다. 북부의 단고 반도丹後半島에서 남부의 교토 분지까지 거리가
약 140km에 달하며, 기후 또한 해양성과 내륙성으로 다르게 나타나는 넓은
지역이다. 여행의 중심이 되는 곳은 당연히 1000년 넘게 일본의 수도였던
교토시京都市(이하 교토). 근교에는 녹차의 도시 우지宇治,
일본 최대 담수호인 비와코琵琶湖, 교토와 시가현의 경계에 위치한
히에이잔比叡山, 고요하고 평온한 마을 오하라大原가 기다린다.

INFO

- 면적 ▶ 4613.21km²
- 홈페이지 ▶ kyoto.travel/ko
- 인구 ▶ 250만 명

KYOTO

교토
京都

교토는 헤이안 시대인 794년에 헤이안쿄平安京로 건립되어 1867년까지 일본의 수도로 번영했던 도시다. 기요미즈데라, 금각사, 난젠지, 덴류지 등 유네스코 세계문화유산으로 지정된 17곳을 포함해 약 2000개의 신사와 사찰이 남아 있어 가장 일본다운 아름다움을 간직한 도시로 평가받는다. 전통과 자연이 조화롭게 어우러져 고유의 정취를 지닌 이곳에서는 벚꽃이 만개하는 봄, 기온 마츠리가 열리는 여름, 화려한 단풍으로 물드는 가을, 눈 내리는 겨울까지 사계절 내내 다양한 매력을 느낄 수 있다. 문화적 자부심이 높은 교토에서는 전통 가옥인 교마치야京町家나 교토의 요리를 의미하는 교료리京料理처럼 다양한 분야에 '교京'라는 수식어를 붙여 교토만의 전통미와 세련미, 정체성을 강조한다.

벚꽃과 단풍
후시미이나리
교토 타워
대나무 숲
금각사
기요미즈데라
아라시야마

Kyoto Preview
교토 미리 보기

교토의 중심부는 평탄한 분지이며, 동쪽의 히가시야마, 북쪽의 기타야마, 서쪽의 니시야마 등 삼면이 산으로 둘러싸인 지형이다. 전체적으로 건물 층수가 낮아서 조금만 높은 곳에 올라가도 고풍스러운 도시 전경이 한눈에 담기는 것 또한 교토의 매력이다. 주요 관광지는 주로 도시의 동쪽에 집중되어 있으며, 교통이 편리한 교토역 인근에 숙소를 잡으면 수월하게 여러 명소를 둘러볼 수 있다.

기요미즈데라 & 기온 P.030
가장 교토답고 흥미로운 풍경을 원한다면 여기! 기요미즈데라로 가는 길에서 교토의 진수 맛보기

가모강 & 가와라마치 P.054
가모강에서 교토의 낭만을 즐기고, 니시키 시장의 전통 먹거리로 교토의 정취와 활력 경험하기

사가아라시야마
도롯코사가
란덴 열차 P.024
란덴 아라시야마역
아라시야마 30분
한큐 아라시야마역

철학의 길 & 헤이안 신궁 P.076
교토 최고의 벚꽃 명소 철학의 길, 첫 손에 꼽히는 단풍 명소 에이칸도(젠린지), 박물관과 미술관으로 둘러싸인 헤이안 신궁 감상하기

니조성 & 교토 교엔 P.092
웅장한 니조성과 도심 속 옛 궁궐, 교토 교엔. 윤동주 시인의 모교인 도시샤 대학도 있다.

교토역 & 후시미이나리 P.106
교토의 관문 교토역에서 기차를 타고 후시미이나리로 떠나 볼까?

아라시야마 P.116
대나무 숲 치쿠린을 걷고 도게츠교에서 뱃놀이를 즐기는 시간

한큐 교토선
JR 교토선
(도카이도·산요 본선, 하루)

금각사 & 기타노텐만구 P.132
유네스코 세계문화유산이 나란히! 교토 하면 떠오르는 황금빛 전각과 료안지의 정제된 정원 둘러보기

교토 상세 지도

· 교토 전도 ▶ P.026
· 박물관 & 미술관 ▶ P.084
· 교토 맛집 가이드 ▶ P.140
· 교토 추천 일정 ▶ 1권 P.108

게이한 본선

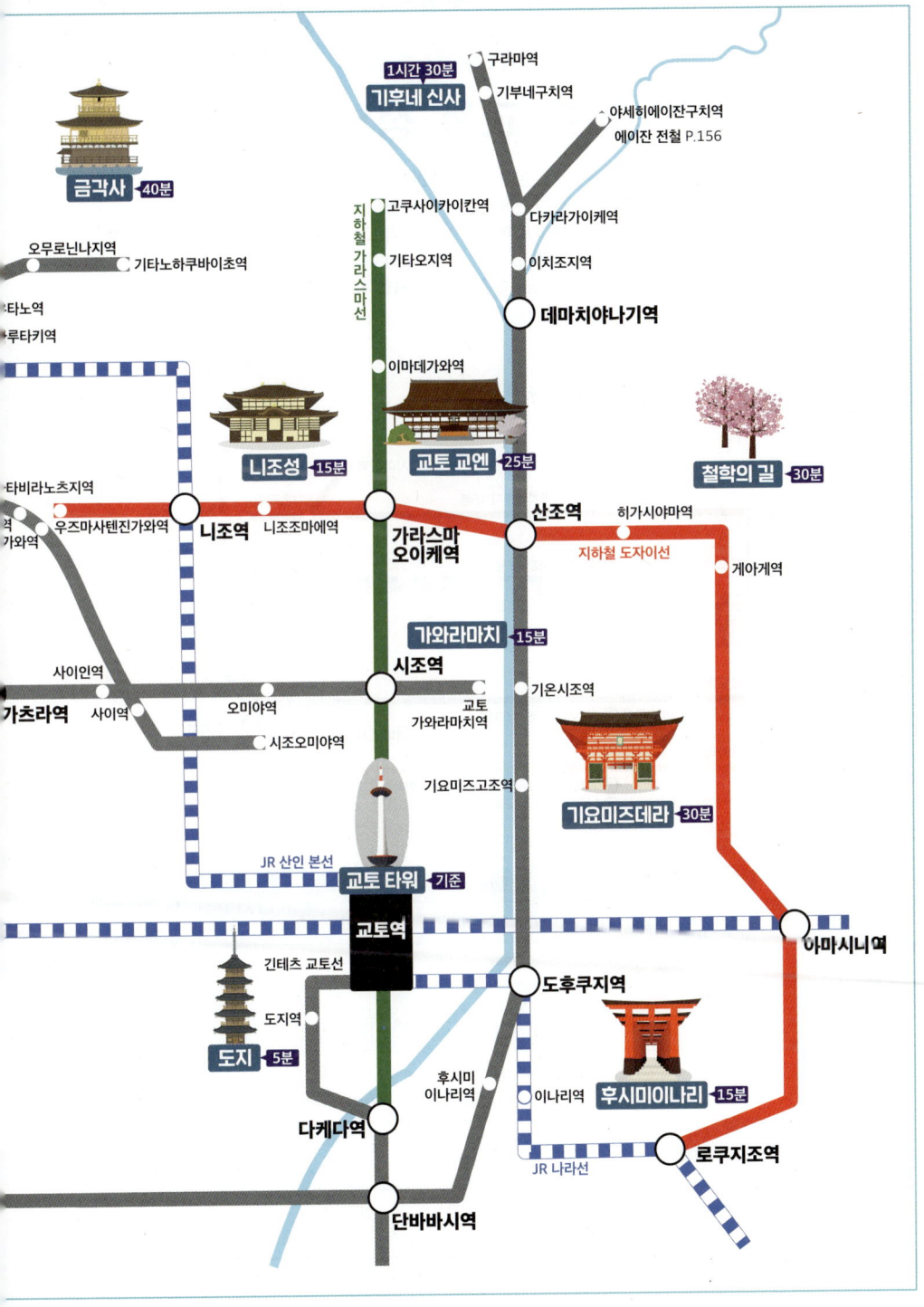

교토 교통 정보

오사카에서 교토를 당일치기로 방문하는 경우, 아라시야마와 연결된 한큐 전철이나 교토의 핵심 관광지(기온)까지 한 번에 가는 게이한 전철이 오히려 편리할 수 있다. 오사카와 교토 사이를 오가는 교통편은 출퇴근 시간에는 약 10분 간격, 그 외에는 15~20분 간격으로 운행하며, 예약할 필요 없이 원하는 시간에 탑승하면 된다. 열차 종류와 등급에 따라서 속도가 다르므로 구글맵의 경로를 확인하고 탑승한다.

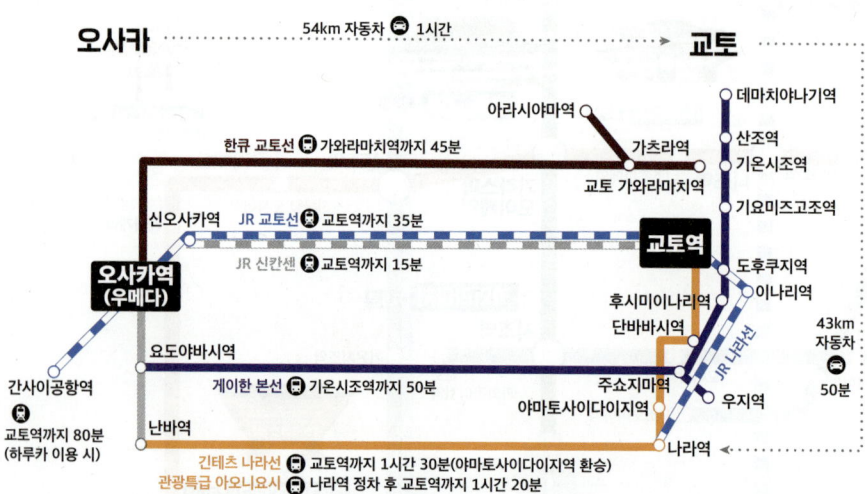

교통편 종류	신칸센 Shinkansen	JR 신쾌속 Special Rapid	한큐 특급 Limited Express	게이한 특급 Limited Express
소요 시간	15분	35분	45분	50분
요금	1450엔(자유석) 2670엔(지정석)	580엔 (자유석이 기본)	410엔 (지정석 500엔)	430엔 (지정석 500엔)
출발역	신오사카역 신칸센 전용 플랫폼	오사카역 7~10번 플랫폼	오사카우메다역 3층 1번 플랫폼	요도야바시역 3~5번 플랫폼
특징	가장 빠른 이동 수단	합리적인 요금과 속도	컨택리스 카드 결제 가능	주요 관광지를 연결
교통 패스	간사이 와이드 패스로는 신칸센 교토 구간 사용 불가. 신쾌속과 하루카는 예약 없이 이용 가능		한큐 패스 간사이 레일웨이 패스	게이한 패스 간사이 레일웨이 패스

※ 긴테츠 전철은 직행 노선 없음(야마토사이다이지역 환승 시 1시간 20분 이상 소요)

오사카 우메다에서 출발

교토역으로 가려면 JR 신쾌속(도카이도·산요 본선), 교토 가와라마치 또는 아라시야마로 가려면 한큐 교토선이 좋은 선택이다. 한큐 전철의 경우 열차 종류(특급·준특급)와 상관없이 요금과 탑승 방법은 동일하다. 토·일요일·공휴일에만 운행하는 전통 일본 전차 컨셉의 '교 트레인 가라쿠' 또한 탑승이 자유롭다.

> 오사카와 교토 간 단순 왕복은 교통 패스가 필요 없어요. JR과 사철 탑승 방법
> ▶ 1권 P.127

오사카 난바에서 출발

난바역에서는 지하철 미도스지선을 타고 요도야바시역이나 우메다역으로 이동해 원하는 노선으로 환승하는 것이 효율적이다. 후시미이나리 신사나 우지를 당일치기로 방문할 예정이라면 게이한 본선이 편리하다. 지정석 칸(프리미엄카)만 제외하면 2층 열차(더블데커)도 동일한 요금이다.

 교토-오사카 간 지정석 이용은 이렇게!

출퇴근 시간에는 열차가 매우 혼잡해서 1시간 내내 서서 가기도 한다. 짐이 많거나 어린이 또는 부모님 동반인 경우, 추가 요금을 조금 내고 안락한 여행을 즐기자.

● **한큐 전철 프라이베스 PRiVACE**

특급열차, 통근 특급열차, 준특급 열차에 붙여서 운행하는 고급형 객차. 공식 홈페이지에서 14일 전부터 예약 가능하고, 좌석이 남아 있으면 탑승 후 역무원에게 직접 구입해도 된다.
요금 기본 운임 + 지정석 요금 **홈페이지** hankyu.co.jp

● **게이한 전철 프리미엄카 Premium Car**

특급열차의 한 칸을 좌석이 넓고 쾌적한 고급 객차로 지정해 두었다. 승차 전에 게이한 전철 플랫폼에 설치된 자동 발매기 또는 유인 매표소(오사카 요도야바시Yodoyabashi역)에서 티켓을 구입하고 게이한 패스를 소지한 경우 지정석 요금만 추가로 지불하고 이용할 수 있으나 탑승 전 예약이 필요하다.
요금 기본 운임 + 지정석 요금 **홈페이지** www.keihan.co.jp/travel/kr

교토 ↔ 간사이 국제공항(KIX)

한국에서 교토에 갈 때는 대개 오사카와 동일하게 간사이 국제공항Kansai International Airport을 통해서 입국한다. 하루카와 공항 리무진 버스가 교토역까지 연결되므로 공항에서 교토로 바로 이동할 계획이라면 교토역 주변에 숙소를 정하는 것이 편리하다.

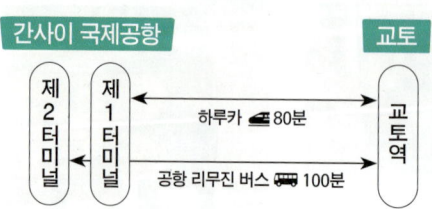

교통수단 Q&A ▶ 1권 P.120
하루카 티켓을 출국 전에 미리 구매하면 외국인 할인 요금으로 약 45~50% 저렴하게 이용할 수 있다.

하루카 이용 방법

하루카(JR 공항특급)

JR 서일본철도에서 운영하는 하루카는 간사이 국제공항의 제1터미널과 교토역을 연결하는 특급열차다. 중간에 오사카를 경유해 이용객이 많으므로, 교토까지 간다면 지정석 예약을 권한다.

소요 시간 약 1시간 20분(배차 간격 30~40분)
운임 성인 2200엔, 어린이 1100엔 ※외국인 할인 요금
패스 간사이 와이드 패스 간사이 패스 사용 가능
😊 → 빠르고 쾌적하게 이동   ☹ → 제1터미널에만 정차, 사고 발생 시 지연

공항에서 출발

제1터미널 2층의 구름다리를 통해 JR 간사이 공항역JR Kansai-airport Station으로 건너간 다음, 하루카 실물 티켓 또는 QR 티켓으로 파란색 JR 개찰구를 통과한다. 제2터미널 항공사 이용자는 공항 셔틀을 타고 제1터미널로 이동(10분 소요)해야 한다.
운행 06:31~22:16(평일 기준)

교토역에서 출발

교토역의 하루카 플랫폼은 30번이다. 1층 센트럴 게이트를 통과해서 오른쪽으로 걸어가면 전용 승강장이 나온다. 지정석과 자유석으로 구분된 탑승칸 표시를 잘 보고 자리에 앉는다. 열차 지연에 대비해 시간을 넉넉하게 잡고 이동하자.
운행 05:45~20:30(평일 기준)

하루카 실물 티켓 교환 방법

교토역 1층 센트럴 게이트 옆, 여권 표시가 있는 녹색 자동 발매기에서 승차권과 지정석권 두 종류를 발권한다. 교토에 체류하는 동안 미리 발권해 두는 편이 좋다. WEST QR 서비스로 예매한 경우에 한해 실물 티켓 없이 모바일 QR로 개찰구 통과가 가능하다.

공항 리무진 버스

간사이 국제공항에서 교토역 하치조구치(하치조(남쪽) 방향 출구라는 뜻)까지 직행하는 리무진 버스는 제1터미널뿐만 아니라 제2터미널에도 정차하기 때문에 대한항공이 아닌 다른 항공사를 이용하는 승객에게 유리하다.

소요 시간 1시간 30분~2시간 **운임** 편도 2800엔, 왕복 5100엔
😊 → 터미널 출입구 바로 앞에서 승하차 가능
✅ → 평일 출퇴근 시간에는 교통 정체

공항에서 출발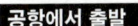
※선착순 탑승
- **제1터미널**: 도착 층(1층) 밖 8번 정류장에서 탑승
- **제2터미널**: 도착 층(1층) 밖 2번 정류장에서 탑승

공항 리무진 버스 운행 시간

교토역에서 출발
※좌석 지정 예약 필수

공항 리무진 버스 정류장(H2)과 매표소(게이한 버스 안내소)는 교토역 하치조구치 맞은편 교토 아반티Kyoto Avanti 쇼핑몰 1층에 있다. 한국에서 이미 버스 티켓을 구매했거나 왕복 티켓을 소지한 경우에도 반드시 매표소를 찾아가 출발 시간과 좌석 번호가 적힌 탑승권으로 교환해야 한다. 매표소 근처 자동 발매기에서 티켓을 발권하고 기계에서 직접 좌석을 지정하는 방법도 있다.

구글맵 게이한 버스 교토역하치조구치 안내소
문의 075-682-4400(영어 통역 가능)
운영 버스 운행 04:30~21:10 / 안내소 09:00~19:00

FOLLOW UP

교토의 중앙역
교토역 주요 시설

교토의 중앙역인 교토역은 거대한 기차역이지만, 오사카우메다역에 비하면 구조는 단순하다. JR 열차(신칸센·하루카·신쾌속), 긴테츠 전철, 공항 리무진 버스와 연결되며, 지하 2층에서 교토 지하철 가라스마선으로 갈아탈 수도 있다.

① JR 티켓 오피스 1F 중앙(센트럴 게이트)

하루카, JR 패스 및 각종 승차권의 교환과 발매는 1층의 중앙 개찰구 옆 녹색 자동 발매기에서 한다. 여권을 지참할 것. 유인 매표소는 센트럴 게이트와 하치조구치 2곳에 있다.

유인 매표소 08:00~20:00 **자동 발매기** 05:30~23:00

② JR 열차 탑승 1F 중앙(센트럴 게이트)

하루카와 JR 신쾌속 열차는 1층에서 출발한다. 지하철과 연결된 지하 2층에서 개찰구를 통과해 에스컬레이터를 타고 1층으로 올라간다.

③ 신칸센·긴테츠 전철 탑승 1F 남쪽(하치조구치)

신칸센과 긴테츠 전철 플랫폼은 교토역 남쪽 방향에 있다. 교토역 1층의 중앙부는 철도에 막혀 있기 때문에 버스 정류장이 있는 교토 타워 방면에서 진입한 경우, 지하로 내려가거나 2층으로 올라가서 연결 통로를 지나가야 한다.

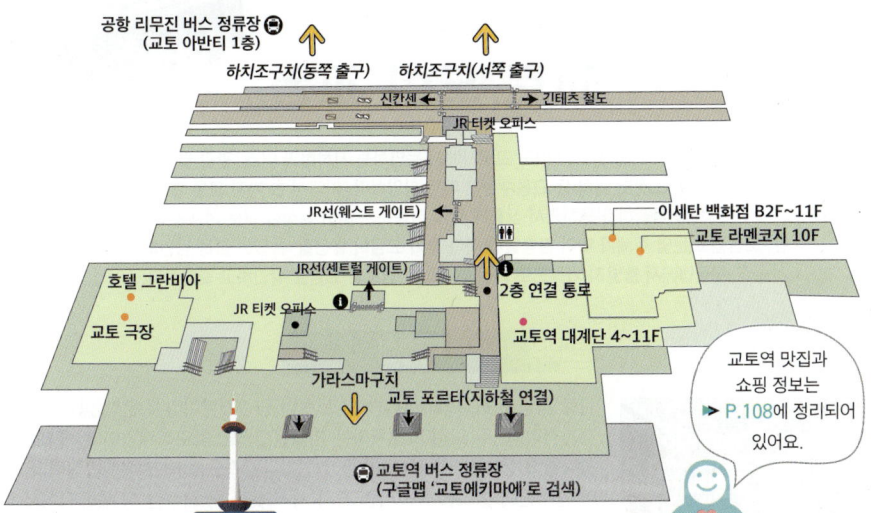

④ 지하철 가라스마선 B2F 지하 2층

교토역 지하로 내려가면 가라스마선 승강장이 나온다. 지하 상점가와 연결되어 있어 교토 타워 앞이나 하치조구치 동쪽 등 어느 방향에서도 진입 가능하다.

⑤ 코인 로커

QR코드로 교토역 안의 코인 로커 위치와 잔여 현황을 파악해 보자. 교통카드인 IC카드(이코카)가 있어야 이용 가능한 코인 로커도 있다.

코인 로커 위치 정보

⑥ 수하물 배송 및 짐 보관

호텔에서 간사이 국제공항이나 오사카까지 짐을 운송해 주는 유료 서비스는 투숙하는 호텔에 문의하는 편이 가장 정확하다. 늦어도 1~2일 전에 예약해야 하며, 맡기는 시간에 따라 당일이 아니라 다음 날 배송될 수 있으므로 주의할 것.

- **크로스타 교토** Crosta Kyoto (교토역 지하 1층)
  서비스 짐 보관, 교토역 ↔ 숙소 배송 **운영** 08:00~20:00
  홈페이지 kyoto.handsfree-japan.com/ko
- **교나비쿄 교토 종합 관광 안내소** (교토역 2층)
  서비스 짐 보관 **운영** 08:30~19:00
- **에어포터** (온라인 예약)
  서비스 호텔에서 짐 픽업 ↔ 간사이 국제공항 배송 **홈페이지** airporter.co.jp/en

교토 도심 교통

JR 서일본철도와 대형 민영 철도 외에도 교토시에서 운영하는 지하철과 버스, 관광 열차 역할을 겸하는 란덴 열차, 에이잔 전철, 도롯코 열차 등 교통수단이 매우 다양하다. 따라서 한 가지 교통 패스에 얽매이지 말고, IC카드를 적절히 활용하면서 상황에 맞게 이용하는 것이 쾌적한 교토 여행의 비결! 단, 노선별로 운영 주체가 달라 환승할 때마다 추가 요금이 발생할 수 있는 점을 감안해야 한다. 구글맵에서 출발지 기준으로 가장 효율적인 경로와 요금을 확인하고 출발하자.

지하철

교토 시영 지하철京都市営地下鉄은 노선이 단 2개뿐이라서 운행 범위가 다소 제한적이다. 두 노선이 교차하는 지점은 가라스마오이케역이다. 우리나라 지하철과 동일하게 개찰구를 통과하면서 IC카드를 태그하는 방식이다. 종이 승차권이나 교통 패스라면 승차 시 티켓을 꼭 회수한 뒤 목적지에서 하차해 밖으로 나갈 때 개찰구에 넣어야 통과할 수 있다. 교통카드 잔액이 부족할 경우 개찰구 안쪽의 초과 요금 정산기(Fare Adjustment)를 이용하거나 개찰구 옆 역무원에게 정산한다.

주의 출퇴근 시간에는 매우 혼잡 **운행** 05:00~24:00 무렵
요금 220~360엔(거리에 따라 다름) **결제 수단** IC카드(이코카·스이카 카드 등), 일회용 종이 승차권(자동 발매기에서 발매),
패스 교토 1Day 패스 | 지하철 1일권 | 간사이 레일웨이 패스

 烏丸線
Karasuma Line
가라스마선
- 남북(↕) 방향으로 달리는 노선
- 니시키 시장, 니조성, 교토 교엔 갈 때 편리

 東西線
Tozai Line
도자이선
- 동서(↔) 방향으로 달리는 노선
- 헤이안 신궁, 난젠지 갈 때 편리

초과 요금 정산기

역무원에게 도움 요청하기

가라스마오이케역의 안내소

교토 교통 이모저모

➡ 버스 탈까, 지하철 탈까?

교통 정체가 심할 때는 전철이나 지하철을 타고 중심부를 벗어난 다음 버스로 갈아타거나 목적지까지 걸어서 가는 편이 훨씬 빠를 수 있다. QR코드를 활용해 관광지 혼잡도와 함께 실시간 벚꽃이나 단풍 정보를 확인하고 교통수단을 결정하면 더욱 효과적이다.

실시간 교토 정보

교토의 관광 패스

➜ 교토 1Day 패스(지하철·버스 1일 승차권)

교토에서만 통용되는 교통 패스로, 지하철 2개 노선과 시버스, 관광특급버스 전 노선에서 자유롭게 사용한다. 교토 버스, 게이한 버스, 서일본 JR 버스도 기본적으로 포함되는데, 교토 중심가와 먼 지역에서는 사용이 일부 제한될 수 있다.

주의 심야 버스 승차 시 할증 운임 추가
요금 성인 1100엔, 어린이 550엔
구입처 지하철역 자동 발매기, 지하철역 안내소(가라스마오이케역·교토역 등), 버스 탑승 시 운전기사에게 직접 요청(매진될 수 있음)

이럴 때 추천해요!

☑ 주말과 공휴일에만 운행하는 관광특급버스를 2회 이상 탄다면

☑ 교토 북부의 오하라를 버스로 당일에 왕복할 예정이라면

☑ 버스나 지하철을 하루에 5회 이상 타거나 잘못 타더라도 걱정 없이 이용하고 싶다면

🚌 버스

처음에는 버스 종류와 노선이 다양해서 복잡해 보이지만 한두번 타면서 적응해 가면 쉽다. 어차피 구글맵으로 경로와 요금을 확인하며 다녀야 하고, 관광특급버스(EX100·EX101번)를 제외하면 탑승 방법도 비슷하다. 거리에 따른 할증 운임을 적용하는 버스는 탑승 시 IC카드 태그 또는 정리권 발권이 필수다.

요금 기본 230엔(교토 중심가는 균일 운임), 어린이 120엔(반액에서 반올림)
결제 수단 IC카드, 현금 ※거스름돈은 시버스와 JR 버스에서만 제공
패스 교토 1Day 패스

● 교토역 버스 정류장

교토 타워 맞은편에 교토역 버스 정류장이 있다. 구글맵에서는 '교토에키마에'(교토역 앞이라는 뜻)로 검색할 것. 행선지에 맞는 정류장 번호를 찾아가 줄을 서서 탑승한다.

교토 타워

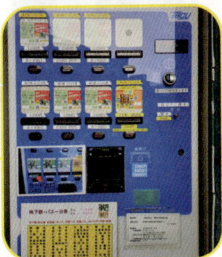

교토 1Day 패스 발매기

교토 1회 차라면 필독!
교토 버스 똑똑하게 이용하기

① 버스 탑승 방법(시버스 기준)

시버스, 교토 버스, 서일본 JR 버스는 뒷문으로 탑승하고 앞문으로 내리면서 요금을 계산한다.
※EX100번, EX101번은 앞문으로 탑승하며 결제

승차 시 뒷문에 탑승 기록을 위한 단말기가 설치되어 있는지 살펴보고, IC카드를 태그하거나 정리권을 뽑아 둔다(균일 운임 버스는 그냥 탑승).

버스 안 전광판에 하차 지점과 요금이 표시된다. 한글로 표시되는 버스도 많다.

목적지에 도착하기 전 정차 버튼을 누른다. 미리 일어나서 대기하지 말고, 버스가 정차하면 앞으로 나가서 계산하고 내린다.

② 결제 방법(시버스 기준)

❶ IC카드
앞문으로 내리면서 단말기에 태그한다. 카드 잔액이 부족하면 현금을 내야 한다.

❷ 현금 승차
동전이나 1000엔짜리 지폐를 요금함에 넣는다. 거스름돈은 시버스와 JR 버스에서만 제공한다.

❸ 교토 1Day 패스
처음 사용하는 경우 내릴 때 카드 슬롯에 패스를 넣어 개시 날짜를 찍는다. 그다음부터는 운전기사에게 보여주기만 하면 된다.

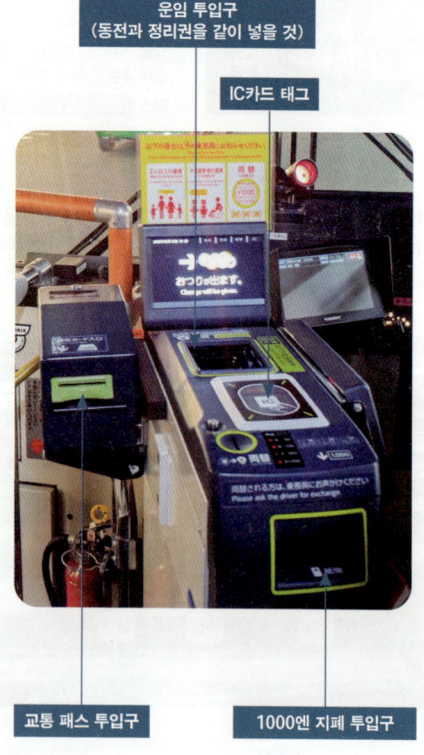

운임 투입구 (동전과 정리권을 같이 넣을 것)
IC카드 태그
교통 패스 투입구
1000엔 지폐 투입구

교토 버스 종류

버스 정류장에는 정차하는 버스의 종류와 시간표, 노선이 표시되어 있다. 한국과 주행 방향이 반대이므로 위치를 잘 보고 탑승을 준비한다.

● 시버스 市バス City Bus
교토시 교통국에서 운영하는 가장 핵심적인 버스. 교토 중심가를 촘촘하게 연결한다.
주의 출퇴근 시간에는 매우 혼잡

● 기온 요루 버스 ぎおんよるバス
빠른 이동을 돕기 위해 밤 8시부터 9시 30분까지 기온 ZONE 1 과 니시키 시장 일대 ZONE 2 전용 정류장(기온/시조케이한마에/시조카와라마치)에서 교토역까지 10분 간격으로 운행한다. 요금 및 탑승 방식은 일반 시버스와 동일하다.

주의 교토역 방향으로만 운행

● 교토 버스 京都バス Kyoto Bus

교토 교외 지역, 특히 오하라에 갈 때 탄다. 교토시가 아니라 게이후쿠 그룹에서 운영한다.

주의 기후네 신사, 히에이잔 두 일부 구간에서 교토 1Day 패스 사용 불가

● 서일본 JR 버스 West Japan JR Bus
교토시 북서부를 주로 운행하며, 특히 금각사, 료안지, 닌나지, 3곳의 사찰을 연결한다.

주의 IC카드 소지자도 탑승할 때 카드를 태그한 뒤 정리권을 뽑아야 한다.

● 게이한 버스 京阪バス Keihan Bus

교토와 북부 시가현을 연결하는 교통수단으로, 비와호, 히에이잔 여행 시 이용하게 된다.

주의 거리가 멀어지면 교토 1Day 패스 사용 불가

서일본 JR 버스 탑승법

시티투어 버스

● 관광특급버스 観光特急バス
Sightseeing Limited Express Bus

교토시에서 2024년 6월 1일부터 운행을 시작한 버스. 교토역에서 출발해 관광지와 가까운 버스 정류장에 정차한다. 버스 외관은 시버스와 똑같지만, 일반 버스와 노선이 다르고 요금이 비싸기 때문에 주말에 맞춰 교토를 방문하는 교토 1Day 패스 사용자에게 적합하다.

> 복잡한 환승 없이 관광명소까지 빠르게 가고 싶다면 요금이 조금 더 비싸더라도 효율적인 여행자용 투어 버스에 주목!

`EX100번` 교토역 – 고조자카(기요미즈데라) – 오카자키 공원/헤이안 신궁 – 은각사 왕복

`EX101번` 교토역 – 고조자카(기요미즈데라) 왕복

관광특급버스 상세 노선도(영어)

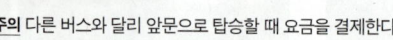

주의 다른 버스와 달리 앞문으로 탑승할 때 요금을 결제한다.
탑승 교토역(교토에키마에) D1 정류장 **운행** 주말과 공휴일 한정 09:00~17:00(배차 간격 약 10분)
요금 500엔

● 스카이홉 버스 Sky Hop Bus

2층 버스를 타고 1시간 동안 교토 시내를 한 바퀴 돌아보거나 원하는 곳에 내렸다가 타는 홉온홉오프 투어 버스. 한국어 음성 안내 기기를 지원한다.

탑승 교토역, 니조성, 금각사, 은각사 등 14곳 **운행** 시즌별로 다름
요금 1일권 4300엔, 2일권 6500엔
홈페이지 skyhopbus.com/kyoto(네이버에서 '스카이홉 버스'로 검색 가능)

● 오코시 버스 Okoshi Bus

오코시 버스는 대중교통으로 하루에 돌아보기 힘든 관광 명소에 내려주고, 다시 태워서 이동하는 패키지형 투어 버스. 요금에 관광 시설 입장료가 포함되어 편리하고, 한국어 음성 안내 기기를 지원한다. 교토 3대 명소인 금각사, 은각사, 기요미즈데라를 차례로 돌아보는 5시간짜리 코스가 기본. 벚꽃철이나 단풍철에는 구하기 힘든 열차 티켓이 포함된 특별 투어를 운영하기도 한다.

탑승 교토역 가라스마구치(교토 관광버스 정류장)
운행 09:30 출발 **요금** 6000엔부터
홈페이지 willer-travel.com/en/keihanbus(네이버에서 'OKOSHI 투어'로 검색 가능)

택시

차량 앞쪽에 '空車공차' 표시가 켜진 택시에 손을 흔들면 정차한다. 또 교토역, 주요 호텔, 관광지 등의 택시 승차장에 대기 중인 택시에 바로 탑승해도 된다. 하지만 우버Uber, 디디DiDi, 고GO 등의 택시 앱을 활용해 호출하면 목적지를 명확히 알릴 수 있고, 요금까지 바로 확인할 수 있어 가장 편리하다.

요금 최초 1km 450~500엔(시간 또는 거리당 100엔씩 추가, 심야(22:00~05:00)에는 할증 요금 적용)

탑승 시 주의 사항
- 택시의 뒷문은 자동문이므로 승하차 시 문에 손을 대지 말 것
- 벚꽃철과 단풍철에는 주요 관광지, 특히 기온과 아라시야마 일대의 교통 정체가 극심함

외국인 친화 택시
큰 짐을 실을 수 있는 대형 차량이나 외국어가 가능한 기사가 운전하는 차량은 'Foreign Friendly Taxi'라고 표시되어 있다. 교토역에는 일반 택시와 구분해 별도의 승차장이 마련되어 있다.

관광 택시
일정 시간 택시를 대절하고, 기사가 가이드를 해주는 관광 택시는 가족 동반 여행인 경우 효율적인 교통수단이 되어 준다. MK 택시 기준으로 3시간에 2만 650엔

• **MK 택시**
주의 한국어 홈페이지로 들어가면 비용이 높은 고급 택시만 소개되므로 일본어 홈페이지에서 검색할 것
홈페이지 travel.mk-group.co.jp/kashikiri

TRAVEL TALK

네잎클로버 택시를 만나면 행운!
교토의 택시는 회사마다 색이 다른데, 그중에서 녹색 클로버 로고를 새긴 빨간색 야사카 택시를 눈여겨보세요. 전체 차량 1300대 중에서 네잎클로버가 그려진 택시는 오로지 4대뿐! 운 좋게 이 택시에 탑승하면 기념으로 네잎클로버 명함을 받을 수 있어서 교토 시민도 한번 타 보는 것이 소원인 택시랍니다.

자전거

공유 자전거 모바일 앱(Hello Cycling, LUUP)을 이용하거나 '교토시 인증 자전거 대여점'에서 자전거를 대여할 수 있다. 자전거는 반드시 정해진 자리에 세워 둬야 하며, 이를 위반할 경우 수거 대상(벌금 3500엔)이다. 복잡한 교토역 인근은 피하고, 아라시야마 또는 가모강 근처에서 대여하기를 권한다. 자전거 이용 규칙과 주행 코스, 대여점 정보는 QR코드를 통해 확인하면 된다.

홈페이지 kyoto-bicycle.com

자전거 이용 정보

화사한 벚꽃 열차의 추억
란덴 열차

게이후쿠 전기철도京福電氣鐵道에서 운영하는 노면전차는 '란덴嵐電'이라는 애칭으로 불리며 100년 넘는 세월 동안 지하철이 닿지 않는 교토 북서쪽 지역을 촘촘히 연결해 왔다. 현지 주민들의 일상적 교통수단이기도 하지만, 아라시야마, 기타노텐만구, 료안지 등의 명소에 닿는 노선인 만큼 관광 열차의 성격이 짙게 남아 있다.

운행 06:10~23:00 **요금** 250엔 ※전 구간 동일 **홈페이지** randen.keifuku.co.jp

●**란덴 열차 교통 패스**

A1 시조오미야역, A8 가타비라노츠지역, A13 아라시야마역, B9 기타노하쿠바이초역 또는 교토시 교통국 창구에서 판매 및 바우처 교환

- **란덴 1일 프리 티켓 요금 700엔**
  여러 번 타고 내릴 때 유용(벚꽃 시즌에 적합)

- **교토 지하철·란덴 1Day 티켓 요금 1300엔**
  란덴 열차와 지하철 2개 노선에서 이용

- **교토·아라시야마 1Day 패스 요금 1400엔**
  란덴 열차, 한큐 전철(고베 고속선 제외), 교토 버스 일부 노선(시버스 아님) 승차권으로 봄가을에 한정 판매

- **란덴 1일권＋영화촌 세트권 요금 2900엔**
  도에이 우즈마사 영화촌 입장권(2800엔) 포함

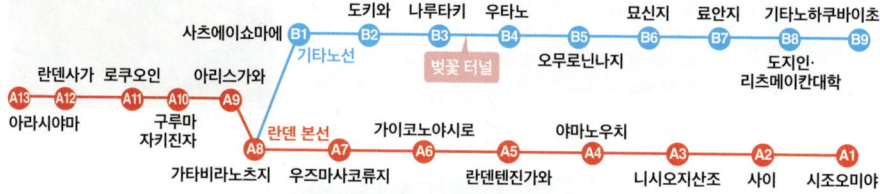

 요금은 내릴 때!

플랫폼에서 기다리다가 전차가 도착하면 자유롭게 탑승한다. 요금은 균일제이므로 정리권을 별도로 발급할 필요가 없다. 하차 시 앞문으로 이동해 운전석 옆 요금함에 현금을 넣거나 IC카드를 태그한다. 단, 일부 역은 내린 후 개찰구를 통과하는 방식이며, 승객이 많을 때는 후문으로 하차하고, 역무원이 플랫폼에서 요금을 받기도 한다.

 환승조차 재밌는 경험

벚꽃 터널이 있는 북쪽으로 가기 위해서는 아라시야마 본선嵐山本線에서 기타노선北野線으로 환승해야 한다. A8 가타비라노츠지역의 플랫폼에 내린 다음에는 기찻길을 건너 다른 플랫폼으로 이동해야 하니 역무원의 안내에 따르자.

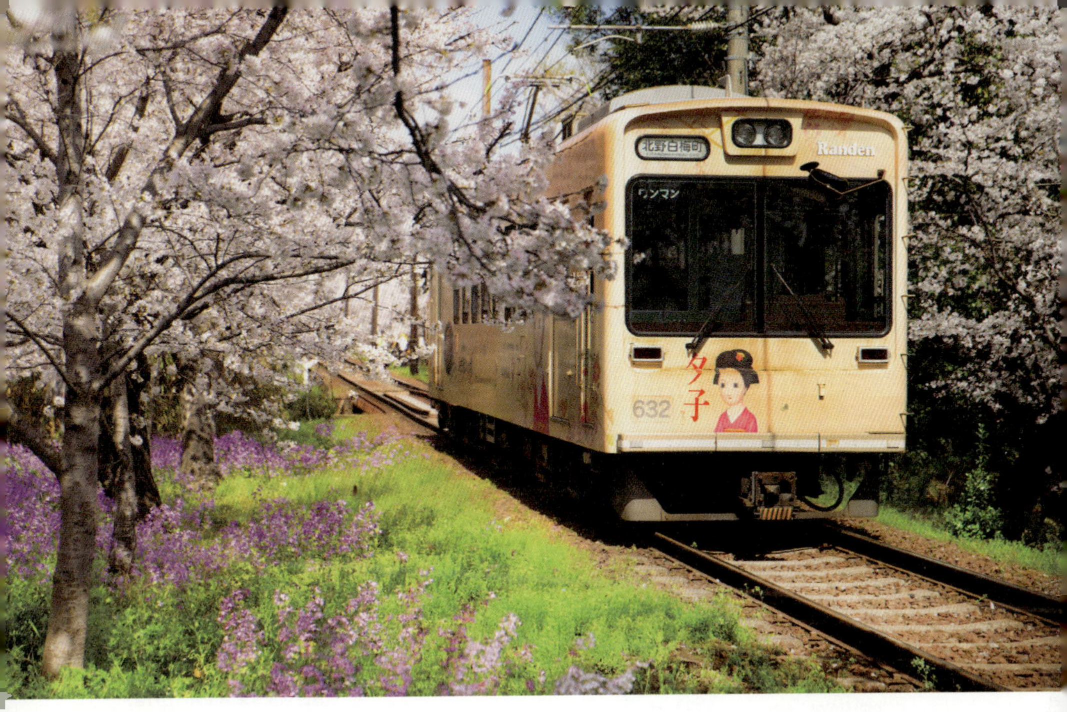

란덴 벚꽃 터널은 어디?

B3 나루타키역과 B4 우타노역 사이 약 200m 구간에는 수십 그루의 벚나무가 매년 봄 벚꽃 터널을 만든다. 레트로 감성의 전차가 벚꽃 길을 지나는 순간을 사진으로 담고 싶다면 아래의 방법을 참고해 보자.

01

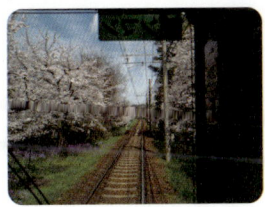

운전석 바로 뒤에 서면 벚꽃 터널을 제대로 감상할 수 있다. 벚꽃이 만발한 계절에는 열차 속도를 일부러 늦춰 준다.

02

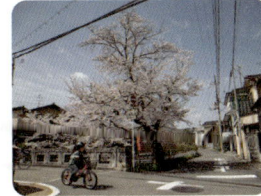

벚꽃 터널을 통과한 직후 우타노역에 하차해 나루타키역 방향으로 걸어서 되돌아간다. 조용한 동네 길을 약 500m 걷는다.

03

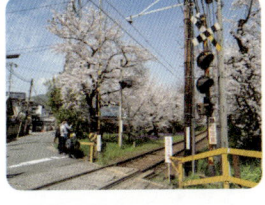

포토그래퍼들이 열차를 기다리는 장소는 나루타키역과 우타노역 사이의 작은 건널목이다. 정확한 위치는 구글맵 확인.

구글맵 2PG4+3Q5 Kyoto

04

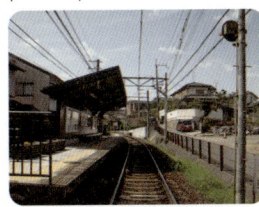

촬영을 마치면 나루타키역으로 돌아간다. 역무원도, 개찰구도 없는 조용한 시골 역에서 다음 열차를 타고 목적지로 향한다.

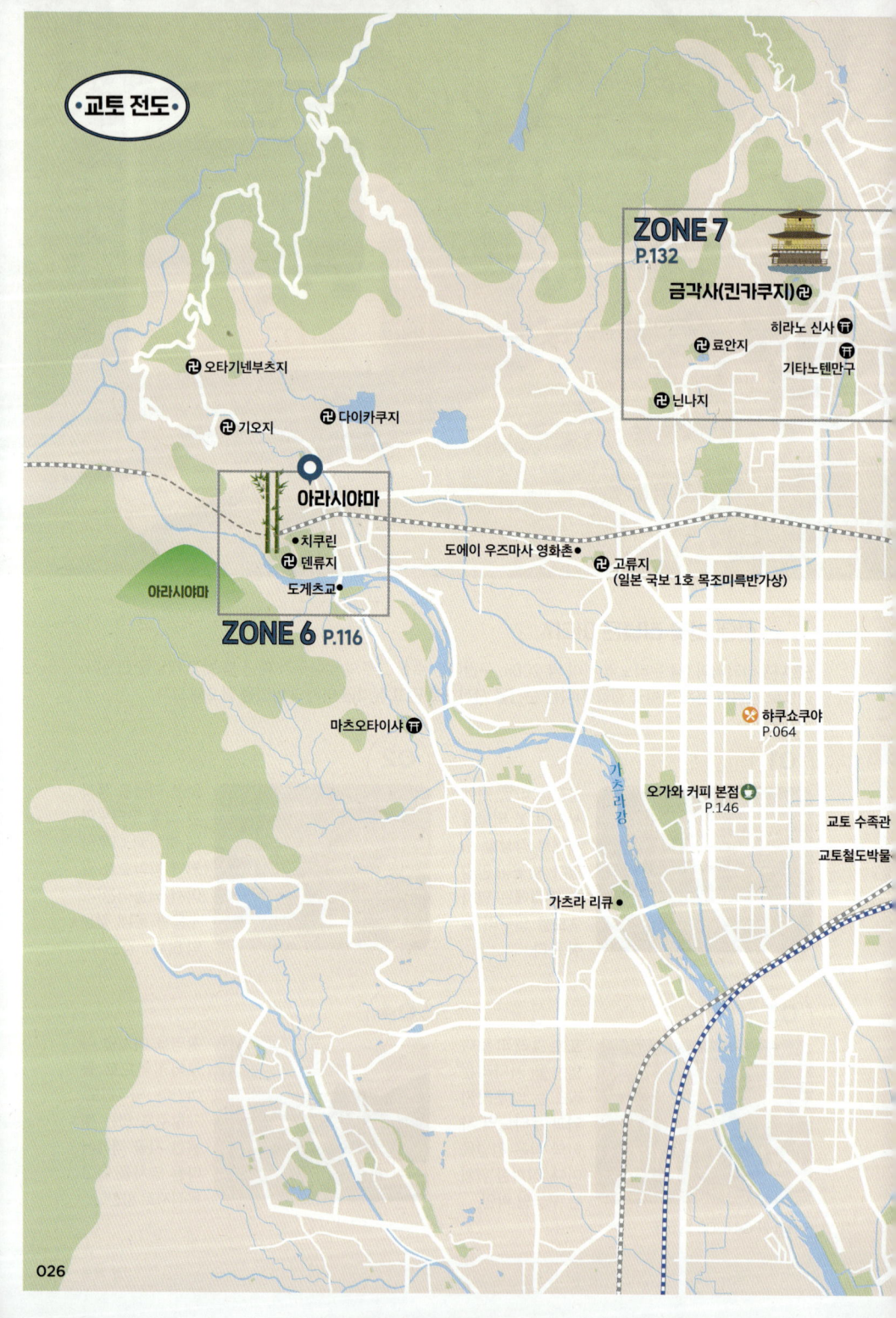

치쿠린
竹林

하늘로 곧게 뻗은 대나무가
빼곡하게 자라는 대나무 숲.
댓잎이 바람결에 스치는 소리를 들으며
힐링하고 싶다면 아라시야마로!
▶ P.121

ZONE 1 교토 동쪽

기요미즈데라 & 기온
清水寺 & 祇園

교토를 상징하는 랜드마크 탐방

기요미즈데라(청수사)와 야사카 신사는 교토의 핵심 관광지다.
교토 동쪽의 히가시야마東山 산맥과 가모강 사이에 자리 잡고 있어서 자연 풍경이 빼어나고,
오래된 상점과 전통찻집이 모여 있는 기온 거리는 옛 정취로 가득하다.
관광객이 언제나 많은 지역임을 고려해 여행 계획을 세우자.

01 여행 포인트

- **이동 거리** 도보 3.5km (기요미즈데라까지는 오르막길)
- **여행 시간** 최소 3~4시간
- **인파를 피하려면** → 이른 아침 기요미즈데라를 구경하고, 오전 8시 니넨자카의 스타벅스 오픈런
- **벚꽃철** → 야사카 신사와 마루야마 공원의 밤벚꽃놀이와 야타이(포장마차)를 놓치지 말 것
- **단풍철** → 기요미즈데라의 라이트업(야간 조명)은 교토 최고의 장면!

02 대중교통 수단

평상시 교토역에서 버스로 가는 것이 편하다. 주말과 공휴일에만 운행하는 관광특급버스(EX100·EX101번)는 일반 버스와 요금이 다르다.

성수기 벚꽃철, 단풍철, 기온 마츠리(7월) 때는 기온 시조도리 일대의 교통 정체가 심각하다. 이 시기에는 버스를 이용하는 대신 가까운 전철역(지하철 시조역·한큐 교토 가와라마치역·게이한 기온시조역)까지 이동한 다음, 걸어 다니는 편이 낫다.

기요미즈미치 버스 정류장

야사카 신사와 기온 거리

게이한 기온시조역 7번 출구

3.1km(30분)

- 교토역
  - 교토에키마에 정류장에서 86·206번 버스
- 기요미즈미치 정류장 하차
  - 700m(도보 15분)
- 기요미즈데라 인왕문

4km(20~30분)

- 교토역
  - 교토에키마에 정류장에서 86·206번 버스
- 기온 정류장 하차
  - 240m(도보 3분)
- 야사카 신사 서루문

2.2km(35분)

- 기온시조역
  - 550m(도보 10분)
- 야사카 신사 & 마루야마 공원
  - 1.5km(도보 25분)
- 기요미즈데라 인왕문

03 여행 아이디어

- ☑ 기요미즈데라 전망대에서 단풍 숲과 도시 전경 감상
- ☑ 산넨자카와 니넨자카의 전통 가옥과 쇼핑가 구경
- ☑ 기온 거리에서 교토 대표 기념품 쇼핑

> 교토에서는 거리 흡연이 금지되어 있으며, 전통 가옥이 많은 기온 지역 전체가 금연 구역이에요.

ⓞ1 산넨자카 (3년 고개)
三年坂

기요미즈데라로 가는 길
807~808년경 기요미즈데라 참배 길을 따라 조성된 상점가. 에도 시대 (1603~1868)에 지어진 전통 가옥의 지붕 너머로 높이 솟은 46m의 5층 목탑, '야사카의 탑(호칸지法観寺)' 앞까지 연결된다. 도토리 공화국 (키요미즈점) 맞은편 입구에서 내려다보는 언덕길 풍경도 무척 인상적이다. 교토 여행의 필수 코스인 까닭에 언제나 관광객이 많고 혼잡하다. 인파를 피하고 싶다면 이른 아침에 인증 샷을 먼저 찍은 뒤, 기요미즈데라를 관람하고 내려오면서 상점가를 구경하는 경로를 권한다.

구글맵 산넨자카 또는 Sannenzaka
운영 상시 개방
가는 방법 기요미즈미치 버스 정류장에서 야사카의 탑까지 280m(도보 4분, % 아라비카 교토 히가시야마점을 목적지로 설정)

---- **TRAVEL TALK** ----

여기서 넘어지면 안돼요!
'坂(사카 혹은 자카)'는 일본어로 고갯길을 의미합니다. 실제로 산넨자카와 니넨자카는 상당히 가파른 언덕길이고 바닥에 깔린 반들반들한 포석이 미끄러워 걸을 때 주의해야 합니다. 이러한 이유로 '산넨자카에서 넘어지면 3년, 니넨자카에서 넘어지면 2년 안에 불운을 맞이한다'는 속설이 퍼졌어요. 그래서 '산네이자카産寧坂(순산의 언덕)'라는 원래 이름보다는 3년 고개라는 별명으로 더 많이 불리고 있어요.

KYOTO 기요미즈데라 & 기온

기요미즈데라 가는 길 요약 정리

➔ 관광은 이렇게!
아기자기한 볼거리로 가득한 골목은 몇 바퀴씩 돌면서 구경해도 지루하지 않다. 골동품과 다구茶具에 관심이 있다면 기요미즈데라를 돌아보고 나오면서 왼쪽 길로 내려가 보자. 차완자카茶わん坂(찻잔의 길)로 불리는 골목에서 교토를 대표하는 도자기 '기요미즈야키'를 파는 가게들을 만날 수 있다.

➔ 식사는 이렇게!
기요미즈데라 주변의 맛집이나 카페는 대부분 관광객을 상대로 한다. 그러므로 단고나 녹차 디저트 같은 간식 위주로 가볍게 맛보고, 식사는 기온이나 폰토초 쪽으로 이동해서 하는 편이 실속 있다.
▶ 맛집 정보 P.048

3권 교토 033

02 니넨자카(2년 고개)
二年坂

천천히 보면 더 예쁜 골목

한쪽 끝은 산넨자카, 다른 쪽은 야사카 신사 방향과 연결된 약 150m의 경사로다. 이 길에서 가장 유명한 매장은 다이쇼 시대 (1912~1926)에 지어진 마치야(전통 가옥)를 개조한 스타벅스 니넨자카 야사카차야점이다. 늘 대기 줄이 길어서 한눈에 알아볼 수 있다.

▶ 스타벅스 정보 P.048

구글맵 니넨자카 또는 Ninenzaka
운영 상시 개방 (스타벅스 08:00~20:00)
가는 방법 기요미즈데라에서 450m(도보 10분)

 기요미즈데라 가는 길에 구경해 보세요!

도토리 공화국
どんぐり共和国

복잡한 길에서 갑자기 <이웃집 토토로> 속 세상으로 불쑥 들어온 기분! 사진을 찍거나 각종 소품을 구경하기에 그만이다. 산넨자카와 니넨자카에 매장이 하나씩 있다.

구글맵 도토리 공화국 키요미즈점
운영 09:30~17:00

요지야
よーじや

전통 기름종이로 유명한 화장품 매장. 바로 옆에 일본식 정원을 꾸며 놓아 함께 둘러보기 좋다. 규모가 더 큰 본점은 기온 거리에 있다.

구글맵 요지야 기요미즈산넨자카점
운영 09:00~18:00

포터 스탠드 교토
Porter Stand Kyoto

실용성과 내구성이 뛰어난 디자이너 요시다 기치조의 가방 브랜드. 도토리 공화국 맞은편, 산넨자카 위쪽 입구로 가면 쉽게 찾을 수 있다.

구글맵 Porter Stand Kyoto
운영 10:00~18:00 **휴무** 수요일

KYOTO 기요미즈데라 & 기온

③ 기요미즈데라 (청수사) 清水寺 🍁

📍 **구글맵** 기요미즈데라 인왕문 또는 Kiyomizudera Niomon Gate
운영 06:00~18:00(벚꽃·단풍철 라이트업 기간에는 21:00까지 입장 마감)
요금 입구는 무료, 본당 안쪽 500엔
홈페이지 kiyomizudera.or.jp/en
가는 방법
❶ 교토역 D2 버스 정류장에서 일반 버스(86·206번) 탑승 → 기요미즈미치 하차 → 산넨자카 경유
❷ 교토역 D1 버스 정류장에서 관광특급버스(EX100·EX101번) 탑승 → 고조자카 하차 후 800m(도보 10분)
❸ 야사카 신사에서 1.5km(도보 25분)

라이트업 기간에는 본당까지 접근하기 어려울 정도로 사람이 많아요.

1200여 년 역사를 간직한 천년 고찰

교토 최고의 관광 명소인 기요미즈데라는 778년에 창건된 법상종 사찰이다. '맑은 물의 사원'이라는 이름처럼 경내에는 실제로 폭포가 흐르며, 교토 동쪽 산맥(히가시야마)의 일부인 오토와산音羽山 중턱에 자리 잡고 있어서 시내 전체가 한눈에 보이는 전망이 최고다.
1994년에 '고대 교토의 역사 기념물Historic Monuments of Ancient Kyoto'이라는 이름으로 교토, 우지, 오츠大津의 17개 건축물이 유네스코 세계문화유산에 등재되었으며, 기요미즈데라 또한 그중 하나다. 경내 1500여 그루의 벚나무에 꽃이 만개하는 봄, 기온 마츠리 축제가 열리는 여름, 본당 아래쪽 단풍나무 숲이 붉게 물드는 늦가을까지 사계절 내내 아름답다.

FOLLOW UP

유네스코 세계문화유산
기요미즈데라 감상 포인트

기요미즈데라 상세도

기요미즈데라 경내 30여 동의 건물은 대략 아홉 차례의 화재로 소실과 재건을 반복했다. 현존하는 가장 오래된 건축물은 15세기 후반 완공한 인왕문이며, 본당은 1629년 대화재 이후 1633년에 재건한 것이다. 사찰 가장 아래쪽의 인왕문에서 출발해 건물들을 차례대로 한 바퀴 돌아보고, 오토와 폭포를 지나 다시 인왕문으로 나오는 것이 일반적인 관람 순서. 시간은 40~50분 소요된다.

① 혼도(본당) 本堂

전체 모습을 33년에 한 번씩 공개하는 국보 천수관음을 모신 본당 건물. 편백나무 껍질을 대나무 못으로 고정하고, 겹겹이 쌓아 만든 히와다부키檜皮葺 지붕을 이고 있다.
절벽 밖으로 돌출한 13m 높이의 '부타이舞台(무대)'는 못을 전혀 쓰지 않는 일본의 전통 건축 공법인 가케즈쿠리懸造 양식으로 지어졌다. 수령 400년 이상 된 느티나무 거목 열여덟 그루를 기둥으로 세우고, 널판지를 격자 형태로 단단하게 결속해 만들었다.

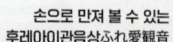

손으로 만져 볼 수 있는 후레아이관음상ふれ愛観音

② 오쿠노인 奥の院

본당의 전체 모습과 교토 시내가 한 앵글에 들어오는 전망 포인트. 본당과 마찬가지로 부타이가 떠받친 구조다.

③ 니오몬(인왕문) 仁王門

아래쪽 기요미즈자카와 연결된 기요미즈데라의 정문. 붉은색으로 칠해져 아카몬赤門으로도 불린다. 위쪽의 사이몬西門(서문) 옆 계단을 오르면 매표소가 나온다. 여기서 입장권을 구입해야 본당에 들어갈 수 있다.

인왕문에서 본 서문과 삼중탑

④ 오토와노타키(오토와 폭포) 音羽の滝

생명수 또는 황금의 물이라고 불리는 오토와 폭포가 바로 기요미즈의 '청수'다. 본당 아래쪽에 청수로 음복하려는 사람들이 길게 줄을 선 광경을 발견할 수 있다. 폭포의 세 갈래 물줄기 중 하나 또는 둘을 선택해 입을 적신 후 소원을 비는데, 욕심이 지나쳐 세 물줄기를 전부 마시면 오히려 화를 입는다고 전해진다. 길다란 바가지에 물을 받아 먼저 손을 씻은 뒤, 손바닥에 물을 담아 마시며 소원을 비는 것이 순서다.

하나의 돌에서 다른 돌로 건너가면 사랑의 축복을 받는다는 돌

⑤ 지슈 신사 地主神社

본당 뒤편 산 중턱에 자리 잡은 신사. 인연을 맺어 주는 신을 모시고 있어 연인은 물론 연애를 꿈꾸는 학생들에게도 인기가 많다.

⑥ 산주노토(삼중탑) 三重塔

오토와 폭포를 지나면 보이는 높이 31m의 3층 탑으로, 멀리서도 눈에 띄는 강렬한 붉은색이 돋보인다. 본당과 함께 기요미즈데라를 상징하는 건축물이다.

SPECIAL THEME

조용하고 우아하게
히가시야마 골목길 산책

야사카 신사와 기요미즈데라 사이, 히가시야마의 뒷골목을 자유롭게 거닐어 보자.
길을 몰라도 괜찮다. 중간중간 마주치는 크고 작은 신사와 사찰들이 이정표가 되어
자연스럽게 발걸음을 이끌어 줄 테니까.

01 POINT 네네노미치(네네의 길) ねねの道

야사카 신사와 마루야마 공원 사이

도요토미 히데요시의 정실부인 네네가 건립한 사찰 고다이지高台寺와 엔토쿠인圓徳院 사이로 난 약 500m의 길이다. '돌담 사이 골목'이라는 뜻을 가진 이시베코지石塀小路와 자연스럽게 연결된다. 왕벚나무가 꽃을 피우는 3월 말부터 4월 초에는 평상시 조용하던 길이 잠시 혼잡해진다. 골목길을 수천 개의 등불로 장식하는 히가시야마 하나토로 마츠리 또한 이 즈음 열린다.

구글맵 Nene no Michi
운영 네네노미치 상시 개방, 고다이지 09:00~17:00(라이트업 17:00~22:00 ※특정 기간에만 실시)
요금 고다이지 600엔(정원과 미술관)

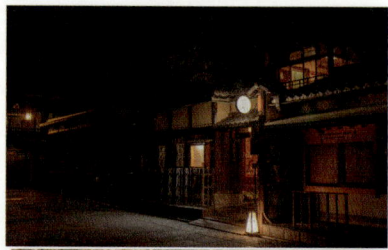

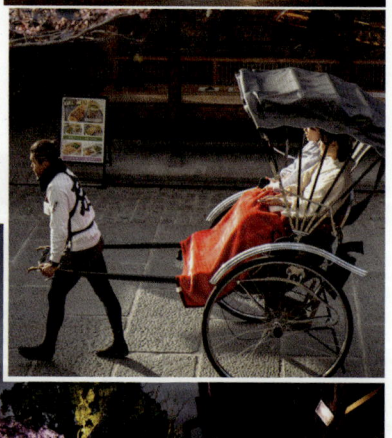

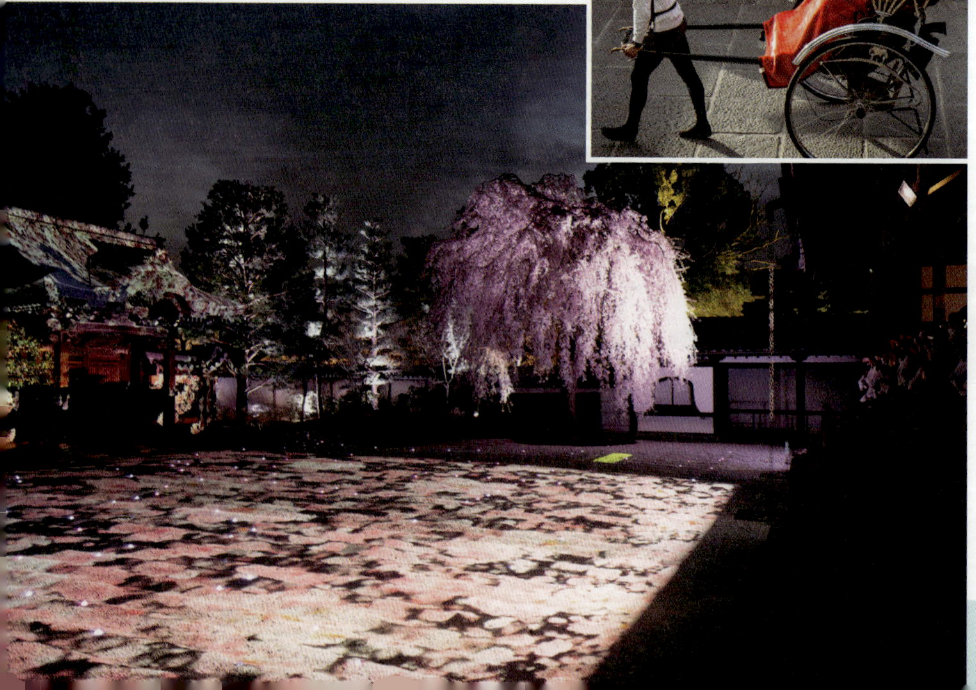

02 POINT 지온인 知恩院

야사카 신사와 마루야마 공원 옆

지온인(지은원)은 1175년에 창건된 일본 정토종의 본산이다. 복잡한 마루야마 공원을 벗어나면 일본 최대 규모의 산몬三門(삼문: 높이 24m, 폭 50m)이 시선을 사로잡는다. 국보로 지정된 본전(어영당), 조선불화 '오백나한도' 등의 문화재를 보유하고 있으며, 새해에는 커다란 종을 울리는 전통 의식이 열린다.

구글맵 Chionin Temple
운영 09:00~16:00
요금 무료

교토에서 기모노 대여하기

일본의 전통 의상인 기모노 대여점은 교토 어디에나 있다. 기본 대여료는 4500~6000엔

○ **리카와후쿠 梨花和服 Rikawafuku**
매장 기온, 기요미즈데라, 아라시야마, 교토역
홈페이지 ewha-yifu.com/ko

○ **바사라 기모노 VASARA Kimono**
매장 교토역
홈페이지 vasara-h.co.jp

03 POINT 야스이 곤피라궁 安井金比羅宮

기요미즈데라에서 겐닌지로 가는 길

상대적으로 조용하고 차분한 공간에서 꽃놀이를 즐길 수 있는 숨은 보석 같은 장소다. 하얀 종이로 뒤덮인 엔키리엔무스비이시縁切り縁結び石를 비석도 찾아보자. 종이 인형(가타시로形代)에 소원을 적어 구멍을 통과한 다음 비석에 붙이면 악연을 끊고 좋은 인연을 맺을 수 있다고!

구글맵 Yasui Konpiragū Shrine **운영** 상시 개방 **요금** 무료

④ 마루야마 공원 円山公園 ✿

벚꽃잎 흩날리는 교토의 밤

야사카 신사와 연결된 마루야마 공원 중앙에는 기온노요자쿠라祇園の夜桜 (기온의 밤 벚꽃)로 불리는 수령 약 90년의 수양벚나무가 있다. 원래 이 자리에 있던 수령 200년의 나무가 수명을 다하자 그 종자를 받아 제2대 벚나무를 길러낸 것이다.

벚꽃철이 되면 평소 조용하던 마루야마 공원에 엄청난 인파가 모여들고, 밤에는 기온노요자쿠라에 조명을 비춘다. 벚나무 아래 설치된 평상에서 길거리 음식을 먹으며 아주 특별한 밤벚꽃놀이를 즐겨 보자.

구글맵 마루야마 공원(원산 공원) 또는 Maruyama Park Maruyamacho
운영 상시 개방 **요금** 무료
홈페이지 kyoto-maruyama-park.jp
가는 방법 야사카 신사 서루문 또는 네네노미치 방향에서 진입 / 게이한 기온시조역 6·7번 출구에서 1.8km(도보 15~20분)

> 공원 안 5성급 호텔 초라쿠칸(장락관)에서는 애프터눈 티를, 맞은편 스이센에서는 장어 요리를 즐길 수 있어요.

05 야사카 신사
八坂神社 ⛩

기온의 유래가 된 축제의 신사

656년경에 창건해 '기온샤祇園社'로 불렸던 야사카 신사는 오늘날 기온이라는 지명의 유래가 된 유서 깊은 신사다. 경내에는 바다와 폭풍의 신 스사노오와 아내 구시나다히메, 그들의 자녀를 모신 혼덴(본전)과 하이덴(배전)이 있다. 이 외에도 아름다움을 상징하는 샘물로 알려진 우츠쿠시고젠샤美御前社처럼 작은 신사들이 모여 있다. 일본 3대 축제 중 하나인 기온 마츠리를 주관하고, 지역 주민들이 신년맞이 참배를 드리러 오는 장소로, 교토 전통문화에 큰 영향력을 발휘한다.

이곳에 스사노오(우두천왕: 신라의 신)를 모신 것이 고구려의 사신 이리지伊利之였다는 이야기는 공식 홈페이지에도 기재되어 있다.

📍 **구글맵** 야사카 신사 또는 Yasaka-jinja Shrine ※히가시야마구에 있는 장소로 검색 **운영** 상시 개방 **요금** 무료 **홈페이지** www.yasaka-jinja.or.jp
가는 방법 기온 버스 정류장에서 150m(도보 2분) / 게이한 기온시조역 7번 출구에서 650m(도보 10분)

 포토 스폿

야타이(포장마차) 거리
축제 시즌에는 야사카 신사 입구부터 마루야마 공원과 연결된 안쪽 통로까지 포장마차가 늘어서 흥겨운 분위기를 연출한다.

니시로몬(서루문) 西樓門
야사카 신사 경내로 들어가는 서쪽 입구. 계단에 앉아 하늘을 붉게 물들이는 석양과 기온 거리를 잠시 감상해도 좋다.

⑥ 기온 거리
祇園の町並み

교토 관광은 여기서 시작
가모강부터 야사카 신사까지 시조도리四条通를 따라 일직선으로 약 500m에 걸쳐 이어지는 번화가. 한국인 여행자들은 편의상 '기온 시조 거리'로 부르고 있으며, 보다 정확한 명칭은 야사카 신사 참배로八坂神社参道다. 예로부터 신사를 찾는 사람들로 문전성시를 이루었기 때문에 대로 양쪽에 전통 상점가가 형성됐다. 다소 상업화되었다고는 해도 작은 소품 하나까지 교토에 대한 자부심과 장인 정신으로 만들기 때문에 구경하는 재미가 있고, 교토를 대표하는 고급 특산품을 구입하기 알맞은 장소다.
7월 기온 마츠리 기간에는 거리 전체가 축제 분위기로 물든다. 특히 7월 17일과 24일에 맞춰 가면 화려하게 장식한 야마보코山鉾 수레가 줄지어 행진하는 장면을 볼 수 있다.

📍
구글맵 기온시조역 또는 Gion-Shijō Station
가는 방법 게이한 기온시조역 6·7번 출구 / 기요미즈데라에서 1.7km(도보 25분)

──── **TRAVEL TALK** ────

일본 최초의 가부키 극장, 미나미자南座
기온시조역 6번 출구 바로 앞에 일본 최초의 가부키(전통극) 전용 극장인 미나미자가 있습니다. 이곳은 1603년 에도 시대 초기에 설립된 이후 400년 넘게 전통을 이어 온 유서 깊은 극장입니다. 매년 12월에는 가부키 시즌의 개막을 알리는 가오미세顔見世 공연이 열리며, 극단의 인기 배우들이 총출동해 교토의 중요한 연례행사로 자리 잡았습니다.

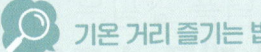

기온 거리 즐기는 법

🔍 하나미코지花見小路도 걸어 보세요!
기온의 유흥가(하나마치花街) 중 하나로, 기온을 세로 방향으로 가로지르는 길이다. 골목을 지나가는 게이샤와 마이코를 가끔 볼 수 있는데, 이들을 따라가거나 방해하는 행동은 금물. 곳곳에 촬영 금지 표지판이 설치돼 있으니 이곳의 분위기를 존중하도록 하자.

🔍 식사는 이렇게 ▶ 기온 맛집 P.050
기온 일대에서 소문난 인기 맛집은 대기 시간이 어마어마하게 길거나, 예약제로만 운영하는 요리점이 대부분이다. 숯불 햄버그스테이크 전문점 히키니쿠토코메 역시 오픈 시간 전부터 가게 앞에 줄을 서거나 예약에 성공해야 자리를 잡을 수 있다. 소바 전문점 마츠바 등 좌석이 많은 음식점이나 스타벅스, 툴리스 커피 등의 체인점을 기억해 두면 한 끼 가볍게 때우고 싶을 때 유용하다.

FOLLOW UP

교토 기념품 쇼핑은 여기서!
기온의 대표 스토어

기온 거리에는 교토에서 탄생해 대를 이어 운영해 온 전통 상점의 본점(혼텐)이 즐비하다. 와가시(전통 디저트), 우메보시(매실 장아찌), 최고급 녹차 등 각종 제품을 비교해 보고 구입할 수 있다.

① 사료 츠지리 기온 본점 茶寮 都路里 祇園本店

유형 기념품점 & 카페　**특징** 최고급 녹차와 아이스크림

1860년에 창업한 우지차 전문점 츠지리에서 운영하는 1층 판매점에서는 고급스럽게 포장한 선물 세트와 테이크아웃용 말차 아이스크림을 판매한다. 유명한 말차 파르페를 맛보고 싶다면 2층으로 올라가야 한다. 전통적인 다실을 현대적으로 재해석해 얼핏 평범해 보이지만 벽에 걸린 미술품부터 컵 받침까지 소품 하나하나가 고급스럽다. 따끈한 호지차는 수시로 리필해 준다.

구글맵 츠지리　**운영** 10:30~20:00 ※계절에 따라 변동
홈페이지 www.giontsujiri.co.jp

② 이토큐에몬 기온시조점
伊藤久右衛門 祇園四条店

유형 기념품점 & 카페　**특징** 편하게 방문하기 좋은 곳

우지에 본점을 둔 이토큐에몬의 교토 매장. 전통 차 세트와 말차 파르페는 물론, 녹차 소바 같은 식사 메뉴도 갖추고 있다. 2층 카페 좌석이 넉넉하고, 태블릿으로 주문하는 시스템이 편리하다.

구글맵 이토큐에몬 기온시조점
운영 10:30~18:30　**홈페이지** www.itohkyuemon.co.jp

③ 오우스노사토 기온 본점 おうすの里 祇園本店

유형 장아찌　**특징** 진짜 우메보시는 이런 맛!

매실 장아찌의 새콤한 맛은 한국인에게 호불호가 갈리는 편이지만, 이 가게의 우메보시를 맛본다면 생각이 바뀔지도 모르겠다. 1개당 1000엔짜리 최상품 우메보시는 은은한 신맛이 일품이고 포장 또한 고급스럽다. 일정 기간 이상 보관하기도 용이해서 선물용으로 적당하다.

구글맵 Ousu no Sato　**운영** 10:30~18:30
홈페이지 www.ousunosato.co.jp

④ 하라료카쿠 본점 原了郭 本店

유형 향신료 **특징** 나무통에 담긴 시치미

1703년에 창업한 전통 향신료 가게. 교토의 유명 식당에 가면 종종 눈에 띄는 조미료다. 고추, 산초, 참깨, 생강 등 일곱 가지 향신료로 만드는 시치미七味를 우동에 뿌리면 국물의 풍미가 좋아진다. 짙은 갈색을 띠는 구로시치미黒七味(흑치미)가 특히 유명하고, 산쇼山椒(산초 가루) 등 여러 가지 향신료를 종류와 매운 정도에 따라 맛보고 구입할 수 있다.

구글맵 Hararyoukaku **운영** 10:00~18:00
홈페이지 www.hararyoukaku.co.jp

⑤ 요지야 기온 본점 よーじや 祇園本店

유형 전통 화장품 **특징** 관광객 필수 쇼핑 스폿

로고에 새긴 게이샤의 얼굴이 눈길을 사로잡는 교토의 화장품 브랜드. 1904년 연극배우를 위한 무대화장용 제품을 판매하면서 교토의 엔터테인먼트 업계와 기온 일대의 게이샤가 사용하는 화장품으로 소문이 났고, 1921년경에 개발한 '기름종이(아부라토리가미あぶらとり紙)'가 큰 성공을 거두며 일본 전역에 브랜드를 알렸다. 현재는 트렌드에 맞는 기초 화장품과 다양한 뷰티 제품을 판매한다. 기온 본점 외에도 산넨자카, 교토역, 다이마루 백화점 등에 매장을 운영하고 있다.

구글맵 요지야 기온점 **운영** 10:30~18:30 (토·일요일·공휴일 19:00까지)
홈페이지 www.yojiya.co.jp

⑥ 이즈츠 야츠하시 기온 본점
井筒八ッ橋 祇園本店

유형 기념품점 **특징** 220년 전통의 교토 디저트

야츠하시는 설탕과 계피, 찹쌀을 섞은 반죽으로 만드는 교토 특유의 화과자를 말한다. 교토의 기념품 매장에서는 대부분 야츠하시를 파는데, 이 중 가장 유명한 가게가 1805년에 창업한 이즈츠 야츠하시다. 기온에 왔다면 다실까지 갖춘 본점 방문을 추천한다.

구글맵 Izutsu Yatsuhashi Honpo – Kyoto Gion Main Store **운영** 10:30~18:30
홈페이지 www.yatsuhashi.co.jp

⑦ 겐닌지(건인사) 建仁寺

문화재급 작품이 가득한 사찰

일본 최초로 임제종 선불교를 전파한 승려 에이사이가 1202년에 창건했다. 기온과 가깝다는 것도 장점이지만, 고요한 분위기에서 수준 높은 예술 작품과 정원을 감상할 수 있어 미술관이라 해도 손색없는 사찰이다.
입장료를 내고 들어가서 실내화로 갈아 신은 다음, 본당과 정원을 차례로 거쳐 법당까지 둘러보고 나오는 순환 경로로 관람하면 된다. 경내 일부 구역은 입장료를 내지 않아도 구경할 수 있다.

구글맵 겐닌지 또는 Kenninji **운영** 10:00~17:00
요금 본당 800엔 **홈페이지** www.kenninji.jp
가는 방법 기온 거리에서 하나미코지 남쪽 끝 500m(도보 5분) / 게이한 기온시조역 1번 출구에서 도보 3분

● 겐닌지의 대표 작품

풍신뇌신도 風神雷神図 국보

17세기 에도 시대의 화가 다와라야 소타츠의 작품. 금박 병풍에 바람과 천둥 신을 그려냈다. 원본은 교토 국립박물관이 소장하고 있으며, 겐닌지에는 복제품이 전시되어 있다.

운룡도 雲龍図 & 금기서화도 琴棋書画図 & 죽림칠현도 竹林七賢図 중요문화재

16세기 모모야마 시대의 화가 가이호 유쇼의 작품. 전통 가옥의 미닫이문(후스마襖)을 화폭 삼아 정교하게 그린 그림이다.

쌍룡도 双龍図

2002년에 화가 고이즈미 준사쿠가 겐닌지 창건 800주년을 기념해 완성한 대작. 본존석가여래좌상을 모신 법당 천장에 두 마리의 용이 하늘을 나는 모습을 묘사했다.

● 정원

다이오엔(대웅원) 大雄苑

중국 백장산의 수려한 경치를 본떠 만든 가레산스이 양식의 메인 정원

○△▢ 정원

우주의 근원을 땅(네모), 물(동그라미), 불(세모)로 형상화한 센가이 선사의 수묵화를 표현한 정원

TRAVEL TALK

겐닌지는 차茶 명소 에이사이는 일본에 최초로 차 씨앗을 들여와 심은 인물로도 유명합니다. 그가 명상 전에 차를 마시는 의식을 통해 차의 효능을 강조했기에 헤이안 시대 귀족과 승려의 전유물이던 차 문화가 대중에게 퍼지는 계기가 되었습니다. 사찰 경내에는 차나무와 함께 작은 기념비가 세워져 있으며, 매년 4월 20일에는 전통 다회인 다례가 열리고, 5월에는 찻잎 따기 행사가 진행됩니다.

08 기온 시라카와 祇園白川 🌸

> 교토의 감성 카페
> 기온 코모리가 바로 이 길에 있어요! ▶ 1권 P.080

가장 교토다운 풍경을 보고 싶다면

남쪽으로는 가모강, 북쪽으로는 헤이안 신궁까지 연결되는 시라카와 운하를 따라 버드나무와 벚나무가 줄지어 늘어선 예쁜 길. 벚꽃이 만개할 무렵 거리의 아름다움이 절정에 달하면 관광객들이 기모노를 차려입고 사진을 찍기 위해 모여든다. 하나미코지에서 신바시도리까지 이어지는 동네 전체가 고급 요리점과 전통찻집이 즐비한 유흥가(하나마치)다.

다츠미 다리(다츠미바시)에서 헤이안 신궁으로 가는 길목의 돌다리(잇폰바시)까지 산책 삼아 걸어도 좋다.

다츠미 다리 위가 인기 포토 스폿

그림처럼 아름다운 잇폰바시 풍경

구글맵 다츠미 다리는 'Gion Tatsumi Bridge', 잇폰바시는 '행자교'로 검색
운영 상시 개방 **요금** 무료
가는 방법 게이한 기온시조역 9번 출구에서 270m(도보 5분)

기요미즈데라 갈 때 필수 코스
산넨자카 & 니넨자카 맛집

스타벅스 니넨자카 야사카차야점
Starbucks 二寧坂 ヤサカ茶屋店

주메뉴 일반적인 스타벅스 음료 및 망고 프라페
😊 → 저렴하게 전통 카페 체험
✅ → 예약 불가능(현장 대기 후 입장)

100년 넘은 다이쇼 시대의 전통 가옥을 리모델링한 스타벅스 매장. 먼저 2층에 자리를 잡은 뒤 1층으로 내려와 주문하는 방식. 다다미가 깔린 다실茶室의 자리 경쟁이 치열하다.

구글맵 스타벅스 교토 니넨자카 야사카차야점
운영 08:00~20:00 **예산** 500~1000엔

고카고 GOKAGO

주메뉴 말차, 호지차 라테
😊 → 간단하게 다도 체험　✅ → 테이크아웃만 가능

기요미즈데라 인왕문 근처, 최고의 핫플. 다선으로 말차를 휘저어 거품을 낸 뒤 우유 위에 부어 준다. 하나하나 손으로 만드는 만큼 다소 시간이 걸리지만 맛은 매우 만족스럽다.

구글맵 GOKAGO **운영** 10:30~18:00
예산 600~900엔 **인스타그램** @gokago_kyoto

후지나미 산넨자카 본점 藤菜美 産寧坂本店

주메뉴 단고, 와라비모찌
😊 → 최고의 단고 맛집　✅ → 현금 결제, 테이블 없는 간이 좌석

동그란 찹쌀떡을 구워서 달콤한 간장이나 콩가루를 뿌려 먹는 교토의 전통 디저트 미타라시단고로 유명한 매장이다. 고사리 전분으로 만든 와라비모찌(야들야들한 식감의 떡)도 판다.

구글맵 후지나미 기요미즈
운영 10:00~17:30(주말 18:00까지)
예산 650엔(음료와 디저트 세트)

% 아라비카 교토 히가시야마점 % ARABICA Kyoto Higashiyama

주메뉴 교토 라테 & 교토식 아침 식사
😊 → 야사카의 탑과 함께 인증 샷! ✅ → 식당은 예약 필수

교토 서쪽에 있는 아라시야마점이 가장 유명하지만, 기요미즈데라로 올라가는 길목에도 작은 매장이 있으니 달콤한 교토 라테를 한 잔 사서 마셔 보자. 줄이 길다면 모바일 앱(ARABICA)으로 픽업 주문을 하면 된다. 맞은편 % 쇼쿠도(식당이라는 뜻)에서는 생선구이와 밥, 국으로 구성된 아침 정식을 먹을 수 있다.

구글맵 % 아라비카 교토 히가시야마점
홈페이지 arabica.com/en
❶ **% 아라비카 커피**
운영 09:00~18:00
요금 커피 550~600엔
❷ **% 쇼쿠도**
운영 목~월요일 09:00~13:00
요금 2800엔 또는 4800엔(커피 포함)

푸몬차야 普門茶屋

주메뉴 와라비모찌 등 녹차 디저트
😊 → 넓은 공간과 편리한 시설

기요미즈데라 일대에서 가게 앞에 줄 설 필요가 없는 쾌적한 공간을 찾는다면 푸몬차야가 괜찮은 선택이다. 와라비모찌와 고급 말차 디저트를 먹을 수 있고, 셀프서비스로 운영하는 것도 장점이다. 바로 옆에 기념품점을 함께 운영 중이다.

구글맵 Fumon-an & Fumon Chaya **운영** 12:00~17:30
예산 1000~2000엔 **홈페이지** fumon-an.co.jp

오쿠탄 기요미즈 奥丹清水

주메뉴 유도후(전통 두부전골)
😊 → 고택에서 즐기는 교토식 유도후
✅ → 현금 결제, 온라인 예약 가능

1635년에 창업해 무려 16대째 영업 중인 교토의 사찰 음식 전문점. 넓은 정원이 딸린 전통 가옥에서 식사하는 경험만으로도 특별하다. 부드럽고 섬세한 맛이 일품인 각종 두부 요리를 코스로 제공하며, 두부 디저트 메뉴도 있다. 온라인 예약 시 약 700엔의 수수료가 부과된다.

구글맵 오쿠탄 키요미즈 **운영** 11:00~16:30
※기요미즈데라 야간 개장 시기에는 연장 영업
휴무 목요일(공휴일이면 영업) **예산** 유도후 정식 3300~4400엔 **홈페이지** www.tofuokutan.info

안 먹고 가면 후회할
기온 명물 맛집

히키니쿠토코메 교토 挽肉と米 京都

주메뉴 햄버그스테이크
☺ → 무조건 맛보자! ✓ → 치열한 예약 경쟁

숯불로 구운 햄버그스테이크를 갓 지은 흰쌀밥 위에 올려서 먹는 기온 최고의 맛집! 세 덩어리의 햄버그스테이크에 와사비, 레몬 소금, 시치미 등을 뿌려 먹는다. 달걀은 1인당 한 알씩만 제공되며, 밥은 무한 리필이 가능하다. 다만 바로 앞에서 숯불을 피우기 때문에 온몸에 고기 냄새가 밴다. 본점은 도쿄에 있다.

> **TIP! 예약 방법(취소 시 수수료 발생)**
> ❶ **유료 온라인 예약** 매달 1일 자정에 사전 예약권이 풀린다. 방문 60일 전부터 8일 전까지 좌석당 수수료 1000엔과 식사 비용을 전액 결제하고 예약한다.
> ❷ **무료 온라인 예약** 방문 7일 전 자정에 추가 예약권이 풀리는데, 이때는 예약 수수료 없이 식사 비용만 결제한다.
> ❸ **당일 정리권** 매일 오전 9시에 가게 앞에서 당일 식사할 명단을 작성한다. 런치 또는 디너 시간으로 선택할 수 있다.

구글맵 Hikiniku to Kome(Kyoto)
운영 점심 11:00~15:00, 저녁 17:00~21:00 **휴무** 수요일
예산 기본 햄버그 세트 1820엔
홈페이지 www.hikinikutocome.com/kyoto
가는 방법 시조 대교에서 450m(도보 7분)

이즈우 いづう

주메뉴 사바즈시(고등어 봉초밥)
☺ → 취향에 맞는다면 최고의 별미 ✓ → 예약 불가

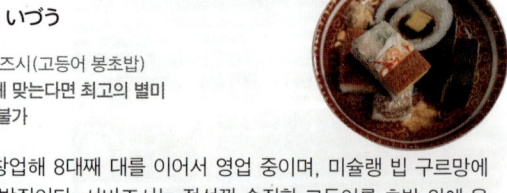

1781년 창업해 8대째 대를 이어서 영업 중이며, 미슐랭 빕 구르망에 등재된 초밥집이다. 사바즈시는 정성껏 손질한 고등어를 초밥 위에 올려 대나무잎, 감잎, 다시마 등으로 단단하게 감싸서 만드는 교토의 전통 음식이다. 기름진 고등어와 고랭지 쌀로 지은 밥, 식초의 은은한 산미가 중독적이다. 밥과 숙성한 생선을 틀에 넣고 눌러 만든 하코즈시와 함께 맛보자. 단, 처음 접하는 사람은 취향에 맞지 않을 수 있고, 일반 초밥과 다르다는 점을 감안하고 찾아갈 것.

구글맵 Izuu ※'이즈우 스시' 말고 '이즈우'로 검색
운영 11:00~22:00(일요일 21:00까지)
휴무 화요일 **예산** 2000~4000엔 **홈페이지** izuu.jp
가는 방법 시조 대교에서 450m(도보 7분)

하치다이메 기헤이 八代目儀兵衛

주메뉴 생선 정식, 튀김 정식, 도미 오차즈케
☺ → 최고급 쌀밥과 요리 ✓ → 온라인 예약 또는 현장 대기

1787년에 쌀 도매상으로 시작해 8대째 이어 온 교토의 밥집 명가. 도쿄 긴자에도 지점이 있다. 최고급 품종의 쌀로 지은 밥과 이에 어울리는 요리를 선보인다. 온라인 예약은 방문 1개월 전, 오전 10시부터 접수 가능하며, 저녁은 정식 코스라서 100% 예약제로 운영한다. 점심시간에 한해 방문 당일 오전 10시에 줄을 서서 정리권을 받는 방법도 있다. 입장 시간 15분 전까지 도착하지 않으면 예약이 취소된다.

구글맵 Hachidaime Gihey Kyoto ※도쿄 지점과 혼동 주의
운영 점심 11:00~14:00, 저녁 18:30~21:30
휴무 목요일 저녁
예산 점심 2000~3000엔, 저녁 1만~1만 5000엔(저녁에는 봉사료 10% 별도)
홈페이지 www.okomeya-ryotei.net
가는 방법 야사카 신사 서루문에서 50m(도보 1분)

🍽 기온의 3대 장어 맛집

우오케야 우 う桶やう

☺ → 미슐랭 1스타(2018년) 다운 맛
✓ → 2개월 전 전화 예약 필수(☎ 075-551-9966)

〈고독한 미식가〉 교토 편에서 잠시 언급한 고급 장어 전문점. 장어를 도쿄식으로 등부터 손질해 비장탄 숯불에 굽는데, 은은한 양념 덕분에 담백한 맛이 한층 살아난다. 특별 제작한 삼나무 통에 담아내는 우오케는 최소 3인분부터 주문이 가능하다.

구글맵 기온 우오케야 우 **운영** 점심 11:30~14:00, 저녁 17:00~21:00
휴무 월요일 **예산** 우오케(3~5인분) 1만 2600~2만 엔, 우나동 4500~6000엔
가는 방법 켄닌지 방향 히가시교지 골목 안

가네쇼 かね正

☺ → 실속 있고 맛있는 장어덮밥
✓ → 현금 결제, 전화 예약 권장(☎ 075-532-5830)

1866년 창업한 미슐랭 빕 구르망 맛집. 잘게 썬 달걀지단을 올린 긴시동이 대표 메뉴지만, 정성껏 구운 장어를 찬합에 담아 주는 우나주도 훌륭하다.

구글맵 카네쇼 장어덮밥
운영 점심 11:30~14:00, 저녁 17:30~21:00
휴무 목·일요일 **예산** 1800~2000엔
가는 방법 게이한 기온시조역 7번 출구에서 150m(도보 3분)

기쿠카와 うなぎ四代目菊川

☺ → 가족끼리 식사하기 좋은 곳
✓ → 온라인 예약 가능

장어 한 마리를 통째로 올려 내는 우나주의 비주얼만큼이나 정원이 딸린 고택 분위기가 특별한 장어 전문점. 예약이 비교적 쉽고 매장 공간이 넉넉하다.

구글맵 키쿠카와 교토기온점
운영 점심 11:00~14:00, 저녁 17:00~21:00
예산 6000~7000엔
가는 방법 기온 시라카와 신바시도리

부담 없이 간단하게
면과 단품 요리

마츠바 본점 松葉 本店

주메뉴 니신소바(청어국수)
😊 → 교토의 전통 음식 맛보기
☹ → 예약 불가

1861년 창업한 마츠바는 니신소바를 최초로 만든 가게로 알려져 있다. 간장, 설탕, 맛술을 섞은 특제 소스에 며칠 동안 청어를 절여 단맛을 높이고 풍미를 최대로 살렸다. 단맛이 강한 청어가 부담스럽다면 국물 맛을 음미할 수 있는 우동을 주문해 보자.

구글맵 마츠바 본점 **운영** 10:30~20:30
휴무 수요일 **예산** 니신소바 1700엔
홈페이지 sobamatsuba.co.jp
가는 방법 시조 대교 사거리

레스토랑 기쿠수이 レストラン菊水

주메뉴 스테이크, 경양식
😊 → 400석 규모의 경양식 레스토랑
☹ → 2층 예약 가능

110년 역사의 경양식 레스토랑. 1층은 포크커틀릿, 오므라이스 등 단품 식사 위주이고, 2층은 스테이크 중심의 정식 메뉴를 제공한다. 5~10월에는 가모강이 내려다보이는 옥상 테라스에서 2시간 음료 무제한 비어 가든을 운영한다.

구글맵 Kikusui
운영 1층 10:00~21:30, 2층 11:00~20:00
예산 1층 2500엔, 2층 & 비어 가든 4500~7000엔
홈페이지 www.restaurant-kikusui.com
가는 방법 시조 대교 사거리

미야코 라멘 기온 본점
らぁ～めん京 祇園 本店

주메뉴 토리시오라멘
😊 → 현지인 인기 맛집 ☹ → 예약 불가, 현금 결제

야사카 신사와 가까워 찾아가기 편한 라멘 전문점. 닭의 감칠맛과 채소의 단맛을 한껏 응축한 교토식 백탕 닭 육수 라멘이 매력적이다. 음식의 간은 짠 편이라서 라멘과 함께 교자를 곁들여 먹는 것도 괜찮은 방법.

구글맵 라멘 미야코 기온점 **운영** 점심 11:00~14:30, 저녁 17:30~22:00 **예산** 1000~1500엔 **홈페이지** ramen-miyako.com **가는 방법** 야사카 신사 서루문에서 100m(도보 1분)

기온탄토 祇園たんと

주메뉴 오코노미야키, 야키소바, 돈페이
😊 → 부담 없는 한 끼 식사 ☹ → 예약 불가, 흡연 가능

기온 시라카와의 정취를 즐기며 식사하기 좋은 오코노미야키 가게. 얇은 반죽 위에 면과 각종 재료를 올린 히로시마식 스타일을 변형한 교토풍 오코노미야키가 대표 메뉴다. 신발을 벗고 앉는 좌식 구조에, 테이블 3개와 카운터석 8개가 전부인 작은 식당이다.

구글맵 기온탄토(오코노미야키)
운영 점심 12:00~15:00, 저녁 17:00~22:00 **휴무** 유동적
예산 오코노미야키 1500~2500엔
가는 방법 기온 시라카와 다츠미 다리 앞
홈페이지 www.gion-tanto.com

킷사 노엔 喫茶 農園

주메뉴 커피와 토스트, 푸딩
😊 → 친근한 분위기
☹ → 흡연 가능, 현금 결제

구글맵 Coffee Shop Nōen
운영 09:00~18:00
휴무 화요일 **예산** 1000엔
인스타그램 @kissa_noen
가는 방법 기온 버스 정류장에서 150m(도보 2분)

하나미코지로 들어가는 길목에 자리한, 기온 사람들에게는 잘 알려진 클래식한 일본식 다방이다. 아침에는 따끈한 모닝커피와 함께 맛있는 에그 샌드위치(다마고산도)를, 오후에는 파르페나 푸딩을 먹으며 잠시 쉴 때 적당하다.

ZONE 2 교토 중심가

가모강 & 가와라마치
鴨川 & 河原町

교토 쇼핑 일번지

시조도리四条通는 교토 동쪽의 야사카 신사부터 서쪽의 마츠오타이샤松尾大社까지 9km에 걸쳐 교토를 동서로 가로지르는 대로다. 시조카라스마 일대에 대형 백화점과 핸즈, 포켓몬 센터 같은 쇼핑 명소가, 골목 하나 안쪽으로 접어들면 니시키 시장을 포함해 데라마치도리 상점가가 이어진다. 가와라마치 쇼핑가도 여행자들에게 인기가 높다.

01 여행 포인트

- **이동 거리** 1.5~2km
- **여행 시간** 최소 2시간~반나절
- **어떻게 볼까?** → 언덕 지형인 기요미즈데라 일대와 달리 걸어 다니기 좋은 평지다. 관광과 쇼핑을 위한 환경이 잘 갖춰진 지역이므로 아침저녁으로 오가는 길에 천천히 구경해 보자.
- **식사할 장소를 정하지 못했다면** → 니시키 시장 주변에 교토 가츠규, 잇푸도, 이치란 라멘 등의 체인점이 많다. 가까운 백화점 식당가를 이용하는 것도 괜찮은 방법이다.

02 대중교통 수단

오사카에서 한큐나 게이한 전철을 타면 40~50분 만에 도착한다. 교토역에서 지하철로 단 두 정거장 거리이며, 야사카 신사까지는 쉽게 걸어갈 수 있다. 버스 노선이 많아서 다른 지역으로 이동하기에도 편리하다.

한큐 교토 가와라마치역(1번 출구) | 지하철 시조역 | 게이한 기온시조역(4번 출구)

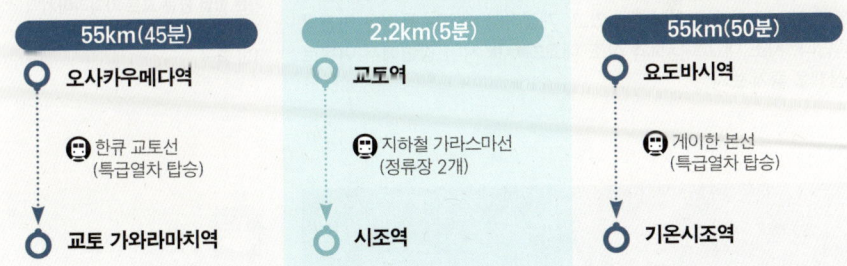

- 55km(45분): 오사카우메다역 → 한큐 교토선 (특급열차 탑승) → 교토 가와라마치역
- 2.2km(5분): 교토역 → 지하철 가라스마선 (정류장 2개) → 시조역
- 55km(50분): 요도바시역 → 게이한 본선 (특급열차 탑승) → 기온시조역

 도로명 이해하기

교토 도심을 동서로 가로지르는 주요 도로(도리通)에는 산조도리(3번가), 시조도리(4번가)처럼 번호가 붙어 있어요. 이 길이 **가**와라마치, **가**라스마도리 같은 남북 도로와 교차하면 '시조**카**와라마치,' '시조**카**라스마'라고 합쳐 부르죠. 이때 **가**가 **카**로 바뀌는 건 형태소의 위치(어두·어중)에 따라 달라지는 외래어 표기법 때문이에요. 교토와 쿄토처럼 표기의 차이일 뿐, 결국 같은 지명이라는 점을 기억해 주세요!

⑴ 가모강(가모가와) 鴨川

강변의 낭만

가모강은 교토 북부의 산악 지역에서 발원해 시내를 거쳐 가츠라강과 합류하는 31km 길이의 강이다. 헤이안 시대(794~1185)부터 귀족들의 연회와 시 낭송회가 열리던 장소였고, 계절마다 바뀌는 풍경은 여전히 아름답다. 시조 대교四条大橋와 산조 대교三条大橋 사이 강변에서 여유로운 산책을 즐겨 보자.

구글맵 Shijō Bridge 또는 Sanjō Ōhashi Bridge
가는 방법 한큐 교토 가와라마치역 1번 출구 / 게이한 기온시조역 4번 출구

 가모강 전망 카페

산조 대교 남쪽 스타벅스 리저브는 가모강 뷰 맛집! 평소엔 1층 창가, 여름에는 노료유카 테라스에서 강을 바라볼 수 있다. 시조 대교 남쪽의 커피 체인점 도토루 또한 뜻밖의 전망 포인트다.

📍 스타벅스 커피 교토 산조 오하시점
📍 도토루(교토 가와라마치역 1B번 출구 옆)

02 다카세강(다카세가와) 高瀬川

구글맵 키야마치도리 또는 Rissei Hiroba Square
가는 방법 한큐 교토 가와라마치역 또는 게이한 기온시조역 하차 / 야사카 신사에서 650m(도보 10분)

잔잔한 개울이 흐르는 예쁜 길

가모강과 나란히 흐르는 깨끗한 운하를 따라 기야마치도리木屋町通라는 아담한 산책로가 이어진다. 구역별로 분위기가 조금씩 다른데, 폰토초 골목 근방에는 현지인이 즐겨 찾는 서서 마시는 술집(타치노미야)이 많아서 저녁에 꽤 시끌벅적하다. 릿세이 초등학교 건물을 리모델링한 더 게이트 호텔 힐테아 시조 대교 남쪽의 조용한 주택가 사이에는 인기 맛집과 카페가 숨어 있다.

▶ 상세 정보 P.070

교토인의 여름나기 전통, 노료유카

5월부터 10월 사이, 폰토초와 강변의 레스토랑들은 일제히 '노료유카納涼床'라는 나무 테라스를 설치한다. 이는 에도 시대 초반(1600년대 초)부터 이어 온 교토 사람들의 피서 방식이다. 공식 홈페이지에서 참여하는 식당을 자세히 안내하고 있다.

홈페이지 yuka-kyoto.com/ko

⓪③ 니시키 시장 錦市場

📍
구글맵 니시키 시장 또는 Nishiki Market
운영 09:00~18:00 (상점마다 다름)
요금 무료
홈페이지 kyoto-nishiki.or.jp
가는 방법 지하철 가라스마선 시조역에서 450m (도보 8분)

400년 역사를 이어 온 교토의 부엌

니시키 시장(니시키 이치바)은 교토를 상징하는 전통 시장이다. 에도 시대 초기인 1615년에 정식 수산시장이 들어섰고, 이후 청과물 시장까지 형성되면서 제철 식재료를 취급하는 식료품 시장으로 발전했다. 청정 지하수로 유바(두유를 가열하면 생기는 얇은 막으로 만든 교토의 전통 음식)를 만들거나, 인근 비와 호수에서 잡아온 생선을 소금에 절이는 등 오랜 풍습을 보존하며 400여 년 동안 '교토의 부엌'으로 불려 왔다. 시조도리와 동서로 나란히 뻗은 니시키코지 골목 안에 있으며, 400m 남짓한 비좁은 통로 양쪽으로 130여 개의 점포가 들어서 있다. 1993년에 아케이드 상점가로 재개발되면서 재래시장 특유의 분위기가 사라진 점은 아쉬움으로 남는다.

TRAVEL TALK

불 꺼진 시장 거리에서 미술 작품 찾기

니시키 시장을 저녁 시간대에 찾아가면 문을 닫은 상점의 셔터에 그림이 그려진 모습을 볼 수 있습니다. 대부분 니시키 시장 청과물 도매상 출신의 유명 화가 이토 자쿠추(1716~1800)의 작품으로, 시장 발전에 큰 도움을 준 인물이라고 합니다.

FOLLOW UP

이렇게 구경하세요!
니시키 시장의 노포와 인기 맛집

니시키 시장의 점포는 대개 오전 10시쯤 영업을 시작해 오후 5~6시에 문을 닫는다. 따라서 지나치게 붐비는 점심시간을 피하고, 오후 2~3시에 찾아가는 것이 좋다. 관광객을 대상으로 하는 길거리 음식은 비싼 편이다.

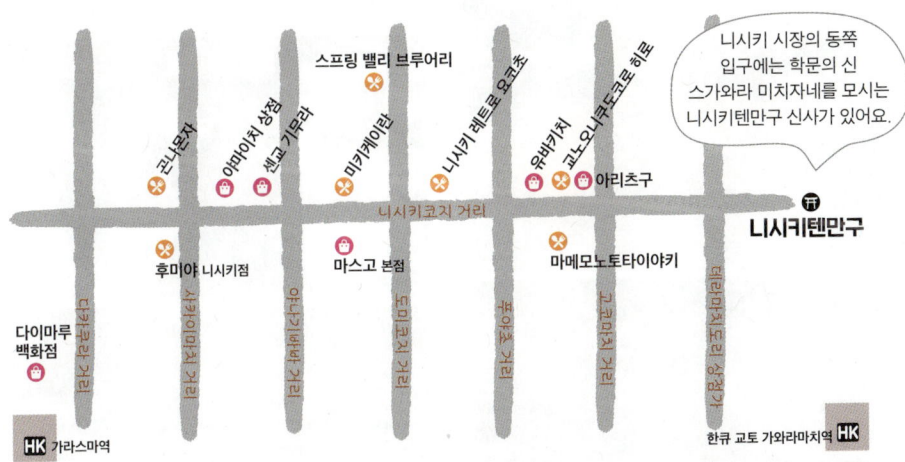

> 니시키 시장의 동쪽 입구에는 학문의 신 스가와라 미치자네를 모시는 니시키텐만구 신사가 있어요.

① 아리츠구 有次 1560년 창업
일본 왕실에 칼을 공급해 온 수제 부엌칼 전문점이다. 지금도 스시 장인이나 유명 셰프들이 이곳에서 칼을 구입하러 찾아온다.
구글맵 Aritsugu Nishiki Market
운영 10:00~16:00 **휴무** 수요일

② 유바키치 湯波吉 1790년 창업
니시키 시장에서 9대째 대를 이어 전통 수작업 방식으로 유바를 생산하는 유일한 점포. 일본산 콩과 니시키의 지하수로 만드는 것이 특징이다.
구글맵 유바키치 **운영** 09:00~18:00 **휴무** 수·일요일

③ 센교 기무라 鮮魚 木村
1615~1624년경 창업
에도 시대부터 대를 이이 온 어물전. 싱싱한 생선을 파는데, 관광객은 신선한 회와 초밥을 접시에 담아 먹을 수 있다. 꼬치에 꿰어 구운 연어나 참치도 별미.
구글맵 센교키무라 **운영** 10:00~17:00 **휴무** 일요일

④ **마스고 본점** 桝俉 本店 **1930년 창업**
상호 '마스고'는 에도 시대 선대의 양조장에서 유래했으나 일본식 장아찌(츠케모노)를 만들기 시작한 것은 1930년부터다. 교토 특산품인 센마이즈케(순무 절임)를 구입해 보자.
구글맵 Masugo **운영** 09:00~17:30

⑥ **야마이치 상점** 山市商店
에도 시대 후반(1800년대) 창업
니시키 시장의 10대 노포 중 하나로, 6대째 영업 중인 어물전이다. 말린 청어알, 가자미 등 건어물을 취급하며, 하모(갯장어) 꼬치구이나 생선회, 우니, 킹크랩 다리 같은 먹거리도 판다.
구글맵 2Q47+2C Kyoto **운영** 09:30~18:00 **휴무** 일요일

⑦ **곤나몬자** こんなもんじゃ

두유로 만든 담백한 미니 도넛이 인기. 종이봉투에 담아 준다.
8개에 400엔
구글맵 곤나몬자
운영 10:00~18:00

⑤ **미키케이란** 三木鶏卵 **1928년 창업**
길다란 구리 팬으로 만드는 교토식 달걀말이인 교마키와 장어를 넣은 우마키를 판다.
구글맵 미키케이란 **운영** 09:00~18:00

⑧ **마메모노토타이야키** まめものとたいやき
팥이나 커스터드를 넣은 일본식 붕어빵 다이야키 전문점. 테이크아웃만 가능하다.
구글맵 Nishiki Ichiha & Mamemono to Taiyaki
운영 11:00~17:00

⑨ 교노오니쿠도코로 히로
京のお肉処 弘

정육점을 겸하는 식당. 좌석에 앉아 먹는 것보다 서서 간단히 먹는 스테이크 꼬치구이나 고기초밥만 맛보기를 추천한다.

구글맵 교토의 고기 전문점 히로 니시키
운영 평일 11:00~18:00, 주말 10:00~19:00

⑩ 니시키 레트로 요코초 錦レトロ横丁

새로 생긴 시장 속 먹자골목. 여러 매장을 모아서 푸드 코트처럼 운영 중이다. 서서 먹는 테이블과 2층 공간까지 있어 비교적 편하게 음식을 먹을 수 있다.

구글맵 Nishiki retro yokocho **운영** 10:00~19:00

⑪ 후미야 冨美家

니시키 시장에서 70년 넘게 사랑받아 온 교토식 우동 전문점. 대표 메뉴 후미야 나베는 새우튀김, 떡, 어묵(가마보코), 표고버섯, 날달걀이 들어간다. 교토산 대파인 구조네기를 듬뿍 올린 키자미 우동, 차슈 라멘도 있다. 한 그릇에 600엔 내외로 가격이 합리적이고, 1층과 2층에 좌석이 마련되어 있다.

구글맵 후미야 니시키점
운영 본점 화~수요일 11:00~17:00,
니시키점 목~일요일 11:00~17:30

시치미와 산초 가루를 뿌려서 더 맛있게!

⑫ 스프링 밸리 브루어리
Spring Valley Brewery

1870년 일본 최초의 상업 양조장으로 출발해 지금은 기린 맥주에서 운영 중인 감각적인 브루 펍. 도쿄점과 동일한 라인업의 크래프트 맥주와 피자, 피시 앤 칩스 등 안주류를 즐길 수 있다. 니시키 시장 구경을 마치고 시원한 맥주가 생각날 때 추천!

구글맵 SPRING VALLEY BREWERY Kyoto
운영 11:30~23:00

6종의 맥주 플라이트가 2000엔

느낌 좋은
폰토초 & 가모강 인기 맛집

키치키치 오므라이스 キチキチ

주메뉴 오므라이스
😊 → 요리 퍼포먼스 즐기기   ✅ → 방문 당일 예약 필수

유키무라 모토키치 셰프의 신들린 퍼포먼스 덕분에 교토 최고의 핫플로 등극한 곳. 서양 관광객에게 특히 인기가 많다. 카운터석에 앉아 묘기에 가까운 조리 과정을 구경하면 되는데, 남다른 친화력의 소유자라면 더없이 즐거운 시간을 보낼 수 있다. 뵈프 부르기뇽, 커틀릿 같은 메뉴보다는 오므라이스를 주문할 것. 홈페이지에서 방문 당일 오전 9~10시에는 점심, 오후 1~2시에는 저녁 식사 예약을 접수한다.

구글맵 키치키치 오므라이스
운영 점심 12:00~14:00, 저녁 17:00~21:00 ※평일에는 저녁만 운영
휴무 월요일 **예산** 2000~3500엔
홈페이지 kichikichi.com
가는 방법 폰토초와 다카세강 사이 (골목 안쪽)

> **TIP!** 폰토초先斗町란?
> 가모강과 시조도리가 교차하는 지점부터 산조도리까지 약 500m에 걸쳐 뻗은 유흥가이자 먹자골목이다. 식당마다 등롱을 밝히고 가게 앞에 노렌(포렴)을 걸어 두는 저녁 시간에 꼭 지나가 보자. 강변 전망 레스토랑은 대부분 예약제로 운영한다.

교토 가츠규 폰토초 본점 京都勝牛 先斗町本店

주메뉴 규카츠
😊 → 폰토초다운 분위기와 괜찮은 맛
✅ → 예약 불가, 대기 30분~1시간 이상

갓 튀겨 낸 소고기를 돌판에 직접 구워서 먹는 규카츠 맛집. 폰토초에서 비교적 저렴한 가격으로 저녁을 먹을 수 있다. 교토에 6곳, 오사카에 체인점 3곳을 운영하고 있으므로 대기자가 너무 많다면 굳이 본점을 고집할 필요는 없다.

구글맵 교토 가츠규 폰토초 본점
운영 11:00~22:30 **예산** 2000~3000엔
홈페이지 gyukatsu-kyotokatsugyu.com
가는 방법 시조 대교 옆 폰토초 골목으로 진입

칵토 Kacto

주메뉴 브런치, 버거
- → 가모강 전망 브런치 카페
- → 5~10월 노료유카(테라스석) 예약은 방문 전날 접수

아침부터 오후까지는 팬케이크나 에그 베네딕트 같은 브런치 메뉴를, 저녁에는 버거, 파스타 등의 메뉴를 판매하며, 크래프트 맥주와 와인도 다양하게 갖추고 있다. 일반 테이블 예약은 무료이며, 테라스석은 예약 수수료를 받는다.

구글맵 Kacto Kyoto **운영** 점심 08:00~16:30, 저녁 17:30~22:00 **예산** 2000~3000엔
홈페이지 www.tysons.jp/kacto **가는 방법** 한큐 교토 가와라마치역 1B번 출구에서 180m(도보 3분)

카카오 마켓 & 엔젤 라이브러리
Cacao Market & Angel Library

주메뉴 초콜릿과 디저트
- → 마리벨 교토의 비밀 카페
- → 1층은 매장, 카페는 지하

뉴욕발 프리미엄 초콜릿 브랜드 마리벨이 운영하는 디저트 카페. 옆으로는 기온 시라카와, 정면에는 가모강이 흐르는 완벽한 위치에 자리 잡고 있다. 앤티크한 서재 분위기로 꾸민 '엔젤 라이브러리'에 입장하려면 1층에서 주문 후 암호를 받아야 한다.

구글맵 CACAO MARKET by MARIEBELLE KYOTO
운영 11:00~18:00 **휴무** 월·화요일
예산 1000~1500엔
홈페이지 www.cacaomarket.jp
가는 방법 게이한 기온시조역 9번 출구

모리타야 기야마치점 モリタ屋 木屋町店

주메뉴 스키야키, 샤부샤부, 와규 스테이크
- → 분위기도 맛도 최고
- → 방문 2개월 전 홈페이지 예약 접수, 서비스 요금 10% 별도

1869년에 창업한 와규 전문점. 가격대가 상당히 높은 편이지만, 그만큼 맛있는 스키야키와 샤부샤부를 먹을 수 있다. 본점(한큐 오미야역 근처)과 달리 가모강 부근 지점은 관광지와 가깝고, 여름철에 강변에 설치되는 노료유카에서 교토식 피서를 즐기기에도 좋다.

구글맵 모리타야 키야마치점
운영 평일 점심 11:30~15:30, 저녁 17:00~22:00, 주말·공휴일 11:30~22:00
예산 점심 6600~1만 엔, 저녁 8000~2만 엔
홈페이지 moritaya-kyoto.co.jp/restaurant/kiyamachi
가는 방법 산조 대교 근처

부담 없이 간단하게
혼밥 해도 좋은 맛집

하쿠쇼쿠야 佰食屋

주메뉴 스테이크덮밥
😊 → 푸짐하고 맛있는 한 끼
😊 → 예약 권장, 현금 결제

한국인 관광객에게는 '백식당'으로 유명한 스테이크덮밥 맛집. 엄선한 품질의 와규를 밥 위에 푸짐하게 얹어 준다. 품질 관리를 위해 하루 100그릇 한정 판매 전략을 고수한다. 하루 200그릇 한정으로 판매하는 햄버그 스테이크를 옵션으로 추가해도 된다.

구글맵 하쿠쇼쿠야
운영 11:00~14:00 ※재료 소진 시 영업 종료 **휴무** 화·수요일 **예산** 1200~1800엔
인스타그램 @hyakushokuya
가는 방법 한큐 사이인역에서 도보 5분

TIP! 예약 방법
❶ **사전 예약** 방문 2주 전, 오전 9시부터 온라인 예약 접수(당일 오전 8시까지 변경 및 취소 가능)
❷ **당일 정리권** 오전 9시 30분부터 매장 앞에서 정리권 발급(1인 4석까지, 햄버그 정식 선택 시 예약 필수)

카페 & 밀 무지 Café & Meal MUJI

주메뉴 일일 플레이트(밥과 반찬으로 이뤄진 정식)
😊 → 쇼핑 중 혼밥 장소

일본의 라이프스타일 브랜드 무지(무인양품)가 운영하는 캐주얼 다이닝 카페. 소박하지만 균형 잡힌 한 끼 식사를 제공한다. 밥과 미소시루(된장국)를 포함한 3품 세트3品セット를 주문하면, 진열대에서 따뜻한 반찬 1종과 차가운 반찬 2종을 선택할 수 있다.

구글맵 Café & Meal MUJI - Kyoto BAL
운영 11:00~20:00 **예산** 3품 세트 1500엔
홈페이지 cafemeal.muji.com
가는 방법 교토 발BAL 백화점 4층

라멘 카이리키야 ラーメン魁力屋

주메뉴 교토식 쇼유라멘
😊 → 다양한 옵션과 높은 접근 편의성

교토 북쪽 기타시라카와에 본점을 둔 교토의 라멘 체인점. 닭 육수에 간장으로 진하게 양념한 국물이 특징이다. 국물의 기름진 정도, 면의 굵기, 익힘 정도를 선택할 수 있고, 교자 등 사이드 메뉴도 먹을 만하다.

구글맵 'Kairikiya'로 가까운 체인점 검색 **운영** 11:00~24:00
예산 1000엔 **홈페이지** www.kairikiya.co.jp
가는 방법 니시키 시장 또는 가와라마치 주변

멘야 이노이치 麵屋 猪一

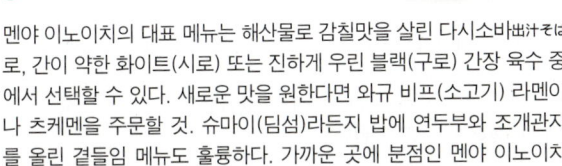

주메뉴 쇼유라멘
☺ → 미슐랭 빕 구르망 라멘
✓ → 예약 불가, 오픈 1시간 전 줄 서기 시작

멘야 이노이치의 대표 메뉴는 해산물로 감칠맛을 살린 다시소바だしそば로, 간이 약한 화이트(시로) 또는 진하게 우린 블랙(구로) 간장 육수 중에서 선택할 수 있다. 새로운 맛을 원한다면 와규 비프(소고기) 라멘이나 츠케멘을 주문할 것. 슈마이(딤섬)라든지 밥에 연두부와 조개관자를 올린 곁들임 메뉴도 훌륭하다. 가까운 곳에 분점인 멘야 이노이치 하나레가 있다.

구글맵 멘야 이노이치 또는 Men-ya Inoichi **운영** 점심 11:30~14:30, 저녁 17:30~21:00 **예산** 화이트/블랙 라멘 1400엔, 와규 라멘 1600엔 ※달걀 토핑 별도 **홈페이지** inoichi.stores.jp **가는 방법** 한큐 교토 가와라마치역 10번 출구에서 270m(도보 4분)

TIP! 당일 정리권 받는 방법

오전 11시 10분경 점원이 가게 앞에서 영어와 일본어로 된 메뉴판을 나누어 주고, 11시 20분부터 주문을 받는다. 첫 타임에는 최대 17명까지 테이블을 배정받고, 그다음 10명은 가게 안쪽에 서서 대기해야 한다.
혼잡한 시기에는 오전 10시 30분부터 점심, 오후 4시 30분부터 저녁 정리권을 선착순으로 배부한다.

식사 전에 마시는 녹색 스무디

교토 돈카츠 가츠다 시조카와라마치점
京都とんかつ かつ田 四条河原町店

주메뉴 돈카츠, 규카츠
☺ → 즉석에서 튀겨 내는 맛집
✓ → 예약 불가, 현장 대기

히레카츠(돼지고기)나 와규카츠(소고기) 세트 메뉴 중에서 고르면 주문한 음식을 즉석에서 튀겨 순서대로 접시에 얹어 준다. 카츠카레는 세 가지 스타일(유럽식·일본풍·버터 치킨)의 카레 중에서 고른다. 시조역 근처에도 매장(교토 가츠다 시조카라스마점)이 있다.

구글맵 Kyoto Tonkatsu Katsuta Shijo Kawaramachi **운영** 11:30~21:45 **예산** 세트 메뉴 1800~4300엔 **홈페이지** site.locaop.jp/katsudakawara **가는 방법** 한큐 교토 가와라마치역 4번 출구에서 180m(도보 2분)

시조도리에서 쇼핑 시작!
교토 쇼핑 가이드

시조도리와 가라스마도리, 가와라마치라는 큰길이 교차하는 지점은 일본의 대형 백화점 체인과 쇼핑센터, 트렌디한 패션 매장이 모인 교토의 핵심 쇼핑가다. 큰길 안쪽에서는 교토 감성 가득한 소품 숍과 패션 매장을 만날 수 있다. 범위가 넓지 않아서 구경하기 편하고, 도로 또한 바둑판 형태라 길 찾기도 쉽다는 것이 장점.

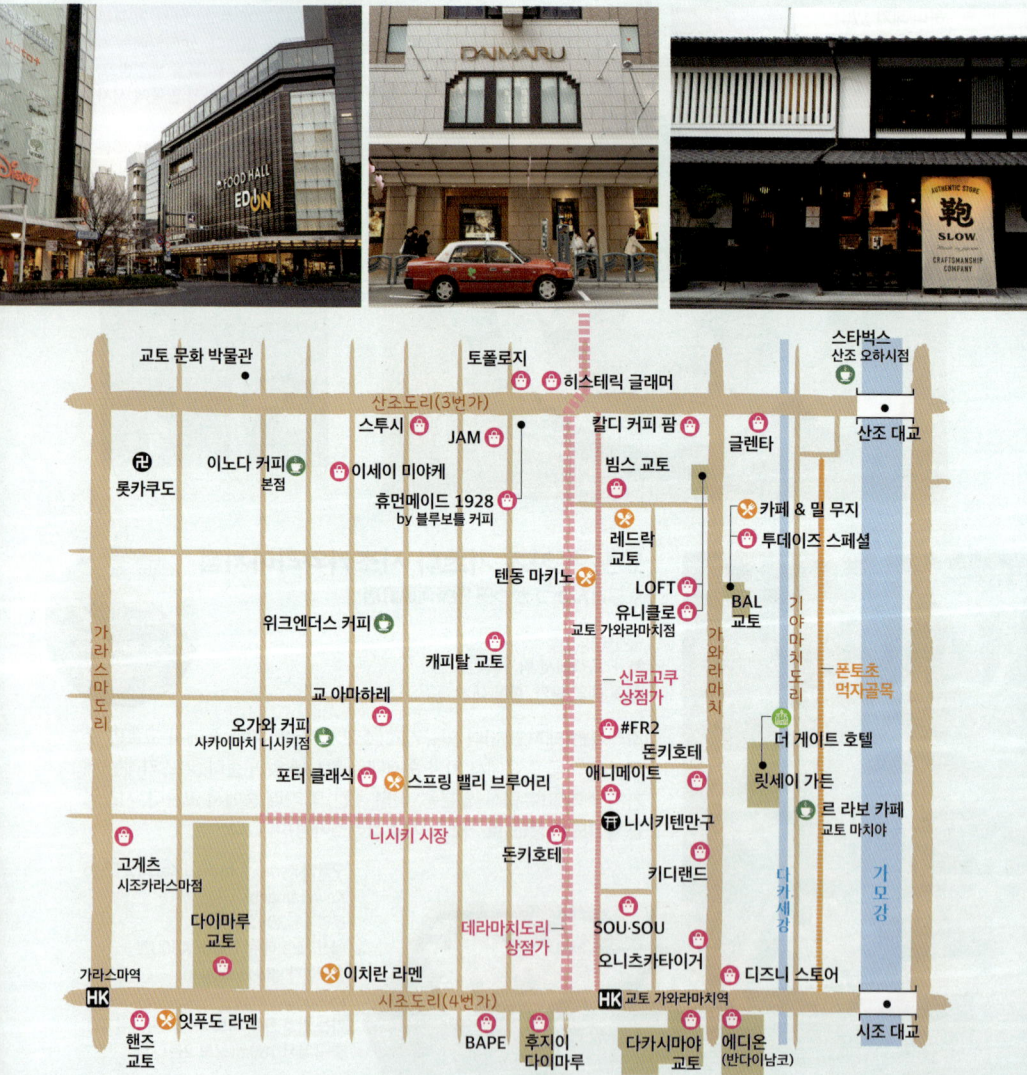

면세 혜택도 꼼꼼하게
대표 백화점 & 쇼핑센터

백화점에 간다면 찾아 보세요! 교토 대표 기념품과 간식
▶ 1권 P.087

다카시마야 교토 高島屋京都店

- **유형** 고급 백화점(면세 카운터 7F)
- **쇼핑** 에르메스, 샤넬, 루이 비통, 디올 등 명품 라인, 닌텐도 교토 7F, 세이조 이시이 슈퍼마켓 B1F
- **식당** 동양정(7F 햄버그스테이크), (THISIS)네이처(1F 디저트 카페)
- **구글맵** 교토 다카시마야

다이마루 교토 大丸京都店

후지이 다이마루 藤井大丸

- **유형** 편집 숍과 유행 브랜드 중심의 백화점(면세 카운터 7F)
- **쇼핑** 꼼데가르송, 비비안 웨스트우드, 노스페이스 퍼플 라벨, 단톤(Bshop에 입점), 메종키츠네
- **식당** % 아라비카 교토(1F 테이크아웃 매대와 좌석 소수), 하브스(4F 디저트 카페)
- **구글맵** 후지이다이마루

- **유형** 고급 백화점(면세 카운터 7F)
- **쇼핑** 디올, 셀린느, 마르니, 몽클레어, 꼼데가르송, 미우미우
- **식당** 우나후지(8F 나고야의 인기 장어덮밥 전문점), 하브스(3F 인기 디저트 카페)
- **구글맵** 다이마루 교토점

에디온 エディオン

전자 제품, 가전, 생년킴 킨무 호데힘 쇼핑센터. 한큐 교토 가와라마치역과 연결된 지하 1층에 반다이남코의 공식 가샤폰 매장과 건담베이스(소규모), 플레이스테이션 코너가 입점해 있다.

구글맵 에디온 교토 시조 가와라마치점

데라마치도리 상점가 寺町通商店街

지붕이 덮인 아케이드 쇼핑가로, 나란히 뻗은 신쿄고쿠도리新京極通와 함께 거대한 상점 거리를 형성하고 있다. 시조도리부터 산조도리 상점가(산조 메이텐가이)까지 쭉 걸어가 보자. 패션 매장은 물론이고 카니도라쿠, 텐동 마키노, 교토 가츠규, 레드락 교토 등 체인점까지 모여 있어서 계획 없이 둘러봐도 충분히 재미있다.

스타일, 맛집, 카페까지
디자인 소품 & 패션 스토어

발 교토 BAL 京都

위치 가와라마치 **유형** 부티크 백화점

캐주얼 의류와 라이프스타일 브랜드에 특화된 백화점. 질 샌더, 홀슨부, 마르니, 컬러KOLOR 등을 유치하며 더욱 감각적으로 변신 중이다. 1층 입구의 프랑스 티숍(마리아쥬 프레르)과 팝업 스토어, 층별 편집 숍(1층의 에디션Edition, 2층의 더 라이브러리The Library 등)을 눈여겨보자.

구글맵 BAL Kyoto
운영 11:00~20:00
홈페이지 www.bal-bldg.com/kyoto
가는 방법 한큐 가와라마치역 3B번 출구에서 300m(도보 5분)

PICK!

○ **주목할 만한 매장**

바이레도 Byredo 1F
스웨덴의 니치 향수 브랜드. 보디로션이나 핸드크림이 선물용으로도 적합하다.

홀슨부 Hoorsenbuhs 1F
골드 트라이 링크 반지로 유명한 미국 LA 기반의 파인 주얼리 브랜드

무인양품 無印良品 5F
단순하고 실용적인 디자인의 생활 소품, 가구, 의류 판매점

마두 Madu 3F
다양한 디자인의 주방 및 가정 용품, 인테리어 소품 판매점

투데이스 스페셜 교토 Today's Special Kyoto 4F
식물부터 그릇, 서적까지, 아기자기한 상품을 모아 놓은 라이프 스타일 숍

○ **카페**

카페 & 밀 무지 Café & Meal Muji 4F
무인양품에서 운영하는 카페테리아 형태의 식당. 예약 없이 언제든지 식사가 가능하다.

랄프스 커피 Ralph's Coffee 2F
랄프 로렌 브랜드와 연계된 커피 체인. 랄프스 커피 중에서 세계 최초로 애프터눈 티를 선보이는데, 완전 예약제로 운영한다(요금 1인 5500엔).

스타벅스 커피 Starbucks Coffee 3F
메뉴는 일반적인 스타벅스와 동일하지만, 스타일리시한 인테리어가 매력.

신푸칸(신풍관) 新風館

위치 가라스마오이케 **유형** 호텔 & 복합 문화 시설

1926년에 요시다 데츠로가 설계한 구 교토중앙전화국 건물이 2020년, 자연과의 조화를 중시하는 쿠마 켄고를 만나 완벽한 모습으로 재탄생했다. 미국 시애틀에서 시작해 포틀랜드와 뉴욕으로 확장하며 특유의 정체성을 확립해 온 에이스 호텔이 아시아 최초로 교토에 문을 연 곳이기도 하다. 포틀랜드의 스페셜티 커피 브랜드 스텀프타운도 함께 입점했다. 로비의 멋진 인테리어를 감상한 다음, 산책하는 기분으로 쇼핑을 즐겨 보자.

구글맵 신푸칸
운영 상점 11:00~20:00 / 레스토랑 10:00~22:00 / 업링크 교토(예술영화 상영관) 09:00~23:00 ※점포별로 다를 수 있음
홈페이지 shinpuhkan.jp
가는 방법 지하철 가라스마오이케역 3번 출구에서 160m(도보 2분)

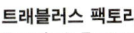
PICK!

○ 주목할 만한 매장

빔스 재팬 Beams Japan
규모는 작지만 센스 있는 큐레이션이 돋보이는 편집 숍. 소품 위주이므로 옷을 사려면 빔스 교토점이나 오사카 뚝 매장으로 가는 편이 낫다.

트래블러스 팩토리 Traveler's Factory
실용적인 다이어리부터 엽서, 기차표 모양 북마크 등 여행을 좋아하는 사람을 자석처럼 끌어당기는 문구점

○ 카페

(THISIS)시젠
인스타그래머블한 아이스크림으로 화제가 된 곳! 꽃 앙금은 일일이 수작업으로 만든다.

카페 키츠네 Cafe Kitsuné
의류 브랜드 메종키츠네에서 운영하는 카페. 정원을 바라보며 잠시 쉬어가기 좋다.

릿세이 가든 휴릭 교토 立誠ガーデンヒューリック京都

위치 가와라마치 **유형** 복합 문화 시설

1928년에 건축된 릿세이 초등학교 건물을 복합 문화 시설로 변모시켰다. 현대적 디자인과 역사적 건축미가 어우러진 독특한 건물 안에는 더 게이트 호텔, 문화 행사를 개최하는 휴릭홀 교토, 지역 주민과 방문객을 위한 도서관이 자리 잡고 있다. 날씨가 좋을 때는 릿세이 히로바 스퀘어에서 각종 이벤트가 열린다.

구글맵 Rissei Garden Hulic Kyoto
홈페이지 www.hulic.co.jp
가는 방법 한큐 교토 가와라마치역 1A번 출구에서 다카세강을 따라 260m(도보 4분)

> **PICK!**
> ○ 건물 안 히든 스폿

앵커 교토 Anchor Kyoto 8F
히가시야마 산맥과 기온 풍경이 한눈에 담기는 파노라마 전망이 예술! 아침에는 호텔 조식 장소로, 점심과 저녁에는 정식 레스토랑으로 운영한다. 온라인 예약이 가능하지만, 평소에도 자리는 넉넉한 편이다.

구글맵 Anchor Kyoto
운영 점심 11:30~15:00, 저녁 17:00~22:00 **예산** 런치 단품 2000~3000엔, 런치 코스 5000엔

로비 라운지 Lobby Lounge 8F
앵커 교토가 브레이크타임일 때 야외 테라스 또는 로비 라운지에서 커피와 음료를 마셔도 된다. 여기서도 창밖 기온의 풍경이 그대로 내다보인다. 호텔 투숙객이 아니어도 이용 가능하다.

구글맵 THE GATE HOTEL Kyoto
운영 06:30~23:00

블루보틀 커피 Blue Bottle Coffee 1F
폰토초와 가모강 주변을 걷다 잠시 쉬고 싶을 때를 대비해 알아두면 좋은 카페. 내부 공간이 상당히 여유롭다. 외부에서는 보이지 않아도 건물 안으로 걸어 들어가면 바로 보인다.

구글맵 블루보틀 커피 교토 키야마치 카페 **운영** 09:00~19:00

교 아마하레 居雨/KYO

위치 니시키 시장 주변　**유형** 공방 겸 다실

도쿄의 시로카네다이점에 이어 교토에 문을 연 공방 겸 아트 갤러리. 일본 전역에서 수집한 가구나 공예품, 아트 오브제를 전시한다. 130년 역사를 가진 아카이 가문의 교마치야(교토의 전통 가옥)를 개조해 빛과 그림자가 아름다운 공간을 경험할 수 있다. 매장 감상은 자유롭게 할 수 있고, 1층 다실은 예약이 필수다.

구글맵 Kyo Amahare
운영 11:00~19:00
휴무 수요일
홈페이지 kyo.amahare.jp
가는 방법 니시키 시장에서 북쪽으로 100m(도보 2분)

PICK!

○ 교토 다도의 재해석

공방의 정원 안쪽에 자리하며, 소수 예약제로 프리미엄 차와 디저트를 제공한다. 실내가 매우 어두워 '비 오는 날 머무는 곳'이라는 이름처럼 물방울 소리를 들으며 오롯이 차를 마시는 시간에 집중하게 된다.

운영 11:00~19:00　예약 필수　**휴무** 수요일
예산 1층 2750엔, 2층 5500엔(주류 메뉴 별도)

르 라보 카페 교토 마치야
Le Labo カフェ 京都町家

위치 다카세강　**유형** 향수 숍 & 카페

뉴욕발 니치 향수 브랜드 르 라보는 서울과 오사카에서도 만날 수 있지만, 전통 가옥을 리모델링한 교토 마치야점의 분위기는 남다르다. 교토 한정 '오스만투스 19'를 시향하지 않고 정원 안쪽 테이크아웃 카페만 이용한다면 비교적 빠르게 입장할 수 있다.

구글맵 LE LABO Cafe Kyoto Machiya
운영 10:00~19:00
홈페이지 www.lelabofragrances.jp
가는 방법 릿세이 가든 휴릭 교토 맞은편

소우·소우 SOU·SOU

위치 시조도리 **유형** 패션

교토를 기반으로 한 브랜드로, 전통적인 기모노 패턴을 현대적으로 재해석한 의류와 액세서리를 제작한다. 특히 일본 버선인 다비足袋를 본뜬 신발과 양말 라인이 인기다. 생활용품점(이세모멘), 신발과 양말 매장(타비), 가방 매장(호테이), 기념품점(오쿠리모노) 등 10여 개 매장이 한 골목에 모여 있어 한국인 여행자들에게는 '소우소우 거리'로 불린다.

구글맵 SOU·SOU 타비 **운영** 12:00~20:00 **휴무** 수요일
홈페이지 www.sousou.co.jp **가는 방법** 한큐 교토 가와라마치역 9번 출구에서 큰길 하나 안쪽 골목

휴먼메이드 1928 Human Made 1928

위치 시조카와라마치 **유형** 패션 매장 & 카페

일본의 패션 디자이너 니고NIGO®가 설립한 패션 브랜드 휴먼메이드의 교토 매장. 맨투맨 티셔츠를 비롯해 셔츠를 둘러보기 좋고, 신제품은 주로 토요일에 입고된다. 1928년에 완공된 교토시 유형문화재 안에 있으며, 블루보틀 커피와 협업한 '퓨처 블렌드Future Blend' 원두로 내린 핸드 드립 커피를 맛볼 수 있다.

구글맵 휴먼메이드 1928 **운영** 평일 12:00~20:00, 주말 11:00~19:00
홈페이지 humanmade.jp **가는 방법** 지하철 도자이선 교토시야쿠쇼마에역 1번 출구에서 550m(도보 8분)

PICK!

○ 인기 브랜드의 단독 스토어
♥ 빔스 교토
♥ 꼼데가르송 교토
♥ 캐피탈 교토
♥ 히스테릭 글래머
♥ 스투시 교토 챕터
♥ 베이프 스토어 교토

규쿄도 본점 京都鳩居堂 本店

위치 데라마치도리 **유형** 전통 문구점 & 프레이그런스 숍

1663년 창업해 종이와 붓, 먹과 벼루 등 서화용품을 취급해 온 전통 문구점. 도쿄 긴자에서도 잘 알려져 있지만 교토가 본점이다. 전통 방식으로 만든 일본식 향과 함께 향수를 주원료로 한 서양식 인센스, 아기자기한 문구류를 판매한다. 넓고 아름다운 매장 자체가 볼거리다.

구글맵 Kyukyodo **운영** 10:00~18:00
홈페이지 www.kyukyodo.co.jp **가는 방법** 니시키 시장에서 데라마치도리 상점가를 따라 끝까지 걸어가기

디앤디파트먼트 교토
D & Department Kyoto

위치 시조도리 남쪽 **유형** 소품 숍 & 식당

지역의 역사와 문화를 담은 상품을 큐레이션해 소개하는 편집 숍. 조용한 주택가 사이에 자리한 붓코지佛光寺(불광사) 경내에서 매장과 함께 식당 겸 카페를 운영 중이다. 쇼핑할 물건의 종류가 그리 많지 않고, 중심가에서 거리가 약간 떨어져 있는 것은 단점.

구글맵 디앤디파트먼트 교토 **운영** 11:00~18:00 **휴무** 수요일
홈페이지 www.d-department.com/ext/shop/kyoto.html
가는 방법 니시키 시장에서 650m(도보 10분)

토비치 교토 Tobichi 京都

위치 가와라마치 남쪽 **유형** 문구점

지브리 스튜디오의 유명 카피라이터 이토이 시게사토의 웹사이트인 '호보닛칸 이토이 신문ほぼ日刊イトイ新聞'에서 직영하는 문구점. 호보니치 다이어리는 로프트LOFT에서도 구할 수 있지만, 유형문화재로 등록된 건물 5층에 숨은 매장을 찾는 재미까지 안기는 곳이다. 운영 시간이 다소 불규칙하다.

구글맵 토비치 교토 **운영** 11:00~18:00
휴무 목요일 외 **홈페이지** www.1101.com
가는 방법 한큐 교토 가와라마치역에서 230m(도보 3분)

글렌타 glänta

위치 가와라마치 북쪽 **유형** 반지 공방

웨딩밴드를 직접 디자인 및 제작할 수 있는 체험형 반지 공방. 반지는 1개당 4만 엔 정도 하는데, 본격 체험을 원하면 사전에 예약해야 하고, 1층 쇼룸은 편하게 구경하면 된다.

구글맵 glänta Kyoto Sanjo Kawaramachi
운영 11:00~19:00
홈페이지 www.kochentertainment.com
가는 방법 스타벅스 커피 교토 산조 오하시점 근처

T.T (타이가 타카하시)
Taiga Takahashi

위치 기온 겐닌지 주변 **유형** 패션 부티크

'미래는 과거에 있다'는 디자인 철학을 추구하는 남성복 브랜드 타이가 타카하시의 기온 매장. 1층에는 의류와 감각적인 아트워크를 함께 전시해 놓았다. 2층에는 예약제로 운영하는 고급 다실이 있다.

▶ 티룸 사비 1권 P.080

구글맵 T.T Kyoto **운영** 12:00~19:00
홈페이지 www.taigatakahashi.com
가는 방법 기온 하나미코지 안쪽 골목

라이카 교토점 ライカ京都店

위치 기온 겐닌지 주변 **유형** 카메라 스토어 및 갤러리

기온의 전통 가옥에서 갤러리를 겸한 매장을 운영 중이다. 교토의 정통성과 라이카의 명품 브랜드 이미지가 절묘하게 맞아떨어진다. 라이카 카메라와 렌즈를 체험할 수 있으며, 작은 갤러리 공간에서는 다양한 사진 작품을 전시한다. 매년 5월에 열리는 교토국제사진제KYOTOGRAPHIE에도 참여하고 있다.

구글맵 Leica Kyoto Store **운영** 10:30~18:30
휴무 화요일 **요금** 갤러리 무료입장
홈페이지 leica-camera.com **가는 방법** 기온 하나미코지

PICK!

핸즈 ハンズ 京都店
생활용품과 공예 전문점. DIY 제품이나 선물용 상품을 구입하기 좋음
구글맵 핸즈 교토점

로프트 ロフト 京都店
각종 문구와 소품, 생활용품 전문점. 모마 디자인 스토어와 같은 건물
구글맵 로프트 교토점

돈키호테 ドン·キホーテ
각종 식품, 화장품, 생활용품, 기념품 할인점
구글맵 돈키호테 교토 시조카와라마치

포켓몬 센터 교토 ポケモンセンター キョウト
다양한 포켓몬 관련 제품, 피규어, 문구, 기념품 판매
구글맵 포켓몬 센터 교토 (교토경제센터 SUINA Muromachi 2층)

잇포도 교토 본점 —保堂茶舗 京都本店

위치 가와라마치 북쪽 **유형** 전통 가게

이 브랜드의 제품은 백화점에서도 살 수 있지만 교토만의 고급 차를 찾는다면 1717년에 창업한 잇포도 본점을 찾아가 보기를 권한다. 말차, 교쿠로, 센차, 반차, 호지차 등 최고급 차를 구입할 수 있는 곳이다. 매장 안에 다실을 함께 운영한다.

구글맵 잇포도차호 교토혼텐
운영 10:00~17:00
홈페이지 www.ippodo-tea.co.jp
가는 방법 지하철 교토시야쿠쇼마에역에서 650m(도보 10분)

딘앤델루카 Dean & Deluca

위치 시조카라스마 **유형** 식료품점

미국 뉴욕에 본사를 둔 고급 식료품 전문점. 교토 특산품과 인기 베이커리를 비롯해 다양한 식료품을 한눈에 살펴볼 수 있다. 음료와 브런치, 점심 식사를 즐길 수 있는 카페 코너도 마련되어 있다. 교토 블렌드 원두와 에코 백은 소소한 기념품으로 구입해도 좋다.

구글맵 DEAN & DELUCA Market Store Kyoto **운영** 10:00~21:00
홈페이지 www.deandeluca.co.jp
가는 방법 지하철 가라스마오이케역과 시조역 사이

PICK!

디즈니 스토어 ディズニーストア
디즈니 캐릭터 상품, 의류, 기념품 판매

구글맵 디즈니 스토어 교토 산조 가와라마치점

키디랜드 キデイランド
인기 캐릭터 제품, 인형, 선물용 상품 등 판매

구글맵 키디랜드 교토 시조가와라마치점

도토리 공화국 (지브리 스토어) どんぐり共和国
지브리 스튜디오 관련 캐릭터 굿즈 판매

구글맵 도토리 공화국 키요미즈점 또는 돈구리 공화국 니넨자카점으로 검색

스누피 타운 숍 スヌーピータウンショップ
스누피와 찰리 브라운 캐릭터 상품, 문구류, 액세서리 판매

구글맵 Snoopy Town Shop Kyoto Shijo Kawaramach

ZONE 3 교토 북동쪽

철학의 길 & 헤이안 신궁
哲学の道 & 平安神宮

벚꽃과 함께 특별한 산책

평소에는 철학의 길을 따라 느긋하게 산책하며 교토의 조용한 주택가를 둘러볼 수 있는 예쁜 동네다.
하지만 벚꽃이 만개하는 봄이나 단풍으로 물드는 가을에는 방문객이 많아진다.
철학자의 길과 난젠지, 게아게 인클라인은 헤이안 신궁까지 걸어가기에 부담 없는 거리다.

01 여행 포인트

- **이동 거리** 도보 3~4km
- **여행 시간** 3~4시간
- **벚꽃철** → 인파를 피하려면 아침 일찍 철학의 길(중간 지점에서 시작)과 사찰 2곳(에이칸도·난젠지)에 들르고, 게아게 인클라인을 거쳐 헤이안 신궁으로 넘어가기
- **점심 식사** → 인기 우동집 야마모토 멘조는 예약 필수. 교세라 미술관 내부 카페와 교토국립근대미술관 레스토랑을 이용해도 좋다. ▶ 맛집 P.088

02 대중교통 수단

평상시 교토역에서 버스로 원하는 장소까지 이동

성수기 벚꽃철이나 단풍철과 기온 마츠리(7월) 때는 기온 시조도리 일대의 교통 정체가 심해서 버스보다는 지하철 도자이선 이용을 권장한다.

은각사 입구 / 헤이안 신궁 도리이 / 게아게역 가는 길

7.8km(40분)
- 교토역
- 🚌 교토에키마에 승류상에서 7번 버스 또는 관광특급버스(EX100번)
- 긴카쿠지미치 정류장 하차
- 🚶 650m(도보 10분)
- 은각사(지쇼지)

3.5km(1시간)
- 은각사
- 🚶 1.6km(도보 25분)
- 에이칸도
- 🚶 400m(도보 10분)
- 난젠지
- 🚶 1.5km(도보 20분)
- 헤이안 신궁

5.5km(30분)
- 교토역
- 🚇 지하철 가라스마선
- 가라스마오이케역 환승
- 🚇 지하철 도자이선
- 게아게역 하차 (게아게 인클라인)

03 여행 아이디어

- ☑ 벚꽃철 구경은 철학의 길, 게아게 인클라인, 헤이안 신궁 정원
- ☑ 가을 단풍은 에이칸도가 최고!
- ☑ 난젠지 수로각은 스냅 촬영 명소

월요일은 피하세요! 헤이안 신궁 근처의 교세라 미술관과 교토국립근대미술관은 월요일에 휴관합니다. ▶ 미술관 정보 P.084

⑴ 은각사(지쇼지) 銀閣寺(慈照寺) 卍

교토 시내가 한눈에 들어오는 언덕 전망

1482년 무로마치 막부의 8대 쇼군 아시카가 요시마사足利義政의 별장으로 지어졌다가 이후 선종 사찰로 바뀌었다. 지쇼지라는 본래 명칭보다 그의 할아버지가 지은 금각사(킨카쿠지)를 본뜬 관음전観音殿의 별칭인 은각사(긴카쿠지)로 더 잘 알려져 있다.

가레산스이枯山水(선불교식 건식 정원) 양식의 정원과 관음전을 먼저 둘러본 다음, 산책로를 따라 5분가량 걸어 언덕 위 전망대까지 올라가 보자. 교통편이 애매한 탓에 방문객은 상대적으로 적은 편이나 높은 곳에서 바라보는 풍경이 무척 아름답다.

구글맵 지쇼지 또는 Higashiyama Jisho-ji
운영 3~11월 08:30~17:00, 12~2월 09:00~16:30
요금 500엔
홈페이지 www.shokoku-ji.jp
가는 방법 ❶ 긴카쿠지미치 버스 정류장에서 650m(도보 10분)
❷ 주말과 공휴일에 운행하는 EX100번은 긴카쿠지마에 정류장에서 하차

은사탄(긴샤단) 銀沙灘

모래와 자갈로 자연의 단순함과 아름다움을 표현하는 선불교식 건식 정원. 잔잔한 물결무늬 너머, 2m 높이로 모래를 쌓아 올린 원뿔 모양의 향월대向月台(고게츠다이)는 후지산을 상징한다.

관음전 観音殿 국보

2층 전각의 지붕을 은색으로 덧씌우려던 계획이 무산된 후 세월의 풍화를 그대로 받아들인 채 남아 있다. 불완전함과 단순함 속에서 아름다움을 찾는 와비사비侘び寂び 미학을 잘 보여 준다.

02 철학의 길
哲学の道 🌸

교토 최고의 벚꽃 명소

은각사와 난젠지를 연결하는 2km 길이의 산책로. 교토 대학의 철학자 니시다 기타로가 이곳에서 사색을 즐겼다고 해서 '철학의 길'로 불리게 됐다. 운하 양옆으로 늘어선 벚나무가 일제히 꽃망울을 터뜨릴 무렵이 가장 아름다운 시기로 매년 그맘때면 벚꽃을 즐기기 위해 수많은 인파가 몰려든다. 그러나 크고 작은 신사와 사찰을 구경하고 조용한 주택가를 느긋하게 산책하려면 다른 계절에 찾아가는 편이 낫다.

구글맵 Tetsugaku no Michi **운영** 상시 개방
요금 무료 **홈페이지** tetsugakunomichi.jp
가는 방법 호넨인 다리(Honenin Bridge)를 찾아갈 것

TRAVEL TALK

이 일대를 흐르는 운하의 이름은?

철학의 길, 난젠지, 게아게 인클라인, 헤이안 신궁 일대에는 비와코소스이琵琶湖疏水(비와호 수로)가 흐릅니다. 일본 최대 호수인 시가현 비와호에서 교토로 물을 공급하기 위해 메이지 시대인 1890년에 완공한 수로는 주변 경관과 어우러진 아름다운 산책로입니다.

ⓧ 에이칸도(젠린지)
永観堂(禅林寺) 🍁

교토에서 가장 예쁜 단풍

853년 창건 당시에는 진언종 사찰이었으나, 11세기에 승려 에이칸에 의해 정토종으로 바뀌면서 '에이칸도'로 불리게 되었다. 웅장한 어영당 御影堂(미에이도)을 중심으로 국보급 문화재를 다수 보유하고 있다. 정면이 아니라 서쪽을 바라보는 자세로 만들어진 2.7m 높이의 불상 미카에리 아미타불見返り阿弥陀仏이 특히 유명한데, 주지승이 의식을 거행하던 중 불상이 뒤를 돌아보며 말을 걸었다는 전설이 전해진다. 경내를 구경한 뒤 뒤편의 가파른 계단을 따라 다보탑多宝塔(다호토)까지 올라가면 교토 시내와 주변 자연 경관이 한눈에 담긴다.

ⓘ
구글맵 에이칸도 젠린지 또는 Eikandō Temple
운영 09:00~17:00(단풍철 라이트업 17:30~20:00)
요금 평소 600엔, 단풍철 1000엔 ※라이트업 시간대 입장료는 별도 공지
홈페이지 www.eikando.or.jp
가는 방법 난젠지에이칸도미치 버스 정류장에서 300m(도보 3분) / 난젠지에서 500m(도보 8분)

④ 난젠지(남선사)
南禅寺

수로각에서 인생 사진 찍기

왕실의 별궁으로 지어졌다가 1291년 선종 사찰로 바뀐 곳이다. 사찰의 대문 격인 산몬三門은 1628년에 재건된 중요문화재로, 전설적인 의적 이시카와 고에몬이 망루 난간에 발을 걸치고 "절경이로다, 절경이로다."라고 읊조렸다는 가부키 연극의 명대사로 널리 알려져 있다.

관광객에게 포토 존으로 인기 많은 장소는 비와호 수로의 물길을 연결하기 위해 경내를 지나가도록 설계한 유럽풍의 아치형 수도교 난젠지 수로각水路閣이다. 사찰 부지가 드넓기 때문에 방문 전에 둘러볼 장소를 미리 정하는 것이 효율적이며 산몬, 호테이엔, 난젠인 이외의 경내는 무료로 개방한다.

구글맵 난젠지 수로각 또는 난젠지 산몬 **운영** 08:40~17:00
요금 산몬 600엔, 난젠인 400엔, 호조테이엔 600엔 **홈페이지** nanzenji.or.jp
가는 방법 지하철 도자이선 게아게역 1번 출구에서 450m(도보 10분)

교토의 정원사, 고보리 엔슈

고보리 엔슈(1579~1647)는 교토 난젠지, 니조성, 센토고쇼와 도쿄의 센소지 정원을 설계한 일본 에도 시대 초기의 건축가이자 정원 예술가다. 기존 틀에서 벗어나 심미성과 실용성을 조화롭게 결합한 그의 스타일은 후대에 '엔슈류遠州流'라고 불리게 되었다. 건물 전체가 국보로 지정된 난젠지의 호조테이엔方丈庭園(방장 정원)에서 그가 설계한 가레산스이 양식의 정원을 감상해 보자.

게아게 인클라인
蹴上インクライン

웨딩 촬영의 성지가 된 옛 철길

게아게 인클라인은 1891년에 건설된 약 582m의 경사진 철도다. 비와호 수로 상류의 게아게 선박지와 하류의 난젠지 선박지 간 36m의 높이 차를 극복하기 위해 배를 철로에 올려 경사진 레일을 통해 운반하던 방식은 당시로서는 획기적인 운하 기술이었다. 1948년 이후 운행을 중단했지만 선로를 역사 유산으로 보존해 두었고, 과거 운송 보트의 레플리카(복제품)를 볼 수 있다.

구글맵 Keage Incline **운영** 상시 개방 **요금** 무료 **가는 방법** 지하철 도자이선 게아게역 1번 출구 앞

05 헤이안 신궁 平安神宮 🌸 ⛩

눈부신 벚꽃 정원

천도 1100주년을 기념해 1895년에 건립한 일본 민속 신앙 신토神道 신사다. 8세기 후반부터 19세기 중반까지 일본의 수도였던 헤이안쿄平安京(교토의 옛 이름)의 정전을 8분의 5 규모로 재현했으며, 매년 10월 22일에는 교토의 부흥을 기원하는 지다이 마츠리時代祭(시대제)를 주관한다. 이날 오전 9시부터 시대별 복색을 갖춰 입은 참가자들이 교토 교엔에서 헤이안 신궁까지 행진한다. 입장료를 내고 들어가는 신엔神苑 정원은 약 1000평(3만 3000㎡)에 달하는 정통 일본식 정원이다. 미나미신엔(남쪽 정원)으로 입장해 서쪽, 중앙, 동쪽까지 정원 4곳을 차례로 돌아보는 데 40분가량 걸린다.

ℹ️
구글맵 헤이안 신궁 응천문 또는 헤이안 신궁 오도리이
운영 06:00~17:00(계절에 따라 변동)
요금 입장 무료, 신엔 정원 600엔(6월 초·9월 19일 무료 개방)
홈페이지 www.heianjingu.or.jp
가는 방법 헤이안 신궁 도리이 앞 버스 정류장(Okazaki Koen Bijutsukan / Heian Jingu-mae)에서 350m(도보 5분) / 지하철 도자이선 히가시야마역에서 500m(도보 10분)

> 일본 최대 규모 도리이인 오토리이大鳥居와 주홍색 응천문應天門을 보려면 남쪽 교세라 미술관 방향에서 걸어가세요.

헤이안 신궁 주변에 흐르는 오카자키 운하

SPECIAL THEME

박물관부터 영화마을까지 다 있다!
교토 문화 예술 산책

교토국립박물관에서 문화재 감상하기, 미술관 카페에서 잠시 쉬기, 잔디밭에 누워 만화책 읽기! 취향 따라 즐길 만한 교토의 박물관과 미술관을 모았다.

01 POINT 교토시 교세라 미술관
京都市京セラ美術館

세련된 문화 공간

1933년 교토시립미술관으로 문을 열었으며, 2020년에는 일본의 대기업 교세라의 후원을 받아 교토시 교세라 미술관으로 재개관했다. 전통적 외양을 유지하면서도 현대적 감각으로 자연 채광을 극대화한 설계가 인상적이다. 건물 하단부에는 글라스 리본Glass Ribbon이라는 유리 파사드를 설치해 외부와 내부를 자연스럽게 연결했으며, 현대미술 전시 공간인 히가시야마 큐브 Higashiyama Cube에서는 연중 흥미로운 전시회가 열린다. 본관 중앙 홀의 나선 계단과 일본 정원은 무료로 개방한다.

구글맵 교토시교세라미술관 또는 KYOCERA Museum of Art **운영** 10:00~18:00 **휴무** 월요일(공휴일이면 다음 날 휴무) **요금** 전시에 따라 다름
홈페이지 kyotocity-kyocera.museum
가는 방법 헤이안 신궁에서 300m(도보 3분)

02 POINT 교토국립근대미술관
京都国立近代美術館(MoMAK)

벚꽃 필 때 추천

일본의 근현대 미술 작품을 중심으로 교토 화단의 일본화와 서양화, 공예 작품의 방대한 컬렉션을 보유한 미술관이다. 프리츠커 건축상을 받은 건축가 마키 후미히코가 설계한 건물 안에서 헤이안 신궁을 둘러싼 수로가 내다보인다. 내부 카페는 입장권이 없어도 이용할 수 있다.

구글맵 교토국립근대미술관 또는 Kyoto National Museum of Modern Art **운영** 10:00~18:00 **휴무** 월요일(공휴일이면 다음 날 휴무) **요금** 전시에 따라 다름 **홈페이지** www.momak.go.jp
가는 방법 교세라 미술관 맞은편

03 POINT 교토국립박물관 京都国立博物館

1000년의 시간을 한눈에

'천년의 수도' 교토의 역사와 문화재를 깊이 있게 감상할 수 있는 장소다. 르네상스 바로크 양식을 도입한 웅장한 건물은 1897년 개관한 메이지 고도관(옛 본관)이며, 현재 전시는 뉴욕 현대미술관(MoMA)의 재개발 프로젝트를 맡았던 세계적인 건축가 다니구치 요시오가 설계한 헤이세이 지신관(신관)에서 진행한다. 주요 소장품인 15세기의 화승 셋슈 도요雪舟等楊의 수묵화 〈아마노하시다테 풍경天橋立図〉, 12세기에 완성한 불교 경전 《법화경法華経》 등 국보 29점과 중요문화재 200점을 주기적으로 교체하며 전시하고 있다. 정원 한정 개방 기간(연간 3~4회 진행) 중에는 전시실에 입장할 수 없으므로 방문 전 일정을 반드시 확인해야 한다. 또한 실내 촬영은 대부분 금지다.

구글맵 Kyoto National Museum
운영 09:30~17:00(금요일 20:00까지)
휴무 월요일(공휴일이면 다음 날 휴무)
요금 상설 전시(명품 갤러리) 700엔, 정원 300엔, 고등학생 이하 무료
※특별전 별도
홈페이지 www.kyohaku.go.jp/ko(한국어 지원)
가는 방법 교토역에서 1.3km, 하쿠부쓰칸산주산겐도마에 버스 정류장 하차

로댕의 〈생각하는 사람〉과 메이지 고도관

국보 〈아마노하시다테 풍경〉

일본에서 가장 긴 목조건축물 산주산겐도

정식 명칭은 렌게오인蓮華王院으로, 국보로 지정된 본당 내부의 기둥 간격이 33칸으로 이루어져 있어 산주산겐도三十三間堂(삼십삼간당)라고 불린다. 1164년 건립된 후 화재로 소실된 것을 1266년에 재건한 장엄한 목조건물의 길이는 남북으로 120m에 달하며, 내부에는 표정이 전부 다른 1001개의 천수관음상이 모셔져 있다. 교토국립박물관에서 남쪽으로 큰길을 건너면 입구가 나온다.

구글맵 렌게오인(산주산겐도) **운영** 4~11월 중순 08:30~17:00(겨울철 09:00~16:00) **요금** 600엔 **홈페이지** www.sanjusangendo.jp

 04 POINT 교토철도박물관
京都鉄道博物館

신칸센도 보고, 증기기관차도 타고!

실물 열차 54대를 전시한 서일본 최대 규모의 철도 박물. 증기기관차 (SL 스팀호)가 견인하는 객차를 타고 우메코지 공원까지 왕복하는 체험이 하이라이트. 운전 시뮬레이터와 철도 디오라마 등의 인터랙티브 전시도 흥미롭다. 박물관 내 레스토랑에서는 열차를 테마로 한 메뉴도 판매한다.

구글맵 Kyoto Railway Museum **운영** 10:00~17:00 **휴무** 수요일
요금 입장료 1500엔, 증기기관차 300엔(승강장에서 현장 발매), 시뮬레이터 100엔(사전 구매 필수) **홈페이지** www.kyotorailwaymuseum.jp
가는 방법 교토역에서 1.6km, 우메코지코엔 버스 정류장에서 250m(도보 3분)

 05 POINT 교토 수족관
京都水族館

아이와 함께라면 추천

다른 수족관보다 특별히 규모가 큰 것은 아니지만 일본 최초로 완전 인공 해수를 사용한 수족관이다. 교토의 자연과 해양 생태계를 주제로 국가지정특별천연기념물인 장수도롱뇽을 비롯한 약 250종의 생물을 관람할 수 있다. 돌고래나 펭귄에게 먹이를 주는 모습을 보고 싶다면 시간을 미리 확인할 것.

구글맵 Kyoto Aquarium **운영** 10:00~17:00(계절별로 운영 시간 다름) **요금** 성인 2400엔, 16~18세 1800엔, 6~15세 1200엔, 3~5세 800엔 **홈페이지** www.kyoto-aquarium.com/kr
가는 방법 교토철도박물관에서 450m(도보 6분, 우메코지 공원 내부)

 06 POINT 도에이 우즈마사 영화촌
東映太秦映画村

민속촌 겸 테마파크

애니메이션 〈원피스〉, 〈세일러문〉의 제작사이자, 에도 시대를 배경으로 한 시대극으로 유명한 토에이 영화사에서 운영하는 일종의 민속촌 겸 테마파크. 에도 시대를 재현한 세트장을 둘러보고 시대극 의상 체험을 하거나 닌자의 집, 입체 미로 등 체험 프로그램에 참여할 수 있다. 〈에반게리온 초호기〉나 〈슈퍼전대×가면라이더〉 촬영 구역도 마련되어 있어 관람하는 데 3~4시간이 소요된다.

구글맵 도에이 우즈마사영화촌 또는 Toei Kyoto Studio Park
운영 10:00~17:00(마지막 입장 16:00)
휴무 시설 점검일
요금 성인 2800엔, 13~18세 1800엔, 3~12세 1600엔(어트랙션 및 의상 대여료 별도) **홈페이지** global.toei-eigamura.com/ko(한국어 지원)
가는 방법 교토역에서 8.3km, 란덴 우즈마사코류지역에서 500m(도보 7분)

07 POINT 교토국제만화뮤지엄
京都国際マンガミュージアム

잔디밭에서 만화 보기

옛 초등학교(龍池小學校) 건물을 리모델링해 2006년에 개관한 교토국제만화뮤지엄은 교토시와 교토세이카 대학이 협력해 설립한 일본 최초의 만화 종합 문화 시설이다. 약 30만 점의 만화 자료를 보유하고 있으며, 박물관과 도서관의 기능을 동시에 갖추었다. 1층부터 3층까지 이어지는 '만화의 벽'은 방문객들에게 특히 인기 있는 장소로, 5만 권에 달하는 다양한 장르와 시대의 만화를 자유롭게 읽을 수 있다. 만화의 역사와 사회적 의미를 이해할 수 있는 상설 전시와 기획 전시가 열리며, 만화 제작 시연을 관람하거나, 만화가 체험 워크숍 등의 특별 프로그램에도 참여할 수 있다.

구글맵 Kyoto International Manga Museum **운영** 10:00~17:00(마지막 입장 16:30)
휴무 수요일(공휴일이면 다음 날 휴무) ※홈페이지 월별 캘린더 참고
요금 일반 1200엔, 13~18세 400엔, 6~12세 200엔 ※당일 재입장 가능
홈페이지 kyotomm.jp **가는 방법** 니조성에서 1.1km(도보 17분) / 지하철 가라스마선·도자이선 가라스마오이케역에서 180m(도보 2분)

08 POINT 교토문화박물관
京都文化博物館

건물 자체가 예술

교토의 역사와 문화를 알기 쉽게 소개하는 종합 문화 시설로, 연중 다양한 특별전이 개최된다. 붉은 벽돌로 지어진 별관은 과거 일본은행 교토 지점 건물로 현재 중요문화재로 지정되어 있다. 1층 중앙 홀과 기념품점은 입장권을 구매하지 않아도 둘러보면 된다.

구글맵 The Cultural Museum of Kyoto **운영** 10:00~19:30
휴무 월요일(공휴일이면 다음 날 휴무) **요금** 전시에 따라 다름
홈페이지 www.bunpaku.or.jp **가는 방법** 지하철 가라스마선·도자이선 가라스마오이케역에서 450m(도보 7분)

전통 유도후부터 블루보틀까지
난젠지 & 헤이안 신궁 맛집

야마모토 멘조 山元麵蔵

주메뉴 우엉 튀김 우동, 소고기 츠케멘, 냉우동
😊→ 미술랭 빕 구르망 수타 우동
✓→ 현금 결제, 전화(📞 075-744-1876) 또는 온라인 예약 필수

쫄깃한 수타 우동과 깊은 국물 맛으로 현지인과 관광객 모두에게 인기가 높다. 우엉, 닭 안심, 채소 등으로 만든 튀김을 얹은 따끈한 우동과 국물에 찍어 먹는 츠케멘이 대표 메뉴. 매장이 무척 좁아서 예약하고 가더라도 자리가 날 때까지 기다려야 한다.

구글맵 Yamamoto Menzou **운영** 10:00~16:00 **휴무** 목요일
예산 1000~2000엔 **홈페이지** yamamotomenzou.com
인스타그램 @yamamotomenzou.official
가는 방법 교세라 미술관과 교토시 동물원 사이

줄 서는 매장 앞

테이크아웃 매장

> **TIP!** 예약 방법과 대안
> ❶ **사전 예약** 방문 3일 전 자정부터 온라인(TableCheck) 예약 접수 ※취소 시 위약금 발생
> ❷ **당일 예약** 방문일 오전 9~11시에 전화로만 접수(식사 시간은 오전 11시~오후 2시)
> ❸ **테이크아웃** 매장 옆 카운터에서 우엉 튀김 우동 판매
> ❹ **옆집 이용하기** 바로 옆 교우동 기소바 오카키타(화·수요일 휴무)도 인기 맛집

카페 닷에스 CAFE Dot.S

주메뉴 커피, 쿠키
😊→ 넓고 쾌적한 공간

야마모토 멘조에서 우동을 먹거나 교세라 미술관을 둘러본 후에 잠시 쉬기 알맞은 곳이다. 오사카의 유명 커피 전문점인 다카무라 커피 로스터스의 원두를 사용한다. 내부에 패션 아이템을 전시한 쇼룸이 있다.

구글맵 CAFE Dot.S
운영 09:00~18:00 **예산** 1000엔
인스타그램 @dot.s_coffee
가는 방법 교세라 미술관과 교토시 동물원 사이

교토 오카자키 츠타야 서점
京都岡崎 蔦屋書店

주메뉴 커피와 간단한 스낵
😊→ 편안한 휴식 공간

츠타야 서점에서는 전통 예술부터 현대문학까지 다양한 장르의 책을 탐독하고, 관련 기념품을 구매할 수 있다. 내부에 스타벅스 매장이 있어서 잠시 쉬기에도 적당한 장소다.

구글맵 롬 시어터 교토 **운영** 08:00~22:00
예산 음료 500~1000엔 **홈페이지** store.tsite.jp/kyoto-okazaki
가는 방법 교세라 미술관 대각선 방향

엔퓨즈 ENFUSE

주메뉴 식사, 커피, 디저트
😊→ 교세라 미술관 카페
☑→ 대기표 발권 후 현장 대기

유리로 둘러싸인 글라스 리본 파사드 안쪽 공간에 정갈한 오반자이(교토식 반찬) 플레이트와 달콤한 푸딩이 기다리는 감각적인 미술관 카페. 미리 예약하면 피크닉 세트를 포장해 주는 서비스도 운영 중이다.

구글맵 교토시교세라미술관 **운영** 10:30~19:00 **휴무** 월요일 **가는 방법** 교세라 미술관 지하 1층(입장권 필요 없음)

카페 드 고마루고
cafe de 505

주메뉴 수제 생면 파스타, 디저트
😊→ 미술관에 숨은 파스타 맛집
☑→ 벚꽃철에는 대기 있음

창밖 오카자키 운하 전망만으로도 충분히 근사한데, 따끈한 파스타 한 그릇이 기대 이상으로 만족스럽다. 봄에는 테라스가 꽃구경 명당으로 변신한다.

구글맵 교토국립근대미술관 **운영** 10:00~18:00
휴무 월요일 **예산** 1000~1500엔
가는 방법 교토국립근대미술관 로비(입장권 필요 없음)

징심정(조신테이) 澄心亭

주메뉴 말차와 화과자
🙂 → 전통 다도 체험 ✅ → 불규칙한 운영 시간, 현금 결제

헤이안 신궁의 신엔 정원 내부에 있는 다실. 10여 명이 함께 다실로 입장해 정통 일본식 다도를 체험하게 된다. 일본어로만 진행하지만 외국인 관광객도 참여할 수 있다. 체험하는 내내 무릎을 꿇고 앉아 있어야 하는 엄숙한 분위기라는 점은 알고 가야 한다. 벚꽃철과 매월 둘째 일요일(4·8월 제외)에만 한정적으로 운영하며 예약은 받지 않는다.

구글맵 헤이안 신궁 다실 징심정 **운영** 매표소에서 방문 당일 운영 여부 문의 **예산** 1000엔(입장료 별도)
홈페이지 www.heianjingu.or.jp/shrine/garden.html
가는 방법 헤이안 신궁 신엔 정원(미나미신엔과 니시신엔 중간 지점)

커피 마츠 COFFEE matsu

주메뉴 커피와 간단한 식사
🙂 → 편안한 분위기 ✅ → 현금 결제, 작은 개인 카페

팥알이 살아 있는 전통 젠자이나 클램차우더, 토스트 같은 음식도 판매한다. 지하철역 입구 바로 옆이므로, 철학의 길을 산책하고 난 다음 쉴 곳이 필요할 때 들를 만하다.

구글맵 COFFEE matsu Kyoto **운영** 11:30~17:30 **휴무** 수요일
예산 젠자이 600~700엔 **인스타그램** @coffee_matsu_kyoto
가는 방법 지하철 도자이선 게아게역 바로 앞

아오 오니기리 青おにぎり

주메뉴 오니기리(주먹밥)
🙂 → 편의점 삼각김밥과는 차원이 다른 맛 ✅ → 현금 결제, 식사 공간 있음

연어(사케), 참치 마요네즈(튜나 마요) 등 다양한 주먹밥을 취향대로 골라 먹을 수 있다. 이곳에서 주먹밥을 사서 도보로 5분 거리에 있는 철학의 길까지 걸어가 보자.

구글맵 아오오니기리 **운영** 09:00~재료 소진 시
휴무 월·화요일 **예산** 500~1000엔 **인스타그램** @aoonigiri
가는 방법 조도지(Jodoji) 버스 정류장에서 200m(도보 3분)

난젠지 준세이 南禅寺 順正

주메뉴 유도후 또는 가이세키 코스
☺ → 유서 깊은 전통 요리점
✓ → 온라인 예약 방문 권장

교토의 명물 두부 요리 유도후의 발상지인 난젠지 근처에서 영업해 온 180년 전통의 두부 요리 전문점. 정갈한 일본식 정원을 품은 넓은 고택에서 식사를 즐기는 것만으로도 의미 있다. 맑은 국물에 두부를 살짝 데친 두부전골(유도후)을 기본으로, 가격대에 따라 튀김이나 해산물 등 곁들임 요리의 구성과 가짓수가 달라진다.

구글맵 준세이 **운영** 점심 11:00~14:30, 저녁 17:00~19:00 **휴무** 수요일 **예산** 3600~1만 엔 이상
홈페이지 www.to-fu.co.jp/ko(한국어 지원)
가는 방법 지하철 도자이선 게아게역에서 500m(도보 7분) / 난젠지에서 450m(도보 5분)

TIP! 이용 방법

STEP 01 온라인 예약
최소 2인부터 예약 가능하다. 유도후 코스 또는 가이세키 코스 중 선택한다.

STEP 02 접수
식당에 도착하면 대기 줄에 서서 기다리지 말고 카운터로 바로 가서 예약 내역을 보여 준다.

STEP 03 자리 안내
잠시 대기 후 자리가 비는 순서대로 자리를 안내받는다.

블루보틀 난젠지 ブルーボトル 南禅寺

주메뉴 드립 커피, 와플, 샌드위치
☺ → 전통 가옥과 블루보틀의 만남
✓ → 혼잡한 편, 테이스팅 코스는 예약 필수

100년 된 교토의 전통 목조 가옥(마치야)을 현대적으로 재해석한 공간이 무척 아름답다. 커피 코너에서는 블루보틀의 일반 음료와 디저트, 브런치를 주문해 정원이나 실내에 마련된 테이블에서 맛볼 수 있다. 별도 공간에서 운영하는 블루보틀 스튜디오에서는 싱글 오리진 커피 5종과 함께 두 가지 디저트를 코스로 즐기는 프로그램을 진행한다.

구글맵 블루보틀 커피 교토 **운영** 09:00~18:00
예산 커피 600~800엔, 블루보틀 스튜디오 8910엔(예약 필수)
홈페이지 store.bluebottlecoffee.jp
가는 방법 난젠지에서 500m(도보 8분, 난젠지 준세이 옆)

ZONE 4 교토 중심가 북쪽

니조성 & 교토 교엔
二条城 & 京都御苑

산책이 여행이 되는 순간

교토 교엔은 번잡한 도심을 잠시 벗어나 여유로운 산책을 즐기기에 적당한 곳이다. 공원 남쪽으로는 니조성과 교토국제만화뮤지엄, 북쪽으로는 윤동주 시인의 모교인 도시샤 대학 등의 볼거리가 있다. 데마치야나기 일대는 북쪽 교외 지역(기후네 신사·엔랴쿠지 등)과 묶어서 다른 날 둘러보는 것도 괜찮은 선택이다.

01 여행 포인트

- **이동 거리** 도보 3~4km(평지 구간)
- **여행 시간** 2~3시간
- **오전에 간다면** → 혼케 오와리야 오픈런 후 니조성과 교토 교엔, 도시샤 대학을 돌아보고, 지하철로 니시키 시장 등으로 이동
- **오후에 간다면** → 도시샤 대학에서 시작해 교토 교엔을 돌아보고, 니조성 라이트업을 구경하면서 하루를 마무리

02 대중교통 수단

교토역에서 니조성이나 교토 교엔까지는 지하철로 쉽게 이동 가능하고, 버스 노선도 많다. 데마치야나기로 갈 때는 게이한 전철이 편리하고, 여기서 에이잔 전철로 환승할 수 있다.

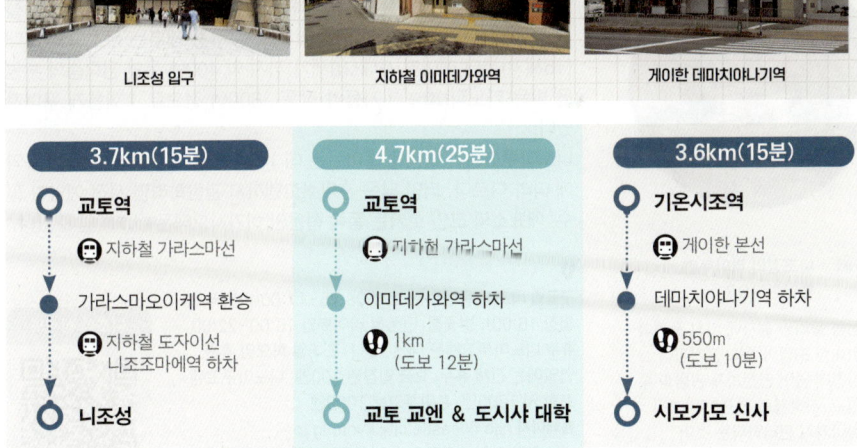

니조성 입구 / 지하철 이마데가와역 / 게이한 데마치야나기역

3.7km(15분)
교토역 → 지하철 가라스마선 → 가라스마오이케역 환승 → 지하철 도자이선 니조조마에역 하차 → 니조성

4.7km(25분)
교토역 → 지하철 가라스마선 → 이마데가와역 하차 → 1km (도보 12분) → 교토 교엔 & 도시샤 대학

3.6km(15분)
기온시조역 → 게이한 본선 → 데마치야나기역 하차 → 550m (도보 10분) → 시모가모 신사

03 여행 아이디어

- ☑ 교토 교엔의 센토고쇼는 입장 예약 필수!
- ☑ 유네스코 세계문화유산 니조성 방문 전 라이트업 일정 확인
- ☑ 550년 역사의 소바 맛집 혼케 오와리야 오픈런

시조 대교 부근에서 가모강을 따라 데마치야나기까지 자전거를 타고 가도 좋아요! ▶ P.023

01
니조성(모토리큐)
二条城

유네스코 세계문화유산 니조성

에도 막부의 초대 쇼군인 도쿠가와 이에야스가 1603년 교토에서 권력을 다지기 위해 건설했다. 성을 둘러싼 해자와 높은 돌담, 웅장한 성문이 막강한 권위를 상징한다.

니조성의 주요 볼거리는 17세기 일본 무사 계급이 선호했던 쇼인즈쿠리書院造 건축양식으로 지은 니노마루고텐(궁전)이다. 복도식 바닥을 밟으면 새소리처럼 들리는 소음이 나는데, 이는 침입자를 감지하도록 설계한 '꾀꼬리 마루鶯張り'라는 방어 시스템이다. 내부는 무로마치 시대(15세기)부터 메이지 시대(19세기)까지 약 400년 동안 권력층의 후원을 받은 카노파狩野派 화가들의 작품 3600여 점으로 호화롭게 꾸며져 있다.

니노마루고텐과 정원을 돌아보는 데 1시간 이상 소요되며, 요금은 구역에 따라 다르다. 터만 남은 혼마루고텐까지 관람하려면 사전 예약이 필수. 매표소와 코인 로커는 동쪽 성문인 히가시오테몬東大手門 앞에 있다.

| TIP! | 니조성의 라이트업, 볼만한가요? |

성을 둘러싼 해자에 비친 풍경과 화려한 조명이 주요 볼거리다. 공간이 넓어 안전하게 관람할 수 있고, 지하철로 접근하기 쉬워 찾아가기 편리하다는 것이 장점이다.

구글맵 니조성 동대수문 **운영** 08:45~17:00(마지막 입장 16:00), 벚꽃철·단풍철 라이트업 18:00~22:00
휴무 니노마루고텐은 매년 12·1·7·8월 화요일 휴관, 연말에는 전체 휴무 **요금** 입장권 800엔, 니노마루고텐 포함 시 1300엔, 혼마루고텐 1000엔
홈페이지 nijo-jocastle.city.kyoto.lg.jp
가는 방법 지하철 도자이선 니조조마에역 1번 출구에서 220m(도보 3분)

니조성 상세도

02 신센엔(신천원) 神泉苑

숨은 웨딩 촬영 명소

헤이안쿄의 왕실 정원이었으나, 니조성 건축 당시 아담한 크기로 축소되어 10분이면 전체를 둘러볼 수 있다. 아기자기한 정원과 연못이 예뻐서 교토 시민의 웨딩 촬영지로 인기가 높다.

구글맵 정문은 '신센엔' 북문은 Kitamon으로 검색
운영 07:00~20:00 **요금** 무료
홈페이지 shinsenen.org
가는 방법 지하철 도자이선 니조조마에역 3번 출구에서 260m(도보 5분)

03 교토 교엔 京都御苑

옛 궁궐을 품은 시민 공원

교토가 일본의 수도였던 794년부터 1869년까지 왕실과 귀족의 거처가 모여 있던 자리를 1949년부터 국립정원으로 민간에 개방했다. 동서 700m, 남북 1.3km에 이르는 거대한 녹지 공간은 늘 평온한 분위기다. 궁궐 관람에 관심이 없어도 공원 내부나 주변 카페를 찾아서 잠시 숨을 고르기 좋은 곳이다.

구글맵 Kyoto Gyoen National Garden
운영 상시 개방 **요금** 무료 ※내부 시설 관람은 다음 페이지 참고 **홈페이지** kyotogyoen.go.jp
가는 방법 지하철 가라스마선 이마데가와역 또는 마루타마치역 하차

교토 교엔 상세도

추천 장소 BEST 6
교토 교엔 관람 방법

드넓은 교토 교엔에서 딱 한 곳만 선택해야 한다면 센토고쇼를 추천한다. 벚꽃이 만개하는 3~4월이나 단풍이 아름다운 11월에는 예약 경쟁이 매우 치열해진다.

01 교토고쇼 京都御所 (예약 없이 방문)

일본의 옛 왕궁

794년 헤이안쿄(교토의 옛 이름)로 수도를 옮기면서 왕궁으로 지정한 곳이다. 최초의 고쇼는 지금보다 약 2km 서쪽에 위치했으나 이후 수차례 화재로 소실되고, 현재의 고쇼는 1855년 헤이안 시대의 건축양식으로 재건한 것이다. 50분짜리 무료 가이드 투어는 일본어·영어·중국어만 지원되므로, 한국어 오디오 가이드를 원하면 모바일 앱 '궁내청 참관 음성 가이드'를 다운로드할 것.

운영 09:00~16:00(마지막 입장 15:20)
휴무 월요일(공휴일이면 다음 날 휴무) **요금** 무료

시신덴(자신전) 紫宸殿
즉위식 등 중요한 행사가 열렸던 웅장한 정전이다. 즉위식 때 사용하는 어좌가 전시되어 있다.

세이료덴 清涼殿
헤이안 시대 귀족의 저택 건축양식(신덴즈쿠리)으로 건축한 왕의 생활 공간. 시신덴과 마찬가지로 편백나무 껍질로 만든 팔각지붕(히와다부키)을 이고 있다.

오이케니와(어지정) 御池庭
연못 주변을 돌면서 감상하는 일본 특유의 회유식 정원으로 단풍철에 매우 아름답다. 센토고쇼 입장권을 구하지 못했다면 괜찮은 대안이다.

02 센토고쇼 仙洞御所 예약 필수

일본식 정원의 진수

퇴위한 왕이 사용하던 별궁으로 1630년에 창건됐다. 1854년의 대화재로 건물 대부분이 소실되었으나, 당대 최고의 정원사이던 고보리 엔슈가 설계한 일본식 정원이 센토고쇼를 찾아가는 이유다. 가이드 투어는 일본어로만 진행되지만, 외국인도 오디오 가이드를 들으며 참여할 수 있다.

운영 09:30~15:30 ※가이드 투어 1시간 간격 진행, 18세 이상 참여 가능
휴무 월요일(공휴일이면 다음 날 휴무)
요금 무료

주요 건물에 입장할 때는 신분증(여권)과 보안 검사를 합니다.

> **TIP!** 센토고쇼 가이드 투어 신청 방법
> - **온라인 예약** Online Application(하루 250명)
>   궁내청 홈페이지에서 약 3개월 전부터 방문 3일 전까지 신청할 수 있으며, 예약은 매월 1일에 개시한다.
> - **당일 정리권** Walk-in Registration(하루 50명)
>   오전 8시 40분(홈페이지 공지 확인 필수) 센토고쇼 입구에서 선착순으로 정리권을 배부한다.

센토고쇼의 두 연못, 기타이케北池와 미나미이케南池

궁내청을 통해 예약해야 하는 다른 장소는 어디?

궁내청宮内庁에서 관리하는 시설은 예약 방법과 관람 방식이 다소 까다롭다. 교토 교엔 내의 센토고쇼 이외에도, 일본식 정원의 모델이 된 17세기의 별궁 가츠라 리큐桂離宮, 액자 정원으로 유명한 슈가쿠인 리큐修學院離宮가 있다.

홈페이지 sankan.kunaicho.go.jp

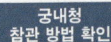
궁내청 참관 방법 확인

03 교토 영빈관 京都迎賓館 예약 필수

견학도 귀빈처럼

세계 각국의 주요 인사를 맞이하기 위해 2005년에 새롭게 건축했다. 주요 국제회의와 정상회담이 열리지 않는 시기에 한해 내부를 공개한다. 간결하고 소박한 아름다움을 중시하는 스키야즈쿠리数寄屋造 양식을 잘 보여주는 건물로, 다다미방과 미닫이문 같은 전통적 요소가 현대적 디자인과 조화를 이룬다. 공식 홈페이지에서 한국어로 참관 방법을 확인하고 예약할 수 있으며, 현장에도 한국어 오디오 가이드(태블릿)가 준비되어 있다.

구글맵 Kyoto State Guest House **운영** 09:30~17:00 ※시기별로 관람 방식 변동, 12세 이상 관람 가능 **휴무** 수요일, 주요 행사일 **요금** 가이드 투어 2000엔 **홈페이지** www.geihinkan.go.jp/ko/kyoto **가는 방법** 교토고쇼 동쪽

04 사사야이오리 SASAYAIORI+

고노에 저택 터의 카페

1716년에 창업한 교토의 전통 화과자점 사사야이오리의 분점으로, 교토 교엔 북쪽의 고노에 저택 터에 있다. 폭신한 팬케이크 안에 팥소를 채워 내오는 도라야키가 대표 메뉴. 정원 풍경을 감상하면서 차와 함께 즐겨 보자. 여름에는 말차 빙수(우지킨토키)와 녹차 아이스크림이 인기다.

구글맵 SASAYAIORI+ Kyoto Gyoen National Garden
운영 10:00~16:30(마지막 주문 16:00)
휴무 월요일(공휴일이면 다음 날 휴무)
예산 1000~1500엔
홈페이지 www.sasayaiori.com
가는 방법 도시샤 대학과 교토고쇼 사이

05 토라야카료 이치조점 虎屋菓寮 京都 一条店

5세기 전통의 고급 다실

토라야는 16세기 초 교토에서 창업하여 일본 황실에 화과자和菓子를 제공해 온 역사를 가지고 있다. 1869년 수도 이전과 동시에 도쿄에 진출했으며, 교토고쇼 근처의 교토 이치조점은 여전히 그 자리를 지켜 오고 있다. 대표 메뉴인 요칸羊羹(양갱)은 팥, 설탕, 한천으로 만든 매끄럽고 밀도감이 있는 바 형태의 디저트로, 차와 함께 세트 메뉴로 즐길 수 있다. 이 밖에도 나마가시生菓子(생과자)와 안미츠あんみつ(완두콩과 팥소, 한천 젤리, 떡 위에 설탕 시럽을 얹은 디저트) 등, 사계절의 특색을 반영한 계절 한정 화과자도 선보여 방문할 때마다 색다른 경험을 할 수 있다. 정원이 바라다보이는 세련된 다실 외에도 토라야의 화과자를 구매할 수 있는 판매 코너와 일본 문화 관련 전시를 비정기적으로 개최하는 소규모의 갤러리를 갖추고 있다.

구글맵 Toraya Karyo Kyoto Ichijo **운영** 09:00~18:00 (마지막 주문 17:30)
휴무 매월 마지막 월요일(12월 제외), 1월 1일 **예산** 1540~2640엔(음료와 디저트 세트)
홈페이지 global.torayagroup.co.jp **가는 방법** 교토고쇼 서쪽 / 지하철 가라스마선 이마데가와역에서 300m (도보 7분)

06 커피 베이스 나시노키
Coffee Base NASHINOKI

신사 안 멋진 카페

교토 교엔 동쪽, 1885년에 건립한 나시노키 신사梨木神社의 경내 한쪽에 자리 잡고 있다. 교토 3대 명수로 알려진 소메이노이染井라는 샘물이 있어 시민들이 물을 길으러 오는 약수터를 겸한다. 고즈넉한 자연 속 운치 있는 전통 가옥 툇마루에 앉아 맑은 물로 내린 핸드 드립 커피를 마시는 기분이란!

구글맵 Coffee Base NASHINOKI **운영** 10:00~17:00 **예산** 500~1000엔
홈페이지 www.kanondo.coffee **가는 방법** 교토 교엔 동쪽 출구로 나갈 것

04 도시샤 대학 同志社大学

"별을 노래하는 마음으로"

도시샤 대학 캠퍼스에는 대한의 독립과 자유를 갈망한 두 시인, 윤동주와 정지용을 기리는 작은 시비詩碑가 나란히 세워져 있다. 윤동주는 1942년 도시샤 대학의 영어문학부에 입학했으나 1943년에 체포된 후 후쿠오카의 감옥에서 생을 마감한다. 이보다 훨씬 앞선 1923년 도시샤 대학에서 유학하고 돌아온 정지용은 1948년 발간된 윤동주의 유고 시집《하늘과 바람과 별과 시》초판 서문을 통해 그의 시를 세상에 알렸다. 캠퍼스가 그리 넓지 않아 구글맵을 따라가면 도시샤 대학 예배당 옆에 세워진 시비를 쉽게 찾을 수 있다.

구글맵 윤동주, 정지용 시비 **운영** 상시 개방
요금 무료 **홈페이지** www.doshisha.ac.jp
가는 방법 지하철 가라스마선 이마데가와역 3번 출구에서 300m(도보 5분)/ 교토 교엔 북쪽 출입문(Imadegawa Gomon)에서 길을 건너면 캠퍼스

윤동주의 시비에는 대표작 <서시序詩>가, 정지용의 시비에는 가모강을 거닐며 고향에 대한 그리움을 노래한 <압천鴨川>이 새겨져 있어요.

05 데마치야나기 出町柳

강과 강이 만나는 곳

교토 북부를 연결하는 에이잔 전철의 시작점이자 교토의 평범한 주택가 풍경을 볼 수 있는 동네다. 가모강과 다카노강이 합류하는 지점에 형성된 삼각주를 가모가와 델타라고 부르는데, 그 뒤쪽으로 시모가모 신사의 풍요로운 숲이 바라다보인다. 매년 8월 16일에 열리는 고잔노오쿠리비五山送り火 축제 때는 교토 일대의 산을 '대大' 자 모양 불꽃으로 수놓는 횃불을 보기 위해 많은 인파가 가모가와 델타에 모여든다.

구글맵 카모가와 델타
또는 Kamogawa Delta
가는 방법 게이한 데마치야나기역 하차

06 시모가모 신사 下鴨神社

신성한 숲속의 신사

공식 명칭은 가모미오야 신사賀茂御祖神社이고, 대략 기원전 90년부터 도시의 번영과 보호, 평안을 기원하는 역할을 수행해 왔다. 신사 경내에는 '바르게 하다' 또는 '정화하다'라는 의미를 담은 원시림 다다스노모리糺の森가 자리 잡고 있다. 무더운 여름날에도 시원하게 그늘을 드리우는 울창한 숲이다. 유네스코 세계문화유산이자 사람들이 많이 찾는 신사이기 때문에 진입로 길목에서는 연중 다양한 축제와 이벤트가 열린다.

구글맵 가모미오야신사 또는 Shimogamo Shrine **운영** 06:00~17:00(숲은 상시 개방) **요금** 무료 **홈페이지** www.shimogamo-jinja.or.jp
가는 방법 신아오이바시(Shin-Aoibashi) 버스 정류장(4·205번 버스)에서 180m(도보 2분) / 게이한 데마치야나기역에서 1.2km(도보 15분)

🔍 시모가모 신사의 축제

아오이 마츠리 葵祭
5월 15일
신에게 헌화하고 교토의 번영을 기원하는 전통 행사다. 아오이(접시꽃)로 장식한 행렬이 다다스노모리 숲을 통과하는 모습이 인상적이다.

야부사메 신지 流鏑馬神事
5월 3일
빠르게 달리는 말 위에서 활을 쏘는 기마 궁술 의식이다. 이 날을 시작으로 아오이 마츠리까지 여러 행사가 열린다.

미타라시 마츠리 みたらし祭
7월 말~8월 초
신사 경내를 흐르는 미타라시강에서 발을 씻으며 무병장수를 기원한다. 교토의 전통 음식 미타라시단고(당고)의 유래가 된 축제다.

FOLLOW UP

데마치야나기에서
에이잔 전철 타는 방법

게이한 전철의 종점이자 에이잔 전철의 시작점인 데마치야나기역은 교토 북쪽 지역을 여행할 때 반드시 거쳐야 할 교통의 요지다. 게이한 전철역 7번 출구와 에이잔 전철역 입구가 연결되어 있고, 바로 앞에 매표소와 에이잔 전철 1일권(에에킷푸)을 판매하는 인포메이션 센터를 운영 중이다.
요금 IC카드, 승차권 또는 현금, 1일권(에에킷푸), 게이한 패스(확대판), 간사이 레일웨이 패스 등
홈페이지 eizandensha.co.jp/kr

---

① 요금 확인은 필수!

데마치야나기역 개찰구와 매표소

타기 전 태그하기

내릴 때 다시 태그하기

개찰구가 있는 데마치야나기역에서는 IC카드를 태그하고 들어가거나 발매기에서 승차권을 구입한다.

작은 역에서는 전철에 탑승하기 전 플랫폼에 설치된 단말기에 IC카드를 태그한다. 현금을 내고 탄다면 정리권(승차역 증명서)을 뽑아 둘 것.

요금은 전철 앞쪽으로 내리면서 결제한다. IC카드는 태그하면 되고, 현금은 운전기사에게 정리권을 보여 주고 정확하게 맞춰서 낸다.

② 성수기에는 중간에 내리지 말 것

평소 한적하던 에이잔 전철은 벚꽃철과 단풍철에는 중간에서 내리고 타는 것이 거의 불가능할 정도로 승객이 많기 때문에 되도록 출발점인 데마치야나기역에서 탑승하고 목적지까지 이동하는 것이 좋다.

③ 노선 확인하기

목적지에 따라 노선이 두 갈래로 나뉜다. 이치조지역까지는 아무 열차나 타도 상관없지만 기후네 신사로 가려면 구라마선을, 히에이잔 방향으로 가려면 에이잔 본선을 타야 한다.
▶ 상세 요금 및 노선도 P.155

⑦ 이치조지 一乗寺

기찻길 옆 예쁜 서점을 찾아서

에이잔 전철이 지나가고 라멘 거리가 있다는 점 외엔 특별할 것 없는 조용한 동네인 이치조지가 유명해진 이유는 영국 신문 〈가디언〉에서 게이분샤의 이치조지점을 '세계에서 가장 아름다운 서점'으로 소개한 덕분이다. 1982년 문을 열었으며, 다양한 장르의 책을 자연스럽게 탐색할 수 있도록 한 서가 배열이나 생활용품과 문구류를 함께 판매하는 방식이 이 당시로서는 꽤 신선한 시도였다고 한다.

구글맵 케이분샤 이치조지점 또는 Keibunsha Ichijoji Bookshop
운영 11:00~19:00 **요금** 무료
홈페이지 www.keibunsha-store.com
가는 방법 에이잔 전철 이치조지역에서 게이분샤 서점까지 300m(도보 5분)

일본의 전형적인 동네 기차역에서 서점까지 걸어가는 동안, 골목 안 베이기끼미 작은 식당에서 현지 음식을 맛보는 즐거움도 누려 보자.

💬 이치조지역에서 서점 반대 방향에 있는 엔코지圓光寺와 시센도詩仙堂는 액자 정원으로 유명해요. 단, 가을에는 사전 입장 예약 필수! ▶ 1권 P.024

이치조지 나카타니 ▶ P.142

복을 부르는 소바와 콩떡
니조성 & 데마치야나기 맛집

5단 소바 / 면수 / 토핑 / 츠유

혼케 오와리야 본점 本家尾張屋 本店

주메뉴 호라이소바
☺ → 550여 년 역사의 소바 가게
✓ → 예약 불가, 오픈런 권장

1465년에 화과자 가게로 창업했으며, 반죽 늘이기와 자르기 기술을 갖고 있던 과자점이 궁궐이나 절에서 제분과 제면을 담당하던 것이 계기가 되어 1703년경부터 소바 전문점으로 영업을 이어오고 있다. 따뜻한 다시 국물과 함께 먹는 가케소바かけそば나 청어를 올린 니신소바にしんそば, 유도후 정식과 우동도 팔지만, 꼭 맛봐야 할 음식은 5단 찬합으로 구성한 호라이소바宝来そば다. 본점 바로 옆에는 창업자의 후손이 새로 문을 연 전통 과자점이 있다.

TIP! 호라이소바 먹는 법
5단 나무 찬합에 소바를 적당량 담고, 8종류의 고명을 입맛대로 올려 먹는다. 작은 주전자에 담아 내오는 따끈한 면수는 마지막에 입가심으로 마신다.

구글맵 혼케 오와리야 본점 **운영** 11:00~15:00 **예산** 3000엔
홈페이지 honke-owariya.co.jp **가는 방법** 지하철 가라스마선 가라스마오이케역 1번 출구에서 270m(도보 3분)

킷사 티롤 喫茶 チロル

주메뉴 일본 경양식
☺ → 맛있는 음식과 편안한 분위기
✓ → 예약 불가, 현금 결제

1968년에 창업한 레트로 카페다. 나폴리탄 스파게티, 카레, 오므라이스, 달걀(다마고) 샌드위치 같은 음식을 판매한다. 색다른 음료를 원한다면 크림소다를 마셔 보자.

구글맵 Cafe Tyrol 교토 **운영** 08:00~16:00(마지막 주문 15:30) **휴무** 일요일, 공휴일
예산 1000~2000엔
홈페이지 tyrol.favy.jp
가는 방법 지하철 도자이선 니조조마에역 3번 출구에서 300m(도보 3분)

데마치후타바 出町ふたば

주메뉴 마메모찌(콩떡), 화과자
😊 → 달지 않고 맛있는 즉석 수제 떡
✓ → 좌석 없음, 대기 1시간 이상

1899년에 문을 연 교토의 전통 화과자 전문점. 홋카이도산 콩과 팥소를 넣고 찐 쫄깃한 마메모찌豆餅 외에도 쑥을 넣은 구사모찌草餅, 밤이 들어 있는 구리모찌栗餅 등 종류가 다양하다. 밤 페이스트를 얹은 몽블랑모찌, 벚꽃잎으로 감싼 사쿠라모찌 등 계절 한정 메뉴도 별미다.

구글맵 Demachi Futaba
운영 08:30~17:30 ※재료 소진 시 영업 종료 **휴무** 화요일
예산 개당 240~300엔
가는 방법 게이한 데마치야나기역 5번 출구에서 300m(도보 3분)

커피하우스 마키 コーヒーハウス マキ

주메뉴 토스트, 드립 커피
😊 → 편안한 동네 맛집
✓ → 현금 결제

1965년 개업한 레트로 커피숍. 두툼한 식빵 안에 채소, 달걀, 햄, 감자 샐러드를 듬뿍 담아 주는 모닝 세트(낮 12시까지 주문 가능)의 인기가 높다.

구글맵 Coffee House Maki
운영 08:30~17:00 **휴무** 화요일
예산 780~900엔
홈페이지 coffeehousemaki.jp
가는 방법 게이한 데마치야나기역 5번 출구에서 400m(도보 6분)

이치조지 라멘 거리
一乗寺ラーメン街道

주메뉴 라멘, 우동
😊 → 나만의 라멘을 찾아서
✓ → 관광지에서 떨어진 곳

 이치조지 라멘 거리

텐카이핀 총본점 天下一品 総本店

본점에서 먹는 천하일품 라멘! 닭 뼈를 진하게 우려낸 걸쭉한 국물이 특징이다.

구글맵 Tenkaippin Main Shop
주메뉴 콧테리라멘
주의 예약 불가, 현금 결제

라멘 토우히치 らぁ麺 とうひち

닭 육수와 생간장으로 맛을 낸 깔끔한 쇼유라멘으로 미슐랭 빕 구르망에 소개됐다.

구글맵 Ramen Touhichi
주메뉴 쇼유라멘, 토리쇼유츠케소바
주의 예약 불가, 현금 결제

우동 와다 うどん わだ

1941년에 창업했으며, 교토의 옛 우동 가게 시미즈의 레시피를 계승했다.

구글맵 Udon Wada
주메뉴 일반 우동, 카레우동
주의 온라인 예약, 현금 결제

ZONE 5 교토 중심가 남쪽

교토역 & 후시미이나리
京都駅 & 伏見稲荷

교토 타워를 마주 보는 교통 허브

교토역은 JR 열차(신칸센·하루카), 긴테츠 열차, 교토 시영 지하철, 공항 리무진 버스가 모두 연결되는 교토의 교통 허브다. 교토역 일대는 기요미즈나 기온과 달리 매우 현대적이다. 도지, 히가시혼간지, 니시혼간지까지는 도보로 다녀올 수 있는 거리이며, 그 외 교토의 주요 관광지도 버스나 지하철로 쉽게 이동할 수 있다.

01 여행 포인트

- **이동 거리** 도보 3~5km(평지 구간)
- **여행 시간** 2~3시간
- **교토역 구경은 저녁에** → 역 내부의 대계단은 저녁에 조명이 켜져야 제대로 볼 수 있다. 교토 타워 역시 야간에 더 예쁘다.
- **맛집 찾기가 어렵다면** → 유명 맛집이 모인 교토역 지하상가, 이세탄 백화점 11층 식당가, 교토 타워 지하의 푸드 홀에서 식사를 해결하자.

02 대중교통 수단

구글맵에서 '교토역' 또는 'Kyoto Station'을 검색하면 역 내부로만 안내해 준다. 따라서 교토 시내로 가는 버스 정류장은 '교토에키마에', 간사이 국제공항으로 가는 리무진 버스를 타려면 'Keihan Bus Kyoto Station Hachijo Exit Information Centre'라고 검색하는 것이 보다 정확하다. 지하철은 교토역 1층 또는 센트럴 게이트(중앙 개찰구) 밖에 있는 에스컬레이터를 타고 지하 2층으로 내려가면 쉽게 찾을 수 있다.

JR 산인 본선 32·33번 승강장

교토에키마에 D2 버스 정류장

JR 나라선 10번 승강장

10.4km(30분)
- 교토역
- JR 산인 본선 승차
- 사가아라시야마역
- 850m(도보 15분)
- 아라시야마(도게츠쿄)

4km(20~30분)
- 교토역
- 교토에키마에에서 86·206번 버스
- 기요미즈데라·기온

3.2km(10~15분)
- 교토역
- JR 나라선(보통열차 탑승)
- 이나리역
- 200m(도보 5분)
- 후시미이나리 신사

03 여행 아이디어

- 교토역 계단에서 인증 샷 찍기
- 교토 타워에 올라가 교토 시내 파노라마 뷰 감상
- 도지東寺의 오층탑과 플리 마켓
- 여우 신사 후시미이나리 다녀오기
- 교토철도박물관, 교토 수족관 ▶ P.086

FOLLOW UP

쇼핑과 맛집, 전망 포인트까지!
교토역 즐길 거리 총정리

교토역 교통 정보는 ▶ P.016에 정리되어 있어요.

교토역 1층은 철로로 막혀 있기 때문에 교토 타워 방면 출구에서 하치조구치로 나가려면 지하 1층으로 내려가거나, 에스컬레이터를 타고 2층으로 올라가 '남북 연결 통로'를 이용해야 한다.

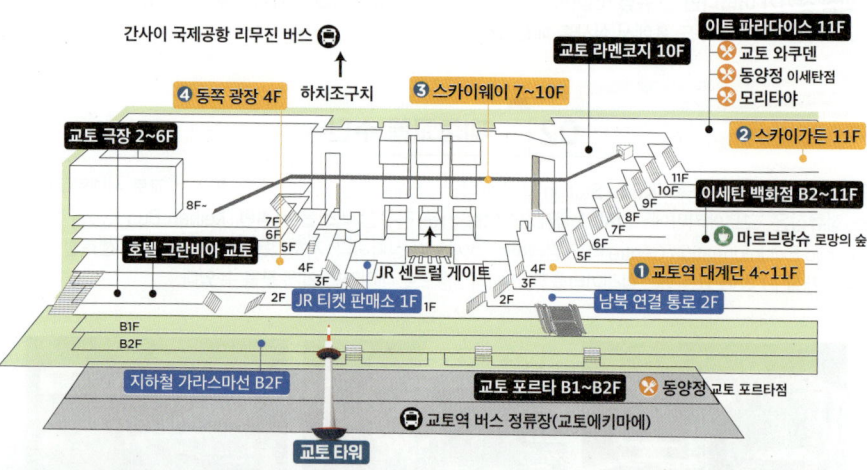

📷 교토역 무료 전망 포인트

❶ 교토역 대계단
171개의 계단을 화려하게 장식하는 야경 명소

❸ 스카이웨이(공중 통로)
10층 라멘코지부터 반대편 교토 극장까지 연결

❷ 스카이가든
대계단 계단 맨 위, 11층 옥상정원

❹ 동쪽 광장(교토 극장 방향)
교토 타워가 가장 예쁘게 보이는 전망 포인트

이세탄 백화점 伊勢丹百貨店

교토역과 바로 연결되며, 각 층을 일직선의 에스컬레이터로 연결한 엄청난 규모의 고급 백화점이다. 정식 명칭은 'JR 교토 이세탄'이다.
위치 지하 2층~지상 11층(면세 카운터 2층)
운영 10:00~20:00

패션 구찌, 셀린느, 프라다, 꼼데가르송, 비비안 웨스트우드, 플리츠 플리즈
식당 이트 파라다이스 Eat Paradise 식당가 11F(동양정, 모리타야, 미미우 등)

교토 타워 뷰 포인트를 찾아서!

이세탄 백화점에서는 11층 전체를 '이트 파라다이스 Eat Paradise'라는 식당가로 운영하고 있으며, 다른 층에도 교토 타워 전망이 멋진 오픈 뷰 레스토랑과 카페가 입점해 있다.

교토 와쿠덴
京都 和久傳

미슐랭 2스타 가이세키 요리 전문점 와쿠덴의 분점. 워크인 고객에 한해 제한된 수량의 점심 특선 메뉴를 제공한다.
구글맵 Kyoto Wakuden **위치** 백화점 11층 **운영** 11:00~15:30, 17:00~22:00 **예산** 점심 특선 4500엔, 일반 런치 7000엔, 오마카세 1만~2만 엔

모리타야 JR 교토 이세탄점
モリタ屋 JR京都伊勢丹店

스키야키와 샤부샤부 맛집 모리타야의 분점. 교토 타워를 바라보는 전망으로 유명하다. 온라인 예약은 4인부터 가능하다.
구글맵 모리타야 교토 이세탄 **위치** 백화점 11층 **운영** 11:00~16:00, 16:00~22:00 **예산** 점심 특선 2500~8000엔

마르브랑슈 로망의 숲
マールブランシュ ロマンの森

마르브랑슈에서 홍차를 테마로 선보인 카페. 교토 타워 뷰를 즐기며 가게에서 직접 구운 수제 케이크나 파이를 맛볼 수 있다.
구글맵 MALEBRANCHE Roman Forest Cafe **위치** 백화점 3층 **운영** 10:00~20:00 **예산** 1000엔

교토 라멘코지
京都拉麵小路

'라멘 골목'이라는 이름 그대로 삿포로의 멘야 고테츠, 하카타의 잇코샤 등 일본 지역별 유명 라멘 전문점 9곳을 모아 놓은 푸드 코트. 교토 브랜드 중에서는 기온의 미야코 라멘과 츠케멘 맛집 멘쇼 다카마츠가 입점해 있다.
위치 백화점 10층 **운영** 11:00~22:00
홈페이지 www.kyoto-ramen-koji.com

교토 포르타 Kyoto Porta

교토역 지하 1층과 2층은 지하철역과 포르타 다이닝Porta Dining, 더 큐브The Cube 같은 상점가가 연결된 복잡한 구조다. 여러 층으로 나뉘어 있다 보니 구글맵으로 길을 찾기 쉽지 않은데, 몇 바퀴 돌면서 가고 싶은 식당을 선택하는 것이 가장 수월한 방법이다. 인기 맛집은 지하 1층 서쪽 구역 West Area에 모여 있다.

위치 교토역 북쪽 출입구 앞 지하상가
운영 11:00~22:00(매장마다 다름) **홈페이지** www.porta.co.jp

동양정 교토 포르타점
東洋亭 京都ポルタ店

햄버그스테이크 맛집 그릴 캐피탈 도요테이 앞에는 언제나 긴 줄이 늘어선다. 이세탄 백화점 11층에도 매장이 하나 더 있으니 대기 상황을 비교해 볼 것.

구글맵 Grill Capital Touyoutei Kyōto Porta Branch
예산 A코스 1700~1800엔

다고토 田ごと

관광객보다는 퇴근 시간 무렵 현지인들이 줄 서서 기다려 가며 먹는 소바집. 교토 특유의 사바즈시(고등어초밥)도 맛볼 수 있다. 본점은 가이세키 요리로 유명하다.

구글맵 Tagoto - Kyoto Porta
예산 1250~1400엔

쿠시카츠 다루마 串かつだるま

오사카의 유명 쿠시카츠(꼬치구이) 체인점. 세트 메뉴도 있지만 낱개로 주문해 간식처럼 맛보는 것이 알맞다.

구글맵 Kushikatsu Daruma - Kyoto Porta
예산 1500~2000엔

 ### 혼케 다이이치 아사히 본점
本家 第一旭 本店

1947년에 개업한 라멘 전문점으로 미슐랭 빕 구르망에 등재됐다. 구글맵 리뷰 개수 7500개를 넘긴 대박 맛집! 1시간 대기는 기본이다.

위치 교토역 동쪽으로 도보 10분
운영 06:00~01:00 **휴무** 목요일
예산 800~1000엔
홈페이지 www.kyoto-ramen-koji.com

 ### 츠쿠모 우동 つくもうどん

교토의 직장인들과 함께 저렴하게 한 끼를 해결하기 좋은 가성비 우동 맛집. 먼저 키오스크에서 주문표를 뽑고 카운터에서 바로 음식을 받는다. 추천 메뉴는 새우튀김 우동(Ebiten Udon).

위치 교토역 지하 1층 센트럴 게이트와 하치조구치 사이
운영 07:00~21:30 **예산** 600~800엔

① 교토 타워 京都タワービル

등대를 모티브로 세운 전망 타워

전체 131m 높이의 교토 타워는 전망대에서 교토 시내와 주변을 한 화면에 담을 수 있는 최고층 건물이다. 1964년에 완공되었으며, 전통적인 교토의 건축물 사이에서 현대적 이미지를 더해 주는 상징적 랜드마크로 자리 잡았다. 전망대는 일몰 시간에 맞춰 방문하는 것이 가장 좋다. 아래쪽 빌딩에는 교토 타워 호텔과 여러 편의 시설이 입점해 있다.

📍 **구글맵** Kyoto Tower Building **운영** 09:00~21:00(마지막 입장 20:30) **요금** 전망대 900엔 **홈페이지** www.kyoto-tower.jp **가는 방법** 교토역 북쪽 출입구

> **TIP!** 교토역 & 교토 타워 주변 쇼핑 센터
>
> • **로피아 교토 LOPIA Kyoto**
> 저렴하면서 질 좋은 스시와 각종 도시락으로 인기가 많은 현지인 마트
> **위치** 교토 타워 방향 요도바시 카메라 건물 안
> **운영** 10:00~20:00
>
> • **이온몰 교토 AEON Mall Kyoto**
> 마켓 가든(KOHYO 마트) 1F, 칼디 커피 팜 1F, 이치란 라멘 4F, 반다이남코 4F
> **위치** 교토역 남쪽 하치조구치
> **운영** 10:00~21:00
>
> • **교토 아반티 Kyoto Avanti**
> 공항 리무진 버스 탑승장 1F, 돈키호테 2F, GU 5F, 애니메이트 6F
> **위치** 교토역 남쪽 하치조구치
> **운영** 돈키호테 09:00~24:00

02 니시혼간지 西本願寺 🍁

아름드리 은행나무가 자라는 곳

1591년에 창건된 일본 정토진종 사찰로, 정식 명칭은 류코쿠잔 혼간지龍谷山 本願寺다. 웅장한 목조건물인 어영당御影堂(고에이도)과 아미타당阿彌陀堂(아미다도)이 아즈치모모야마 시대(1568~1603) 건축의 진수를 보여 준다. 호화로운 장식을 전면에 새겨 채색한 당문唐門(가라몬) 등 국보급 문화재가 가득한 사찰 자체가 유네스코 세계문화유산이다.

경내에 심어진 수령 400년의 아름드리 은행나무 두 그루가 눈부신 노란색으로 물드는 늦가을 무렵 교토에 간다면 반드시 가 봐야 할 곳이다.

구글맵 Nishi Honganji **운영** 05:30~17:00 **요금** 무료
홈페이지 www.hongwanji.kyoto/en **가는 방법** 교토역에서 1.2km(도보 15분)

03 히가시혼간지 東本願寺 🍁

구글맵 Higashi Hongan-ji Temple
운영 06:20~16:30
요금 무료
홈페이지 www.higashihonganji.or.jp
가는 방법 교토역에서 500m(도보 5분),
니시혼간지에서 750m(도보 11분)

웅장한 건물과 복도

1602년에 건립된 히가시혼간지는 원래 니시혼간지와 같은 사찰이었으나 당시 집권자인 도쿠가와 이에야스가 동쪽(히가시)과 서쪽(니시) 혼간지로 나누어 세력을 분산한 것이라고 한다. 거대한 정문과 건물 두 채가 서로 연결된 어영당은 비교적 최근인 1895년 완공한 건물로, 그 압도적 규모가 깊은 인상을 남긴다.

04
도지 東寺

연못에 비친 벚꽃과 단풍의 그림자

일본 진언종의 총본산인 도지는 796년에 헤이안쿄(오늘날의 교토)를 수호하기 위해 세워졌으며, 서쪽에 위치한 사이지西寺와 함께 수도의 양대 축을 이루는 사찰이었다. 일본의 국보이자 유네스코 세계문화유산으로 지정된 오층탑(55m)은 여러 번 화재로 소실되었으며, 현재의 탑은 1644년에 세운 것이다. 강당講堂, 금당金堂, 대사당大師堂 등의 건축물과 불상 또한 국보와 중요문화재로 보호받는다.
보물관은 매년 봄과 가을 두 차례 선보이는 특별전을 통해서만 관람할 수 있다.

구글맵 Tōji Temple
운영 개장 05:00~17:00, 내부 관람 08:00~17:00, 라이트업 18:00~21:30
요금 500~800엔 ※방문 시기와 관람 구역에 따라 변동
홈페이지 toji.or.jp
가는 방법 교토역에서 1km(도보 15분)

TRAVEL TALK

매월 21일에는 플리 마켓!

도지에서는 매월 21일에 고보시弘法市라는 벼룩시장이 열립니다. 이 행사는 진언종 창시자인 승려 구카이空海의 업적을 기리기 위해 시작되었으며, 전통 공예품과 골동품은 물론 다양한 먹거리도 파는 교토를 대표하는 전통 행사로 자리 잡았습니다. 새벽 5시에 시작해 오후 4시경에 마감되므로 정오 무렵 방문해 보세요.

SPECIAL THEME

만 개의 문을 가진 여우 신사
후시미이나리타이샤 伏見稲荷大社

기요미즈데라와 함께 교토에서 가장 잘 알려진 명소는 후시미이나리 신사가 아닐까? 산 전체를 뒤덮은 주홍빛 도리이鳥居가 터널처럼 이어진 모습이 그야말로 장관이다. 곡식의 풍요와 번영을 관장하는 이나리稲荷 신을 모시는 이나리 신사는 일본 전역에 3만 개 이상 분포하는데, 그 총본산이 바로 이곳. 가정의 평안, 상업의 성공과 번영을 기원하는 장소다.

구글맵 후시미 이나리 신사 / 정문을 찾으려면 'Fushimi Inari Shrine Tower Gate'로 검색
운영 상시 개방
요금 무료
홈페이지 inari.jp/ko

관람 요령

교토 남부 이나리산 기슭에 위치하며, 교토 중심가에서 대중교통으로 15~30분 소요된다. 입장료가 무료이기 때문에 단체 관광객이 유난히 많이 찾아오는데, 오후에는 사진 촬영이 어려울 정도로 붐빈다. 그러므로 조용하고 여유로운 관람을 원한다면 이른 아침 시간을 공략하고, 인파가 많은 것을 감수하더라도 참배로에 늘어선 노점상과 저녁노을에 물든 모습까지 다 보고 싶다면 오후 3~4시에 찾아가는 것이 좋다.

가는 방법 ⏰ 교토역 기준 10~15분

- **JR 열차** 교토역에서 JR 나라선(보통 열차)을 타고 이나리역Inari Station 하차 후 입구까지 도보 3분
  ※오사카와 교토를 오가는 JR 신쾌속은 이나리역에서 정차하지 않고 통과함
- **게이한 전철** 기온시조역에서 게이한 전철을 타고 후시미이나리역Fushimi-Inari Station 하차 후 입구까지 도보 6분

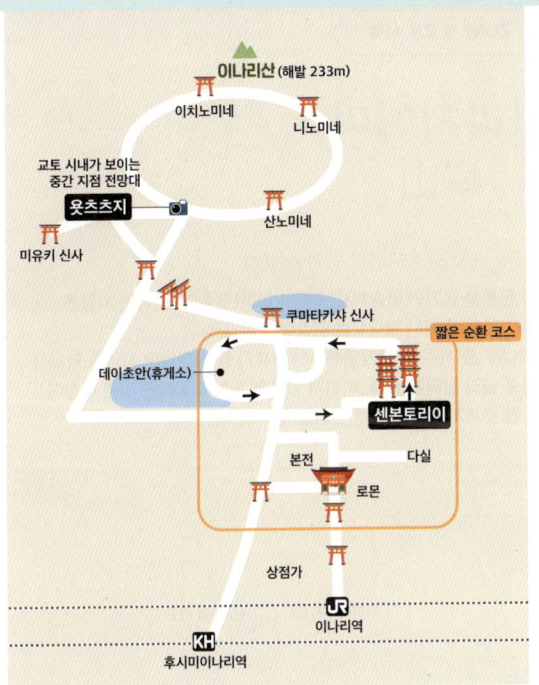

01 POINT 1만 개의 센본토리이 千本鳥居

신사의 정문에 해당하는 로몬樓門(누문)과 혼덴本殿(본전)도 중요문화재로 지정되어 있지만, 후시미이나리 신사의 하이라이트는 단연 끝없이 줄지어 선 도리이의 행렬이다. 기둥마다 기부자의 이름과 소원을 새겨 두었는데, 이름은 '1000개의 도리이'라는 뜻이지만 신사 권역에 대략 1만 개가 세워져 있다고 한다.

- 짧은 순환 코스 약 30분
- 로몬에서 욧츠츠지 전망대까지 올라가는 코스 약 30분
- 정상까지 올라가는 순례 코스 2~3시간(전체 4.3km)

02 POINT 여우 신사로 불리는 까닭?

여우는 이나리 신의 전령으로, 곡식을 보호하고 전달하는 역할을 맡은 신성한 존재로 여겨진다. 후시미이나리 신사가 '여우 신사'라고 불리는 이유도 경내 곳곳에서 쉽게 찾을 수 있는 여우 석상들 때문이다.

03 POINT 음력 2월의 하츠우마 대제 初午大祭

음력 2월의 첫 번째 오일午日(말의 날)을 이나리 신이 교토 후시미구의 이나리산稻荷山에 현신한 날로 기리고 있다. 매년 이 시기에는 전국의 이나리 신사에서 성대한 제례를 올리고, 참배객들이 후시미이나리 신사를 찾아 이나리산의 전체 경로를 순례한다. 여우가 좋아한다는 이나리즈시稻荷寿司(유부초밥)를 먹는 것 또한 오래된 전통이다.

ZONE 6 교토 서쪽

아라시야마
嵐山

강과 산과 대나무 숲으로 둘러싸인 힐링 여행지

헤이안 시대(794~1185)부터 귀족들이 풍류를 즐기던 명승지로, 아라시야마(폭풍의 산)라는 지명은 교토 서쪽 끝자락의 아타고산愛宕山에서 불어오는 강풍에서 유래했다.
가츠라강 위로 걸쳐진 도게츠교, 신비로운 대나무 숲 치쿠린, 세계문화유산 덴류지 등 아름다운 자연과 역사적 명소가 한데 모인 덕분에 교토 필수 관광지로 널리 알려져 있다. 따라서 인파를 피하고 싶다면 이른 아침에 찾아가거나 조금 더 먼 곳까지 범위를 넓혀 산책을 즐겨 보자.

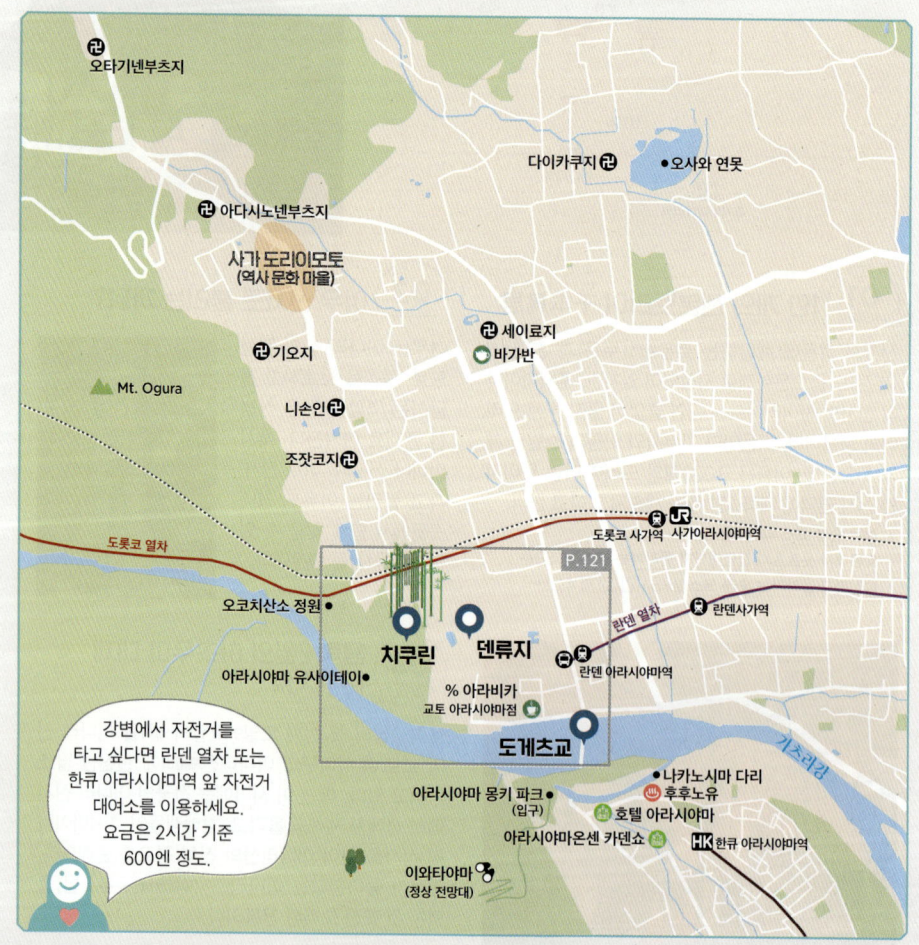

01 여행 포인트

- **이동 거리** 2~3km(덴류지와 치쿠린 주변 한정)
- **여행 시간** 4~5시간
- **반나절 코스** → 오전 중에 치쿠린과 사찰 한두 곳을 돌아본 뒤 메인 거리나 강변에서 점심을 먹는다. 오후에는 도롯코 열차를 타고 풍경을 감상하거나 란덴 열차를 타고 금각사(ZONE 7) 쪽으로 넘어가는 방법도 있다.
▶ 란덴 열차 탑승 방법 P.024

02 대중교통 수단

- 아라시야마는 교토 중심부에서 서쪽으로 약 10km 거리에 위치한다. 평소에는 교토역에서 버스(28번)로 50분, 택시로 25분 정도 걸리지만, 벚꽃철이나 단풍철에는 심각한 교통 체증이 발생하니, JR 또는 전철을 이용하자.
- 교통수단별로 기차역의 위치가 다른데, 모두 '아라시야마'라는 지명을 혼용하고 있어 무척 헷갈린다. 관광지는 란덴 아라시야마역 앞이고, JR 사가아라시야마역과 한큐 아라시야마역은 각각 도보 10분 거리에 있다.

JR 사가아라시야마역 | 한큐 아라시야마역 | 란덴 아라시야마역

10.3km(20분)
- 교토역
- JR 산인 본선
- JR 사가아라시야마역

10.7km(25~30분)
- 교토 가와라마치역
- 한큐
- 가츠라역 환승
- 한큐 아라시야마선
- 한큐 아라시야마역

7.6km(25분)
- 시조오미야역
- 란덴 아라시야마 본선
- 란덴 아라시야마역

03 여행 아이디어

- ☑ 도게츠교와 덴류지, 치쿠린까지 한 바퀴 걷기
- ☑ 강변에서 % 아라비카 커피 들고 인증 샷!
- ☑ 도롯코 열차와 호즈강 뱃놀이는 1개월 전 예매 필수 ▶ 1권 P.042

 란덴 아라시야마역 嵐電 嵐山駅

란덴 열차의 종점

아라시야마역은 교토 시내와 아라시야마를 연결하는 게이후쿠 전철京福電鉄, 즉 란덴 열차의 종착역이자 아라시야마 관광의 시작점이다. 역 안에는 매점, 족욕탕, 자전거 대여점 같은 편의 시설이 있으며, 아라시야마의 메인 쇼핑 거리와 직통으로 연결되어 연중 붐비는 기차역이다. 교토 중심가의 시조오미야역에서 아라시야마 본선을 탑승하면 20분 만에 아라시야마역에 도착한다.

구글맵 아라시야마텐류지마에
운영 05:00~23:30
홈페이지 www.keifuku.co.jp
가는 방법 란덴 시조오미야역에서 탑승 후 아라시야마역 하차 / 도게츠교에서 200m(도보 3분)

알아두면 좋아요!

기모노의 숲 キモノフォレスト

아라시야마역에 도착하자마자 가장 먼저 눈에 띄는 설치미술 작품. 600개의 원기둥에 기모노의 다채로운 문양을 표현했고, 밤에는 조명을 밝힌다.
요금 무료
운영 24시간(조명 17:00~21:00)

교에츠 아라시야마점 京越 嵐山店

전통 의상 기모노 대여점. 역 바로 뒤쪽이라 편리하고, 치쿠린과 도게츠교가 가깝다. 홈페이지의 한국어 예약 정보를 확인할 것.
요금 4500엔부터 **운영** 09:00~18:30
홈페이지 kyoetsu-gion.com/ko

FOLLOW UP

인기 매장 다 모였다!
아라시야마 덴류지 앞 상점가

란덴 열차 아라시야마역과 덴류지 사이의 메인 도로는 아라시야마 관광의 중심지다. 역에서 도보로 5~10분 거리에 지역 특산품 매장과 소품 가게, 음식점, 길거리 간식을 파는 점포들이 전부 모여 있다.

① 쇼류엔 龍苑

교토 전통 상점 12곳이 모여 있는 복합 상업 시설이다. 2층에서는 장인의 수공예 제품을 전시하거나 각종 체험 프로그램을 진행하며, 1층 정원은 휴식 공간이다.
구글맵 아라시야마 쇼류엔
운영 10:00~17:00

② 미피 사쿠라 키친 みっふぃー桜きっちん

네덜란드 캐릭터 '미피'를 테마로 한 카페 겸 기념품 숍. 다채로운 디저트와 음료를 팔고, 교토의 전통 공방과 협업해 만든 한정 상품을 선보인다.
구글맵 미피 사쿠라 키친 아라시야마점
운영 10:00~18:00

③ 교바움 京ばあむ

겹겹의 레이어가 특징인 독일식 바움쿠헨 전문점이다. 우지 말차와 교토산 두유로 반죽해 촉촉한 식감을 자랑한다.
구글맵 Kyo-Baum Arashiyama
운영 10:00~17:00

④ 마르브랑슈 マールブランシュ

랑그드샤 쿠키(차노카茶の菓)로 유명한 디저트 전문점. 우지 말차 아이스크림을 얹은 에클레르는 오로지 아라시야마점에서만 맛볼 수 있다.
구글맵 마르브랑슈 아라시야마점
운영 10:00~17:00

⑤ 고게츠 鼓月

폭신한 와플 샌드에 갖가지 크림을 채운 센주 센베는 교토의 대표 디저트! 아라시야마점에서는 말차 아이스크림 버전까지 낱개로 판매한다.
구글맵 Kogetsu Arashiyama Store
운영 09:00~18:00

02 도게츠교 渡月橋
가츠라강의 낭만

아라시야마를 상징하는 길이 155m, 폭 11m의 목조 다리로, 사계절 내내 벚꽃, 단풍, 눈과 어우러진 아름다운 풍경을 자랑하며, 일본 전통문학과 예술 작품에도 자주 등장하는 명소다. 836년에 처음 세워졌던 다리는 홍수 피해를 입어 수차례 파손되었다. 1934년에 재건한 현재의 다리는 철근콘크리트 구조로 내구성을 보강하면서도 난간과 교량의 외부는 목재로 마감해 목조 다리의 미관을 최대한 살렸다. 란덴 아라시야마역과 한큐 아라시야마역 사이에 놓인 주요 도로라서 낮에는 엄청난 인파와 차량으로 붐빈다.

구글맵 Togetsukyo Bridge **운영** 상시 개방
가는 방법 란덴 아라시야마역에서 300m(도보 3분) / 한큐 아라시야마역에서 500m(도보 5분)

📷 아라시야마에서 즐기는 뱃놀이

물살의 흐름이 잔잔한 아라시야마 일대에서는 서기 805년경부터 뱃사공이 대나무 장대로 노를 젓는 야카타부네屋形船(지붕이 있는 놀잇배)가 귀족들의 유흥 문화로 자리 잡았다. 점차 꽃놀이나 단풍놀이를 나온 일반 대중에게도 인기를 끌게 되었으며, 현재도 선착장에서 약 1km 상류까지 왕복하며 뱃놀이를 즐길 수 있다. 식사가 포함된 유람선은 예약 후 이용하는 것이 편리하고, 30분짜리 야카타부네는 현장 접수만 받는다. 일반 보트도 대여 가능하다.

구글맵 Yakatabune, Rental Boat
운영 봄가을 09:00~15:30, 여름 12:00~16:00, 겨울 10:00~15:00 **요금** 성인 1500엔, 4~12세 1000엔(현금 결제만 가능)
홈페이지 arashiyama-yakatabune.com

후쿠다 미술관 카페 전망

⓭ 치쿠린(죽림) 竹林

📍 **구글맵** 아라시야마 치쿠린 또는 아라시야마 공원 카메야마 지구 정상 전망대
운영 상시 무료 개방

사계절 푸르른 대나무 숲길

대나무가 빼곡하게 자라는 치쿠린은 아라시야마 여행의 필수 코스다. 산책로 중간중간 샛길이 연결되는데, 란덴 아라시야마역 맞은편에서 진입하면 양쪽으로 대나무가 울창한 숲길을 쉽게 찾을 수 있다. 평소 사람이 많은 곳이므로 조용한 산책을 원한다면 이른 아침에 찾아가는 것이 좋다. 가츠라강이 내려다보이는 전망대 방문도 추천!

> **TIP!** 에비스야 인력거 えびす屋 人力車
>
> 버스나 택시로는 관광할 수 없는 장소, 특히 치쿠린 깊숙한 곳까지 느긋하고 편하게 돌아볼 수 있는 관광 상품이다. 여러 코스 중에서 선택할 수 있다. 탑승 위치는 도게츠교 북쪽.
> **요금** 1만 엔(30분, 2인 기준)
> **홈페이지** www.ebisuya.com

④ 덴류지(천룡사) 天龍寺

아라시야마의 세계문화유산

구글맵 Tenryū-ji
운영 08:30~17:00
요금 정원 500엔, 본당 300엔 (법당 500엔, 주말·공휴일과 봄가을에만 공개)
홈페이지 www.tenryuji.com
가는 방법 란덴 아라시야마역에서 800m(도보 12분)

1339년 창건된 선종 사찰로, 무로마치 막부의 초대 쇼군 아시카가 다카우지가 건립했다. 입구는 치쿠린 방향의 북문과 호곤인 방향의 정원 쪽 2곳에 있으며, 매표소에서 정원 입장권을 구입한 뒤 들어가야 한다. 달마도가 걸린 본당과 운룡도 천장화로 유명한 법당은 내부 접수처에서 별도의 추가 요금을 받는다.

제9대 종정 히라타 세이코가 그린 덴류지의 상징 달마도

초대 주지였던 무소 소세키夢窓疎石가 설계한 정원

본당 입구

중심부의 커다란 연못에는 주변의 풍경이 아름답게 비치며, 아라시야마의 언덕을 정원의 연장선으로 삼아 조화롭게 배치한 차경借景 기법이 인상적이다. 연못 옆에는 사찰 요리 전문점 '덴류지 시게츠'가 있다. ▶ 맛집 P.128

사유思惟와 힐링의 시간
아라시야마의 사찰과 정원

헤이안 시대의 궁녀이자 소설가인 무라사키 시키부가 쓴 《겐지 이야기》에 묘사된 것처럼, 바람을 타고 흩날리는 아라시야마의 벚꽃잎과 단풍잎은 마음을 화사하게 물들인다. 수많은 사찰과 신사, 정원과 갤러리 중에서 취향에 맞는 한두 곳을 선택해 보자. 덴류지와 가까운 곳은 사람이 많이 몰리는 반면, 점점 멀어질수록 고요하게 사색하기 좋은 분위기가 된다.

① 호곤인(보엄원) & 고겐지(홍원사)
宝厳院 & 弘源寺

☺ → 아담하고 예쁜 정원 ✓ → 덴류지 근처

호곤인(1461년 창건)은 무소 소세키가 설계한 '사자후의 정원'으로 유명하고, 고겐지(1429년 창건)에서는 가레산스이 정원과 작은 미술관을 관람할 수 있다. 2곳 모두 덴류지 주변에 있으며 봄가을에만 한시적으로 특별히 공개한다.

구글맵 Kōgen-ji **운영** 봄가을 한정
요금 개별 입장권 500엔, 통합권 1000엔

❷ 조잣코지(상적광사) 常寂光寺 🍁

- 😊 → 아름다운 정원과 전망대
- 😐 → 가파른 계단 주의

언덕 지형을 활용한 오밀조밀한 조경이 더없이 매력적인 사찰(1596년 창건)이다. 인왕문을 통과하는 순간 이끼 정원과 단풍 숲이 펼쳐지고, 중요문화재인 다보탑 뒤쪽 계단을 따라 오구라산小倉山 중턱까지 올라가면 교토 시내가 내려다보이는 전망 포인트가 나온다. 덴류지에서 도보로 15분 거리이므로 치쿠린과 함께 산책 삼아 다녀오기에 적당하다.

구글맵 상적광사 인왕문 또는 Jojakko-ji Temple
운영 09:00~17:00 **요금** 500엔 **홈페이지** jojakko-ji.or.jp

❸ 다이카쿠지(대각사) 大覚寺 🌸

- 😊 → 오사키 연못에 비친 아름다운 물그림자
- 😐 → 란덴 아라시야마역에서 1.7km

옛 궁궐에서 876년 사찰로 바뀌었다. 경내 동쪽에는 당나라의 동정호를 본떠 만든 연못이 있는데, 3월 초에서 중순까지는 150그루의 매화가, 3월 중순부터 4월 초에는 500그루의 벚나무가 일제히 꽃을 피운다.

구글맵 Daikaku-ji
운영 09:00~17:00(마지막 입장 16:30) **요금** 500엔

❹ 니손인(이존원) 二尊院 🍁

- 😊 → 화려한 단풍 길
- 😐 → 조잣코지 옆

834~847년에 창건된 사찰로 석가여래와 아미타여래를 본존으로 모신다. 조잣코지나 덴류지에 비해 훨씬 조용한 편이고, 경내로 들어가는 동안 이어지는 '홍엽의 마장紅葉の馬場'이라는 단풍 길이 아름답다.

구글맵 Nison-in
운영 09:00~16:30
요금 500엔
홈페이지 nisonin.jp

⑤ 세이료지(청량사) 清凉寺 🍁

- 😊 → 사찰 안 카페
- ✅ → 니손인에서 600m(도보 8분)

987년에 창건되었으며, 부처의 생신生身을 형상화한 석가여래상을 본 존으로 모시고 있어 사가석가당嵯峨釈迦堂이라는 이름으로 알려져 있다. 경내에 두부 전문점과 작은 카페가 있어 오롯이 휴식을 위해 방문해도 좋다. 란덴 열차 아라시야마역에서 도보 15분 정도 떨어져 있어서 다른 곳이 복잡할 때도 조용한 편이다.

구글맵 Seiryo-ji **운영** 09:00~16:00
요금 무료입장, 내부 관람 400엔
홈페이지 seiryoji.or.jp

⑥ 기오지 祇王寺

- 😊 → 이끼 정원과 고요한 분위기
- ✅ → 니손인에서 400m(도보 5분)

대숲과 단풍나무에 둘러싸인 초가집 본당과 이끼 정원이 아름다운 작은 사찰이다. 13세기 소설 《헤이케 이야기》에서 무희 '기오'가 출가해 여생을 보낸 곳으로 등장한다.

구글맵 Gioji Temple **운영** 09:00~16:30 **요금** 300엔
홈페이지 www.giouji.or.jp

⑦ 오타기넨부츠지 愛宕念仏寺

- 😊 → 애니메이션 팬이라면 추천
- ✅ → 란덴 아라시야마역에서 2.7km

경내를 가득 메운 1200여 개의 나한상이 제각기 다른 표정과 모습을 하고 있는 이곳은 애니메이션 〈센과 치히로의 행방불명〉에서 터널 입구에 서 있던 석상의 모티브가 되었다고 알려져 있다. 이 사찰의 역사는 8세기까지 거슬러 올라가지만, 지금의 아라시야마에 자리 잡은 것은 1922년이다. 쇠퇴하던 사찰을 되살리기 위해 1981년부터 약 10년에 걸쳐 참배자들이 직접 나한상을 조각하는 프로젝트를 진행했고, 이를 통해 오늘날의 모습이 완성됐다. 거리가 꽤 먼 곳이므로 버스나 택시로 이동할 것.

구글맵 오타기염불사 또는 Otagi Nenbutsu-ji
운영 09:00~16:45 **요금** 400엔 **홈페이지** www.otagiji.com

TIP! 오타기넨부츠지로 가는 길목에 있는 아다시노넨부츠지化野念仏寺는 이름이 비슷해서 잘못 들어가는 경우가 많은데, 완전히 다른 곳이다. 옛 묘지 겸 화장터에 세운 사찰로, 무연고자를 추모하는 석불 8000여 개가 늘어서 있다.

⑤ 후쿠다 미술관 福田美術館

도게츠교 감상 포인트

에도 시대부터 근대에 이르는 약 1500점의 일본화 작품을 소장한 미술관. 내부 카페에서 바라보는 도게츠교 풍경이 이곳에서의 시간을 완성한다.

📍 **구글맵** Fukuda Art Museum **운영** 10:00~17:00
휴무 전시 교체 기간 **요금** 1500엔
홈페이지 fukuda-art-museum.jp

⑥ 아라시야마 유사이테이 嵐山 祐斎亭

빛과 색의 갤러리

일본의 전통 염색법을 계승한 작가 오쿠다 유사이의 공방. 빛과 각도에 따라 색이 변하는 독자적 기법인 '유메코우로조메夢こうろ染' 작품을 전시하는 갤러리를 겸한다. 옛 료칸을 개조해 주변 풍경이 그림자처럼 비치도록 설계했으며, 그중 둥근 창문을 가진 방이 완벽한 포토 스폿이다. 노벨 문학상 수상 작가 가와바타 야스나리가 《산소리》를 집필했다는 방도 남아 있다. 공식 홈페이지에서 예약하고 방문할 것.

📍 **구글맵** Arashiyama Yusai-Tei Gallery
운영 10:00~17:00(라이트업 18:00~20:00)
휴무 목요일(유동적) **요금** 평상시 2000엔, 라이트업 3500엔 ※13세부터 입장 가능 **홈페이지** yusai.kyoto
가는 방법 도게츠교에서 700m(도보 10~15분)

⑦ 오코치산소 정원 大河內山莊庭園

일본의 시대극 배우 오코치 덴지로가 1931년부터 약 30년에 걸쳐 조성한 드넓은 별장이다. 차경 기법을 활용한 회유식 정원을 감상한 다음, 다실에서 말차와 화과자를 즐긴다.

구글맵 Okochi Sanso Garden
운영 09:00~17:00
요금 1000엔

후후노유 & 덴잔노유 風風の湯 & 天山の湯

당일 입장이 가능한 온천

아라시야마의 료칸이나 고급 호텔의 온천은 대부분 투숙객 전용 시설인 반면, 후후노유는 당일치기로 이용할 수 있는 온천이다. 외부에 노천탕이 마련되어 있으며, 내부에는 대욕장, 사우나, 냉탕 등 기본적인 시설을 갖추고 있다. 시설은 소박한 편이지만 관광지에서 접근하기 쉽다는 것이 장점이다. 우리나라 관광객에게는 덴잔노유라는 온천도 잘 알려져 있는데, 이곳은 관광지와 거리가 먼 대신 규모가 크고, 찜질방처럼 다양한 시설을 갖췄다. ▶ 숙소 정보 1권 P.134

• **후후노유**
구글맵 Fufu no Yu **운영** 12:00~21:30 **요금** 평일 1100엔, 주말·공휴일 1300엔, 수건 대여 200엔 **홈페이지** dormy-hotels.com/spa/fufu
가는 방법 한큐 아라시야마역에서 200m(도보 3분)

• **덴잔노유**
구글맵 Tenzan no Yu
운영 10:00~24:00(마지막 입장 23:00) **요금** 성인 1080엔, 어린이(4세 이상) 530엔,
수건과 찜질복 세트 450엔
홈페이지 ndg.jp/tenzan
가는 방법 란덴 아리스가와역에서 220m(도보 3분)

TRAVEL TALK

벚꽃 피는 계절에는 나카노시마 다리까지 산책

도게츠교와 한큐 아라시야마역 사이에는 나카노시마中ノ島라는 작은 섬이 있어요. 봄이 되면 화사한 벚꽃이 피는 공원입니다. 특히 나카노시마 다리 위에서 바라보는 풍경이 무척 예쁘답니다.

아라시야마 몽키 파크 嵐山 モンキーパーク

야생 원숭이 만나러 산으로!

약 120마리의 야생 일본원숭이를 자유롭게 방사하는 자연공원이다. 산길을 따라 20분 정도 걸어 올라가면 해발 100m의 이와타산 정상이 나오는데, 이 지점에서 교토 시내를 한눈에 조망할 수 있다는 것도 몽키 파크에 가야 할 이유 중 하나다. 원숭이에게 먹이를 주고 싶다면 관람객에게 개방된 오두막 안으로 들어가 철창 사이로 주는 것만 허용된다. 원숭이 먹이는 현장에서 현금으로 구입해야 하며, 오두막 외부로 가지고 나오는 행위는 금물이다. 일반인이 먹이를 가지고 나오면 원숭이 무리에게 공격당할 수 있으므로 주의해야 한다.

구글맵 Arashiyama Monkey Park Iwatayama **운영** 09:00~16:00
휴무 악천후 시 또는 1월 1일
요금 성인 600엔, 4~15세 300엔
홈페이지 www.monkeypark.jp
가는 방법 한큐 아라시야마역에서 550m(도보 9분)

아라시야마 감성 UP!
아라시야마 맛집

덴류지 시게츠 天龍寺 篩月

주메뉴 정통 쇼진 요리(사찰 음식)
- 😊 → 접근성 좋은 고급 요리점(정숙한 분위기)
- ✓ → 덴류지 입장료 별도, 온라인 예약 필수

덴류지에서 직영하는 사찰 음식 전문점. 맛있는 두부 요리와 격식을 갖춘 한 상 차림으로 미슐랭 빕 구르망에 올랐다. 구글 맵 링크를 통해 예약할 때는 당일 식사할 코스 메뉴를 미리 정해야 한다.

구글맵 Tenryuji Temple Shigetsu **운영** 11:00~14:00 **휴무** 목요일 **예산** 유키쯔 3800엔, 츠키月 6500엔, 하나花 9000엔(기본 2인 이상 주문) **홈페이지** tenryuji.com/shigetsu
가는 방법 란덴 아라시야마역에서 500m(도보 7분)

쇼라이안 松籟庵

주메뉴 두부 가이세키 코스
- 😊 → 아라시야마 풍경과 함께하는 식사
- ✓ → 전화 예약 필수
  (☎ 075-861-0123 / 영어 소통 가능)

도게츠교에서 도보 10분 거리 강변에 위치한 두부 가이세키 요리 전문점. 전 일본 총리의 개인 별장을 개조해 2005년부터 영업 중이다. 점심은 워크인이 가능하지만 자리가 없을 때가 많고, 저녁은 예약제로만 운영한다.

구글맵 쇼라이안 **운영** 월~목요일 11:00~17:00, 금~일요일 11:00~20:00 **휴무** 수요일 **예산** 런치 4500~7000엔, 디너 7500~1만 엔 **홈페이지** www.shoraian.com
가는 방법 란덴 아라시야마역에서 900m(도보 13분)

사가토후 이네 본점 嵯峨とうふ 稲本店

주메뉴 유바 정식
- 😊 → 예약 불필요, 적당한 가격 ✓ → 많이 붐비는 편

매장 앞에서 유바(뜨겁게 데운 두유 표면에 생긴 얇은 막)를 수시로 건져 내는 광경을 볼 수 있는 두부 전문점이다. 교토의 두부 요리를 종류별로 맛볼 수 있도록 구성한 세트 메뉴 가격이 합리적이다.

구글맵 두부이네 본점 **운영** 11:00~18:00
예산 1600엔 이상 **홈페이지** kyo-ine.com
가는 방법 란덴 아라시야마역에서 110m(도보 2분)

우나기야 히로카와 うなぎ屋 廣川

주메뉴 장어 요리
- → 세련된 분위기와 맛
- → 온라인 예약 필수

정통 에도마에江戸前 방식으로 조리한 우나기 요리를 판매하며, 1967년 창업해 2017년 미슐랭 1스타를 획득했다. 우나기동(장어덮밥)은 장어의 크기와 품질에 따라 기본·보통·상·특상으로 나뉘고, 정식 코스는 우나기동과 맑은장국, 잉어회, 유바말이, 초무침으로 구성된다. 아라시야마 전통 명주를 주문하면 대나무 통에 담아서 내온다.

구글맵 Unagi Hirokawa
운영 점심 11:00~15:00, 저녁 17:00~21:00 **휴무** 월요일
예산 우나기동 3100~6700엔, 코스 5300엔부터

홈페이지 www.unagi-hirokawa.jp/kr (한국어 지원)
가는 방법 란덴 아라시야마역에서 도보 5분

> **TIP! 예약 방법**
> 방문일 기준 1개월 전 오전 10시부터 홈페이지에서 예약을 접수하며, 보증금 결제 후 예약이 완료된다. 100% 예약제로 운영하므로 주차장 입구에서 직원이 예약 확인 후 입장을 안내한다.

타이쇼 하나나 鯛匠 Hanana

주메뉴 도미밥(타이차즈케)
- → 신선한 도미의 맛
- → 현금 결제, 전화 예약만 가능 ☎ 075-862-8771

신선한 참돔회를 참깨 소스에 찍어 먹거나 차를 부어 오차즈케로 먹는 도미밥이 인기 메뉴. 도미구이가 나오는 '타이사이쿄야키 정식'도 있다. 특수 부위로 요리한 '하나나 정식'은 일찍 품절된다. 예약은 4인 이상만 가능하며, 예약 가능한 시간도 오전 11시뿐이다. 3인 이하인 경우 대기 순번에 따라 워크인 입장이 가능하니, 오픈런을 권한다.

구글맵 Taisho HANANA **운영** 11:00~15:30
예산 3000엔 **홈페이지** www.hanana-kyoto.com
가는 방법 란덴 아라시야마역에서 도보 5분

오구라 차야 おぐら茶屋

주메뉴 차, 일본 전통 디저트
- → 예약 불필요, 잠시 쉬기 좋은 곳
- → 손님이 많을 수 있음

조잣코지로 올라가는 길목에 있는 작은 전통찻집이다. 밤이 든 단팥죽(구리이리젠자이)과 말차 디저트를 팔지만 우동으로 간단하게 요기를 해도 된다. 치쿠린을 지나 조잣코지로 갈 때 쉴 곳이 필요하면 들르기 좋다.

구글맵 Ogura Cha-Ya
운영 10:30~17:00
휴무 비정기적
예산 1000~2000엔
홈페이지 www.ogurachaya.com
가는 방법 란덴 아라시야마역에서 1.2km(도보 17분)

교토 여행의 쉼표
아라시야마 전망 카페

% 아라비카 교토 아라시야마점
% ARABICA Kyoto Arashiyama

주메뉴 교토 라테, 스페셜티 커피
☺ → 아라시야마에 가면 누구나 찾아가는 곳 ✔ → 테이크아웃만 가능, 긴 대기 시간

아라비카 커피를 전 세계에 알린 플래그십 스토어. 전면이 통유리 창으로 된 심플한 인테리어의 작은 카페로, 매장 내 좌석은 없고, 주문한 커피를 받으면 강변에 앉아 마신다. 달콤한 '교토 라테' 외에 질 좋은 원두로 브루잉한 커피 종류도 맛있다.

구글맵 % 아라비카 교토 아라시야마점
운영 09:00~18:00
예산 교토 라테 550엔
홈페이지 arabica.com/en
가는 방법 란덴 아라시야마역에서 300m(도보 4분)

바가반 Bhagavan

주메뉴 차와 전통 디저트
☺ → 환상적인 반영과 조용한 공간

교토 사찰 루리코인瑠璃光院을 설계한 조경 전문가가 세이료지(사찰) 경내에서 운영하는 카페. 앤티크한 테이블에 정원의 풍경이 비치도록 한 특유의 디자인을 볼 수 있다. 창밖 세이료지의 석탑을 바라보며 따뜻한 차와 전통 디저트를 즐기다 보면 자연스럽게 피로가 풀린다. 도게츠교의 혼잡한 분위기에서 벗어나 아라시야마 특유의 감성을 느낄 수 있는 카페다.

구글맵 Bhagavan
운영 11:00~17:00 **휴무** 목요일
예산 1000~2000엔
※사찰 입장료 없음
인스타그램 @bhagavan_arashiyama
가는 방법 란덴 아라시야마역에서 950m(도보 14분)

팡토에스프레소토
パンとエスプレッソと

주메뉴 커피와 베이커리
😊→ 고택 안 트렌디 카페

도쿄에 본점을 둔 베이커리 카페. 두툼한 식빵으로 만든 프렌치토스트와 각종 샌드위치, 달콤한 디저트가 맛있다. 아라시야마 정원점은 에도 시대 후기의 주택을 개조한 전통 가옥과 정원이 특징이며, 후쿠다 미술관점은 미술관 입장료를 내야 하는 대신, 도게츠교가 내다보이는 최고의 전망을 품고 있다.

예산 1000~2000엔
홈페이지 bread-espresso.jp
가는 방법 란덴 아라시야마역에서 300m(도보 5분)

● **아라시야마 정원점**
구글맵 Bread, Espresso and Arashiyama Garden
운영 08:00~18:00

● **후쿠다 미술관점**
구글맵 Bread, Espresso & Fukuda Museum of Art
운영 10:00~17:00 **요금** 미술관 입장료 1500엔

또 다른 핫플 'eX 카페'는 P.146에서 확인!!

리락쿠마 카페 교토 아라시야마점
嵐山 りらっくま茶房

주메뉴 파르페, 몽블랑, 도라야키
😊→ 귀여운 캐릭터 ▽→ 오전 10시부터 카페 대기자 명단 접수

인기 캐릭터 리락쿠마를 모티브로 한 다양한 식음료를 파는 테마 카페. 밤 페이스트를 얹은 몽블랑 파르페, 폭신한 오믈렛 요리나 소고기 카레 같은 식사 메뉴도 맛볼 수 있다. 1층은 리락쿠마 굿즈를 판매하는 매장이다. 테이크아웃도 가능해 리락쿠마를 좋아한다면 가 볼 만하다.

구글맵 리락쿠마 카페 교토 아라시야마점
운영 10:30~17:30 **예산** 1000~2000엔 **홈페이지** rilakkumasabo.jp
가는 방법 란덴 아라시야마역에서 180m(도보 3분)

| ZONE 7 교토 북서쪽 |

금각사 & 기타노텐만구
金閣寺 & 北野天満宮

사계절 아름다운 세계문화유산

유네스코 세계문화유산에 나란히 등재된 금각사, 닌나지, 료안지를 포함해 매화와 단풍이 아름다운 기타노텐만구, 화려한 벚꽃을 볼 수 있는 히라노 신사 같은 명소가 많다. 일본의 역사와 특유의 건축양식, 정원 문화를 살펴볼 수 있는 지역이지만 교토의 다른 관광지와 거리가 다소 떨어져 있으므로 일정과 우선순위를 잘 생각해 여행 계획을 세워야 한다.

01 여행 포인트

- **이동 거리** 1~5km
- **여행 시간** 1~4시간

- **금각사만 갈 때** → 버스로 왕복하는 시간을 제외하면 관람 자체는 1시간이면 충분하다.
- **주변 사찰도 함께 갈 때** → 금각사, 료안지, 닌나지 사이의 2.5km는 '기누카케노미치'라는 큰길로 연결된다. 사찰 3곳을 다 돌아보려면 반나절은 잡아야 한다.
- **식사는 이렇게** → 료안지 경내에 두부 요리 전문점과 고급스러운 식당이 군데군데 숨어 있으나 동선을 고려한다면 일부러 찾아갈 필요는 없다. 사찰과 대학가 주변에서 식당이나 카페, 편의점을 쉽게 찾을 수 있으므로 왼쪽 지도를 참고해 가까운 곳에서 끼니를 해결하자.

02 대중교통 수단

평상시 교토 중심부에서 북서쪽으로 약 8km 거리. 금각사는 지하철이나 전철과 거리가 멀고, 료안지, 닌나지, 기타노텐만구는 란덴 열차역과 가깝다.

벚꽃철 아라시야마역에서 란덴 열차를 타고 벚꽃 터널을 지나 종점인 기타노하쿠바이초역에서 내린다. 금각사로 걸어가는 길에 히라노 신사의 환상적인 벚꽃 풍경을 놓치지 말자. ▶ 란덴 열차 탑승 방법 P.024

금각사 입구

기타노텐만구 입구

JR 료안지마에 버스 정류장

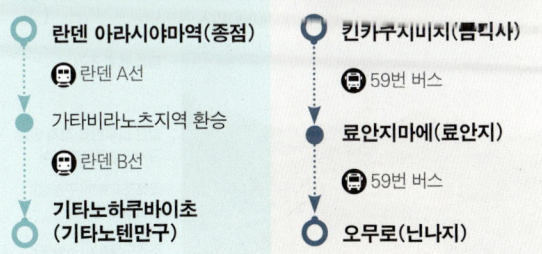

8.8km(40~50분)
- 교토역
- 교토에키마에 B3 정류장에서 205번 버스
- 킨카쿠지미치(금각사)

10.7km(25~30분)
- 란덴 아라시야마역(종점)
- 란덴 A선
- 가타비라노츠지역 환승
- 란덴 B선
- 기타노하쿠바이초(기타노텐만구)

2.2km(15분)
- 킨카쿠지미치(롬픽사)
- 59번 버스
- 료안지마에(료안지)
- 59번 버스
- 오무로(닌나지)

03 여행 아이디어

- ✓ 황금빛 건물 금각사와 거울 연못의 반영
- ✓ 벚꽃철에는 란덴 열차 필수!
- ✓ 특별한 다도 체험을 원한다면 카멜리아 가든(예약 필수) ▶ 1권 P.081

01 금각사(킨카쿠지) 金閣寺

연못에 비치는 금빛 전각

정식 명칭은 로쿠온지鹿苑寺(녹원사)이나 황금색으로 빛나는 사리전舍利殿 덕분에 금각사로 불리게 됐다. 1397년 무로마치 막부의 3대 쇼군인 아시카가 요시미츠의 별장으로 건립됐으며, 이후 그의 손자가 지은 은각사(긴카쿠지)와 함께 도시샤 대학 인근에 있는 선종 사찰 쇼코쿠지相國寺(상국사)의 부속 사원으로 전환됐다.

금각사의 상징인 사리전은 2층과 3층을 금박으로 장식하고, 층마다 서로 다른 건축양식을 채택해 불상과 부처님의 진신사리를 모신 3층 누각이다. 1950년 한 승려의 방화로 전소된 것을 1955년에 복구했다. 1987년에는 옻칠 위에 순금박을 재도포하고 천장화를 재현하는 대대적인 복원 작업이 이루어졌는데, 이 과정에서 본래와 상당히 다른 모습으로 변형되었다고 한다.

구글맵 금각사 또는 Kinkaku-ji
운영 09:00~17:00 **요금** 500엔
홈페이지 www.shokoku-ji.jp
가는 방법 교토역에서 JR 버스 205번 탑승, 킨카쿠지미치 버스 정류장에서 200m(도보 3분)

정원의 다실

- 금동 봉황 조각
- 얇은 나무판을 겹쳐 만든 고케라부키柿葺 양식
- 굿쿄초究竟頂(구경정): 선종 불전 양식
- 조온도潮音洞(조음동): 무사의 저택 양식
- 호스이인法水院(법수원): 헤이안 시대 귀족의 주택 양식

TRAVEL TALK

금각사 관람 요령

금각사에 한번 들어가면 정해진 경로를 따라 일방통행으로 걸어야 합니다. 초반에 사리전을 보고 나면 후반부는 정원 구역이니 연못가에서 충분히 시간을 보내고 다음 코스로 이동하세요.
참고로 금각사는 교토의 다른 곳에 비해 단풍이 늦게 드는 편이고, 사리전 주변에는 벚나무가 많지 않아요. 그래서 하얀 눈에 덮인 겨울 풍경이 가장 아름답습니다.

02 료안지(용안사) 龍安寺

가레산스이 정원의 표본

1450년에 창건된 료안지는 돌, 자갈, 모래, 이끼로 자연을 형상화한 선불교식 가레산스이 정원으로 유명하다. 약 340m²의 직사각형 공간에 15개의 돌을 5개의 그룹(5개·3개·3개·2개·2개)으로 배치했는데, 어느 위치에서 보더라도 15개의 돌 중 1개는 가려지도록 설계해 불완전함 속의 완전함을 구현했다.

한편, '거울처럼 맑은 연못'이라는 뜻을 지닌 경용지鏡容池(교요지)는 료안지가 생기기 이전인 헤이안 시대부터 존재한 정원의 중심 연못이다.

구글맵 료안지 / 입구 매표소는 '용안사 산문'으로 검색
운영 3~11월 08:00~17:00, 12~2월 08:30~16:30
요금 600엔 **홈페이지** ryoanji.jp
가는 방법 료안지마에 버스 정류장 바로 앞 / 란덴 료안지역에서 600m(도보 10분) / 금각사 입구에서 1.5km(도보 20분)

경내의 두부 요리 전문점 사이겐인西源院

03

닌나지(인화사)
仁和寺

닌나지의 봄과 오중탑

교토의 역사와 함께한 사찰

888년 우다왕(재위 887~897)이 직접 창건하고 제1대 주지로서 여생을 보낸 진언종 사찰이다. 왕족이나 귀족 출신을 주지로 임명하는 문적 사원門跡寺院의 전통을 계승하고 있으며, 17세기 초 사찰을 재건할 당시에도 왕실의 후원을 받았다. 웅장한 인왕문二王門(니오몬)을 지나면 정면에 국보로 지정된 본당金堂(곤도)이 자리한다.

경내 왼쪽에 자리한 어전御殿(고텐)은 옛 왕궁인 교토고쇼에서 이축한 건축물이다. 회랑으로 연결한 네 채의 전각과 회유식 정원이 아름답고, 미닫이문에 그린 후스마에 등 볼거리가 풍부하다.

높이 36m의 오중탑五重塔 주변에는 4월 중순 이후 교토에서 가장 늦게 개화하는 약 200그루의 오무로 벚나무에 벚꽃이 만개한다. 매년 4월과 11월에만 특별히 개방하는 보물관宝物館(레이호칸)에는 사찰 창건 당시에 제작한 국보 〈아미타 삼존도〉의 원화를 전시하고 있다.

지온인, 난젠인과 함께 교토의 3대 산문으로 꼽히는 닌나지 인왕문

고텐의 가을 정원 풍경

구글맵 닌나지 / 정문은 'Ninnaji Niomon Gate'로 검색
운영 09:00~17:00(벚꽃철 08:00부터)
요금 경내 무료입장(벚꽃철에 한해 500엔), 별도 관람(고텐 800엔, 레이호칸 500엔)
홈페이지 ninnaji.jp
가는 방법 란덴 오무로닌나지역에서 500m(도보 10분)

히라노 신사
平野神社

작지만 화사한 벚꽃 신사

히라노 신사는 794년의 헤이안쿄 천도와 함께 나라에서 지금의 터로 옮겨 왔으며, 이마키今木신을 비롯해 백제와 관련이 있는 여러 신을 모시고 있다. 매년 3월 중순부터 5월 초까지 약 500그루의 벚나무에서 다양한 품종의 벚꽃이 차례로 꽃망울을 터뜨린다.

운영 06:00~17:00 **요금** 무료
가는 방법 기타노텐만구에서 400m(도보 5분), 금각사에서 900m(도보 12분)

④ 기타노텐만구 北野天満宮 ✿ ⛩

교토의 봄을 알리는 매화 명소

매화를 사랑한 문인이자 후대에 학문의 신으로 섬기는 스가와라노 미치자네菅原道真(845~903)를 모시는 신사로, 947년에 건립되었다. 일본 전역에 퍼진 약 1만 2000개 덴만구 신사의 본산이며, 학업 성취와 지혜를 기원하는 이들에게는 신앙의 중심지로 여겨진다. 국보로 지정된 웅장한 본전은 1607년에 건립한 것으로, 지붕의 우아한 곡선과 목조 조각의 세밀함이 돋보인다.

정문 역할을 하는 도리이는 남쪽에 있으나 경내가 매우 넓어서 각 방향으로 난 입구를 통해 진입하면 된다. 스가와라노 미치자네 공양일인 매월 25일에는 오전 6시부터 해 질 녘까지 골동품 장터가 열리고, 귀중한 문화재를 전시한 보물전宝物殿도 관람할 수 있다.

구글맵 Kitano Tenmangu Shrine / 정문은 '기타노 천만궁 이치노도리이'로 검색
운영 07:00~17:00(라이트업 기간에는 연장)
요금 경내 무료(보물전, 정원 관람은 별도)
홈페이지 kitanotenmangu.or.jp
가는 방법 교토역에서 50·101번 버스 탑승, 기타노텐만구마에 버스 정류장 하차 / 란덴 기타노하쿠바이초역에서 도보 7분(450m)

📷 기타노텐만구의 봄과 가을

매화 정원(하나노니와花の庭) 신사 남쪽

2월 초부터 3월 중순까지 50종 1500그루의 매화가 차례로 꽃을 피운다. 900여 년 역사의 매화 축제 바이카사이梅花祭가 열리는 2월 25일에는 게이코芸子와 마이코舞妓가 관람객에게 말차와 화과자를 대접한다.

단풍 정원(모미지엔もみじ苑) 신사 북쪽

350그루의 단풍나무가 빼곡히 늘어선 정원. 수령 400년의 산사노모미지三叉のもみじ와 본전을 내려다볼 수 있도록 설계한 옛 성벽(오도이御土居)을 전망대처럼 개방한다. 밤에는 라이트업 이벤트도 진행한다.

 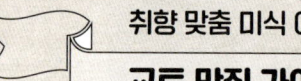 

교토 맛집 가이드

취향 맞춤 미식 여행

교토의 고급 요리점은 완전 예약제인 곳이 많고, 주인이 홀로 운영하는 맛집은 좌석 숫자가 부족하다.
여행자 입장에서는 되도록 잘 알려진 맛집에서 식사를 하고 싶겠지만,
아쉽게도 인기 맛집에 가려면 성수기에는 한두 시간씩 기다려야 한다.
미리 예약하거나 당일 일정을 고려해 유동적으로 식사를 해결하는 것이 현명한 방법이다.

여행 중 알차게 즐기자!
교토의 아침·점심·저녁 식사 플랜

아침
이른 아침부터 문을 여는 교토식 레트로 카페와 인기 카페 오픈런 하기. 교토식 가정식 오반자이와 솥밥도 꼭 먹어 보자.

건강하고 정갈하게 교토 오반자이 → P.142

교토의 아침을 책임진다 레트로 카페 & 킷사텐 → P.144

교토에서 탄생했어요! 꼭 가 봐야 할 교토 카페 체인점 → P.146

점심
동선을 고려해 관광지와 가까운 곳으로 선택하면 효율적이다. 교토식 두부 정식과 스키야키, 장어 요리는 저녁에 먹어도 좋지만, 점심 가격이 좀 더 저렴하다.

부담 없이 간단하게 면과 단품 요리 → P.052

전통 유도후부터 블루보틀까지 난젠지 & 헤이안 신궁 맛집 → P.088

기요미즈데라 갈 때 필수 코스 산넨자카 & 니넨자카 맛집 → P.048

부담 없이 간단하게 혼밥 해도 좋은 맛집 → P.064

아라시야마 감성 UP! 아라시야마 맛집 → P.128

복을 부르는 소바와 콩떡 니죠성 & 데마치야나기 맛집 → P.104

교토 여행의 쉼표 아라시야마 전망 카페 → P.130

저녁
그날 관광이 끝날 시간에 맞춰 고급 요리점을 예약하거나, 직접 찾아가 현장에서 대기할 만한 음식점을 찾아 보자. 폰토초는 저녁 분위기를 즐기러 꼭 가 봐야 할 맛집 골목이다.

안 먹고 가면 후회할 기온 명물 맛집 → P.050

느낌 좋은 폰토초 & 가모강 인기 맛집 → P.062

교토 타워 뷰 맛집을 찾아서 교토역 → P.109

계획 없이 방문했다면 여기를 알아두세요!

- 니시키 시장의 인기 맛집 ▶ P.059
- 교토 감성 카페 & 핫플레이스 ▶ 1권 P.080
- 시조 가와라마치 백화점 식당가 ▶ P.067
- 어디에나 있는 일본 대표 체인점 ▶ 1권 P.074

건강하고 정갈하게
교토 오반자이

오료리 메나미 御料理 めなみ

위치 폰토초 북쪽 **주메뉴** 오반자이와 안주류
😊→ 교토식 식사 문화 체험 ✓→ 전화 예약 필수 📞 080-9308-5905

구글맵 오료리 메나미
운영 15:00~22:00 (마지막 주문 21:00) **휴무** 수요일
예산 저녁 3000~4000엔(외국인 추가 요금 별도)
홈페이지 www.menami.jp
가는 방법 지하철 도자이선 교토시야쿠쇼마에 1번 출구에서 270m(도보 4분)

1939년 개업. 교토의 제철 식재료로 만든 가정식 반찬 모둠(오반자이 모리아와세)과 야키토리(닭꼬치)로 미슐랭 빕 구르망으로 소개된 유명 맛집이다. 여러 가지 요리를 입맛에 따라 주문해 나만의 술상을 차려 먹는 재미가 있다. 교토산 대파(구조네기)라든지 생유바(두부껍질) 조림 등 카운터에 진열된 교토식 일품요리는 보기만 해도 군침이 돈다. 주문하면 마스터가 즉석에서 만들어 주는 모둠 사시미나 각종 숯불구이도 놓치지 말아야 할 별미다. 전화 예약은 오전 10시부터 오후 5시 사이에만 접수한다.

이치조지 나카타니 一乗寺中谷

위치 이치조지역 부근 **주메뉴** 디저트와 식사
😊→ 식사부터 디저트까지 한자리에서 ✓→ 예약 불가, 현금 결제(아멕스 카드만 가능)

3대째 대를 이어 온 전통 화과자 전문점 겸 베이커리. 와라비모찌(고사리떡) 같은 전통 디저트뿐만 아니라 서양식 케이크와 티라미수, 여름 한정 빙수, 파르페도 인기 메뉴다. 설날에 먹는 떡국(조니雜煮)과 함께 팥물로 지은 밥과 세 가지 반찬(오반자이)이 나오는 교토 스타일 가정식도 맛볼 수 있다.

구글맵 이치조지 나카타니
운영 09:00~18:00 **휴무** 수요일
예산 식사 세트 1150엔부터, 디저트 650~1000엔
가는 방법 에이잔 전철 이치조지역에서 450m(도보 7분)

아침 식사는 방문 24시간 전부터 홈페이지 예약 후 선결제를 마쳐야 합니다. 예약 현황과 휴무일 정보는 인스타그램(@imari_breakfast)에서 확인하세요!

슌사이 이마리 旬菜 いまり

위치 가라스마역 근처　**주메뉴** 오반자이와 솥밥 정식
- 😊 → 속이 편안하고 든든한 한 끼
- ✓ → 아침 식사 예약 필수

2013년 개업. 전통 도자기 '도나베土鍋'에 지은 흰쌀밥과 미소시루, 생선구이, 오반자이 반찬 2종, 절임, 샐러드로 구성된 정갈한 아침 식사가 인기 만점.

저녁에는 도미 솥밥과 송이버섯 솥밥, 10여 종의 오반자이와 각종 요리를 취향에 맞게 주문해 먹을 수 있다.

구글맵 슌사이 이마리　**운영** 아침 07:30~11:00, 저녁 17:30~23:00
휴무 화요일　**예산** 아침 2200엔(전화 예약 시 2400엔), 저녁 3000~5000엔
홈페이지 kyoto-imari.com　**가는 방법** 지하철 가라스마선 가라스마오이케역 6번 출구에서 550m(도보 7분)

우사기노 잇포
卯sagiの一歩

위치 헤이안 신궁 근처
주메뉴 오반자이, 교토 가정식
- 😊 → 정갈하고 건강한 한 상
- ✓ → 첫 타임만 전화 예약 가능
  (☎ 075-201-6497)

조용한 주택가에 위치한 우사기노 잇포는 직접 거주하던 100년 된 고택을 식당으로 개조한 곳이라서 진정한 교토 가정식을 경험할 수 있다. 기본 반찬으로는 교토식 오반자이 5종 모둠이 나오고, 메인 요리(직접 재배한 감자로 만든 수제 곤약, 가지튀김, 소고기조림, 닭고기 햄) 중에서 하나를 고른다.

구글맵 Usagi No Ippo　**운영** 11:00~15:00　**휴무** 수·목요일(공휴일이면 영업)
예산 1500~2000엔　**홈페이지** usaginoippo.kyoto
가는 방법 교세라 미술관에서 350m(도보 5분)

교토의 아침을 책임진다
레트로 카페 & 킷사텐

이노다 커피 イノダコーヒ

위치 니시키 시장 근처
주메뉴 아라비안 펄 커피, 샌드위치, 푸딩
😊 → 넉넉한 좌석, 전석 금연
☹ → 예약 불가

이노다 커피는 1940년 창업 당시부터 플란넬(인조 양모) 필터를 사용해 천천히 커피를 추출하는 넬 드립 방식을 고수해 온 교토의 상징적인 커피하우스다. 입장하면 종업원이 순서대로 자리를 안내해 주는데, 여러모로 교토의 카페 문화를 경험하기 좋은 곳. 시그니처인 '아라비아의 진주'는 모카 커피를 베이스로 블렌딩한 매우 진한 커피라서 디저트와 함께 먹어야 잘 어울린다.

구글맵 Inoda Coffee Main Store **운영** 07:00~18:00 **요금** 커피 750엔, 푸딩 600엔, 교토의 아침 식사 1780엔(11:00까지 주문) **홈페이지** www.inoda-coffee.co.jp
가는 방법 지하철 가라스마·도자이선 가라스마오이케역에서 450m(도보 6분)

스마트 커피 スマート珈琲

위치 데라마치 상점가 **주메뉴** 팬케이크, 다마고산도
😊 → 클래식한 분위기, 전석 금연
☹ → 예약 불가, 대기 30분 이상

1932년에 문을 연 스마트 커피는 교토의 3대 킷사텐 중 하나로 손꼽힌다. 1층 카페에서는 음료나 파르페, 촉촉한 팬케이크 등 브런치 메뉴를 하루 종일 판매한다. 점심시간에만 운영하는 2층에서는 오므라이스, 하야시라이스 같은 식사 메뉴와 크림 크로켓, 에비 프라이 등을 커피와 함께 '스마트 런치' 세트로 판다. 추가 요금을 내면 수프, 프렌치토스트, 수제 푸딩까지 맛볼 수 있다. 관광객에게도 인기가 많아 오픈 전부터 가게 앞에 줄을 선다. 1층 카페와 2층 레스토랑 줄이 별도로 구분되어 있다.

구글맵 Smart Coffee **운영** 1층(카페) 08:00~18:30, 2층(스마트 런치) 수~월요일 11:00~14:30
휴무 1층 없음, 2층 화요일 **요금** 카페 650~1000엔, 스마트 런치 1500엔 **홈페이지** www.smartcoffee.jp
가는 방법 지하철 도자이선 교토시야쿠쇼마에역에서 400m(도보 5분)

마에다 커피 前田珈琲

위치 니시키 시장 근처 **주메뉴** 커피, 나폴리탄 스파게티
😊 → 넉넉한 좌석, 경양식 맛보기

1971년에 문을 연 카페. 나폴리탄 스파게티, 미트 스파게티 같은 일본식 경양식 메뉴가 특히 인기로, 점심시간에는 주변 직장인들로 붐빈다. 옛 포목점을 개조한 무로마치 본점은 100석 규모의 넉넉한 공간을 갖추고 있다. 이 외에도 교토국제만화뮤지엄이나 교토부청 구 본관('Salon de 1904'라는 이름으로 운영) 등 지점별로 분위기가 다르다.

구글맵 마에다커피 **운영** 07:00~18:00
예산 880~1300엔 **홈페이지** www.maedacoffee.com
가는 방법 지하철 가라스마선 시조역에서 500m (도보 8분)

프랑수아 ランソア

위치 시조 대교 근처 **주메뉴** 커피, 크림소다, 치즈 케이크
😊 → 교토의 상징적인 킷사텐, 전석 금연
☹ → 예약 불가, 대기 30분 이상

1934년에 문을 열어 일본에서 최초로 국가 등록 유형문화재로 지정된 전통 깊은 카페다. 골목 안에 자리 잡은 아르데코 스타일의 건물이 단연 돋보인다. 내부는 여객선의 선실 같은 분위기이며, 골동품과 스테인드글라스, 회화 작품으로 장식했다. 고풍스러운 잔에 내오는 커피와 홍차가 레어 치즈 케이크와 잘 어울린다. 폭신한 식빵에 소스를 바르고 두툼한 달걀과 잎채소를 끼운 샌드위치(에그산도)도 아주 맛있다. 좌석은 40석 정도이므로, 손님이 많은 오후 시간보다는 오전 일찍 찾아가는 편이 좋다.

구글맵 프랑수아 **운영** 10:00~22:00
요금 700~1400엔 **홈페이지** francois1934.com
가는 방법 한큐 교토 가와라마치역 1B번 출구에서 60m (도보 1분)

킷사 아가루 喫茶上ル

위치 다카세강 주변 **주메뉴** 커피와 전통 디저트
😊 → 다카세강이 보이는 명당, 전석 금연
☹ → 현금 결제, 공간 협소

다카세강이 내다보이는 다다미방에서 일본식 말차와 앙버터, 젠자이 등의 팥으로 만든 디저트를 즐길 수 있는 정감 넘치는 공간. 사장님 혼자서 운영하는 작은 카페다.

구글맵 카페 아가루 **운영** 11:45~19:00 **휴무** 목요일
요금 1000엔 **인스타그램** @agaru.kyoto
가는 방법 시조 대교에서 400m(도보 5분)

교토에서 탄생했어요!
꼭 가 봐야 할 교토 카페 체인

1952년에 문을 연 오가와 커피는 '교토의 커피 장인'이라는 자부심에 걸맞게 고품질 원두, 정교한 브루잉 방식, 세련된 바리스타 문화를 내세우며 기존의 킷사텐과 차별화를 추구했다. 자체 블렌드 원두는 다크 로스트 위주지만, 싱글 오리진 원두도 갖추고 있으며, 카운터에 앉아 핸드 드립으로 내려 주는 넬 드립 커피는 수준급이다. 교토의 카페 문화에 맞춰 토스트와 에그산도 같은 곁들임 메뉴와 점심 세트까지 선보여 가벼운 식사를 하기에도 적당하다. 특히 사이카마치 니시키점은 깔끔하고 매장이 넓어 찾아가 볼 만하다.

오가와 커피
Ogawa Coffee

위치 니시키 시장 주변 외 다수
주메뉴 브루잉 커피, 에그 샌드위치
😊 → 깔끔한 공간, 맛있는 커피
☹ → 진한 커피(다크 로스팅) 위주

구글맵 Ogawa Coffee-Sakaimachi Nishiki **운영** 07:00~20:00
예산 음료 750~850엔, 토스트나 샌드위치 1000~1500엔, 점심 2000엔
홈페이지 www.oc-ogawa.co.jp

이쿠스 카페 교토 eX Cafe Kyoto

위치 아라시야마 본점 **주메뉴** 단고, 롤케이크, 말차
😊 → 직접 구워 먹는 단고 맛집   ☹ → 대기 시간이 긴 편

본점인 아라시야마점은 일본 전통 가옥 특유의 매력을 만끽할 수 있는 공간을 갖추고 있다. 세계문화유산 덴류지의 이름을 딴 파르페, 대나무 숯 파우더를 섞어 검은색을 낸 구로마루 롤케이크 등 전통 화과자를 현대적으로 재해석한 메뉴를 선보인다. 개인 화로에 직접 단고를 구워 먹는 재미가 쏠쏠하다.

구글맵 eX 카페 교토 아라시야마점 **예산** 1500엔 **인스타그램** @excafe_official
가는 방법 란덴 아라시야마역에서 120m(도보 2분)

위크엔더스 커피 Weekenders Coffee

위치 교토 중심가 **주메뉴** 푸어오버, 라테, 카푸치노

😊 → 지나가다 가볍게 한 잔
🙂 → 로스터리는 주말에만 영업, 테이블 없음

위크엔더스의 창업자는 노르웨이와 미국의 스페셜티 커피에서 영감을 받아 기존의 교토 방식에 비해 풍부한 맛과 산미를 추구하기 시작했다. 본점은 한적한 주차장 구석의 테이크아웃 전문점이고, 로스터리는 교토의 전통 가옥에 입점했다.

예산 450~700엔
홈페이지 www.weekenderscoffee.com

- **본점 구글맵** Weekenders Coffee Tominokoji
운영 07:30~18:00 **휴무** 수요일
가는 방법 니시키 시장에서 도보 5분

- **로스터리 구글맵** Weekenders Coffee Roastery
운영 주말 10:00~17:00 **휴무** 평일
가는 방법 시조 대교에서 900m(도보 15분)

% 아라비카 커피 % ARABICA Coffee

위치 아라시야마점 P.130, 히가시야마점 P.049
주메뉴 교토 라테

😊 → 교토 커피 인기 No.1
🙂 → 테이크아웃 위주

퍼센트 로고 때문에 일명 '응(%) 커피'로 불리는 아라비카 커피는 세계 130여 곳에 매장을 두고 있다. 시그니처 음료 또한 달콤하면서 깔끔한 뒷맛이 일품이다. 교토 라테다. 현장 상황에 따라 이용이 불가능할 수 있지만, 방문 전 모바일 앱(ARABICA)에서 픽업 오더가 가능한지 확인해 보자.

홈페이지 arabica.com/en

쿠라수 교토 스탠드
Kurasu Kyoto Stand

위치 교토역 근처 **주메뉴** 푸어오버, 말차 라테

😊 → 원두를 사기에도 좋아요 🙂 → 좌석 거의 없음

'쿠라수'라는 상호는 일본어로 '생활하다'라는 뜻을 담고 있다. 초기에는 커피용품을 판매하다가 일본 각지의 로스터리와 협업해 다양한 싱글 오리진 원두를 전 세계에 공급하는 로스터리로 발전했다. 2016년 교토역 부근에 최초의 커피 스탠드를 오픈했고, 교토 교엔 근처 쿠라수 에비스가와Kurasu Ebisugawa점에 좌석을 갖춘 정식 카페를 운영하고 있다.

구글맵 Kurasu Kyoto Stand **운영** 07:30~18:00
예산 500~1000엔 **홈페이지** kurasu.kyoto
가는 방법 교토역 서쪽 출구에서 200m(도보 5분)

오하라 大原

교토역에서 버스를 타고
북쪽으로 1시간 남짓
달리면 오하라가 나타난다.
산젠인을 비롯한 유서 깊은
사찰과 신사가 모여 있고,
계곡을 따라 전통 가옥이 늘어선
소박한 산골 마을이다.
오후 느지막이 도착해 료칸이나
민숙에서 저녁을 먹고, 이튿날
마음에 드는 장소 한두 곳을
돌아보기에 더없이
좋은 곳이다.
수목이 울창한 산과 작은 마을이
온통 붉게 물드는 단풍철은
11월 말 무렵으로, 교토
도심보다 조금 이른 편이다.

오하라 실전 여행

- **이동 거리** 교토역에서 약 20km
- **여행 시간** 5~6시간 또는 1박 2일
- **목적지** 교토시 사쿄구 오하라

버스(70분)
- 교토역
  - 🚌 교토에키마에 C3 정류장에서 교토 버스 17번(630엔)
- 오하라

지하철 + 버스(50분)
- 교토역, 시조역 등
  - 🚇 지하철 가라스마선(290엔)
- 고쿠사이카이칸역
  - 🚌 교토 버스 19번(400엔)
- 다니마치온초메역

교토에서 출발

오하라행 교토 버스는 거리에 따라서 요금이 다르므로 탑승 시 IC카드를 태그하거나 현금인 경우 정리권을 뽑는다. 요금은 앞문으로 하차할 때 정산한다. 종점까지 정류장을 약 40개 지나야 하기 때문에 앉아서 가려면 기점인 교토역 또는 고쿠사이카이칸역에서 타는 것이 좋다.

운행 평일 1시간, 주말 30분 간격
홈페이지 www.kyotobus.jp

오하라에서 돌아오기

오하라 버스 정류장에서 산젠인까지 650m, 온천형 숙소가 모인 잣코인까지 1.1km 거리로, 마을은 걸어서 구경할 수 있다. 돌아올 때에도 같은 자리에서 버스를 타면 되는데, 교토 버스 16·17·18번(시조카와라마치·교토역 방향)과 19번(고쿠사이카이칸역 방향)은 대기줄이 다르다.

운영 매표소 10:00~17:00

오하라 버스 정류장

이럴 때 추천해요!

교토 1Day 패스
▶ 참고 P.019

교토~오하라 구간을 당일에 왕복한다면 교토 지하철·버스 1일 승차권을 사용하는 편이 유리하다. 교토 버스에서는 판매하지 않으므로 탑승 전 교토역 버스 터미널 자동 발매기나 시내 지하철역에서 구입한다. 첫 하차 시에만 기계에 넣어 이용일을 등록하고, 그다음부터는 내릴 때 운전기사에게 패스를 보여 주면 된다.

요금 1일권 1100엔
사용 범위 교토 시영 지하철·시버스·오하라행 교토 버스 ※오하라 이후 구간은 사용 불가

오하라 숙소 정보

버스 정류장에서 산젠인으로 가는 길에 있는 식당과 카페는 점심 위주로 영업하므로, 숙소를 정할 때 당일 저녁과 다음 날 아침 식사 포함 여부를 확인하자. 메뉴 종류와 방문 시기에 따라 요금이 달라진다.

TIP!
- 민숙 民宿 셀프서비스가 기본인 일본식 민박집
- 료칸 旅館 서비스와 시설이 특별한 전통 고급 여관

료칸 세료 旅館 芹生 ▶ 상세 정보 1권 P.053
전통 료칸 | 객실 9개 | 일부 객실은 공용 화장실

산젠인 바로 앞에 있는 최고급 료칸. 모든 객실에서 정원이 내다보인다. 공용 노천탕 외에 전용 온천이 딸린 고급 객실도 마련되어 있다. 수준급 가이세키 요리로 유명하다.

구글맵 Seryo 예산 1인 3만 9000엔~ 홈페이지 www.seryo.co.jp

오하라노사토 大原の里
전통 민숙 | 객실 26개 | 공용 화장실

자연에 둘러싸인 노천탕과 넓은 대욕장이 특징이다. 100년 전통의 수제 된장으로 만든 전골 요리(미소나베)가 인기 높다.

구글맵 Ohara no Sato Onsen
예산 1인 1만 3500~2만 엔
홈페이지 www.oohara-no-sato.co.jp

오하라 산소 大原山荘
전통 민숙 | 객실 12개 | 공용 화장실

2~6명이 함께 묵을 수 있는 넓은 객실과 숲속 노천탕을 갖추고 있다. 식사는 스키야키, 두부전골 등 간단한 구성이며, 여름에는 하모(갯장어) 샤부샤부 같은 특별 메뉴가 추가된다.

구글맵 유모토 온천 오하라산소우
예산 1인 1만 3200~1만 6500엔
홈페이지 www.ohara-sansou.com

01 산젠인
三千院

구글맵 산젠인 또는 Sanzen-in Temple **운영** 08:30~17:00(겨울 09:00~16:30) **요금** 700엔
홈페이지 www.sanzenin.or.jp/en

이끼 정원을 보며 마음을 가다듬는 시간

산젠인의 기원은 8세기 무렵 헤이안 시대의 고승 사이초가 시가현 히에이잔比叡山에 건립한 엔유上円融房로 거슬러 올라간다. 이후 여러 차례 이전한 끝에 오하라에 자리 잡게 되었다. 왕족이나 귀족 출신을 주지로 임명하는 천태종의 문적 사원門跡寺院 중 하나로, 계단 위 어전문御殿門(고텐몬)을 지나면 매표소가 보인다. 객전(손님이 머무는 건물)에서 신덴(본당)까지는 신발을 벗고, 긴 복도를 따라 돌아보는 구조다. 슈헤키엔 정원이 보이는 자리에서 추가 요금을 내고 다과를 즐길 수 있다.

관람을 마치고 반대편 문으로 나오면 국보인 아미타삼존상을 모신 왕생극락원이 보인다. 그 앞 유세이엔 정원에서 고운 이끼가 덮인 동자 지장보살상(와라베지조)을 찾아 보자. 곧게 뻗은 삼나무가 길게 늘어서 있고, 여름에는 수국이 만발하는 예쁜 정원이다.

02 호센인 宝泉院

- 구글맵 호센인 또는 Hosen-in
- 운영 09:00~17:00
- 요금 900엔(음료 포함)
- 홈페이지 www.hosenin.net

액자 정원을 바라보며 차 한 잔

1012년 천년 고찰 쇼린인勝林院의 승방으로 건립되었으며, 1716년부터 호센인으로 불린 천태종 사찰이다. 1600년 후시미성 전투의 흔적이 남은 마루를 옮겨 만들었다는 '혈천장'의 유래는 다소 스산하지만, 이곳을 찾는 진짜 이유는 액자 정원이다. 수령 약 700년의 오엽송이 보이는 다다미방에 자리를 잡으면 가져다주는 말차와 화과자를 즐기며 그 풍경을 감상할 수 있다.

대나무 통에 귀를 대면 물방울의 반향음이 들리는 스이킨쿠츠(수금굴), 아기자기하게 꾸민 호라쿠엔(보물 낙원 정원)도 놓치지 말자. 규모가 아담해 15~20분이면 모두 둘러볼 수 있으나 되도록 이른 아침에 찾아가길 권한다.

호센인 바로 옆 쇼린인

호센인 입구와 매표소

오하라에서 식사하기

쿄비 차야 京美茶屋

직접 만든 유바(두부껍질) 요리, 니신소바(청어메밀국수), 오로시소바(냉메밀국수) 등 식사 메뉴.
- 구글맵 Kyoubijaya
- 운영 11:00~15:00 휴무 목요일
- 예산 2000~3600엔

세료 차야 芹生茶屋

소바, 오뎅 등 단품 식사와 미타라시단고, 와라비모찌(고사리떡) 디저트.
- 구글맵 Seryojaya 운영 09:00~17:00
- 휴무 없음 예산 식사 1000엔, 디저트 500~600엔

시노쇼몬 志野松門

정원이 딸린 전통 가옥 식당. 교토식 가정식과 돈카츠 정식을 제공한다.
- 구글맵 시노쇼몬 운영 11:00~17:00(점심 메뉴는 14:30까지)
- 휴무 수요일 예산 2310~3080엔

에이잔 전철 타고 떠나자!
기후네 신사 & 히에이잔
貴船神社 & 比叡山

Day Trip

교토의 북쪽, 산과 마을을 잇는 에이잔 전철叡山電車을 타고 특별한 여행을 떠나 보자. 참배 길을 따라 늘어선 등롱과 주변의 울창한 숲이 신비로운 분위기를 자아내는 기후네 신사는 교토에서 쉽게 다녀올 수 있다. 시가현과 교토부의 경계에 자리한 히에이잔(히에이산) 정상에 이르는 길은 에이잔 케이블과 로프웨이, 일본에서 가장 긴 강삭철도인 사카모토 케이블까지 모두 경험하는 재미가 있다. 산 정상에 올라 감상하는 비와코(비와호) 전망도 예술이다.

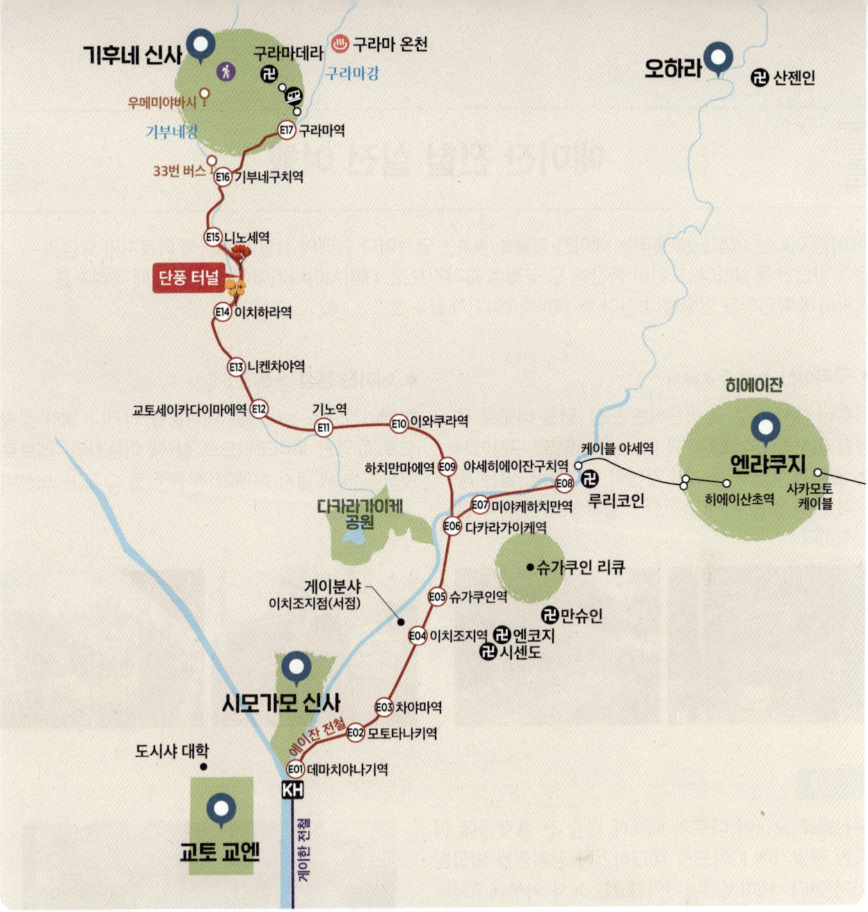

Follow Check Point

- **이동 거리** 기후네 신사까지 18km, 엔랴쿠지까지 20.5km
- **일찍 출발하기** 일본 전역에서 관광객이 모여드는 단풍철에는 오전 9시 전에 에이산 전철을 타는 것이 좋다. 산속이라 해가 일찍 진다는 점도 염두에 두어야 한다.
- **선택과 집중** 하루에 두 지역을 다 돌아볼 수는 없으므로, 일정과 취향에 따라 정하자.

단풍 터널(왕복 1시간)

- **데마치야나기역**
- 구라마선으로 25분
- 니노세역 단풍 터널 통과 후 돌아오기
- 구라마선으로 25분
- **데마치야나기역**

기후네 신사(반나절 코스)

- **데마치야나기역**
- 구라마선으로 28분
- 기부네구치역
- 신사까지 2km(교토 버스 33번 또는 도보 30분)
- **기후네 신사**

히에이잔(하루 코스)

- **데마치야나기역**
- 에이잔 본선으로 20분
- 야세히에이잔구치역 하차 케이블·로프웨이 환승
- 1시간 이상
- **엔랴쿠지**

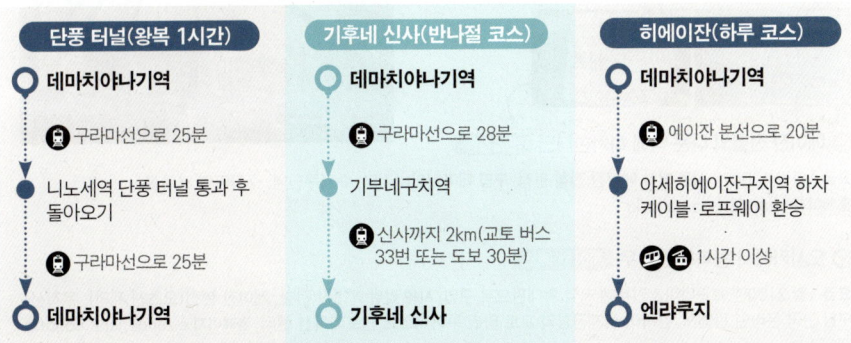

에이잔 전철 실전 여행

'에이덴'이라는 애칭으로 불리는 에이잔 전철叡山電車은 열차마다 형태와 색깔이 조금씩 다르지만 요금과 탑승 방법은 동일하다. 노선이 중간에 두 갈래로 갈라지므로, 데마치야나기역에서 출발할 때 목적지를 정확하게 확인하고 탑승해야 한다. ▶ 데마치야나기역 탑승 정보 P.102

● **구라마선** 노선 총 8.8km

기후네 신사로 갈 때 이용하는 노선. 단풍 터널로 유명한 이치하라역 E14 과 니노세역 E15 구간에서는 열차가 속도를 줄이며 천천히 통과한다. 넓은 통유리 창이 있는 키라라KIRARA 열차를 타면 더욱 환상적이다.

● **에이잔 본선** 노선 총 5.6km

히에이잔으로 올라가는 케이블을 타거나 액자 정원으로 유명한 루리코인으로 갈 때 이용한다. 레트로 무드의 녹색 열차 히에이HIEI를 타볼 수 있는 노선이기도 하다.

요금표

구간별로 요금이 다르기 때문에 탑승 전 플랫폼에 설치된 단말기에 IC카드를 태그하거나 정리권을 발급받아야 한다. 데마치야나기역 E01 에서 기부네구치역 E16 까지는 5구간 요금, 야세히에이잔구치역 E08 까지는 2구간 요금을 낸다.

	1구간	2구간	3구간	4구간	5구간
편도 요금	220엔	280엔	350엔	410엔	470엔

기후네 신사 갈 때 교통 패스가 필요할까?

✓ **교토에서 신사만 왕복한다면 IC카드로 충분**

✓ **에이잔 전철의 다른 역에 하차한다면** 에에킷푸

요금 1일권 1200엔 **사용 범위** 에이잔 전철 한정 **구입** 데마치야나기역, 슈가쿠인역, 구라마역 사무실 **홈페이지** eizandensha.co.jp/kr

✓ **오사카에서 왕복하는 경우** 게이한 패스

요금 1일 2100엔 ※구라마&기부네 지역 확대판으로 구입 **사용 범위** 에이잔 전철, 게이한 본선(오츠선 제외), 우지선 **구입** 한국 온라인 판매처, 간사이 국제공항과 교토 타워 투어리스트 인포메이션 센터 **홈페이지** eizandensha.co.jp/kr

01 기후네 신사 貴船神社 ⛩

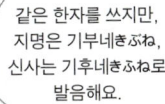

같은 한자를 쓰지만, 지명은 기부네きぶね, 신사는 기후네きふね로 발음해요.

1300년 역사를 가진 물의 신사

교토시 사쿄구의 쿠라마산 기슭에 위치한 유서 깊은 신사다. 소원을 적은 나무패를 봉납하는 에마絵馬 풍습의 발상지로도 널리 알려져 있으며, 물의 신을 모시고 있어 예로부터 물과 기우에 관한 신앙의 중심지로 여겨졌다. 매년 7월 7일에는 좋은 날씨를 기원하는 기부네 물 축제를 주관한다.

주홍색 등롱과 돌계단이 이어지는 본궁(모토미야)의 참배 길은 계절마다 다른 분위기를 담기 좋은 포토 스폿이다. 신사의 다른 구역인 중궁(나카미야)과 오궁(오쿠노미야)은 본궁에서 각각 500m, 850m 북쪽에 떨어져 있다.

구글맵 기후네 신사　**운영** 06:00~20:00(12~4월 18:00까지)
요금 무료　**홈페이지** kifunejinja.jp
가는 방법 다음 페이지에서 상세 안내

종이를 물에 띄우면 점괘가 나타나는 미즈우라미쿠지

FOLLOW UP

기후네 신사
가는 방법 & 주변 명소

STEP 01 🚆 **에이잔 전철** ⏱ 30분

데마치야나기역 `E01` 에서 구라마선 탑승. 기부네구치역 `E16` 하차

요금 470엔

STEP 02 🚌 **교토 버스 33번** ⏱ 30분

기부네구치역 길 건너편에서 버스 탑승 또는 도보 1.3km

요금 200엔 ※교통 패스 사용 불가

STEP 03 👣 **기후네 신사까지 걷기** ⏱ 10분

버스 종점(우메미야바시)에서 신사 입구까지 도보 600m

> **TIP!** 기부네구치역에는 플랫폼이 하나뿐! 교토로 돌아갈 때는 데마치야나기행 열차 표시를 확인하세요.

① 여름 별미 나가시소멘 流しそうめん

기부네 마을에서는 여름마다 가와도코川床(강가의 테라스석)를 설치해 열기를 식힌다. 대나무 수로를 따라 떠내려온 소면을 젓가락으로 건져 먹는 나가시소멘은 기부네강 상류에 위치한 최고급 료칸 히로분에서 맛볼 수 있다.

구글맵 Hirobun **운영** 점심 11:00~15:00, 저녁 16:30~21:00
예산 나가시소멘 2000엔(5~9월 현장 줄 서기), 가이세키 1만 엔 이상(예약 필수)
홈페이지 hirobun.co.jp
가는 방법 기후네 신사 입구에서 도보 8분

② 날씨가 좋다면 구라마데라 鞍馬寺

8세기경에 창건된 사찰로 구라마산 깊숙한 곳에 자리 잡고 있다. 본당까지는 케이블(강삭철도)을 타고 가는 것이 편리하다. 사찰에서 기후네 신사까지 4~5km의 하이킹 코스로 연결되어 있다.

구글맵 쿠라마데라 **운영** 09:00~16:00 **예산** 케이블 200엔
홈페이지 www.kuramadera.or.jp
가는 방법 에이잔 전철 종점 구라마역 하차

02 엔랴쿠지
延暦寺 🍁

유네스코 세계문화유산으로 지정된 대형 사찰

해발 848m 히에이산(히에이잔) 중턱에 자리 잡은 일본 천태종의 총본산으로, 788년에 헤이안 시대의 고승 사이초가 창건했다. 동탑東塔, 서탑西塔, 요카와横川 세 구역 안에 100여 개의 불당과 탑이 흩어져 있어서 셔틀버스를 운행할 만큼 규모가 크다.

그중 사카모토 케이블과 엔랴쿠지 버스 센터에서 가까운 동탑이 엔랴쿠지의 발상지이자 중심 구역이다. 본당인 근본중당根本中堂(곤폰추도)에는 약사여래상이 봉안되어 있으며, 사이초가 봉헌한 이래 1200년 동안 꺼지지 않았다는 불멸의 법등不滅の法灯이 타오른다. 10년에 걸친 대규모 보수 공사가 진행 중이지만 내부 관람은 가능하다.

📍 **구글맵** 엔랴쿠지 근본중당 또는 Enryaku-ji Konpon Chudo **운영** 09:00~16:00 **요금** 입장료 1000엔, 국보관 500엔, 셔틀버스 200엔 **홈페이지** www.hieizan.or.jp **가는 방법** 사카모토 케이블 엔랴쿠지역에서 약 650m(도보 9분) / 교토역에서 직행버스(게이한 버스, 교토 버스 공동 운행)로 엔랴쿠지 버스 센터까지 65~70분

경내 안내(일본어)

엔랴쿠지 버스 센터 앞 매표소

사카모토 케이블 방향 매표소

FOLLOW UP

히에이잔 & 엔랴쿠지
당일 여행 코스

히에이잔 일대는 케이블과 버스를 갈아타며 엔랴쿠지까지 갈 수 있도록 교통 시스템이 잘 정비되어 있다. 깊은 산중이고 날씨에 따라 운행 여부가 달라지기 때문에 방문 전 스케줄을 반드시 확인해야 한다.
홈페이지 www.hieizan.gr.jp/ko

TIP! ❶~❻번 경로 이용 시
- **소요 시간** 4~5시간
- **총 교통비** 3020엔
- 엔랴쿠지 입장료는 별도

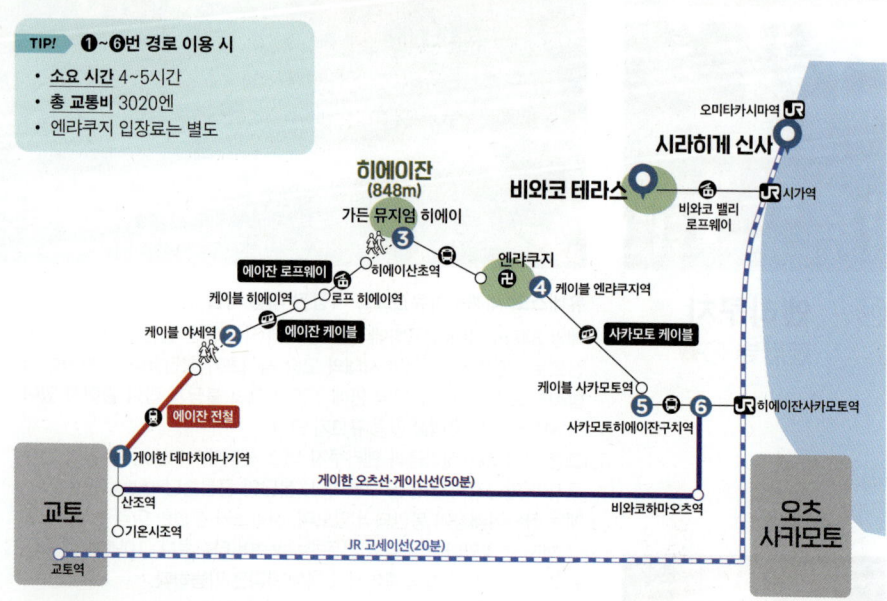

교통 패스 선택은 신중하게

하루에 교통비가 많이 드는 근교 도시를 여행할 때는 패스 구입을 고려할 만하다. 단, 전 구간을 완벽히 커버하는 패스는 없다. 추가 여행 일정까지 따져 보고 선택하자.

○ **히에이잔 1일 + 추가 여행 계획이 있다면**
간사이 레일웨이 패스
요금 2일권 5600엔, 3일권 7000엔
사용 범위 에이잔 전철, 게이한 전철을 포함한 간사이 지역 전철과 지하철
주의 ❷, ❸, ❹번 제외, JR 열차, 란덴 열차, 버스에서는 사용 불가
홈페이지 www.surutto.com/kansai_rw/ko

○ **히에이잔만 하루 다녀온다면**
히에이잔 프리 패스
요금 1일권 3200엔
판매처 데마치야나기역 또는 디지털 티켓
사용 범위 ❶~❺번 교통편
※반대 순서로 이동 가능
주의 교토로 돌아오는 교통편은 제외. 12월 중순~3월 초에는 판매 중단
홈페이지 www.hieizan.gr.jp/ticket

○ **JR로 빠르게 다녀오려면**
IC카드 또는
간사이 와이드 패스
교토역에서 JR 고세이선(도카이도 · 산요 본선)을 타면 히에이잔사카모토역까지 환승 없이 20분 만에 도착한다. 비와코 테라스 등 호수 주변 명소까지 구경한다면 간사이 와이드 패스가 유리하다.
요금 IC카드 편도 320엔(환승 불필요)
주의 사카모토 케이블과 버스 왕복 요금 별도

STEP 01 에이잔 전철 Eizan Railway

요금 편도 280엔
소요 시간 15~30분

데마치야나기역 E01 에서 출발해 에이잔 본선의 종점인 야세히에이잔 구치역 E08 에서 하차 후 케이블 야세역까지 5분가량 걸어간다.

야세히에이잔구치역

케이블 야세역

로프 히에이역

STEP 02 에이잔 케이블 & 로프웨이 Eizan Cable & Ropeway

요금 편도 900엔
※ 케이블 + 로프웨이를 묶은 편도 티켓(One Way B)으로 구입
소요 시간 20분

교토와 엔랴쿠지를 곧바로 연결하기 위해 1925년에 개통한 교통수단이다. 출발점인 케이블 야세역 매표소에서 케이블과 로프웨이 티켓을 같이 판매한다. 수직 고도차가 561m에 달하는 케이블(강삭철도)을 타고 9분 정도 올라가면 케이블 히에이역에 닿는다. 이곳에서 로프웨이 탑승장까지는 몇 걸음만 걸어가면 된다. 잠시 주변 전망을 즐긴 후 다시 3분간 하늘을 날아 히에이산초역에 도착한다.

STEP 03

히에이잔 셔틀버스 Mt. Hiei Shuttle Bus

히에이잔 정상에는 인상파 화가들의 작품을 테마로 한 야외 정원 '가든 뮤지엄 히에이'가 있다. 내부 관람을 원치 않을 경우 후문(히에이산초역)에서 정문(셔틀버스 정류장)까지 걸어서 우회하면 된다.

요금 200엔(엔랴쿠지 버스 센터까지 정류장 2개)
소요 시간 10~20분

정상에서 본
비와코 호수

STEP 04 사카모토 케이블 Sakamoto Cable

엔랴쿠지를 둘러본 후에는 케이블 엔랴쿠지역에서 하행 케이블을 탑승한다. 1927년 개통한 사카모토 케이블은 일본에서 가장 긴 강삭철도로, 총길이는 2025m다. 오로지 이 케이블을 타 보기 위해 일부러 찾아오는 사람이 있을 정도. 차창 밖으로 호수 풍경이 펼쳐지는 동안 표고 차 484m의 가파른 선로를 타고 덜컹거리며 천천히 내려간다.

케이블 엔랴쿠지역

요금 편도 870엔, 왕복 1660엔
운행 매시 정각과 30분에 출발
소요 시간 11분

케이블 엔랴쿠지역 옥상에서 본 비와코 호수

STEP 05 고자쿠 버스 Kojak Bus

케이블 사카모토역 – 게이한 사카모토히에이잔구치역(1km) – JR 히에이잔사카모토역(1.6km)까지 운행하는 시내버스. 사카모토 동네를 구경하고 싶다면 걸어가도 되는 거리다.

요금 편도 250엔
소요 시간 5~7분

STEP 06 게이한 전철

간사이 레일웨이 패스 사용자라면 사카모토히에이잔구치역에서 게이한 전철을 타고 교토 산조역으로 돌아온다(중간에 환승 필요).

요금 편도 570엔
구글맵 Sakamoto-hieizanguchi Station
소요 시간 50분

03 비와코 테라스 びわ湖テラス

해발 1108m 정상에서 본 호수 풍경

스키, 눈썰매, 집라인 등을 즐길 수 있는 시설을 갖춘 액티비티 파크인 비와코 밸리 스키 리조트에서 운행하는 전망대다. 해발 1108m의 메인 구역까지는 로프웨이를 타고 쉽게 올라갈 수 있으며, 인피니티 풀처럼 설계한 그랜드 테라스를 비롯해 여러 전망 포인트에서 일본 최대 담수호인 장대한 비와코의 비경을 눈에 담을 수 있다. 로프웨이는 겨울철에도 운행하지만, 날씨의 영향을 많이 받는 지역임을 감안해야 한다.

구글맵 비와코밸리 로프웨이 탑승장 또는 Biwako Valley Ropeway **운영** 그린 시즌 4~10월 09:00~16:00, 11월 09:30~16:00
휴무 홈페이지 공지 확인
홈페이지 www.biwako-valley.com

교토역 출발	시가역	로프웨이 탑승장	우치미산(해발 1108m) 비와코 테라스	호라이산(해발 1174m) 카페 360
JR 고세이선 40분 소요 편도 590엔	68번 버스 12분 소요 편도 410엔	로프웨이 5분 소요 왕복 4000엔 (KKday 사전 예매 시 할인)	전망대 메인 구역 • 그랜드 테라스 (전망대) • 노스 테라스 (라운지)	체어 리프트 20분 소요 무료 탑승 여름에만 운행

04 시라히게 신사 白鬚神社

일출 명소 포토 스폿

1900년 전에 창건된 시라히게 신사의 랜드마크는 호수에 떠 있는 듯한 붉은색 도리이! 물안개가 피어오르는 신비로운 분위기 속에서 도리이 사이로 붉은 해가 떠오르는 장면이 유명하다. 해 질 무렵, 황금빛으로 물든 장엄한 호수 풍경도 인상적이며 주말과 특별한 날에는 야간에 조명을 밝힌다. 차가 없으면 찾아가기 어려워 접근성이 떨어지는 것이 단점이다.

구글맵 Shirahige Shrine **운영** 24시간 **요금** 무료 **가는 방법** JR 고세이선 오미타카시마역 하차 후 2.6km(도보 30분)

야간 조명 점등 시간

- 토·일요일 일몰 후 2시간 정도
- 9월 5일 일몰 후 밤 10시경까지
- 1월 1~5일 일몰 후 밤 9시경까지

보도인과 말차의 도시

우지
宇治

Day Trip

교토 남부에 위치한 우지는 약 1000년의 역사를 간직한 소도시다. 헤이안 시대에는 《겐지 이야기》의 무대로 문학사에 기록되었고, 유네스코 세계문화유산인 뵤도인과 우지가미 신사가 세워졌다.
최근에는 교토 애니메이션(쿄애니)의 배경지이자 닌텐도 뮤지엄까지 들어서면서 그야말로 시대를 초월하는 다양한 콘텐츠로 관광객을 끌어모은다. 전통 찻집에서 일본 3대 명차인 우지차와 녹차 디저트를 맛보는 것도 큰 즐거움이다.

Follow Check Point

- 여행 시간 이동 2시간 + 관광 3~4시간
- 준비 사항 ☑ 닌텐도 뮤지엄: 예약 필수(3개월 전 추첨 예약)
  ☑ 뵤도인: 당일 오전 9시 10분부터 봉황당 내부 관람 정리권 예약

❶ 관광 안내소
JR 우지역 앞 관광 안내소에서 관광 지도를 무료로 받을 수 있다. 애니메이션 〈울려라! 유포니엄〉 팬이라면 배경 장소에 대해서 문의해 보자. **운영** 09:00~17:00

❷ 여행 경로
우지의 주요 관광지는 JR 우지역과 게이한 우지역 사이에 밀집해 있다. 먼저 뵤도인을 둘러본 뒤 나카무라토키치에서 말차 소바나 디저트로 간단히 요기를 한다. 강을 건너 고쇼지와 우지가미 신사까지 한 바퀴 돌면 4~5km 거리로 여유롭게 산책하듯 걷기 적당한 코스다. 대중교통으로 갈 수 없는 다이키치산大吉山 전망대나 윤동주 기념비까지 돌아보려면 더 많은 시간이 필요하다.

🎫 닌텐도 뮤지엄 예약 방법
❶ 방문 3개월 전 닌텐도 계정으로 추첨 신청
❷ 다음 달 1일 추첨 결과를 이메일로 통보하면 기한 내에 신용카드로 티켓 가격 결제
❸ 방문 전날 오후 2시부터 QR코드 발급이 가능하고, 신분증 확인 후 입장
※ 현장 판매는 하지 않으며, 취소 표가 생기는 경우 선착순으로 구매 가능

요금 성인 3300엔, 12~17세 2200엔, 6~11세 1100엔
예약 museum-tickets.nintendo.com/en

> 지도의 일부 구간은 단축해 표시했습니다.

우지 실전 여행

⊙ **이동 거리** 오사카에서 50km, 교토에서 20km ⊙ **목적지** 교토부 우지시

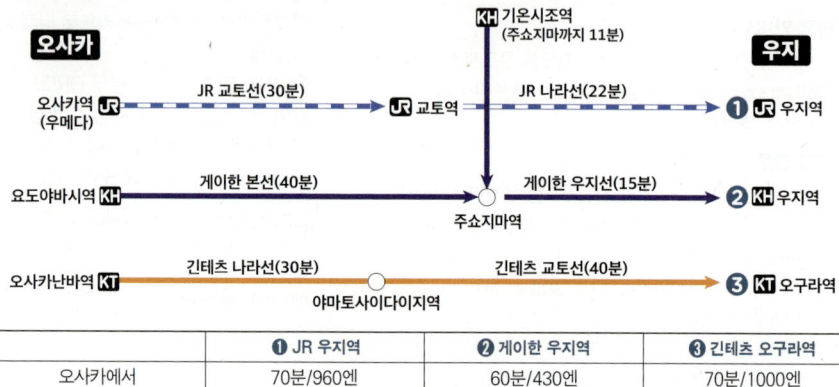

	❶ JR 우지역	❷ 게이한 우지역	❸ 긴테츠 오구라역
오사카에서	70분/960엔	60분/430엔	70분/1000엔
교토에서	22분/240엔	30분/320엔	30분/360엔

※같은 노선이라 해도 열차 종류(특급·신쾌속 등)에 따라 소요 시간과 요금 변동

⊙ **JR과 게이한 중 선택** 교토에서는 JR, 오사카에서는 게이한을 이용하는 편이 효율적이지만, 일정이나 숙소를 고려해 편한 방법을 선택하면 된다.
⊙ **닌텐도 뮤지엄만 다녀간다면 오구라역** 긴테츠 오구라역은 주요 관광지와 거리가 멀고, JR 우지역에서 한정거장 거리의 JR 오구라역이 좋은 대안이다.

교토역 출발

JR 나라선 10번 승강장 → JR 우지역 하차

요도야바시 또는 기온시조역 출발

주쇼지마역에서 우지선 환승 → 게이한 우지역 하차

> **TIP! 교통 패스, 꼭 필요할까?**
> 우지만 둘러볼 계획이라면 교통 패스는 필요 없다. 특히 JR 패스는 왕복 교통비 대비 가격이 비싼 편. 우지 이외의 다른 곳을 함께 돌아보는 일정이라면 게이한 패스를 고려해 보자. ▶ 1권 P.131
> **홈페이지** www.keihan.co.jp/travel/kr
>
> • **게이한 패스**
> **교토 관광 승차권**
> **요금** 1일권 1000엔, 24시간권 1200엔 **사용 범위** 우지~교토 구간(오사카 제외)
>
> • **게이한 패스**
> **교토+오사카 관광 승차권**
> **요금** 1일권 1500엔, 24시간권 1700엔
> **사용 범위** 오사카를 포함한 게이한 본선·우지선 등(오츠선 제외)

01 우지교 宇治橋

우지 여행의 관문

JR 우지역과 게이한 우지역 사이 길목에 위치한 다리로, 여러 문학 작품과 미디어, 애니메이션 등에 자주 등장했다. 646년 고구려에서 건너온 도등 선사가 지었다는 기록이 남아 있는 일본 3대 고교古橋 중 하나다. 현재의 다리는 1996년에 재건된 것으로, 다리 위에서 보면 우지강宇治川의 흐름이 한눈에 들어온다.

구글맵 우지바시 또는 Uji Bridge
가는 방법 게이한 우지역에서 200m, JR 우지역에서 700m(도보 3~10분)

우지교에서 길 찾기

우지교 남단 삼거리에서 뵤도인으로 가려면 왼쪽의 '뵤도인 오모테산도'를 따라 걸어가자. 오른쪽은 JR 우지역까지 이어지는 메인 쇼핑 거리다.

FOLLOW UP

뵤도인으로 가는 길
뵤도인 오모테산도

우지교에서 뵤도인까지 약 200m에 걸쳐 이어지는 참배 길. 강변 쪽에는 전망 좋은 카페가 즐비하고, 길가에는 아이스크림부터 단고, 쑥떡 등 간단한 먹을거리를 파는 전통찻집과 기념품 상점이 늘어서 있다.
구글맵 Byodo-in Omotesando

① 나카무라토키치 뵤도인점
中村藤吉 平等院店

강변 전망의 창가 자리와 야외 테라스석을 갖춘 2층 규모의 대형 카페. 본점에 비해 테이블 회전이 빠르고, 셀프서비스로 운영해 편리하다. 오모테산도 초입 왼쪽에 걸린 열십자 마크의 노렌(포렴)으로 쉽게 알아볼 수 있다.

② 마스다 차호 ますだ茶舗

뵤도인 정문 바로 앞 코너에서 판매하는 진한 녹차 아이스크림이 인기 만점! 자리에 앉아 말차를 마실 수 있는 공간도 마련되어 있다.

③ 스타벅스 커피 우지 뵤도인점
Starbucks Coffee

익숙한 시스템과 부담 없는 가격으로 사랑받는 곳. 전통 가옥을 개조한 공간에서 말차 라테를 즐겨 보자.

02 보도인(평등원) 平等院

10엔 동전에 새겨진 유네스코 세계문화유산

헤이안 시대 후기인 1052년 창건된 보도인의 상징은 연못 위 작은 섬에 세운 봉황당(호오도鳳凰堂)이다. 새가 날개를 펼친 듯 우아한 좌우 대칭 구조가 인상적이며, 지붕 위로 한 쌍의 봉황이 장식하고 있다. 아침 햇살을 정면으로 받기 때문에 연못에 비친 반영은 오전 시간에 가장 두드러진다. 본존 아미타여래좌상을 중심으로 공중을 나는 듯한 형상의 보살상 52기를 안치한 봉황당 내부는 예약제로만 공개한다. 미처 입장권을 구하지 못하더라도, 경내 미술관인 호쇼칸鳳翔館에서 진품 봉황상과 운중공양보살상 일부, 진품 범종 등 유물을 관람할 수 있다.

구글맵 보도인 표문 또는 Byodo-in Omotemon
홈페이지 www.byodoin.or.jp/kr

봉황이 그려진 1만 엔 지폐

	운영	요금	참고 사항
정원	08:45~17:30	통합권 700엔	예약 없이 현장에서 입장권 구매
호쇼칸	09:00~17:00		주요 문화재를 전시한 경내 미술관
봉황당 내부	09:10~16:10	기부금 300엔	정원의 접수처에서 오전 9시 10분부터 선착순 예매 약 20분간의 가이드 투어
카페 토우카	10:00~16:30	별도	정통 우지차 판매(월~수요일 휴무)

일본의 국보 봉황당

03 우지 공원
宇治公園

평화로운 강변 산책로

우지강 한복판의 두 섬과 양쪽 강둑을 여러 개의 다리로 연결해 산책하기 좋은 곳이다. 1286년에 세운 일본 최대 높이의 석탑(우키시마 십삼층석탑) 쪽에서 강 건너편을 바라보면 작은 폭포 주변으로 물새 떼가 물고기를 잡는 광경이 보인다. 이 일대가 목에 끈을 묶은 가마우지를 이용한 전통 어업 방식 '우카이'의 주요 무대다. 배를 띄우고 이를 가까이에서 관람하는 것이 헤이안 시대부터 내려온 놀이 문화였으며, 지금도 매년 여름밤 시연 행사를 한다.

📍
구글맵 우지공원 또는 Kyoto Prefectural Uji Park

· **가마우지 낚시 관람(우지 우카이)**
운영 매년 7~9월 19:00~21:00 **요금** 관람선 2000엔
가는 방법 기센 다리|Kisen Bridge 아래쪽 선착장

⑭ 우지 신사
宇治神社 ⛩

구글맵 우지 신사 또는 Uji Shrine
운영 24시간
요금 무료

토끼의 길을 따라서

뵤도인에서 우지강을 건너면 헤이안 시대에 하나로 창건되었다가 둘로 분리된 신사가 연달아 나타난다. 아래쪽 우지 신사는 4세기경 현재의 신사 자리에 궁궐을 지은 우지노와키이라츠코노미코를 학업의 신으로 모신다. 전설에 따르면 그가 길을 잃었을 때 토끼가 나타나 계속 뒤를 돌아보며 안내해 주었다고 한다. 이 때문에 우지에서는 '되돌아보는 토끼(미카에리우사기)'를 모티브로 한 소원을 적은 나무패(에마)와 오미쿠지 등 관련 기념품의 인기가 많다.

⑮ 우지가미 신사
宇治上神社 ⛩

구글맵 Ujigami Shrine
운영 07:00~16:00 **요금** 무료

현존하는 일본 최고最古의 신사

뵤도인과 함께 유네스코 세계문화유산에 등재된 우지가미 신사의 본전에는 세월의 흔적이 그대로 묻어난다. 한 지붕 아래 세 채의 내전에 각각 신을 모신 독특한 삼동 병렬三棟並列 구조이며, 지붕 정면을 길게 늘어뜨린 신사 건축양식(나가레즈쿠리)의 전형을 보여 준다. 귀족의 주택 양식(신덴즈쿠리)을 차용한 배전拜殿과 확연히 대비되는 모습이다.

헤이안 시대(1060년 추정)에 건립된 본전

가마쿠라 시대(1215년)에 건립된 배전

> ### 다이키치산 전망대는 어떨까?
>
>
>
> 우지가미 신사 뒤편의 산길을 따라 20분 정도 오르면 다이키치야마大吉山(대길산) 중턱의 정자가 전망대 역할을 한다. 애니메이션 〈울려라! 유포니엄〉에 야경 명소로 등장하면서 방문객이 늘어났으나, 평소에는 인적이 드문 산길이라는 점을 고려할 것.

06 고쇼지(흥성사)
興聖寺 🍁

단풍 터널 '고토자카'를 걷다

일본 조동종의 창시자인 도겐 선사가 1233년 창건했으며, 1645년에 우지로 이전해 온 유서 깊은 사찰이다. 입구인 산몬(삼문)에서 일직선상에 법당을, 양옆으로 승당과 생활 공간을 배치한 칠당 가람 구조다. 고쇼지 경내로 들어가는 참배 길인 고토자카琴坂는 나뭇잎이 스치는 소리가 거문고 소리처럼 들린다 해서 붙은 이름이다. 산몬 안쪽에서 뒤돌아보면 단풍나무가 터널을 이룬 풍경을 예쁘게 담을 수 있다.

📍 **구글맵** 고쇼지(교토부 우지시)
운영 10:00~16:00
요금 고토자카 무료, 경내 500엔
홈페이지 www.uji-koushouji.jp

07 겐지모노가타리 뮤지엄 源氏物語ミュージアム

고전 문학의 대표작, 겐지모노가타리

헤이안 시대의 고전 문학《겐지 이야기》중 마지막 부분, 이른바 '우지 십첩'에서는 주인공 히카루 겐지 사후 그의 아들 가오루와 손자 니오미야의 사랑과 갈등이 우지를 무대로 그려진다. 우지에 세워진 박물관에서는 다양한 전시물과 재현 세트, 영상을 통해 작가 무라사키 시키부의 생애와 헤이안 시대 귀족 문화를 소개한다. 정원을 바라보며 녹차를 마실 수 있는 카페도 있다.

📍 **구글맵** 우지시 겐지모노가타리 뮤지엄 또는 Tale of Genji Museum **운영** 09:00~17:00 **휴무** 월요일 **요금** 600엔 **홈페이지** www.city.uji.kyoto.jp/site/genji

우지와 함께 다녀와 볼까?
게이한 전철 추천 코스

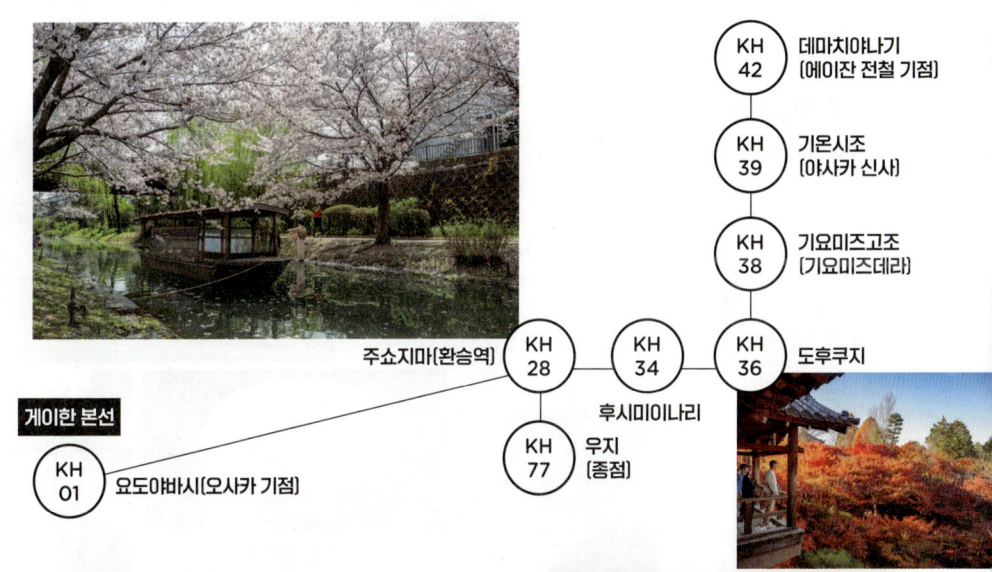

- KH 42 데마치야나기 (에이잔 전철 기점)
- KH 39 기온시조 (야사카 신사)
- KH 38 기요미즈고조 (기요미즈데라)
- 주쇼지마(환승역) — KH 28 — KH 34 — KH 36 도후쿠지
- 후시미이나리
- KH 77 우지 (종점)

게이한 본선
- KH 01 요도야바시(오사카 기점)

🍁 가을에는 도후쿠지 東福寺

나라의 도다이지東大寺와 고후쿠지興福寺에 견줄 만한 사찰을 세우겠다는 의미로 한 글자씩 이름을 따서 1236년 창건한 대형 사찰. 츠텐쿄通天橋에서 바라보는 경내 단풍 계곡이 환상적이다.

구글맵 Tofuku-ji Tsutenkyo Bridge **운영** 09:00~15:30
요금 1000엔 **가는 방법** 게이한·JR 도후쿠지역에서 1km 또는 후시미이나리타이샤에서 2km

🌸 벚꽃철에는 주쇼지마 中書島駅

게이한 전철을 타고 우지를 향할 때 거치게 되는 환승역이자 벚꽃 명소다. 운하를 따라 흐드러지게 피어난 벚꽃 아래에서 유람선을 타거나, 390년 전통을 자랑하는 월계관 사케 박물관을 방문할 수 있다.
▶ 1권 P.047
구글맵 후시미 짓코쿠부네

⛩ 이른 새벽 또는 해 질 녘 후시미이나리타이샤

오곡 풍작과 사업 번창을 기원하는 여우 신사. 수천 개의 주홍빛 도리이가 끝없이 이어진다. ▶ 상세 정보 P.114
구글맵 센본토리이

말차 입문은 파르페로 달콤하게
우지차 전문점

13세기 초부터 차를 재배해 온 우지 거리 곳곳에는 차 향이 은은하게 감돈다. 정통 말차는 물론, 모두의 입맛을 사로잡을 디저트, 말차 가루를 섞어 반죽한 소바와 우동 등 식사 메뉴도 다양하다.
➡ 말차를 더 맛있게 즐기는 법 1권 P.079

나카무라토키치 본점 中村藤吉 本店
우지에서 인기 #1

1854년에 창업한 프리미엄 차 전문점. 옛날 차 공방을 개조한 문화재급 건물 자체가 볼거리이고, 세련되게 포장한 각종 제품을 선보여 선물용으로 제격이다. 본점에서는 대나무 통, 뵤도인점에서는 유리잔에 담아주는 '마루토 파르페'가 대표 메뉴. 쌉쌀함과 단맛이 어우러진 생차 젤리, 말차 시폰 케이크, 녹차 크림 등 다양한 재료가 들어간다. 최고급 녹차인 '교쿠로'로 만든 파르페는 본점 한정 메뉴다.

구글맵 나카무라 토키치 혼텐
운영 10:00~17:30
(주문 접수는 16:00까지)
홈페이지 tokichi.jp

TIP! 이용 방법
- 매장 대기 없이 입장 가능
- 카페 정리권 발급 후 대기
- 다도 체험 온라인 예약제

후쿠주엔 福寿園
조용한 공방에서 다도 체험

1790년에 창업한 후쿠주엔은 우지 7대 다원 중 하나인 전통 깊은 노포다. 1층에는 다구와 고급 차 제품을 판매하는 기념품점과 카페가 있으며, 2층 공방에서는 맷돌로 직접 찻잎을 갈아 말차를 만들어 보는 체험도 가능하다. 녹차의 역사를 소개한 작은 전시 공간까지 마련되어 있으니, 우지 신사로 가는 길에 잠시 들러 보자.

구글맵 후쿠쥬엔 우지 차 공방
운영 10:00~17:00
요금 입장 무료, 다도 체험 2000엔부터
홈페이지 www.ujikoubou.com

이토큐에몬 伊藤久右衛門

화려한 녹차 디저트

1832년 창업 이래 다양한 녹차 디저트를 선보이며 우지차의 대중화에 앞장서 온 우지차 전문점. 니신소바, 말차와 호지차를 넣어 만든 카레 등 식사 메뉴도 다양하다. 관광지와 거리가 먼 본점보다 JR 우지역 앞 매장이 이용하기 편리하다. 기온시조, 산넨자카, 후시미 이나리 등 교토 주요 관광지에도 매장을 운영한다. 온라인 예약도 가능하다는 것이 장점.

구글맵 이토큐에몬 우지 본점 **운영** 10:00~18:00
홈페이지 www.itohkyuemon.co.jp

이토큐에몬 우지 본점

이토큐에몬 JR 우지역점

다이호안 対鳳庵

우지시영 다실

전통 다도를 가볍게 경험해 보고 싶은 사람에게 추천. 화과자와 말차를 제공하는 기본 프로그램은 바로 옆 우지시 관광안내소에서 당일 접수가 가능하다. 옥로 또는 센차 시음, 직접 말차를 달이는 본격적인 오테마에 체험은 늦어도 3일 전까지 예약해야 한다.

구글맵 Uji City Tourist Information Centre **운영** 10:00~16:00
요금 기본 1000엔부터 **홈페이지** www.city.uji.kyoto.jp

츠엔 본점 通圓 本店

일본 최고最古의 찻집

1160년에 창업해 24대째 가업을 이어 온 전통찻집. 대규모 다실과 비교하면 소박하지만 정겨운 분위기. 강변 전망 좌석이 있으므로 우지교를 건널 때 들러 보자.

구글맵 츠엔혼텐
운영 09:30~17:30
홈페이지 www.tsuentea.com

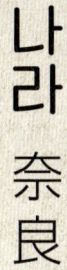

나라 奈良

교토가 1000년 동안 일본의 수도였다면, 나라의 헤이조쿄平城京는 그보다 앞선 8세기 고대 일본의 수도였다. 불교 문화가 융성하던 시기에 도다이지, 고후쿠지 등의 사찰이 세워졌으며, 한반도와 관련된 장소도 많이 남아 있어서 더욱 특별한 여행지로 다가온다. 나라에는 시간이 만든 풍경이 있다. 세월의 무게를 이겨낸 목조건물, 거대한 대불상, 신비로운 원시림. 고요한 숲길을 사슴과 함께 걷다 보면 어느덧 마음이 차분히 가라앉는다.

나라 실전 여행

⊙ **이동 거리** 오사카에서 40km, 교토에서 43km ⊙ **여행 시간** 관광 4~6시간 + 이동 2시간
⊙ **목적지** 일본 나라현 나라시 나라 공원奈良公園

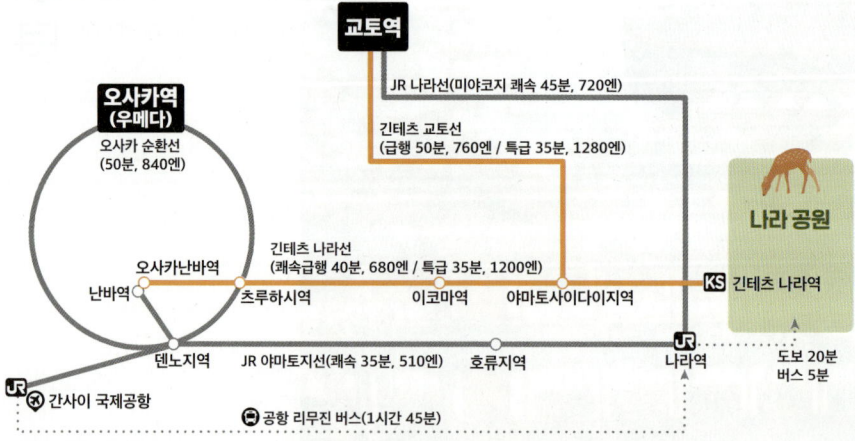

❶ 환승 없이 나라까지 긴테츠로!

나라에 갈 때는 긴테츠 전철이 가장 편리하다. 주요 명소가 긴테츠 나라역을 중심으로 2km 반경에 모여 있기 때문이다. 오사카와 교토에서 나라까지는 긴테츠 일반 열차(급행·쾌속 급행) 또는 특급열차로 환승 없이 갈 수 있다. ▶ 프리미엄 관광열차 '아오니요시' 1권 P.129

 구글맵에서 야마토사이다이지역 환승 경로를 안내하기도 합니다. 탑승 전 열차 종류를 꼭 확인하세요. '특급特急' 열차는 지정석 요금이 추가됩니다.

구글맵 검색 결과 확인 방법
B 긴테츠 교토선 → 환승 불필요
B 긴테츠 특급 > A 긴테츠 나라선 → 환승 필요

급행(Express)

쾌속 급행(Rapid Express)

특급(Limited Express)

긴테츠 특급은 언제 타는 걸까?

지정 좌석제로 운영하는 긴테츠 특급은 출퇴근 시간대에 좌석이 부족하거나 부모님과 동행할 때 이용하면 편리하다. 개찰구는 IC카드나 컨택리스 카드로 통과하고, 열차 탑승 전 자동 발매기에서 특급권을 별도로 발권한다. 카드가 없는 경우에는 유인 매표소나 자동 발매기에서 1회용 승차권과 특급권을 함께 구매하면 된다.
※예시: 교토역 → 긴테츠 나라역 기본 요금(760엔) + 특급권(520엔)

❷ JR 나라역에 내린다면 나라 버스 이용

숙소가 오사카역이나 덴노지역 주변이라면 JR 열차로 환승 없이 나라까지 갈 수 있다. JR 나라역에서 관광지까지는 버스로 이동하는 것이 편리하다.

❸ 간사이 국제공항에서 가는 방법

공항 리무진 버스는 하루 4~5회 운행한다. 공항에서 출발할 때에는 선착순으로 탑승하고, 나라에서 출발할 때에는 사전에 예약해야 한다.

요금 편도 2400엔, 왕복 4500엔, 당일 왕복 3000엔
시간표 www.narakotsu.co.jp/limousine/nara_kanku

TIP! 리무진 버스 대안은?
- 하루카 또는 JR 간사이 공항선
  → 덴노지 환승(야마토지선)
  → JR 나라역
- 라피트 또는 난카이 공항선
  → 오사카난바역 환승(긴테츠 나라선) → 긴테츠 나라역

나라 주요 버스 노선도

교통 패스, 꼭 필요할까?

ⓘ 나라 공원은 도보 관광이 기본

나라 공원 주변만 둘러본다면 교통 패스가 필요 없다. 힘들면 버스를 1~2회 이용하자.

요금 1회 250엔 ※IC카드 또는 현금(1·2번 버스는 컨택리스 카드 사용 가능)

ⓘ 나라 버스 1일 승차권

날씨가 덥거나 헤이조궁, 도쇼다이지 등 외곽의 명소까지 이동할 때 유용하다.

패스 1Day 패스 600엔(기본 범위) / 1Day 와이드 패스 1100엔(호류지 포함) **판매처** JR 나라역 2층 버스 안내소, 긴테츠 나라역 건너편 버스 안내소, 간사이 국제공항 투어리스트 인포메이션 센터
홈페이지 www.narakotsu.co.jp/language/kr

ⓘ 긴테츠 레일 패스

오사카·교토 왕복권 포함, 나라 버스(일부 구간), 이코마 지역 케이블카까지 탑승이 가능하다.

요금 1일권 1900엔 ※디지털 패스로 이용 **홈페이지** www.kintetsu.co.jp/foreign/korean

나라의 공식 캐릭터 시카마로 군

긴테츠 나라역 2번 출구 앞, 백제 왕인 박사의 후손 교키 스님의 동상

FOLLOW

Best Course
나라 여행 핵심 코스

▶ 도보 5~6km

❶ 긴테츠 나라역 2번 출구(East Gate) 출발
   🍴 히가시무키 상점가 또는 나라 국립박물관 근처에서 식사
❷ 고후쿠지부터 사슴이 본격적으로 등장하는 나라 공원 시작
❸ 나라 국립박물관 관람(유료) 또는 요시키엔 정원(무료) 산책
❹ 도다이지 대불전 관람(유료)
   👉 큰길로 나오지 말고, 지름길로 20분 걷기

헤이조궁 유적 역사공원
(세계유산)
🚌 15분

도쇼다이지
(세계유산)

야쿠시지
(세계유산)

🚌 25분

나라 현립 미술관●

요시키엔 정

긴테츠 나라역 🚇 ❶

히가시무키 상점가

고후쿠지
(세계유산)

치요노야 다케무라 🍴 야마자키야
                      (나라즈케)

나라역 🚇

나카타니도(모찌)   ❽
멘토안(우동)   🍴 스타벅스   🍴 기누가케 차야(우동)
                    말디타   이치노도
                    말디토
                                   사루사와 연못
                                   ❻

모치이도노 상점가

킷사 츠바키

⬇ 1시간

호류지
(세계유산)

             ●나라 공예관   ●카시야

도노차야(녹차죽)   유키정   **간고지**
                  (오므라이스)   (세계유산)
                                 👉 격자의 집, 나라마치 자료관

나라마치 ❼

❺ 가스가타이샤 경내 관람(일부 유료)
　🚶 가스가타이샤 오모테산도 걷기(시간이 되면 우키미도 정자 방문)
　🚌 힘들면 긴테츠 나라역까지 버스로 이동
❻ 사루사와 연못
　☕ 스타벅스 또는 주변 카페, 맛집에서 휴식
❼ 나라마치로 갈 때는 스타벅스에서 간고지 방향으로 걷기
❽ 히가시무키 상점가로 돌아와 일정 마무리

> **TIP!** 나라 공원을 돌아보고 다른 곳도 보고 싶다면?
> ❺번 가스가타이샤 관람 후 버스를 타고 도쇼다이지로 이동한다. 호류지까지 하루에 다 돌아보는 것은 무리한 일정이다.

나라의 유네스코 세계문화유산
1998년 '고대 나라의 역사 기념물'이라는 이름으로 도다이지, 가스가타이샤, 고후쿠지, 헤이조궁 등 8곳이 유네스코 세계문화유산에 등재되었다. 단일 시설이 아닌 복수의 장소가 하나의 문화재로 등록된 점이 특징이며, 고대 수도였던 나라가 정치·종교·문화 중심지로서 지닌 가치를 잘 보여 준다. 한편, 나라에서 버스로 약 1시간 거리에 위치한 호류지는 1993년에 일본 사원 최초로 유네스코 세계문화유산으로 지정되었다.

01 나라 공원
奈良公園 🍁 ☆

"나라에 가면 사슴을 볼 수 있어요?" 물론이죠!
나라 공원은 도다이지, 고후쿠지, 가스가타이샤 등의 명소가 자리한 드넓은 보호구역이다. 가스가타이샤의 수호신이 흰 사슴을 타고 왔다는 전설로 인해 사슴은 나라에서 신의 사자로 여겨졌고, 지금은 천연기념물이자 국보로 지정된 1300여 마리의 사슴이 나라 공원 곳곳을 자유롭게 활보한다. 처음에는 그 광경이 낯설고 신기하지만, 사슴 개체 수가 워낙 많아서 금방 적응하게 된다.

구글맵 나라 공원 또는 Nara Park
운영 24시간 개방

 사슴과 친해지는 방법

시카센베이 鹿せんべい
공원 매점이나 노점에서 판매하는 사슴 먹이다. 값은 어디서나 한 봉지에 200엔! 다른 음식물을 주는 행위는 절대 금지다.

사슴 먹이 주는 요령
공원을 걷다 보면 사슴이 다가와 꾸벅 고개를 숙이며 먹이를 요구한다. 너무 시간을 끌거나 약 올리지 말고, 적당한 타이밍에 먹이를 쥔 손을 내밀면 잘 먹는다.

어린이는 특히 조심
나라의 사슴은 길들지 않은 야생동물이다. 손에 센베이를 들고 있으면 갑자기 달려들기도 하고, 화가 나면 바로 공격한다. 일행 중에 어린이가 있는 경우 각별히 주의해야 한다.

나라 여행 체크 포인트

⊙ 하루 일정으로 여유 있게
나라의 명소와 가게는 일찍 문을 닫는다. 오전에 도착해 오후 4~5시쯤 관광을 마치고 퇴근 시간 전에 기차를 타고 돌아오는 스케줄이 이상적이다. 사슴 외에도 볼거리가 많아서 나라와 교토를 반나절씩 나누는 일정으로는 충분하지 않다.

⊙ 현금은 필수
오사카와 교토에 비해 현금만 받는 가게의 비율이 높다. 사찰과 신사 입장료, 식사 비용까지 넉넉하게 준비하자.

⊙ 월요일 방문은 피하기
월요일은 나라 국립박물관 휴관일이다. 화요일부터 목요일까지는 방문객이 상대적으로 적지만, 유명한 맛집이 문을 닫는 경우가 많다.

<u>인기 맛집</u> ※오전 11시 전 오픈런 권장
- 시즈카 공원점(솥밥) <u>휴무</u> 화요일
- 멘토안(우동) <u>휴무</u> 화·수·목요일
- 유키정(오므라이스) <u>휴무</u> 수요일

<u>자리 여유가 있는 곳</u>
- 스타벅스 나라 사루사와이케점 <u>휴무</u> 없음
- 기누가케 차야 <u>휴무</u> 월요일
- 킷사 츠바키 <u>휴무</u> 화요일

02 고후쿠지(흥복사) 興福寺 卍

사루사와 연못에 비친 오층탑

669년에 후지와라 가문이 창건했으며, 경내에는 아수라상을 전시한 국보관을 비롯해 중금당(복원한 본당), 동금당(국보) 등 나라 시대 불교 문화를 보여주는 건축물이 많이 남아 있다. 높이 약 50m의 오층탑이 이 절의 상징이다.

구글맵 고후쿠지 운영 09:00~17:00
요금 국보관 900엔(중금당·동금당 포함 시 1600엔)
홈페이지 www.kohfukuji.com/ko

03 나라 국립박물관 奈良国立博物館

일본 고대 예술의 보고

나라는 그 자체로 거대한 야외 박물관과 다름없으나, 불교 미술과 이 지역에서 출토된 문화재를 깊이 있게 살펴보고 싶다면 나라 국립박물관이 이상적이다. 나라 불상관, 청동기관, 동신관, 서신관, 연구 센터 등의 건물로 구성되어 있다.

구글맵 나라국립박물관 또는 Nara National Museum
운영 09:30~17:00(토요일 19:00까지)
휴무 월요일(공휴일이면 다음 날), 12월 28일~1월 1일
요금 명품전 700엔(18세 미만·70세 이상 무료)
홈페이지 www.narahaku.go.jp/korean
가는 방법 도다이지 남대문으로 진입하기 전 제일 먼저 눈에 띄는 건물

가을의 특별전
⟨쇼소인전 正倉院展⟩

매년 10월 말~11월 초에 궁중 수장고인 도다이지 정창원正倉院의 수장품을 공개하는 행사다. 왕의 의복과 장신구, 가구, 공예품의 보존 상태가 매우 훌륭해 일본 전국에서 관람객이 찾아온다.

우키미도
浮見堂

사슴, 사람, 햇살이
조용히 머물다 가는 연못을 찾아서
고요한 수면에 비친 천년의 탑

猿沢池
사루사와이케

04
도다이지(동대사)
東大寺

천년의 미소를 간직한 대불상

일본 화엄종의 대본산인 도다이지는 8세기 나라 시대의 불교 문화를 대표하는 사찰이다. 불교의 힘으로 국가의 통합과 안정을 이루고자 한 쇼무왕(재위 724~749)의 의지에 따라 단순한 수행처를 넘어 국가적 사찰의 위상을 지닌 상징적 공간으로 건립되었다.

초대 주지인 로벤 스님과 대불 조성을 주도한 교키 스님은 백제인의 후손이었으며, 백제와 신라, 중국 송나라에서 건너온 각국 장인들의 기술력을 더해 완성된 사찰 곳곳에 삼국시대 동아시아 문화 교류의 흔적이 배어 있다.

구글맵 도다이지 대불전
홈페이지 www.todaiji.or.jp/ko
요금 다음 4곳만 유료
대불전, 미술관(도다이지 뮤지엄), 법화당, 계단당 각각 800엔
※대불전과 미술관 통합권 1200엔, 그 외 구역은 무료

대불전의 반영과 거울 연못

FOLLOW UP
유네스코 세계문화유산
도다이지 관람 포인트

도다이지 경내 안내

① 대불전(다이부츠덴) 大仏殿

도다이지의 가장 중심이 되는 대불전은 두 차례 화재로 소실 됐다가 1709년에 재건한 건물이다. 751년 건립 당시보다 규모는 축소되었지만, 여전히 일본에서 가장 큰 목조건축물로 남아 있다. 그 안에서는 높이 14.98m의 청동 비로자나불이 인자한 미소로 방문객을 맞이한다.
운영 07:30~17:30(11~3월 08:00~17:00)

대불의 콧구멍 크기인 구멍을 통과하면 1년 동안 액운을 막아 준다고!

② 법화당(홋케도) 法華堂

740년경 창건된 법화당은 일본에서 처음으로 《화엄경》을 강의한 장소이자 도다이지에서 가장 오래된 건물이다. 내부에는 국보 또는 중요문화재로 지정된 16구의 불상이 안치되어 있다. 매년 3월 법화회가 열려 삼월당(산가츠도三月堂)이라는 별칭으로 불린다.
운영 08:30~16:00

③ 이월당(니가츠도) 二月堂

이곳에서 매년 음력 2월 열리는 슈니에修二會는 752년 이래 끊이지 않고 이어져 온 불교 행사다. 특히 밤에 불꽃을 흩뿌리는 횃불 의식을 보기 위해 엄청난 인파가 몰린다. 평소에는 조용한 공간으로, 높은 계단에 오르면 나라 시내가 한눈에 내려다보인다. 운영 24시간

FOLLOW UP 고대의 신성한 숲길을 따라
가스가타이샤로 가는 두 가지 방법

ROUTE ①
와카쿠사야마 아래쪽 산책로 🚶 도보 20분

도다이지 관람 후 연못 북쪽의 니가츠도 쪽으로 이동한다. 와카쿠사야마若草山 산자락 아래 샛길을 따라 걷다 보면 자연스럽게 가스가타이샤 경내로 진입할 수 있다. 전망 포인트에 올라가려면 따로 입장료를 내야 한다.

구글맵 경로 도다이지 츄몬(중문) → 타무케야마 하치만구 신사 → 미즈야 신사 → 가스가타이샤
요금 와카쿠사야마 150엔(3월 말~12월 중순 개방, 해발 342m 정상까지 도보 약 20분)

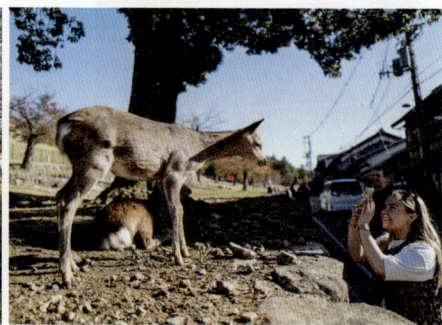

ROUTE ②
가스가타이샤 오모테산도 🚶 도보 18분

신사의 첫 번째 도리이에서 두 번째 도리이까지 일직선으로 이어지는 1.2km의 참배 길. 끝에 자리한 가스가타이샤 뒤편으로는 841년부터 벌목과 사냥이 금지된 가스가산 원시림이 펼쳐진다. 하이킹을 하려면 최소 2~3시간은 걸리므로 오모테산도를 걸으며 분위기만 살짝 느끼는 것도 나쁘지 않다.

구글맵 경로 가스가 대사 이치노도리이 → 카스가타이샤 니노도리이 → 카스가타이샤 남문

⑤ 가스가타이샤(춘일대사) 春日大社

등롱과 사슴의 신사

가스가타이샤는 768년, 나라의 동쪽을 수호하는 신을 모시기 위해 창건한 신사입니다. 매년 2월과 8월에 열리는 만토로万燈籠 축제 기간에는 신사를 둘러싼 약 2000기의 석등과 처마 끝에 매달린 1000기의 등롱에 불을 밝히는 점등 행사가 장관을 이룬다. 유료 입장 구역인 본전의 후지나미노미야 신전에 축제의 분위기를 상시 체험할 수 있는 재현 공간을 마련해 놓았다.

구글맵 카스가타이샤
운영 06:30~17:30(11~2월 07:00~17:00)
요금 대부분 무료(본전 700엔, 국보전 700엔)
홈페이지 www.kasugataisha.or.jp

본전 상세 안내

TRAVEL TALK

세계 최고最古의 목조 건축물 호류지

607년 창건한 호류지法隆寺(법륭사)는 아스카 시대(592~710)에 쇼토쿠 태자가 세운 사찰입니다. 백제 출신 장인들이 건립에 참여했고, 백제 관음상과 금당 벽화가 있어 우리에게 의미가 남다른 장소이기도 하죠. 서원가람西院伽藍의 금당과 오층탑은 인근의 호키지法起寺(법기사)와 함께 일본 최초의 유네스코 세계문화유산으로 등재되었습니다.

운영 08:00~17:00(겨울철 16:30까지) **요금** 2000엔 **홈페이지** www.horyuji.or.jp
가는 방법 JR 호류지역에서 버스로 환승(나라에서 약 1시간 거리)

함께 알아 보면 좋은 아스카 시대의 사찰
▶ 오사카 시텐노지 2권 P.113

06
헤이조궁(평성궁) 유적 역사공원
平城宮跡歷史公園

고대 일본의 수도

8세기 나라 시대의 수도였던 헤이조쿄의 궁궐터. 중국 당나라 장안성을 모방해 만든 궁성의 일부를 복원해 일반에 공개 중이다. 드넓은 부지 내에 제1차 대극전大極殿(다이고쿠덴)을 중심으로 스자쿠몬 광장, 정원 등이 재현되어 있다.

📍 **구글맵** Heijō Palace Site Historical Park
운영 대극전·평성궁터 자료관 09:00~16:30 **휴무** 월요일
요금 무료 **홈페이지** www.nabunken.go.jp

07
간고지(원흥사) 元興寺

나라마치의 시초가 된 사원

일본 최초의 불교 사원인 아스카데라飛鳥寺를 헤이조쿄 천도와 함께 옮겨 온 것이 간고지의 기원이다. 절터는 대부분 나라마치 주택가로 바뀌었으나, 국보 극락당(본당)과 선실, 중요문화재인 동문과 아미타불상 등은 일부 남아 있다.

📍 **구글맵** 간고지 **운영** 09:00~17:00(마지막 입장 16:30)
요금 700엔 **홈페이지** gangoji-tera.or.jp

08
도쇼다이지(당초제사)
唐招提寺

국보가 많은 사찰

덴표 문화天平文化(불교가 크게 융성한 나라 시대의 문화)의 정수를 보여 주는 금당과 강당을 비롯해 18개의 국보와 200개 이상의 중요문화재가 남아 있다. 759년 사찰을 창건한 중국 당나라 승려 간진의 좌상은 매년 6월 초에만 특별 공개된다.

📍 **구글맵** 도쇼다이지 **운영** 08:30~17:00 **요금** 1000엔
홈페이지 www.toshodaiji.jp

08
야쿠시지(약사사) 藥師寺

대칭의 미학

국보인 동탑과 1981년에 복원한 서탑이 금당을 중심으로 대칭을 이루는 가람 구조가 유명하다. 680년 창건 당시의 건물 대부분은 소실되어 현재 복원 중이다.

📍 **구글맵** 야쿠시지 **운영** 09:00~17:00 **요금** 1000엔
홈페이지 www.yakushiji.or.jp

야쿠시지 서탑

⑩ 나라마치 ならまち

전통 가옥 마을의 정취

나라 공원 남쪽, 간고지 경내에 민가가 들어서면서 형성된 옛 거리다. 상점과 주거 공간이 연결된 전통 가옥 마치야는 좁은 정면에 비해 안쪽으로 길게 이어진 구조이며, 전면을 격자무늬로 장식한 것이 특징이다. 골목 안 곳곳에 작은 갤러리와 기념품점, 카페가 있으니 천천히 산책하며 둘러보자.

가는 방법 ❶ 고후쿠지 → 사루사와 연못 → 간고지 주변 골목 산책 후 ❷ 모치이도노 상점가 → 히가시무키 상점가를 따라 긴테츠 나라역으로 돌아온다.

액운을 막아 주는 빨간 인형 '미가와리 사루'

나라마치 명소 탐방

격자의 집 ならまち格子の家
에도 시대 전통 마치야 구조를 복원한 전시관
구글맵 Naramachi Koshi-no-Ie
운영 09:00~17:00
휴무 월요일 **요금** 무료

나라마치 자료관 奈良町資料館
생활 도구 전시와 기념품 판매를 겸한 민속 박물관
구글맵 Naramachi Shiryo-kan
운영 10:00~16:00
휴무 월·수·목요일 **요금** 무료

나라 공예관 なら工藝館
나라 지역 장인의 공예품을 전시하는 공립 미술관
구글맵 Nara Craft Museum
운영 10:00~18:00
휴무 월요일 **요금** 무료

의외로 맛집 많은 관광지
나라 음식 투어

시즈카 志津香

주메뉴 가마메시 덴푸라 정식
😊 → 정갈한 1인용 솥밥　✅ → 공원점 예약 불가, 오미야점 가능

나라의 향토 재료 일곱 가지를 담은 솥밥(가마메시) 전문점. 갓 지은 밥과 바삭하고 고소한 누룽지가 입맛을 돋운다. 튀김이 함께 나오는 덴푸라 정식 세트로 주문하면 푸짐한 한 상을 즐길 수 있다. 관광지와 가까운 공원점이 편리하지만, 예약을 원한다면 JR 나라역 인근 오미야점으로.

구글맵 가마메시 시즈카 공원점
운영 수~월요일 11:00~15:00
휴무 화요일(대체 휴무일 있음)　**예산** 2500엔
홈페이지 www.kamameshi-shizuka.jp
가는 방법 나라 국립박물관 건너편

나카타니도 中谷堂

주메뉴 요모기모찌
😊 → 즉석에서 만드는 전통 찹쌀떡　✅ → 현금 결제

쫄깃한 쑥떡 안에 팥앙금을 듬뿍 넣은 요모기모찌よもぎ餠는 꼭 먹어야 할 명물 간식이다. 쉴 새 없이 빠른 속도로 떡방아를 찧어 만드는 따끈한 떡은 현장에서 바로 먹어야 제맛! 매대에 놓고 파는 센베의 품질도 수준급이다.

구글맵 나카타니도　**운영** 수~월요일 10:00~18:00
휴무 화요일(대체 휴무일 있음)　**예산** 개당 200엔
홈페이지 nakatanidou.jp　**가는 방법** 히가시무키 상점가 끝

멘토안 麵鬪庵

주메뉴 긴차쿠키츠네
😊 → 황금빛 복주머니 우동
✅ → 현금 결제, 재료 소진 시 영업 종료

유부 주머니 속에서 뜨거운 우동이 쏟아지는 긴차쿠키츠네巾着きつね는 먹는 즐거움에 보는 재미까지 더하는 이 집의 대표 메뉴. 매장이 작아서 오래 기다려야 할 수 있으므로 도착하면 오전 10시부터 입구에 내놓는 대기자 명단에 이름을 적는다.

구글맵 멘토안 우동　**운영** 월·금요일 11:00~15:00, 토·일요일 11:00~16:00
휴무 화·수·목요일
예산 1300~1500엔
가는 방법 나카타니도 바로 옆, 모치이도노 상점가 입구

기누가케 차야 衣掛茶屋

주메뉴 우동, 소바
☺ → 연못 풍경 보면서 우동 한 그릇
✓ → 현금 결제

연못가에 자리 잡은 전통 가옥 우동집이다. 가게 안에서 보이는 연못에 비친 물그림자가 무척 인상적이다. 겉보기에는 고급 음식점 같지만, 적당한 가격의 우동과 소바를 판다.

구글맵 衣掛茶屋(맵코드 'MRJJ+HJ Nara'로 검색)
운영 화~일요일 11:00~18:00 **휴무** 월요일 **예산** 1000엔
가는 방법 사루사와 연못 북쪽, 고후쿠지 남쪽 계단 아래

유키정 ゆき亭

주메뉴 오므라이스 세트
☺ → 현지인 단골 경양식 식당
✓ → 웨이팅 필수

나이프로 가운데를 가르면 달걀이 사르르 흘러내리는 오므라이스가 시그니처. 브라운소스와 토마토케첩 소스 중 선택 가능한데, 둘 다 맛있다. 나라마치 주택가를 구경할 때 식사 장소로 딱! 손님이 많을 때는 매장 앞에서 번호표를 뽑고 대기한다.

구글맵 유키정
운영 목~화요일 11:30~14:30
휴무 수요일 **예산** 1400엔
가는 방법 나라마치 간고지 근처

도노차야
塔の茶屋

주메뉴 차가유 플레이트
☺ → 녹차죽과 향토 가이세키 맛보기
✓ → 현금 결제, 전화 예약 ☎ 0742-22-4348

사찰 음식에서 유래한 전통 녹차죽 '차가유茶がゆ'와 함께 갖은 절임 반찬과 향토 요리를 정갈하게 담아낸다. 고급 요리를 간소화한 미니 가이세키도 있다. 소박한 식당 분위기이고, 식사 시간에는 예약 손님이 대부분이다.

구글맵 토우노차야(탑의 다실)
운영 11:30~15:00 ※온라인 예약 시 수수료 발생, 저녁은 완전 예약제
휴무 화요일
예산 차가유 플레이트 3000엔, 미니 가이세키 5000엔
홈페이지 tounochaya.com
가는 방법 나라마치 주택가 안쪽 골목

차분한 풍경 속
차 한 잔의 힐링

스타벅스 나라 사루사와이케점
Starbucks Coffee - Nara Sarusawa Pond

주메뉴 각종 스타벅스 메뉴
☺ → 연못 뷰와 스타벅스의 만남
▽ → 창가 자리는 경쟁 치열

커다란 유리창 너머로 연못 풍경을 바라보며 커피를 마실 수 있는 명소. 외관은 전통 가옥 스타일, 내부는 스타벅스 특유의 편안한 분위기다.

구글맵 스타벅스 나라 사루사와이케점 **운영** 08:00~21:00 **예산** 500~1000엔 **가는 방법** 사루사와 연못 앞

말디타 말디토 바이 엔
MALDITA MALDITO by 『縁』

주메뉴 커피와 초콜릿, 디저트
☺ → 앤티크 감성의 초콜릿 카페
▽ → 카드 불가, QR 결제 가능

로스터리 카페 엔en이 운영하는 감성 카페. 벨기에 수제 초콜릿 브랜드 '레오니다스'와 함께 감각적인 비주얼의 디저트와 커피를 선보인다. 앤티크 가구로 채운 공간 곳곳에 포토 스폿이 마련돼 있다.

구글맵 Maldita Maldito by Leonidas
운영 11:00~18:00 **예산** 1000엔
인스타그램 @maldita_maldito_cafe_choco
가는 방법 사루사와 연못 근처

킷사 츠바키 喫茶ツバキ

주메뉴 경양식, 커피와 디저트
☺ → 넉넉한 좌석과 레트로 무드
▽ → 기모노 대여는 사전 예약

기모노를 입은 직원이 서빙하는 레트로 카페. 나라마치의 옛 상점을 개조한 공간에서 나폴리탄 스파게티, 팬케이크, 푸딩, 크림소다, 커피까지 킷사텐의 정통 메뉴를 즐길 수 있다. 좌석 수가 넉넉해 예약하지 않아도 여유롭게 시간을 보낼 수 있다.

구글맵 喫茶ツバキ (맵코드: MRJG+4X Nara로 검색)
운영 수~월요일 11:00~18:00 **휴무** 화요일
예산 식사 1500엔, 음료와 디저트 700엔
홈페이지 www.kissatsubaki.com
가는 방법 긴테츠 나라역에서 500m(도보 7분)

카시야 樫舍

주메뉴 화과자와 차 세트
- → 나라마치와 잘 어울리는 전통찻집
- → 현금 결제, 포장 구매 가능

전통 가옥 2층 다다미방에서 장인이 만든 제철 화과자와 차를 천천히 음미할 수 있는 곳. 단바산 팥을 삶아 껍질을 벗기고, 여러 번 물에 우린 후 고운 앙금을 내 만든 화과자는 하나같이 섬세하고 곱다.

구글맵 카시야 또는 Kashiya **운영** 카페 11:00~16:30, 매장 09:00~18:00 **예산** 1200~1500엔 **인스타그램** @kasiya_nara **가는 방법** 나라마치 간고지 근처

치요노야 다케무라 千代の舎 竹村

주메뉴 화과자, 말차
- → 300년 전통의 품격과 감각
- → 상점가에 있어서 찾기 쉬움

1701년 창업해 도다이지, 가스가타이샤, 호류지 등 나라의 주요 사찰에 납품해 온 유서 깊은 화과자점이다. 매장 안쪽에 작은 나실이 있고, 떨기모찌니 녹차 파르페처럼 요즘 감각을 더한 메뉴도 판매한다. 사슴 문양을 새긴 화과자를 정갈하게 포장해 기념품으로도 인기.

구글맵 Chiyonoya Takemura **운영** 금~수요일 10:00~17:00 **휴무** 목요일 **예산** 1000엔 **홈페이지** chiyonoya-takemura.jp **가는 방법** 히가시무키 상점가 초입

 나라에 왔다면, 나라즈케

술지게미에 절인 일본식 장아찌 나라즈케奈良漬け는 밥이나 오차즈케에 곁들이면 맛을 더해 주는 나라의 전통 반찬이다. 히가시무키 상점가에서는 야마자키야 본점이 단연 눈에 띈다. 무, 오이, 가지, 수박 등 다양한 과채류로 만든 장아찌를 파는데, 선물용도 정갈하게 포장돼 있다.

구글맵 Yamazakiya Nara **운영** 10:00~19:00

INDEX

☑ 가고 싶은 도시(여행지)와 관광 명소, 핵심 맛집을 미리 체크해보세요.

도시(여행지)

☐ 고베 · 2권 P.144
☐ 교토 · 3권 P.008
☐ 기후네 신사 & 히에이잔 · 3권 P.154
☐ 나라 · 3권 P.176
☐ 마이코 공원 & 스마 해변 · 2권 P.196
☐ 아리마 온천 & 롯코산 & 마야산 · 2권 P.188
☐ 오사카 · 2권 P.008
☐ 오하라 · 3권 P.148
☐ 우지 · 3권 P.164
☐ 히메지성 · 2권 P.136

관광 명소

☐ 가모강(가모가와) · 3권 P.056
☐ 가스가타이샤(춘일대사) · 3권 P.189
☐ 가이유칸 수족관(해유관) · 2권 P.122
☐ 간고지(원흥사) · 3권 P.190
☐ 게아게 인클라인 · 3권 P.082
☐ 겐닌지(건인사) · 3권 P.046
☐ 고겐지(흥원사) · 3권 P.123
☐ 고베 구거류지 · 2권 P.162
☐ 고베 누노비키 허브엔 · 2권 P.179
☐ 고베 포트 뮤지엄 · 2권 P.171
☐ 고베 포트 타워 · 1권 P.031 · 2권 P.167
☐ 고베 호빵맨 어린이 박물관 & 쇼핑몰 · 2권 P.170
☐ 고류지(광륭사) · 3권 P.026
☐ 고코엔 · 2권 P.141
☐ 고후쿠지(흥복사) · 3권 P.184
☐ 교토 교엔 · 3권 P.095
☐ 교토 수족관 · 3권 P.086
☐ 교토 영빈관 · 3권 P.098
☐ 교토 타워 · 1권 P.029 · 3권 P.111

☐ 교토고쇼 · 3권 P.096
☐ 교토국립근대미술관 · 3권 P.084
☐ 교토국립박물관 · 3권 P.085
☐ 교토국제만화박물관 · 3권 P.087
☐ 교토문화박물관 · 3권 P.087
☐ 교토시 교세라 미술관 · 3권 P.084
☐ 교토역 · 3권 P.016, P.108
☐ 교토철도박물관 · 3권 P.086
☐ 구로몬 시장 · 2권 P.068
☐ 그랜드 그린 오사카 · 2권 P.041
☐ 그랜드 프런트 오사카 · 2권 P.040
☐ 글리코상 · 2권 P.058
☐ 금각사(킨카쿠지) · 3권 P.134
☐ 기노사키 온천 · 1권 P.054
☐ 기오지 · 3권 P.125
☐ 기온 거리 · 3권 P.042
☐ 기온 시라카와 · 3권 P.047
☐ 기요미즈데라(청수사) · 3권 P.035
☐ 기타나가사도리 · 2권 P.159
☐ 기타노이진칸(고베) · 2권 P.172
☐ 기타노텐만 신사(고베) · 2권 P.179

- ☐ 기타노텐만구 • 3권 P.138
- ☐ 기타하마 카페 거리 • 2권 P.100
- ☐ 기후네 신사 • 3권 P.157

ㄴ

- ☐ 나다고고 사케 마을 • 1권 P.047
- ☐ 나라 공원 • 3권 P.182
- ☐ 나라 국립박물관 • 3권 P.184
- ☐ 나라마치 • 3권 P.191
- ☐ 나카노시마 • 2권 P.098
- ☐ 나카자키초 카페 거리 • 2권 P.052
- ☐ 난바시티 • 2권 P.065
- ☐ 난바 야사카 신사 • 2권 P.067
- ☐ 난바 파크스 • 2권 P.065
- ☐ 난젠지(남선사) • 3권 P.081
- ☐ 난킨마치 • 2권 P.161
- ☐ 네네노미치(네네의 길) • 3권 P.038
- ☐ 니넨자카(2년 고개) • 3권 P.034
- ☐ 니손인(이존원) • 3권 P.124
- ☐ 니시노마루 정원 • 1권 P.023
- ☐ 니시키 시장 • 3권 P.058
- ☐ 니시혼간지 • 3권 P.112
- ☐ 니조성(모토리큐) • 3권 P.094
- ☐ 닌나지(인화사) • 3권 P.136
- ☐ 닌텐도 뮤지엄(우지) • 3권 P.165
- ☐ 닌텐도 스토어 • 1권 P.098

ㄷ

- ☐ 다이마루 교토 • 3권 P.067
- ☐ 다이마루 백화점 신사이바시점 • 2권 P.081
- ☐ 다이마루 우메다 • 2권 P.029
- ☐ 다이카쿠지(대각사) • 3권 P.124
- ☐ 다이키치산 전망대 • 3권 P.171
- ☐ 다카세강(다카세가와) • 3권 P.057
- ☐ 다카시마야 교토 • 3권 P.067
- ☐ 다카시마야 백화점 오사카 • 2권 P.064
- ☐ 데라마치도리 상점가 • 3권 P.067
- ☐ 데마치야나기 • 3권 P.100
- ☐ 덴노지 공원 • 2권 P.112
- ☐ 덴덴타운 • 2권 P.067
- ☐ 덴류지(천룡사) • 3권 P.122
- ☐ 덴진바시스지 상점가 • 2권 P.106
- ☐ 덴포잔 대관람차 • 2권 P.122
- ☐ 도게츠교 • 3권 P.120
- ☐ 도다이지(동대사) • 3권 P.186
- ☐ 도쇼다이지(당초제사) • 3권 P.190
- ☐ 도시샤 대학 • 3권 P.100
- ☐ 도에이 우즈마사 영화촌 • 3권 P.086
- ☐ 도지 • 3권 P.113
- ☐ 도톤보리 대관람차 • 2권 P.058
- ☐ 도톤보리 크루즈 • 2권 P.061
- ☐ 도톤보리 • 2권 P.056

ㄹ

- ☐ 란덴 벚꽃 터널 • 3권 P.025
- ☐ 란덴 아라시야마역 • 3권 P.118
- ☐ 레고랜드 디스커버리 센터 오사카 • 2권 P.123
- ☐ 롯코산 · 마야산 • 2권 P.194
- ☐ 료안지(용안사) • 3권 P.135
- ☐ 루리코인 • 1권 P.024
- ☐ 루쿠아 오사카 • 2권 P.029
- ☐ 릿세이 가든 휴릭 교토 • 3권 P.070

ㅁ ㅂ

- ☐ 마루야마 공원 • 1권 P.025 • 3권 P.040
- ☐ 마이코 공원 • 2권 P.198
- ☐ 만국박람회 기념 공원 • 1권 P.022 • 2권 P.124
- ☐ 메리켄 파크 • 2권 P.166
- ☐ 모토마치 상점가 • 2권 P.161
- ☐ 미도스지 • 2권 P.039

- 발 교토 • 3권 P.068
- 뵤도인(평등원) • 3권 P.169
- 비와코 테라스 • 3권 P.163
- 빈·오스트리아관(고베) • 2권 P.177

ㅅ
- 사루사와이케 • 3권 P.185
- 사키시마 코스모 타워 전망대 • 2권 P.123
- 산넨자카(3년 고개) • 3권 P.032
- 산노마루 광장 • 2권 P.140
- 산젠인 • 3권 P.152
- 산주산겐도 • 3권 P.085
- 산토리 맥주 공장 • 1권 P.046
- 세이료지(청량사) • 3권 P.125
- 센니치마에 • 2권 P.066
- 센토고쇼 • 3권 P.097
- 센히메 모란원 • 2권 P.140
- 소라니와 온천 • 1권 P.051
- 스마 해변 • 2권 P.198
- 스마우라산조 놀이공원 • 2권 P.199
- 스미요시역 • 2권 P.023
- 스미요시타이샤 • 2권 P.023
- 시라히게 신사 • 3권 P.163
- 시모가모 신사 • 3권 P.101
- 시텐노지(사천왕사) • 2권 P.113
- 신사이바시 파르코 • 2권 P.082
- 신사이바시 • 2권 P.078
- 신사이바시스지 상점가 • 2권 P.082
- 신세카이 시장 • 2권 P.115
- 신센엔(신천원) • 3권 P.095
- 신푸칸(신풍관) • 3권 P.069

ㅇ
- 아라시야마 몽키 파크 • 3권 P.127
- 아라시야마 유사이테이 • 3권 P.126
- 아라시야마 • 3권 P.116
- 아리마 온천 • 1권 P.052 • 2권 P.191
- 아마노하시다테 • 1권 P.054
- 아메리카무라(아메무라) • 2권 P.083
- 아사히 맥주 뮤지엄 • 1권 P.046
- 야사카 신사 • 3권 P.041
- 야스이 곤피라궁 • 3권 P.039
- 야쿠시지(약사사) • 3권 P.190
- 야타이(포장마차) 거리 • 3권 P.041
- 에디온 난바 • 2권 P.064
- 에이칸도(젠린지) • 3권 P.080
- 에키마르쉐 오사카 • 2권 P.034
- 엔랴쿠지 • 3권 P.159
- 엔코지 • 1권 P.024
- 영국관(고베) • 2권 P.174
- 오렌지 스트리트 • 2권 P.083
- 오사카 나카노시마 미술관 • 2권 P.103
- 오사카 스테이션 시티 • 2권 P.028
- 오사카 시립 주택 박물관 • 2권 P.106
- 오사카성(오사카조) • 2권 P.094
- 오사카시 중앙공회당 • 2권 P.102
- 오사카역 • 2권 P.030
- 오사카텐만구 • 2권 P.105
- 오카와(오강) • 1권 P.022 • 2권 P.104
- 오코치산소 정원 • 3권 P.126
- 오타기넨부츠지 • 3권 P.125
- 요리 료칸 세료 • 1권 P.053
- 우메다 공중 정원 • 2권 P.042
- 우메키타 공원 • 2권 P.041
- 우지 공원 • 3권 P.170
- 우지 신사 • 3권 P.171
- 우지가미 신사 • 3권 P.171
- 우지교 • 3권 P.167
- 우키미도 • 3권 P.185
- 월계관 사케 박물관 • 1권 P.047

- ☐ 유니버셜 스튜디오 재팬 · 1권 P.032
- ☐ 윤동주의 시비 · 3권 P.100
- ☐ 은각사 관음전 · 3권 P.078
- ☐ 은각사(지쇼지) · 3권 P.078
- ☐ 은사탄(긴샤단) · 3권 P.078
- ☐ 이네노후나야 · 1권 P.054
- ☐ 이치조지 · 3권 P.103
- ☐ 이쿠타 신사 · 2권 P.160

ㅈ ㅊ

- ☐ 조잣코지(상적광사) · 3권 P.124
- ☐ 지라이언 뮤지엄 · 2권 P.123
- ☐ 지온인(지은원) · 3권 P.039
- ☐ 철학의 길 · 3권 P.079
- ☐ 츠루하시 시장 · 2권 P.069
- ☐ 츠텐카쿠(통천각) · 1권 P.031 · 2권 P.114
- ☐ 치쿠린(죽림) · 3권 P.121

ㅋ ㅍ

- ☐ 킷테 오사카 · 2권 P.034
- ☐ 풍향계의 집 · 2권 P.178
- ☐ 포켓몬 센터 · 1권 P.098

ㅎ

- ☐ 하루카스 300 전망대 · 1권 P.030 · 2권 P.110
- ☐ 하버랜드 · 2권 P.168
- ☐ 한신 백화점 우메다 본점 · 2권 P.038
- ☐ 한큐 백화점 우메다 본점 · 2권 P.036
- ☐ 한큐 오사카우메다역 · 2권 P.037
- ☐ 헤이안 신궁 · 3권 P.083
- ☐ 헤이조궁(평성궁) 유적 역사공원 · 3권 P.190
- ☐ 헵파이브 · 2권 P.035
- ☐ 호곤인(보원원) · 3권 P.123
- ☐ 호류지 · 3권 P.189
- ☐ 호센인 · 3권 P.153
- ☐ 호젠지 요코초 · 2권 P.062
- ☐ 효고 현립미술관 · 2권 P.157
- ☐ 후시미이나리 신사 · 3권 P.114
- ☐ 후지이 다이마루 · 3권 P.067
- ☐ 후쿠다 미술관 · 3권 P.126
- ☐ 후후노유 & 덴잔노유 · 3권 P.127
- ☐ 히가시혼간지 · 3권 P.112
- ☐ 히라노 신사 · 3권 P.137
- ☐ 히메지성 천수각 · 2권 P.142
- ☐ 힐톱 하우스(고베) · 2권 P.176

핵심 맛집

많은 맛집 정보는 1권 P.055에서 손쉽게 찾아보세요.

- ☐ % 쇼쿠도 · 1권 P.082 · 3권 P.049
- ☐ % 아라비카 커피 · 3권 P.130, P.147
- ☐ 551 호라이 · 1권 P.061
- ☐ eX 카페 교토 · 3권 P.146
- ☐ 고칸 · 2권 P.132
- ☐ 기온 코모리 · 1권 P.080
- ☐ 뉴베이브 도요사키 · 2권 P.129
- ☐ 다니엘 · 2권 P.133
- ☐ 르 라보 카페 · 1권 P.083 · 3권 P.071
- ☐ 마루후쿠 커피 · 2권 P.134
- ☐ 마사히코 오즈미 파리 · 2권 P.132
- ☐ 마에다 커피 · 3권 P.145
- ☐ 마이도 오키니 쇼쿠도 · 2권 P.135
- ☐ 마츠바 · 2권 P.131
- ☐ 만료 · 2권 P.129
- ☐ 블루보틀 커피 · 1권 P.083 · 3권 P.091
- ☐ 비건 라멘 우즈 · 1권 P.082
- ☐ 사카모토 베이커리 · 2권 P.133
- ☐ 상등카레(조토카레) · 2권 P.129
- ☐ 슌사이 이마리 · 3권 P.143

- ☐ 스마트 커피 • 3권 P.144
- ☐ 스타벅스 교토 • 1권 P.083 • 3권 P.048
- ☐ 스텀프타운 커피 • 1권 P.083 • 3권 P.069
- ☐ 시아와세노 팬케이크 • 2권 P.133
- ☐ 아라비야 커피 • 2권 P.134
- ☐ 야에카츠 • 2권 P.131
- ☐ 오가와 커피 • 3권 P.146
- ☐ 오료리 메나미 • 3권 P.142
- ☐ 와구리 전문 사오리 • 1권 P.082
- ☐ 우라야 • 2권 P.135
- ☐ 우사기노 잇포 • 3권 P.143
- ☐ 위크엔더스 커피 • 3권 P.147
- ☐ 이노다 커피 • 3권 P.144
- ☐ 이자카야 도요 • 2권 P.128
- ☐ 이치조지 나카타니 • 3권 P.142
- ☐ 조지루시 쇼쿠도 • 2권 P.135
- ☐ 지유켄 • 2권 P.130
- ☐ 카멜리아 가든 • 1권 P.081
- ☐ 쿠라수 교토 스탠드 • 3권 P.147
- ☐ 쿠시카츠 다루마 • 2권 P.075, P.131
- ☐ 킷사 도레미 • 2권 P.134
- ☐ 킷사 아가루 • 3권 P.145
- ☐ 타코우메 • 2권 P.130
- ☐ 티룸 사비(T.T) • 1권 P.080 • 3권 P.074
- ☐ 팡토에스프레소토 • 2권 P.132 • 3권 P.131
- ☐ 프랑수아 • 3권 P.145
- ☐ 하브스 • 2권 P.133
- ☐ 혼케 시바토 • 2권 P.128
- ☐ 홋쿄쿠세이 • 2권 P.130
- ☐ 휴먼메이드 1928 • 1권 P.083 • 3권 P.072

Photo Credits

1권 041 Photograph and materials of the Republic of Korea Pavilion, EXPO 2025 Osaka Kansai © KOTRA
051 Photographs of the onsen, courtesy of Solaniwa Onsen 空庭温泉 (Website: solaniwa.com)

2권 103 Photo courtesy of Osaka Nakanoshima Museum of Art (Website: nakka-art.jp) – exterior and interior views of the museum; Narashige Koide, *Street Scene*, 1925; René Magritte, *Bouquet of Ready-Mades*, 1957
157 Photographs of the museum, courtesy of Hyogo Prefectural Museum of Art (Website: www.artm.pref.hyogo.jp) – Main image ©Natori Kazuo (Ando Gallery); Bottom left ©Nobutada Omote (Grand staircase, exterior); Bottom center ©Masaki Tada (Front view, drone); Bottom right ©Nobutada Omote (Blue Apple)
170 Photographs of Kobe Anpanman Children's Museum & Mall ©Takashi Yanase / Froebel-kan, TMS, NTV (Website: www.kobe-anpanman.jp)

3권 085 Photo courtesy of Kyoto National Museum (Website: www.kyohaku.go.jp/ko) – Heisei Chishinkan Wing exterior and night views; Meiji Kotokan Hall, Important Cultural Property; Sesshū Tōyō, *View of Amanohashidate*, 1501–1506, National Treasure (天橋立図, 雪舟等楊)
087 Photo courtesy of Kyoto International Manga Museum (Website: kyotomm.jp)
091 Photo courtesy of Nanzenji Junsei (Website: www.to-fu.co.jp/ko)
099 Photo courtesy of TORAYA Confectionery Co., Ltd. (Website: global.toraya-group.co.jp) – photographs showcasing the interior and traditional sweets of the teahouse.

The majority of photographs featured in this publication were taken by Jey Min and J.H. Park ©2025